ZUR AFFÄRE
DREYFUS
EINE DOKUMENTATION

Stiftung Neue Synagoge Berlin · Centrum Judaicum

**MOSES
MENDELSSOHN
ZENTRUM**
EUROPÄISCH-JÜDISCHE STUDIEN
UNIVERSITÄT POTSDAM

BUNDESGERICHTSHOF
Karsruhe

BFF
The Beitler
Family Foundation

Militärhistorisches
MUSEUM
DER BUNDESWEHR
Dresden

J'Accuse...!

...ich klage an!

ZUR AFFÄRE
DREYFUS
EINE DOKUMENTATION

Begleitkatalog
zur Wanderausstellung in Deutschland
Mai bis November 2005

herausgegeben
im Auftrag des Moses Mendelssohn Zentrum

von
Elke-Vera Kotowski und Julius H. Schoeps

Verlag für Berlin-Brandenburg

Bibliografische Information der Deutschen Bibliothek
Die Deutsche Bibliothek verzeichnet diese Publikation in der Deutschen Nationalbibliografie; detaillierte bibliografische Daten
sind im Internet über http://dnb.ddb.de abrufbar.

ISBN 3-935035-76-4

Umschlaggestaltung: Katarzyna Czajka/Moritz Reininghaus
Satz und Gestaltung: Moritz Reininghaus
Gesetzt in FormataBQ Cnd

Printed in Germany

Inhalt

Der mit »J'Accuse…!« überschriebene offene Brief des französischen Schriftstellers Emile Zola war im Frankreich des ausgehenden 19. Jahrhunderts von herausragender Wirkung. Dieser direkte Angriff auf führende Persönlichkeiten aus Militär, Justiz und Politik der Dritten Republik grenzte in den Augen vieler Franzosen an Landesverrat. Heute wird Zola für seinen Mut uneingeschränkter Respekt entgegengebracht. Daneben ist seine Botschaft nach wie vor aktuell: Ohne Wahrheit und Gerechtigkeit gerät eine Demokratie in Gefahr.

Aus diesem Grund habe ich sehr gerne die Schirmherrschaft für die Ausstellung »J'Accuse…! …ich klage an!« an der Führungsakademie der Bundeswehr übernommen. Darüber hinaus freue ich mich sehr, dass eine amerikanische Sammlung über ein französisches Thema, anlässlich des 70. Todestages von Alfred Dreyfus, erstmalig in Deutschland gezeigt wird. Die Ausstellung symbolisiert die starken Bindungen und das gemeinsame Demokratieverständnis zwischen unseren Ländern. Ich bin mir sicher, dass sie dazu beiträgt, dass wir uns in einem offenen und vertrauensvollen Dialog mit unserer gemeinsamen Geschichte auseinandersetzen und auch zukünftig Seite an Seite für unser ebenso gemeinsames Ziel von Frieden, Freiheit und Gerechtigkeit in der Welt einstehen.

Ich danke allen Organisatoren der Ausstellung und stellvertretend dem Moses Mendelssohn Zentrum für europäisch-jüdische Studien in Potsdam besonders herzlich für die sehr engagierte Arbeit. Möge die Ausstellung viele Besucherinnen und Besucher finden!

Dr. Peter Struck
Bundesminister der Verteidigung

Als Vertreter der Vereinigten Staaten von Amerika freue ich mich sehr, dass diese Ausstellung zur Affäre Dreyfus – auf Basis der von Dr. Lorraine Beitler zusammengestellten und durch die Bibliothek der University of Pennsylvania archivierten Exponate – erstmalig in Deutschland gezeigt wird. Es ist durchaus bemerkenswert, dass sich eine amerikanische Sammlerin so intensiv mit einem französischen Thema beschäftigt – aber diese vermeintlich innerfranzösische Angelegenheit ging weit über die Landesgrenzen hinaus und markiert ein bis heute aktuelles Phänomen: Intoleranz und Vorurteile gegenüber Minderheiten waren und sind immer Anzeichen einer Gesellschaftsstruktur, die ihren freiheitlich demokratischen Weg noch nicht gefunden hat oder sich von diesem wegbewegt.

Möge diese Ausstellung eine große Zahl von Besuchern, insbesondere von jungen Menschen, finden.

John A. Cloud
Gesandter der Vereinigten Staaten von Amerika

*»Wir müssen uns der Vergangenheit annehmen«
– unseres gemeinsamen Erbes –
»Wir müssen heute leben/Wir müssen für morgen
planen«*

Deborah Lynn Friedman

Jede Generation ist Teil eines langen, immer weiter gehenden Prozesses und trägt mit an der Verantwortung für die Überlieferung der historischen Wahrheit – zur Erhaltung und Entwicklung moralischer Grundsätze innerhalb der Gesellschaft und der Regierung. Vieles hat sich seit dem Ende des neunzehnten Jahrhunderts verändert, vieles ist gleich geblieben. Die *Affäre* erinnert uns daran, dass es nach wie vor notwendig ist, wachsam zu sein – im Leben des Einzelnen und in unseren Institutionen – und uns vor Intoleranz, ethnischer Diskriminierung, Verfolgung und Völkermord zu schützen. Die Dreyfus-Affäre rief seinerzeit weltweites Interesse hervor; sie hat auch in unserem globalen Zeitalter eine Stimme. Die Dreyfus-Sammlung von Lorraine Beitler, die im Jahre 2002 der Universität Pennsylvania als Schenkung überlassen wurde, wurde in mehr als zwei Jahrzehnten zusammengetragen. Mit der Bildung dieser Sammlung wurde das Ziel verfolgt, die Stimmen und Ausdrucksmittel in diesem Kampf für Wahrheit und Gerechtigkeit im »Zeitalter des Papiers« wiederzugeben.

Mit dem Wachsen der Sammlung entstand die Idee, vom Archiv zur Ausstellung als Katalysator zu dienen, um Diskussionen, kritisches Denken und eine Erweiterung des Horizonts zu fördern. Seit über einem Jahrzehnt ist die Sammlung ein Zentrum des Lernens und der Diskussion – für Gelehrte und die breitere Öffentlichkeit – indem sie Zugang zu Material bietet, das sich um die Geschichte von Alfred Dreyfus rankt. Im Jahre 1998, dem hundertsten Jahrestag von Emile Zolas hochgelobtem Brief *J'Accuse!* (Ich klage an!), wurde die Dreyfus-Ausstellung am Sitz des französischen Senats im Palais du Luxembourg in Paris gezeigt. Bis heute wurden Exponate aus der Sammlung in vier Kontinenten gezeigt und in fünf Sprachen übersetzt – Ausstellungsorte befanden sich in Südafrika, Argentinien, Belgien, Kanada, Polen und den Vereinigten Staaten. Die Vergangenheit kann ein Verständnis für ethische Fragen erwecken, mit denen jeder Einzelne konfrontiert wird.

In der Dreyfus-Affäre gibt es leuchtende Beispiele für zahlreiche Personen, die sich bewusst der öffentlichen Rolle annahmen, die man von ihnen forderte – und die bewiesen, dass eine Person etwas ändern kann, dass ein Einzelner Macht hat. Die Vergangenheit kann auch zukünftige Handlungen beeinflussen. Und hier umfasst die *Affäre* zweifellos Fragen von großer Bedeutung: die Rolle von Künstlern, Intellektuellen und Bürgern in der Gesellschaft; den Einfluss von Medien auf die öffentliche Meinung; die Notwendigkeit zum Widerstand gegen alle Formen von Intoleranz; das Engagement, das notwendig ist, um eine offene Gesellschaft zu verteidigen. Unser Ziel war es, ein Zentrum der Diskussion und Besinnung für eine breite und vielgestaltige Öffentlichkeit zu schaffen. Diese Ausstellung wird letzten Endes in der Überzeugung angeboten, dass die Dreyfus-Affäre kein Einzelfall, sondern ein Denkmuster ist, das sich auch unmittelbar auf gegenwärtige Probleme bezieht. Im Interesse der höchsten Ideale der Demokratie ist es wichtig, dass alle Mitglieder der Gesellschaft – ganz gleich ob im zivilen, beruflichen oder militärischen Leben – aufmerksam bleiben gegenüber sozialer Ungerechtigkeit sowohl im eigenen Land als auch im internationalen Rahmen.

Für solche Projekte der internationalen Zusammenarbeit bedarf es der Anstrengung vieler Menschen: wir danken all jenen herzlich, sowohl in den Vereinigten Staaten als auch in Deutschland, die uns von Anfang an in diesem Konzept ermutigt haben. Dr. Hans Sulimma, der ehemalige deutsche Botschafter in Kanada, hat zahlreiche nützliche Vorschläge unterbreitet, und das Generalkonsulat der Bundesrepublik Deutschland in New York unter Generalkonsul Uwe-Karsten Heye und dem ehemaligen stellvertretenden Generalkonsul, Stefan Schlüter, hat uns bereits sehr früh unterstützt.

Nach einem Vorgespräch mit Professor Dr. Julius H. Schoeps, dem Direktor des Moses Mendelssohn Zentrums, und Dr. Hermann Simon, dem Direktor der Stiftung Centrum Judaicum in Berlin, wurde deutlich, dass eine Wanderausstellung durch Deutschland unter ihrer fachmännischen Leitung eine spannende Aussicht versprach. Vom ersten Augenblick an hat Dr. Elke-Vera Kotowski unermüdlich gearbeitet, um die Ausstellung Wirklichkeit werden zu lassen. Ihren Anstrengungen, mit denen sie mit Kameradschaft und unerschütterlichem Willen alle notwendigen Talente und Energie für die Durchführung der Wanderausstellung nutzbar machte, gebührt unserer herzlicher Dank. Dr. Michael Ryan, Leiter der Raritäten- und Handschriftenbibliothek der Universität Pennsylvania, hat uns immer sehr unterstützt. Andrea Gottschalk, Ausstellungsassistentin, hat sich der Herausforderung gestellt und viele Einzelaufträge in Bezug auf das Projekt in Penn erfüllt. Anerkennung gilt auch Dr. Stephen Brown dafür, dass wir in unseren Projekten immer auf seine wissenschaftliche Kompetenz zurückgreifen konnten. Ebenso wie bei früheren Ausstellungen aus der Dreyfus-Sammlung muss eine allgemeine Danksagung an die Kollegen genügen, die zu zahlreich sind, um sie einzeln aufführen zu können; ihre gesamte Unterstützung hat zu unseren Ausstellungen beigetragen. Besonderer Dank gebührt jedoch Dr. Henri Mitterand für seine ständige Bereitschaft, sein umfangreiches Wissen und seine Erfahrungen auf dem Gebiet der Zola-Forschung mit uns zu teilen. Auch waren die Kontakte zu den Nachfahren der Familien Dreyfus, Scheurer-Kestner und Zola von großer Bedeutung für all unsere Projekte. Die Erinnerung an Madame Simone Perl (1917–2004) – die Enkeltochter von Alfred und Lucie Dreyfus – wird uns immer ein Schlüssel sein für die Wärme und Würde, mit der sie uns sowohl die persönliche als auch die allgemeine menschliche Bedeutung der Affäre nahe brachte.

Für die moralische Unterstützung von Familie, Freunden und Kollegen in New York, Paris und der ganzen Welt drücken wir unseren aufrichtigen Dank aus. Vor allem danken wir Martin Beitler – ohne seine Unterstützung und ständige Ermutigung wären die Ausstellung heute und die Projekte der Dreyfus-Sammlung insgesamt nie Wirklichkeit geworden.

Lorraine Beitler

Dr. Lorraine Beitler
Beitler Family Foundation
Kuratorin, Dreyfus-Sammlung
Universität Pennsylvania

Die Universität Pennsylvania geht in ihren Ursprüngen zurück auf Benjamin Franklin und diese bemerkenswerte Gruppe »gewöhnlicher Männer«, um ihn herum, die die Institutionen und die Infrastruktur der Stadt Philadelphia, der ersten Hauptstadt Amerikas, schufen. Die Universität wurde 1750 eröffnet und hat seitdem Generationen junger Männer und – viel später – auch Frauen ausgebildet, damit sie im öffentlichen und kulturellen Leben der Vereinigten Staaten eine herausragende Rolle spielen. Franklins Vision der Universität betonte den praktischen Nutzen für die Gesellschaft: sie würde Leute ausbilden, die produktiv und nützlich, gute Menschen und gute Bürger sind. Diese Vision inspiriert die Universität bis zum heutigen Tag, und sie ist die treibende Kraft hinter der Ausstellung, die in diesem wichtigen Katalog beschrieben wird.

Vor einigen Jahren hatten wir die Ehre, eine außergewöhnliche Person zu treffen und mit ihr zu arbeiten – Dr. Lorraine Beitler. Damals wussten wir von ihr nur, dass sie eine großartige Sammlung über die berüchtigte Dreyfus-Affäre besaß und dass sie daran interessiert war, diese Sammlung im ganzen Land auszustellen. Als wir sie jedoch besser kennen lernten, begannen wir das Wesen ihres Interesses und ihres Engagements für das weiter reichende Potenzial ihrer Dreyfus-Sammlung zu schätzen. In der Tradition Franklins ist Dr. Beitler eine Weltbürgerin, die entschieden ist, die Erde als einen besseren Ort zu verlassen als sie ihn vorgefunden hat. Einer ihrer zahlreichen Wege, um dieses Ziel zu erreichen, ist die sorgfältig zusammengestellte Ausstellung, die als Fallstudie dient über die Folgen von Vorurteilen und Intoleranz und die dringende Notwendigkeit von Toleranz in einer Gesellschaft. In ihrer Art, die Geschichte darzustellen, wird der schmerzliche Bericht über die Dreyfus-Affäre zu einem zeitlosen Aufruf für Gerechtigkeit und Gleichheit; die Dreyfus-Affäre ist sowohl ein Augenblick in der Geschichte als auch ein Ereignis, das den Menschen überall auf der Welt allgemeingültige Lehren vermittelt. Als Benjamin Franklin für die neue Schule in Philadelphia einen Lehrplan vorschlug, betonte er die Bedeutung von Geschichte als Quelle für Gut und Böse, als Fundgrube an Beispielen, denen man folgen und die man meiden sollte, eine riesige und reiche moralische Landschaft. Dr. Beitler wäre eine hervorragende Studentin an Franklins Akademie.

Vor kurzem ehrte Dr. Beitler die Universität Pennsylvania, indem sie ihr ihre Sammlung und deren Programme anvertraute. Wir sind geehrt, dass wir jetzt sowohl gute Verwalter als auch ihre Reisebegleiter sind. Sie hat die Sammlung in der ganzen Welt ausgestellt und viel Anerkennung dafür erhalten. Es ist unsere Absicht, sie in der Fortführung dieser außerordentlichen Bemühungen zu unterstützen und es den Menschen überall zu ermöglichen, die Ausstellung zu prüfen, ihre Resonanz zu hören und aus ihren Ergebnissen zu lernen.

Es war ein besonderes Vergnügen und eine Ehre bei dieser Gelegenheit mit dem Moses Mendelssohn Zentrum zusammenzuarbeiten, um die Ausstellung zu organisieren. Wir sind besonders Dr. Elke-Vera Kotowski für ihre enormen Anstrengungen dankbar, die sie unternommen hat, um diese Wanderausstellung zu organisieren.

In ihr haben die Sammlung und die Ausstellung ihren idealen Interpreten gefunden.

Michael Ryan
Leiter der Raritäten- und
Handschriftenbibliothek
Universität Pennsylvania.

Während einer Besprechung im Moses Mendelssohn Zentrum der Universität Potsdam berichteten der Historiker Professor Dr. Julius Schoeps und seine Mitarbeiterin Frau Dr. Elke-Vera Kotowski über eine Privatsammlung in den USA von Exponaten im Zusammenhang mit der berühmten Dreyfus-Affäre, die zur schwersten innenpolitischen Krise der französischen Dritten Republik führte.

Die Ausstellung war an der amerikanischen Militärakademie Westpoint gezeigt worden, der französische Präsident Chirac hatte zur Eröffnung ein Grußwort gesandt. In Gegenwart des belgischen Königspaares war die Ausstellung in Brüssel eröffnet worden, und sie war in Buenos Aires, in verschiedenen polnischen Städten und an anderen Orten gewesen. Die Verurteilung des, wie sich später ergab, unschuldigen französischen Hauptmanns durch ein Militärgericht, Degradierung und lebenslängliche Verbannung auf die Teufelsinsel, die Entdeckung des wahren Schuldigen, eines hochverschuldeten Majors im französischen Generalstab, Berufungsverhandlung, die Begnadigung durch den französischen Präsidenten, all das ließ die Idee reifen, gerade auch wegen der Nähe des historischen Stoffes, diese Ausstellung an der höchsten Ausbildungsstätte der Deutschen Streitkräfte, der Führungsakademie der Bundeswehr, zu zeigen. Hier sollte die Ausstellung eröffnet werden, um dann an verschiedenen bedeutsamen Orten in ganz Deutschland gezeigt zu werden.

Der »Freundeskreis Ausbildung ausländischer Offiziere an der Führungsakademie der Bundeswehr e.V.« und das Moses Mendelssohn Zentrum an der Universität Potsdam, hier vor allem Frau Dr. Kotowski, arbeiteten zur Realisierung dieser Aufgabe eng zusammen. Dank sei hier zunächst der amerikanischen Wissenschaftlerin Professor Lorraine Beitler gesagt, welche die Sammlung zur Verfügung gestellt hat, die von ihr in über 30 Jahren zusammengetragen wurde. Ohne die Unterstützung der Bundeswehr, die den Transport von den USA durch die Luftwaffe ermöglicht hat, und die Zurverfügungstellung von Ausstellungsmaterial des Nürnberger Museums der Deutschen Bahn AG sowie die Unterstützung von anderer Seite wären wir sehr bald an unsere finanziellen Grenzen gestoßen. Allen, die uns unterstützt haben, danken wir sehr herzlich. Der Prozeß gegen Hauptmann Alfred Dreyfus fand im Jahr 1894 statt. 1896 scheiterte der Versuch einer Wiederaufnahme des Verfahrens. Die Affäre Dreyfus erregte zunächst die französische, dann auch die deutsche Öffentlichkeit in einem bis dahin unbekannten Ausmaß. Der Fall spitzte sich dramatisch zu als im Januar 1898 der berühmte Romancier Emile Zola einen offenen Brief an den Präsidenten Faure in der Zeitung L'Aurore veröffentlichte. Nun sah sich die französische Justiz gezwungen, den Prozeß neu aufzurollen. Wir haben bei unseren Recherchen die Spielpläne der Hamburger Theater des Jahres 1898 im Theaterwissenschaftlichen Institut der Universität einsehen können. Die Dramatik und Aktualität der Dreyfus-Affäre wird deutlich durch 120 Aufführungen eines Theaterstücks gleichen Titels im damaligen Ernst-Drucker-Theater allein in jenem Jahr 1898. Die Kammerspiele, später das Theater Ida Ehres, führten noch zwischen 1931 und 1933, am Ende der Weimarer Republik und mit klarer politischer Botschaft versehen, ein Dreyfus-Theaterstück auf. Die Dreyfus-Affäre stellt ein fast einzigartiges Phänomen dar, das bis heute nachwirkt. Blinder Gehorsam, Rassismus und Intoleranz sind der Grund für die moralische Katastrophe, die diesen Fall kennzeichnet. Der »Freundeskreis Ausbildung ausländischer Offiziere an der Führungsakademie der Bundeswehr e.V.« fördert die Arbeit der Führungsakademie der Bundeswehr in der Aus- und Fortbildung ausländischer Offiziere. Es ist uns daher ein besonderes Anliegen, diejenigen Offiziere, die wir fördernd begleiten, anhand der Ausstellung, die uns durch Frau Professor Beitler und die Universität von Philadelphia zugänglich gemacht wurde, mit der Tragik des Falles Dreyfus zu konfrontieren.

Ich wünsche der Ausstellung auf ihrem weiteren Weg durch Deutschland, daß sie ihre Botschaft der Toleranz, Wahrheit und Gerechtigkeit erfolgreich weiterträgt.

Lothar Golgert
Honorargeneralkonsul

J'Accuse…! Mit diesem offenen Brief des Schriftstellers und Journalisten Emile Zola 1898 an den französischen Präsidenten erreichte der öffentliche Streit
um die Affäre Dreyfus seinen Höhepunkt. Vier Jahre
zuvor war der jüdische Hauptmann Alfred Dreyfus
zu Unrecht des Hochverrats angeklagt und verurteilt
worden. Dreyfus wurde verdächtigt, der Verfasser des
Bordereaus (Anschreibens) zu sein, das die Preisgabe
geheimer Militärinformationen an die Deutschen
ankündigte. Trotz gegenteiliger Schriftgutachten und
vieler Beweise, die für die Unschuld Dreyfus sprachen,
kam es auch in dem Wiederaufnahmeverfahren 1899
zu einer erneuten Verurteilung. In Anbetracht der Unruhe, die dieser Justizskandal nicht nur in Frankreich
verursachte und der bevorstehenden Weltausstellung
in Paris (1900), entschloss sich die französische Regierung 10 Tage nach der Urteilsverkündung zur Amnestie
aller Straftaten, die mit der Affäre in Zusammenhang
standen. Eine endgültige Rehabilitierung erfuhr Alfred
Dreyfus allerdings erst 1906 mit der Ernennung zum
Ritter der Ehrenlegion.

Anlässlich des 70. Todesjahres Dreyfus' bereitet das
Moses Mendelssohn Zentrum (MMZ) Potsdam eine
Wanderausstellung vor. Die Ausstellung bietet Ein-
blicke in die tief greifenden Auswirkungen, die diese
Affäre auf Politik und Gesellschaft des *fin de siècle* in
Frankreich, Europa und der Welt hatte. Dabei stehen
Personen aus dem Militär, der Politik und der Justiz
ebenso im Mittelpunkt wie Journalisten, Schriftsteller
und Künstler.

Anlässlich des 70. Todestages von Alfred Dreyfus
wird eine Sammlung einzigartiger Exponate zur Affäre
Dreyfus erstmalig in Deutschland in Form einer Wanderausstellung präsentiert. Zur Verfügung gestellt wird
diese Sammlung von der University of Pennsylvania,
Philadelphia, die in ihrer Bibliothek die Beitler Collection beherbergt.

Die amerikanische Erziehungswissenschaftlerin
Lorraine Beitler sammelt seit über drei Jahrzehnten
Exponate zur Dreyfus-Affäre aus aller Welt und gab
kürzlich ihre umfangreiche Kollektion, die ca. 1.300
Ausstellungsstücke beinhaltet, nach Philadelphia in
Obhut.

Lorraine Beitler will mit der von ihr initiierten Ausstellung vor allem junge Menschen erreichen. Durch
Aufklärung und Auseinandersetzung mit der Dreyfus-
Affäre soll deren Sensibilität gegenüber Intoleranz,
Fremdenfeindlichkeit und Antisemitismus geweckt
werden. Dreyfus steht somit als Synonym für politischen Radikalismus und antijüdische Propaganda, aber
auch für die Verteidigung der Grundrechte und das
Einsetzen für einen Unschuldigen.

Die Dreyfus-Affäre

Ein Ausstellungsprojekt

2003 besuchte der ehemalige deutsche Botschafter in Kanada, Dr. Hans-Günter Sulimma, das Moses Mendelssohn Zentrum. Er berichtete von einer Dame in New York, die eine einzigartige Sammlung zur *Affäre Dreyfus* besitzt und diese gern in Deutschland zeigen würde. Das Thema *Dreyfus-Affäre* war dem Moses Mendelssohn Zentrum kein unbekanntes. Neun Jahre zuvor – aus Anlass des 100. Jahrestages des Beginns des Dreyfus-Prozesses – hatte dort eine Konferenz genau zu diesem Thema stattgefunden. Unter dem Titel *Dreyfus und die Folgen* erschien wenig später ein Sammelband, der alle Tagungsbeiträge beinhaltete. Die Idee, eine Ausstellung zu diesem Thema zu veranstalten, erschienen Professor Julius H. Schoeps und mir sogleich sehr reizvoll.

Wenig später bei einem USA-Aufenthalt besuchten Professor Schoeps und Dr. Hermann Simon, Direktor des Centrum Judaicum, die Sammlerin Lorraine Beitler, die in ihrem Haus in Egdewater, gegenüber von Manhattan, eine unglaubliche Sammlung an Dreyfusiana beherbergte. Ein Grossteil der Exponate befinden sich mittlerweile in der Bibliothek der University of Pennsylvania in Philadelphia. Lorraine Beitler hat ihre Sammlung dorthin in Obhut gegeben mit der Maßgabe, dass eine Auswahl der etwa 1.000 Exponate, für Ausstellungen zur Verfügung gestellt wird.

Im Moses Mendelssohn Zentrum wie im Centrum Judaicum stand schnell fest, dass die Ausstellung in beiden Häusern gezeigt werden sollte. Es ergab sich zudem, dass weitere Einrichtungen an der Präsentation der Exponate interessiert waren: die Führungsakademie der Bundeswehr in Hamburg, das Militärhistorische Museum der Bundeswehr in Dresden und der Bundesgerichtshof in Karlsruhe in Kooperation mit dem Freiheitsmuseum in Rastatt.

Die Ausstellungsorte und der Zeithorizont in dem die Exponate in Deutschland gezeigt werden sollten, standen nunmehr fest: Im Juli 2005 jährt sich der 70. Todestag von Alfred Dreyfus und somit hat die Präsentation der *Affäre Dreyfus* einen würdigen Rahmen gefunden.

Zeit und Ort waren also festgelegt – nun war zu überlegen, wer die Arbeit macht, das Geld beschafft und vor allem den Überblick behält? Dass ich alle Aufgaben nicht allein bewältigen konnte, war mir schnell klar und in bewährter Manier überlegte ich mir, im Wintersemester 2004/2005 eine Lehrveranstaltung an der Universität Potsdam mit dem Thema *Die Dreyfus-Affäre. Ein Ausstellungsprojekt* anzubieten. Und ich hatte großes Glück: Es fanden sich dreizehn engagierte und vor allem hochmotivierte Studentinnen und Studenten, die bereit waren, weit über die üblichen Aufwand hinaus, mitzuwirken. Selbst in den Semesterferien arbeiteten sie wie selbstverständlich für das Projekt. Es wurde ein Ausstellungskonzept erarbeitet, der vorliegende Katalog erstellt und die Vorarbeiten für einen pädagogischen Leitfaden geleistet, der für Lehrer entwickelt werden soll, um sie und ihre Schulklassen zum Ausstellungsbesuch zu motivieren. Ohne diese zwölf fleißigen und unglaublich kreativen Geister wären weder der vorliegende Ausstellungskatalog noch alle anderen im Zusammenhang mit der Ausstellung zu leistenden Aufgaben möglich gewesen. Ich danke Rebecka Andrick, Ivonne Dombrowski, Peer Jürgens, Wolf Kindt, Tobias Kunow, Julia Lehmann, Katharina Lux, Manja Peschenz, Heike Prüfer, Jenifer Stolz, Daniela Väthjuker, Larisa Weber und Ulrike Wendt sehr herzlich für ihr engagiertes Mitwirken.

Es gab jedoch noch viele andere Helfer und Unterstützer dieses Ausstellungsprojektes, die hier nicht unerwähnt bleiben sollen. Zunächst danke ich der Sammlerin Lorraine Beitler sowie Michael Ryan und Andrea

Gottschalk von der University of Pennsylvania für ihr Vertrauen. Weiterhin danke ich den Institutionen, die durch Ihre finanzielle Unterstützung das Ausstellungsprojekt ermöglicht haben: die Stiftung Erinnerung, Verantwortung und Zukunft, Berlin, die Friedrich-Christian Flick Stiftung gegen Intoleranz, Rassismus und Fremdenfeindlichkeit, Potsdam, das Ministerium für Wissenschaft, Forschung und Kultur des Landes Brandenburg, das Brandenburgische Innenministerium, die Moses Mendelssohn Stiftung, Erlangen und der Freundeskreis der Führungsakademie der Bundeswehr, Hamburg.

Mein Dank gilt weiterhin Dr. Ludwig Biewer (Leiter) und Dr. Peter Grupp vom Politischen Archiv des Auswärtigen Amtes für ihre Unterstützung bei den Recherchen in ihrem Hause, Joachim Breuninger und Lorenz Krauss vom Deutschen Bahn Museum, Nürnberg, für die Zurverfügungstellung von Ausstellungsmaterialien, Professor Jan Fiebelkorn-Drasen für die fachmännische Unterstützung bei der Ausstellungskonzeption, Birgit Krüger vom Bundessprachenamt für die Übersetzungen aus dem Englischen, Dörte Beilfus für die grafische Entwicklung des Ausstellungsfolders und Katarzyna Czajka für die grafische Gestaltung des Katalogumschlags.

Ich danke allen Autorinnen und Autoren dieses Katalogs für die Übernahme eines thematischen Beitrags und Alice Krück und Barbara Rösch für die redaktionelle Unterstützung sowie Tobias Barniske für die fototechnischen Finessen.

Mein ganz besonderer Dank gilt zudem meinen unermüdlichen und vor allem unerschrockenen Mitstreitern Christian Engelland, Moritz Reininghaus und Helen Thein, die trotz aller Widrigkeiten und – wie immer – knapper zeitlicher Vorgaben Hervorragendes leisten. Zuletzt möchte ich Professor Schoeps für seine Unterstützung bei der Realisierung dieses Ausstellungsprojektes danken.

Potsdam, April 2005

Elke-Vera Kotowski

I. Turbulente Zeiten
Frankreich im neunzehnten Jahrhundert

Menschen werden frei und gleichberechtigt geboren ...(Artikel 1)

[Das Gesetz] muss für alle gleich sein ... (Artikel 6)

Der freie Gedanken- und Meinungsaustausch ist eines der wertvollsten Rechte des Menschen. (Artikel 11)

Erklärung der Menschen- und Bürgerrechte [1789]

Die Ereignisse Ende des achtzehnten Jahrhunderts lieferten einen gewalttätigen Auftakt zur Entwicklung des modernen Frankreich. Nach dem Sturm auf die Bastille im Jahre 1789 wurde die Monarchie abgeschafft, und die revolutionäre französische Republik proklamierte die Prinzipien von Freiheit, Gleichheit und Brüderlichkeit.

Neue demokratische Grundsätze leiteten ein Jahrhundert enormer Veränderungen ein, die von dramatischen Machtwechseln und dem Ausbrechen sozialer und politischer Unruhen begleitet wurden, während Frankreich darum kämpfte, seine Position als führende Weltmacht zu erhalten. Die Anfänge der Industrialisierung, die Ausdehnung kapitalistischer Unternehmen und Bevölkerungskonzentration in den Städten entfachten das moderne soziale und politische Bewusstsein. Im Laufe des Jahrhunderts schwand der Einfluss der Kirche weiter, insbesondere im Bereich der Bildung. Die wirtschaftliche Krise, insbesondere der Zusammenbruch der Union Générale, eines katholischen Bankkonzerns, im Jahre 1882, dem politische Skandale und das Scheitern der Panamakanalgesellschaft folgten, wurde von Vertretern aller politischen Lager zu Propagandazwecken missbraucht.

Das Unbehagen in Kreisen des französischen Militärs gegenüber dem Prestigeverlust wurde nach der Niederlage im Deutsch-Französischen Krieg von 1870, dem Verlust Elsass-Lothringens und niederschmetternden Reparationsforderungen immer offenkundiger. Diese Demütigungen riefen den Wunsch nach Rache (La Revanche) hervor und brachten den militärischen Behörden als »Hüter der nationalen Ehre« starke gesellschaftliche und politische Unterstützung. Das Versprechen von demokratischen Reformen innerhalb des Militärs, die Einrichtung von Eignungsprüfungen für Offizierskader und der Ruf nach einer Bürgerarmee waren eine Quelle für Spannungen zwischen der liberalen Dritten Republik, die nach dem Krieg mit Preußen geschaffen wurde, und der konservativen gesellschaftlichen Elite.

Der Journalismus wurde zu einem wichtigen Motor für die Meinungsbildung. Das neunzehnte Jahrhundert erlebte eine enorme Ausdehnung des Presse- und weltweiten Kommunikationswesens. Neben der schnellen Verbreitung von Nachrichten an eine an Informationen zunehmend interessierte Öffentlichkeit konnten neuerdings auch Bilder (Zeichnungen und Fotografien) verarbeitet werden – mit allen dazugehörigen Möglichkeiten der Werbung, politischen Propaganda und Sensationsgier.

In der Dritten Republik gab es aufgrund eines breiten Spektrums politischer Gruppierungen (von Monarchisten und Militaristen auf Seiten der Rechten bis hin zu Sozialisten und Anarchisten auf Seiten der Linken) zahllose ideologische Konflikte. Einige Lager verfolgten die Umsetzung friedlicher Reformen, andere setzten sich für revolutionäre Veränderungen ein. Wie in ganz Europa entstand auch in Frankreich in der zweiten Hälfte des 19. Jahrhunderts mit dem Antisemitismus eine ganz neue Dimension des Judenhasses. Vor allem das konservativ revisionistische Lager, der Klerus und das Militär griffen tradierte antijüdische Vorurteile auf und erzeugten so ein judenfeindliches Klima, welches sich während der Dreyfus-Affäre entladen sollte.

Si vous continuez, je vous mets tous à la porte!!!

Esther Benbassa

Risse im Franco-Judaismus

Die Dritte Republik und der Antisemitismus*

Im modernen Antisemitismus, der sich seit den achtziger Jahren des 19. Jahrhunderts entwickelte, wirkten der christliche Judenhass der rechtsgerichteten Kreise und des Klerus, der judenfeindliche Antikapitalismus der Sozialisten und der breiten Volksmassen sowie die pseudowissenschaftliche Rassentheorie zusammen. Letztere ging aus den zeitgenössischen Entdeckungen der Biologie hervor und verdankte sich vor allem den Erfolgen des Positivismus und Darwinismus. Letztlich lief sie auf eine Theoretisierung rassischer Ungleichheit hinaus, nach der die »jüdische Rasse« der »arischen Rasse« unterlegen sein sollte.

Das Werk des zunächst unbekannten Publizisten Edouard Drumont vereinte all diese Elemente und bereitete sie für die breite Masse auf. Dieser Antisemitismus verdankte seinen Aufschwung verschiedenen Umständen: der industriellen Revolution, der Urbanisierung und den Umwälzungen, die sich in der traditionellen ländlichen und katholischen Lebensweise vollzogen. Er speiste sich aus der allgemeinen Verunsicherung, deren Auslöser die wirtschaftliche Depression des letzten Viertels des Jahrhunderts war, der Furcht vor Arbeitslosigkeit, den politischen Krisen des Regierungssystems, der Säkularisierung der Gesellschaft, dem Aufschwung der Arbeiterbewegung, den sporadischen Erschütterungen

durch den Anarchismus, dem Triumph der Wissen-schaft und der technischen Erneuerungen. All dies voll-zog sich auf dem Hintergrund einer von Nationalismus und Xenophobie angespannten Atmosphäre in Europa und eines von Ängsten heimgesuchten Frankreichs.

Der moderne Antisemitismus hatte mit der Entste-hung des Panslawismus und Pangermanismus bereits in Mittel- und Osteuropa Wurzeln geschlagen, bevor er nach Frankreich gelangte. 1878 gründeten der Pfarrer Adolf Stöcker und der Publizist Wilhelm Marr in Berlin die erste antijüdische Partei. Matt brachte als erster den Begriff »Antisemitismus« auf, der verächtlich gemeint war und den Hass und die Erbitterung ausdrückte, die von ihrem Schicksal enttäuschte Deutsche gegen-über den Juden hegten, die sie als unterlegene Rasse ansahen. Seinem Vorbild wurde in anderen Ländern begeistert nachgeeifert.

Man kann bestimmt nicht sagen, dass Frankreich im 19. Jahrhundert von Grund auf antisemitisch war. Aller-dings war die Volkskultur von Klischees durchdrungen, die aus der Judenphobie der Vergangenheit rührten. Juden wurden trotz ihrer Integration und Akkulturation

immer noch nicht als vollwertige Staatsbürger angese-hen, obwohl verschiedene Regierungen seit der Herr-schaft Louis Philippes Anstrengungen in diese Richtung gemacht hatten. Der christliche und rechtslastige Judenhass blieb latent bestehen. Er manifestierte sich während der Damaskusaffäre (1840) und der Mortara-Affäre (1858) und lebte wie schon in den Tagen der Julimonarchie immer dann auf, wenn die Kirche in der Defensive war. Unter der Dritten Republik wurde er wieder virulent und griff seit 1879 als Reaktion auf die vom neuen Herrschaftssystem forcierten laizistischen Reformen um sich. Das Zeitalter der jüdischen Ver-schwörungstheorie war nunmehr angebrochen. Dieses immer wiederkehrende Motiv sollte alle Funktionsstö-rungen der Gesellschaft und des politischen Systems erklären und war bald von seinem Zwillingsthema, der freimaurerischen Verschwörungstheorie, nicht mehr zu unterscheiden. Das Gespann Jude–Freimaurer erwies sich als langlebig. Der Jude wurde als Verursacher der Revolution und des Antiklerikalismus angesehen, als Verfolger des Klerus und Totengräber der christlichen Religion und Zivilisation.

Seit Beginn des Jahrhunderts brachte dieser moderne Judenhass eine üppige Literatur hervor. Sie vermehrte sich unter dem Zweiten Kaiserreich, nachdem 1869 das Werk des Chevalier Henri Gougenot des Mousseaux, *Le Juif, le Judaisme et la Judaisation des peuples chrétiens* (Der Jude, das Judentum und die Judaisie-rung der christlichen Völker) erschienen war, das zur Bibel des Antisemitismus wurde. Diese Art literarischer Produktion entwickelte sich unaufhaltsam weiter und wurde von der Presse mit Erzeugnissen wie *La Croix* sekundiert, einer Tageszeitung, die seit 1883 erschien und das Gespann Jude–Freimaurer ausschlachtete. Die Hetze verfehlte ihre Wirkung auf das für Antisemitis-mus empfängliche Umfeld nicht.

Auch die Linke war nicht frei von vergleichbaren Nei-gungen, und es musste erst zur Dreyfus-Affäre kom-men, damit sie endgültig damit brach. Die industrielle Revolution und das darauf folgende Aufkommen der Arbeiterfrage erzeugten ein neues Thema, das dem An-tisemitismus der Linken Nahrung gab: den Antikapita-lismus. Die Juden wurden pauschal mit den Rothschilds gleichgesetzt. Einige saint-simonistische Juden waren tatsächlich glühende Verfechter der industriellen Revolution und Produktion gewesen. Sozialisten wie Charles Fourier und Pierre Joseph Proudhon zeigten die Folgen dieser Revolution sowie die Ungerechtigkeiten auf, die sie mit sich brachte und propagierten die Rückkehr zum vorindustriellen Zustand.

Alphonse Toussenel, ein Schüler Fouriers, geißelte die Herrschaft des Geldes in *Les Juifs rois de l'époque: histoire de la féodalité financière* (Die Juden, Könige unserer Zeit: Geschichte des Finanzfeudalismus), einem zweibändigen Werk, das 1845 von der fourieristischen Librairie de l'école societaire veröffentlicht wurde. Das Werk wurde 1847 und danach 1886 und 1888 wiederaufgelegt, also in einer Periode, in der der Antisemitismus um sich griff. Es inspirierte zahlreiche extremistische Antisemiten wie Drumont, wurde aber auch von einem konservativen, ländlichen Antisemitismus rezipiert, der später in *L'Action française* seinen treffendsten Ausdruck fand. Auch Georges Duchênes, ein enger Freund Proudhons, war von Toussenel beeinflußt. Zu Beginn der Dritten Republik kamen die wichtigsten Schriften antisemitischer Tendenz aus der Feder von Sozialisten wie Albert Regnard, Gustave Tridon und Auguste Chirac.

Ire Livraison gratuite.
CHAQUE LIVRAISON SUIVANTE : 10 CENTIMES. — DEUX LIVRAISONS PAR SEMAINE

LIBRAIRIE BLERIOT
Henri GAUTIER, Successeur, 55, quai des Grands-Augustins, PARIS.
La seconde livraison sera mise en vente le samedi 26 mars 1892.

4

Während einige Sozialisten der ersten Stunde Juden und jüdische Bankiers mit dem Kapitalismus in einen Topf warfen, wurden andere aufgrund ihrer antireligiösen Grundhaltung zu Antisemiten. Die Rothschilds boten den Phantasmen des linken wie rechten Antisemitismus sowie ihrer Begleitscheinung, der Wahnvorstellung von der vermeintlichen okkulten Macht der Juden, reichlich Nahrung.

Der pseudowissenschaftliche Antisemitismus, der Rassen in eine hierarchische Beziehung zueinander setzt, idealisiert den ‚Arier' und macht den Juden – dessen Züge von physischen Zeichen seiner Minderwertigkeit entstellt seien – zu seinem Negativbild. Diese Theorie fand nicht nur in Deutschland, sondern auch in Frankreich glühende Anhänger. Dort wurde sie vor allem von Edouard Drumont verbreitet, der unter anderem beliebig aus Hippolyte Taine und Ernest Renan, dessen Denken weit komplexer und differenzierter war, schöpfte. Der Rassismus dieser Art stand nunmehr in voller Blüte, und auch Maurice Barres gründete seinen Antisemitismus auf diesen pseudowissenschaftlichen Ansatz.

Diese antisemitischen Strömungen wurden genährt durch die aktuellen Entwicklungen seit den 1890er Jahren und wirkten am Ende des 19. Jahrhunderts, das durch politische, soziale und wirtschaftliche Veränderungen mit destabilisierender Wirkung auf die französische Gesellschaft charakterisiert war, mit vereinter Kraft. Als die Union générale, eine 1878 von Paul-Eugène Bontoux, einem ehemaligen Angestellten der Familie Rothschild, gegründete katholische Bank 1882 bankrott machte, wurde dies den Rothschilds angelastet, selbst als der Prozess mit der Verurteilung des Gründers wegen betrügerischer Transaktionen endete. Die Rechte und die katholische Presse gingen auf die Juden los, aber in Wirklichkeit war der Bankrott nur ein Vorwand, um sie zu Sündenböcken zu machen. 1892 folgte der Panama-Skandal, eine Korruptionsaffäre (1888–1893), die mit dem Ruin Tausender kleiner Sparer endete und in die einige jüdische Geschäftsleute verwickelt waren. Seither entfaltete sich der Antisemitismus

fieberhaft in allen seinen Spielarten. Republikfeindlichkeit und Antisemitismus verschmolzen um so mehr, als seit dem Regierungsantritt antiklerikaler Republikaner der Klerus und die Aristokratie aus Machtpositionen entfernt wurden. Ein Religionskrieg zwischen Katholizismus und Rationalismus wurde ausgetragen. Die Theorie der jüdischen Verschwörung diente als Erklärung und Rechtfertigung für die Unzufriedenheit der katholischen Kreise. Zwischen 1882 und 1885 gab es drei Versuche antisemitische Zeitungen zu gründen,

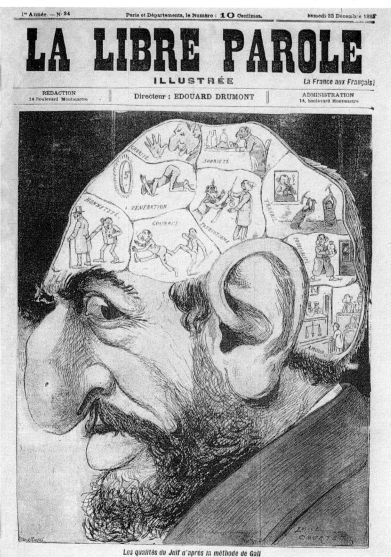

Les qualités du Juif d'après la méthode de Gall

5

zwei in Paris und einen in Montdidier, aber *L'Anti-Juif*, *L'Antisemitique* und *Le Péril social* (Die soziale Gefahr) waren kurzlebig und ihr Erscheinen wurde nach wenigen Nummern eingestellt.[1]

6

Verbreitung des Pamphlets erklären, das anfänglich auf Kosten des Autors veröffentlicht wurde. Die Presse, der das Gesetz von 1881, das die Zahl der journalistischen Straftaten reduzierte, den Weg zu antisemitischer Hetze ebnete, trug ihrerseits zum Erfolg des Werkes bei, einem Erfolg, der mit dem Tod des Autors 1917 und der Heiligen Union der Kriegsjahre zunächst zum Stillstand kam. In den dreißiger Jahren wurden seine Thesen schließlich von den Zeitschriften und der Literatur der sich damals voll entfaltenden extremen Rechten wieder aufgenommen.

Der Antisemitismus wie er von Drumont vertreten wurde, sammelte die zerstreuten Kräfte der Nation, die Katholiken und Arbeiter, im Kampf gegen die als kapitalistisch, verjudet und natürlich katholikenfeindlich diffamierte Republik. Er schien die geeignete Ideologie und politische Praxis zu sein, um Krisen und Unzufriedenheit zu erklären und zu kanalisieren und gab der nationalen Identität Gestalt durch den Gegensatz zu allem Jüdischen, das als Bedrohung der nationalen Integrität wahrgenommen wurde. Die extreme Rechte machte seither reichlich von diesen Inhalten Gebrauch.

Ein wirklicher Wendepunkt war die Veröffentlichung des Hauptwerks Drumonts, *La France juive* (Das verjudete Frankreich), das alle Strömungen des Antisemitismus in sich vereinte und 1886, zwischen dem Bankrott der Union générale und dem Panama-Skandal bei Marpon et Flammarion in zwei Bänden mit einem Umfang von 1.200 Seiten erschien. Es hatte eine Erstauflage von 2.000 Exemplaren und wurde zu einem großen verlegerischen Erfolg. Binnen zweier Monate wurden über 70.000 Exemplare verkauft und vor Ende des Jahres 1886 über 100.000. 1887 war man schon bei der hundertfünfundvierzigsten Auflage. Danach gab es noch Dutzende von Neuauflagen und »Fortsetzungen«. 1914 waren bereits 200 Auflagen erschienen. Bedenkt man, dass jede Auflage zwischen 1.000 und 5.000 Exemplare umfasste, kann man sich die Breitenwirkung eines solchen Werkes ausmalen.[2] Vor allem ist der Gedanke naheliegend, dass schon eine starke Empfänglichkeit innerhalb der Bevölkerung für die vom Autor ausgeführten Themen bestanden haben muss, ohne dass sich ein militanter Aktivismus in diesem Sinn entfaltet hätte. Dies würde die weite

1889 gründeten Drumont und Jacques Biez eine antisemitische Liga, die aber ein Jahr später mangels Zulaufes aufgelöst wurde. 1892 gründete Drumont seine eigene Zeitung, *La Libre Parole*, die den Panama-Skandal an die Öffentlichkeit brachte und durch ihren äußerst antisemitischen und polemischen Ton auffiel; trotz einer ersten Auflage von 200.000 Exemplaren verkaufte sie sich jedoch schlecht.[3] Die verschiedenen Pariser und regionalen Auflagen von *La Croix*, der Zeitschrift der Assumptionisten, und des *Pèlerin* (Der Pilger) mit ihren 500.000 Exemplaren sowie Vereinigungen wie die Ligue antisémitique, die es im Juli 1898 schließlich auf 11.000 Mitglieder brachte, trugen zum Emporkommen des Antisemitismus bei, der lediglich Zündstoff brauchte, um während der Dreyfus-Affäre zu explodieren.[4] Die Linke ihrerseits war in dieser Zeit noch nicht gegen den Antisemitismus gefeit und blieb für bestimmte seiner die Nation zusammenschweißenden Themen empfänglich. Bei alledem war der Antisemitismus noch weit davon entfernt, ein Massenphänomen zu sein. In dieser gespannten Atmosphäre ereignete sich die Dreyfus-Affäre, in einer Nation, in der 130.000 Juden (davon 60.000 in Algerien) lebten.[5]

Die Affäre hatte Frankreich gespalten, obwohl es sich anfänglich um ein verhältnismäßig unbedeutendes Ereignis gehandelt hatte. Sie war schließlich zu einem Wendepunkt in der Geschichte des Landes geworden. Wie aber war seine Wirkung auf die Juden? Man kann die Dreyfus-Affäre sicherlich nicht auf eine einfache jüdische Angelegenheit reduzieren. Der Antisemitismus spielte eine wichtige Rolle bei der Verurteilung des Hauptmanns, auch wenn es sich um einen Antisemitismus mit komplexen Ursachen handelte. Die Juden verweigerten sich lange dieser Erkenntnis. Der Hauptmann selbst schrieb seine Degradierung nicht dem Antisemitismus zu; dies jedenfalls geht aus seinem Tagebuch hervor, das 1899 unter dem Titel *Cinq Années de ma vie (1894–1899)* erschien. Und diejenigen, die sich an der Seite von Dreyfus engagierten, taten es a priori nicht, um den Antisemitismus zu bekämpfen. Man sollte dennoch nicht vergessen, dass schon 1892 *La Libre Parole* von Drumont eine Kampagne gegen jüdische Offiziere in der französischen Armee eröffnet hatte, die Duelle und Tote nach sich zog. Von der Stunde seiner Verhaftung an maß die antisemitische Presse der Identität des Angeklagten eine große Bedeutung bei. Der eigene Bruder des Hauptmanns schrieb: »Wenn Alfred kein Jude gewesen wäre, hätte man ihn nicht auf die Teufelsinsel geschickt.«[6] Auch Bernard Lazare brachte den Antisemitismus zur Sprache, der unterschwellig zur Verurteilung von Dreyfus und zur Ablehnung einer Revision des Verfahrens beigetragen hatte.

LE GÉNÉRAL JAMONT
GÉNÉRALISSIME

LE GÉNÉRAL ZURLINDEN
GOUVERNEUR DE PARIS

7

Was soll man aber zur ängstlichen Haltung der Juden angesichts der Dreyfus-Affäre sagen? Zunächst einmal, dass sie wahrscheinlich gar nicht so ängstlich war wie allgemein angenommen wird. Die israelitischen Franzosen dieser Zeit wollten jedoch nicht riskieren, durch die Verteidigung eines der ihren Zweifel an ihrer Loyalität und Anhänglichkeit einem Land gegenüber aufkommen zu lassen, das ihnen die Emanzipation gewährt hatte. Daher das vorübergehende Stillschweigen über die jüdische Identität des Angeklagten. Dennoch engagierten sich jüdische Intellektuelle und Angehörige der Bourgeoisie zunehmend und aus verschiedenen Gründen in diesem Kampf. Und selbstverständlich hatte die »Affäre« auch Auswirkungen auf die französische Judenheit oder doch zumindest auf einige ihrer Teile.

Der Antisemitismus wurde vom Lager der *Anti-Dreyfusards* als Waffe eingesetzt, auch wenn es Antisemiten gab, die sich als Individuen für eine Revision aussprachen; tatsächlich erreichte er einen neuen Höhepunkt während der »Affäre«. In ihrem Verlauf erweiterte sich der Antisemitismus um neue Funktionen und erfasste die breiten Volksmassen, einschließlich der Arbeiter, die mit allen möglichen antisemitischen Vorurteilen behaftet waren. Damals äußerte sich ein volkstümlicher Antisemitismus, der nicht auf die Städte begrenzt war. Er trat schlagend bei der Unterstützung eines Denkmals für Major Henry zutage, des Urhebers der für Dreyfus belastenden Fälschung. Nach seinem Selbstmord 1898 sollte die Subskription für ein Denkmal seiner Witwe ermöglichen, die Gerichtskosten der von ihr angestrengten Prozesse zu bezahlen. Man muß jedoch einräumen, dass der Antisemitismus nicht der hauptsächliche Beweggrund für das Monument Henry war, das übrigens nie errichtet wurde, denn es war vor allem ein Ausdruck des Nationalismus, der seit den achtziger Jahren Gestalt annahm. Der Antisemitismus war ohnehin nicht der einzige, die Bewegung gegen Dreyfus motivierende Faktor.[7]

Zwischen der Rehabilitierung von Dreyfus und dem Ende des I. Weltkrieges ging der Antisemitismus zurück. Aber *La Libre Parole* erschien weiter. Die Action française des Charles Maurras, eine monarchistische Bewegung, die während der Dreyfus-Affäre 1898

entstanden war, gründete 1905 eine Liga, publizierte seit 1908 eine Dreyfus-feindliche, antisemitische Tageszeitung, *L'Action Française* und organisierte gewalttätige Kundgebungen. Antisemitische Autoren wie Léon Daudet oder Albert Monniot verbreiteten weiterhin die Themen der jüdisch-freimaurerischen Verschwörung, der jüdischen Invasion, der jüdisch-deutschen Spionage und des Ritualmordes. Auch die katholischen Kreise blieben nach wie vor für antisemitische Thesen empfänglich.

In Algerien riefen der Esterhazy-Prozess und die Publikation *J'Accuse* von Zola im Januar 1898 antisemitische Ausschreitungen hervor. Schon ein Jahr zuvor hatte in Mostaganem ein Zusammenstoß bei einem Radrennen zur Plünderung des Judenviertels durch Muslime und Europäer geführt. Max Regis, der 1898 Bürgermeister Algiers werden sollte und damals zum neuen Präsidenten der antijüdischen Liga gewählt worden war schickte unter Rufen wie »*Es lebe die Armee! Nieder mit den Juden!*« seine Anhänger in das jüdische Viertel der Stadt. Die Folge waren etwa hundert Verletzte und die Plünderung jüdischer Geschäfte. In den Städten ereigneten sich in dichter Folge blutige Unruhen, deren Zielscheiben die Juden waren. Bei der Unterdrückung des Aufruhrs wurde wenig Eifer an den Tag gelegt. Die Bilanz war blutig. Mehrere Jahre lang blieb die Atmosphäre angespannt. Hatte die Dreyfus-Affäre dazu beigetragen, die bereits im Keim vorhandene judenfeindliche Bewegung zu verstärken? Derselbe Max Regis hatte auch *L'Anti-Juif* gegründet, eine von den Ideen Drumonts beeinflusste Zeitung, die eine Auflage von 20.000 Stück hatte, eine für das Land außergewöhnlich hohe Zahl. Im selben Jahr 1898 wurde Drumont mit Unterstützung Regis' im zweiten Wahlkreis von Algier triumphal zum Abgeordneten gewählt. Drei weitere Kandidaten derselben Mannschaft siegten bei den Wahlen in Algier, Oran und Constantine. Damit gehörten vier von sechs Parlamentariern Algeriens dem antisemitischen Lager an. Der Antisemitismus in diesem Land ging tatsächlich aus einer ‚Massenbewegung' hervor.[8]

Während des I. Weltkriegs wurde der Antisemitismus von einer Woge patriotischer Begeisterung für die von

Barres beschworene Einheitsfront hinweggeschwemmt. 1917 war Barres bei unveränderten Vorzeichen bereit, die Juden unter den »*spirituellen Familien Frankreichs*« in seinem gleichnamigen Werk *Les Diverses Familles spirituelles de la France,* das im selben Jahr erschien, aufzunehmen.

Anmerkungen

* Bei diesem Text handelt es sich um eine von der Verfasserin autorisierte gekürzte Fassung des Kapitels 10 »Risse im Franco-Judaismus« aus der Monografie Geschichte der Juden in Frankreich, Berlin 2000.

1 R. F. Byrnes: Édouard Drumont and La France juive, in: Jewish Social Studies (10), April 1948, S. 172f.

2 Ebenda, S. 179f.; Michel Winock: Nationalisme, antisenzitisme et fascisme en France, Paris 1990, S. 118.

3 Dominique Schnapper: Le Juif errant, in: Yves Lequin (Hrsg.),: Histoire des étrangers et de l'immigration en France, Paris 1992, S. 376.

4 Yves Lequin: Dreyfus à l'usine? Le silence d'une mémoire, in: Pierre Birnbaum (Hrsg.), La France de Paffaire Dreyfus, Paris 1994, S. 390; Pierre Birnbaum: Destins juifs, in: ebenda, S. 126.

5 Nach dem konsistorialen Zensus von 1891 (In der Volkszählung von 1872 wurde zum letzten Mal die religiöse Zugehörigkeit ausgewiesen. Daher sind wir seit dieser Zeit gezwungen, uns auf die Zählungen zu beziehen, die vom Konsistorium durchgeführt wurden.) betrug die Zahl der Juden in Frankreich 67.780. Für die Juden Algeriens (einschließlich der Juden der Region Mzab) ergab der Zensus von 1901 etwa 58.961 (Doris Bensimon: Socio-démographie, in: ebenda [wie Anm. 4], S. 72; Jean Ganiage: Histoire contemporaine du Maghreb, in: ebenda [wie Anm. 4], S. 236).

6 Zitat in Michael Burns: Histoire d'une famille française, les Dreyfus: L'emancipation, l'Affaire, Vichy, Paris 1994, S. 359.

7 Zu diesem Thema sei auf den Artikel von Christophe Prochasson verwiesen, der den Antisemitismus zur Zeit der Dreyfus-Affäre neu betrachtet: »Un retour aux sources: l'antisémitisme au temps de l'Affaire«, in: Jean Jaurès, cahiers trimestriels (137), Juli–September 1995, Sonderheft zum Thema Dreyfus-Affäre, S. 53–58.

8 Zeev Sternhell: La Droite révolutionnaire 1885–1914. Les origines Françaises du fascisme, Paris 1978, S. 232–235.

gegenüber steht. Judentum, das ist der Feind!...

2 Antisemitische Karikatur auf der Titelseite der Zeitschrift Le Rire (bezogen auf die Familie Rothschild) vom 16. April 1898.

3 Antisemitische Karikatur auf der Titelseite der Zeitschrift L'Antijuif vom 27. März 1898.

4 Titelseite des Bucheinbandes von La France Juive [Das jüdische Frankreich] von Edouard Drumont (1844–1917) in der 2. Auflage von 1892; innerhalb von Monaten nach seiner ersten Veröffentlichung im Jahre 1886 wurden 100.000 Exemplare von La France Juive verkauft: insgesamt gab es mehr als zwei hundert Auflagen des Werkes.

5 Titelseite der Zeitschrift La Libre Parole vom 23. Dezember 1893 mit dem Titel „Les Qualités du juif d'après la méthode de Gall" [Die Eigenschaften der Juden, nach der Methode von Gall]; die Pseudowissenschaft der Phrenologie wurde bösartig manipuliert, um ein rassistisches Klischee zu stärken. Juden wurden so dargestellt als verfügten sie über alle Laster und wären aller Straftaten, sogar des Verrats, fähig.

6 Titelseite der Zeitschrift Le Pèlerin vom 3. April 1898; Le Pèlerin (Der Pilger) war eine von zahlreichen katholischen und gegen Dreyfus gerichteten Zeitungen; inhaltlich handelte der Artikel von gegen Dreyfus und Scheurer-Kestner gerichtete Studentenunruhen; die von der Kongregation der Assumptionisten (Jesuiten) geleitete Illustrierte hatte 1897 eine Auflage von 140.000 Exemplaren.

7 Titelseite des Le Petit Journal vom 30. Januar 1898; «Vive l'armée! Le Général Jamont, généralissime; Le Général Zurlinden, gouverneur de Paris» [„Es lebe die Armee! General Jamont, Oberbefehlshaber; General Zurlinden, Militärgouverneur von Paris"] Die patriotische Unterstützung der Armee wird beschwört – um eine vermeintlich unpatriotische und antimilitaristische Einstellung auf Seiten Zolas anzudeuten.

Abbildungen

1 Lithographie, illustriertes Wahlplakat für die Parlamentswahlen im September 1889 für den Kandidaten Adolphe Willette (1857-1926); Willette bietet sich auf dem Plakat als 'antisemitischer Kandidat' an; Bildtext: ...Es ist keine Frage der Religion. Der Jude gehört einer anderen Rasse an, die der unseren feindlich

II. Corpus delicti *Bordereau* –
Ein Spionageverdacht

Im September 1894 fing der französische Geheimdienst in der Deutschen Botschaft in Paris ein Dokument (»Bordereau«) ab. Aus dem Dokument ging hervor, dass ein französischer Offizier Deutschland streng geheime Informationen über die Mobilmachung der Artillerie anbot.

Am 15. Oktober wurde Hauptmann Alfred Dreyfus, ein Artillerieoffizier, der zum französischen Geheimdienst abgeordnet war, aufgefordert, in Zivilkleidung im Kriegsministerium zu erscheinen. In Anwesenheit des Polizeichefs wurde Dreyfus aufgefordert, einen vorbereiteten Text zu schreiben, der von Oberst Du Paty de Clam diktiert wurde. Dreyfus wurde daraufhin sofort verhaftet:

1

> »Wessen klagen Sie mich an?« rief Dreyfus
> »Das wissen Sie selbst gut genug« antwortete Du Paty;
> »der Brief, den ich soeben diktiert habe, ist ein ausreichender Beweis [...] Ihr Verrat ist entdeckt.«

Dreyfus wurde verhaftet und unter großer Geheimhaltung gefangen gehalten.

Am 29. Oktober informierte ein anonymer Brief die antisemitische Zeitung *La Libre Parole*, dass ein Offizier des Generalstabs verhaftet worden war. »*Hochverrat: Verhaftung eines jüdischen Offiziers, Hauptmann Dreyfus*«, lautete die Schlagzeile. Einen Monat später antwortete der Kriegsminister, General Mercier, der Presse auf die Kritik, er wäre unfähig und hätte nicht auf den Fall reagiert, mit den Worten, er hätte »*positive Beweise für Dreyfus' Verrat*«.

Im Militärgefängnis Cherche-Midi fand ein Militärgerichtsverfahren statt. Fern von den prüfenden Blicken der Öffentlichkeit urteilte das Militärgericht anhand einer »Geheimakte«, um den Verdächtigten zu belasten. Gefälschte Dokumente, die die Verteidigung nie zu Gesicht bekam, wurden verwendet, um die Verurteilung von Alfred Dreyfus zu sichern. Er wurde degradiert und zu lebenslanger Haft an einem gesicherten Ort verurteilt.

Am 5. Januar 1895 wurde Dreyfus im Hof der Ecole Militaire vor Offizieren und neuen Rekruten aller Pariser Regimenter sein Dienstgrad aberkannt. Eine gewalttätige Menge von zwölftausend Zuschauern wohnte der Zeremonie bei und schleuderte dem

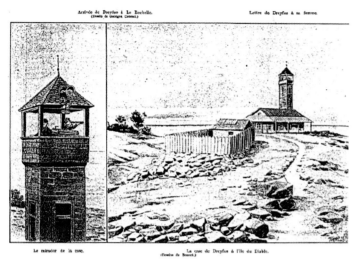

Verurteilten Beleidigungen entgegen: »*Tod dem Verräter, Tod den Juden!!*«

Dreyfus wurde zur ständigen Kerkerhaft auf die Teufelsinsel vor der Küste Französisch-Guyanas deportiert. Die Bedingungen an diesem einsamen und sengend heißen Ort waren unmenschlich und kamen praktisch einer Verurteilung zum Tode gleich. Umgeben von einem hohen Zaun, Ungeziefer und Skorpionen ausgesetzt, war Dreyfus einen Großteil der Zeit in Ketten gelegt. Seine Nahrung, die oft aus verfaulten Lebensmitteln bestand, wurde in rostigen Blechbüchsen zubereitet und gereicht.

Während dieser Qualen behielt Dreyfus eine unbeirrbare Loyalität gegenüber der französischen Justiz, seinen Glauben an die Ehre der Armee und Ergebenheit gegenüber seiner Familie.

Abbildungen

1   Schriftstück zur Affäre Esterhazy, kein Datum, Inschrift in Bleistift „8. Januar 1898"; Inhalt: Identité absolue des écritures, Le Bordereau est l'oeuvre du commandant Esterhazy [Vollkommene Übereinstimmung der Handschriften, Das Bordereau ist das Werk von Major Esterhazy].

2   Plakat für die Bühneninszenierung: „Die Teufelsinsel" von Vera de Noies; Lithographie ohne Datum (um 1900)
„Die Teufelsinsel" wurde im Dezember 1897 in New York uraufgeführt und ging dann bis 1907 auf Tournee durch die Vereinigten Staaten. In der Adaption eines Romans von Arthur Hall zeigt das Stück das Interesse der amerikanischen Öffentlichkeit an der Affäre.

3   Skizze des Militärgefängnis Cherche-Midi auf der Teufelsinsel aus La Vie Illustrée vom 25. Mai 1899; Dreyfus war auf der Teufelsinsel katastrophalen Zuständen ausgesetzt; neben den seelischen Leiden, die er unter weitgehender Isolation erfuhr – seine Wärter waren angewiesen, nicht mit ihm zu sprechen –, litt er unter schwerer körperlicher Entkräftung; einseitige Ernährung, mangelnde Bewegung und Hygiene im tropischen Klima, die zu Parasitenbefall, Fieber und Ruhr führten, sowie das wochenlange Tragen von Hand- und Fußfesseln machten die Haft zu einem Überlebenskampf.

3   Titelseite der Zeitschrift Le Petit Journal vom 23. Dezember 1894 mit der Schlagzeile „Le Capitaine Dreyfus devant le conseil de guerre" [Hauptmann Dreyfus vor dem Militärgericht].

Le capitaine Dreyfus devant le conseil de guerre

Elke-Vera Kotowski

Das *corpus delicti*

Das Bordereau und sein Weg in die deutsche Botschaft Paris

Am 20. Juli 1894, zwei Monate bevor das sogenannte Bordereau im Nachrichtenbüro entdeckt wird, taucht erstmals ein französischer Major namens Marie-Charles-Ferdinand Walsin-Esterhazy in der deutschen Botschaft in Paris auf und bietet dem dortigen Militärattaché, Oberstleutnant Max von Schwartzkoppen, seine Dienste an. Bereits am nächsten Tag erhält Schwartzkoppen einen Brief von Esterhazy, in dem er eine Reise und Auskünfte über Russland avisiert. Am 27. Juli wird Esterhazy erneut bei Schwartzkoppen vorstellig, gibt diesem über sich Auskunft und fordert für seine künftigen Dienste einen monatlichen Betrag von 2.000 Francs. Schwartzkoppen notiert über diese Begegnung mit Esterhazy in sein Tagebuch: »*Ein aktiver franzö-* *sischer Offizier, welcher sich nicht entblödet, zum Verräter an seinem Vaterland zu werden [...].*« Am 15. August kauft Schwartzkoppen die ersten ‚geheimen' Dokumente von Esterhazy, es handelt sich dabei um einen Mobilmachungsplan der französischen Artillerie, Esterhazy erhält dafür 1.000 Francs. Am 1. September übergibt dieser erneut drei Schriftstücke an Schwartzkoppen, es handelt sich dabei um ein Verzeichnis der Bedeckungstruppen, eine Beschreibung der kurzen 120-mm-Kanone und den Entwurf der Schießvorschrift der Feldartillerie. Wenige Tage später folgt ein Bericht über Artilleriemanöver in Sissonne. Ende September wird dann jenes Bordereau vom Nachrichtenbüro abgefangen, deren Inhalt lautet:

»Mein Herr, obwohl ich ohne Nachricht von Ihnen bin, dass Sie mich zu sehen wünschen, sende ich Ihnen einige interessante Auskünfte:

1. eine Aufzeichnung über die hydraulische Bremse des 120-mm-Geschützes und über die Erfahrungen, die man mit ihm gemacht hat;

2. eine Aufzeichnung über die Bedeckungstruppen (der neue Plan wird einige Änderungen bringen);

3. eine Aufzeichnung über eine Veränderung in den Artillerieformationen;

4. eine Aufzeichnung über Madagaskar;

5. den Entwurf der Schießvorschrift der Feldartillerie (14. März 1894).

Dieses letzte Dokument ist äußerst schwer zu beschaffen, und ich kann es nur sehr wenige Tage zu meiner Verfügung haben. Das Kriegsministerium hat den Truppenteilen nur eine bestimmte Zahl geschickt, und die Truppenteile sind dafür verantwortlich. Jeder Empfänger unter den Offizieren muß sein Exemplar nach den Manövern zurückgeben. Wenn Sie also das, was Sie interessiert, abschreiben wollen und dann den Entwurf zu meiner Verfügung halten, werde ich ihn abholen, es sei denn, dass ich ihn ganz abschreiben lasse und Ihnen die Abschrift zuschicke.

Ich fahre zu den Manövern.«

1

2

Anhand einer fotografischen Kopie dieses Schriftstücks wird im Büro des Generalstabs ein Handschriftenvergleich vorgenommen, der Verdacht fällt auf den Artilleriehauptmann Alfred Dreyfus, der seit Januar 1893 eine zweijährige Schulung im Generalstab absolviert und zur Zeit in ein Pariser Infanterieregiment abkommandiert ist. Am 14. Oktober 1894, einem Sonntag, laufen die Vorbereitung für die Verhaftung Dreyfus'. Unter einem Vorwand wird Hauptmann Dreyfus am 15. Oktober zum Generalstabschef gerufen und dort aufgefordert, ihm vorgesagte Sätze handschriftlich zu notieren, es handelt sich dabei um Worte und Satzfetzen des abgefangenen Bordereau. Eine erste oberflächliche Ähnlichkeit in

3

der Handschrift bietet den Offizieren des Nachrichtenbüros einen hinreichenden Beweis dafür, dass Dreyfus ein Spion und Vaterlandsverräter ist. Dreyfus wird abgeführt und kommt in Untersuchungshaft.

Der eigens für diesen Fall von Kriegsminister Mercier zum *Officer de police judiciaire* berufene Major du Paty de Clam, schließt bereits nach 14 Tagen seine Voruntersuchung im ‚Spionagefall' ab. Am 31. Oktober 1894 gibt die Agence Havas

bekannt, dass ein Offizier wegen Landesverrats verhaftet wurde. Bereits am 1. November nennt die Zeitung *Libre Parole* Dreyfus als Verräter. Am 3. November wird die Anklage durch die militärische Justiz erhoben und der Prozess am 19. Dezember vor dem Kriegsgericht eröffnet. Bereits nach drei Kalendertagen erfolgt die einstimmige Verurteilung zu lebenslänglicher Verbannung.

5

Wenige Tage bevor der Prozess vor dem Kriegsgericht beginnt, formuliert Schwartzkoppen seine Einschätzung über den »Fall Dreyfus« und schickt diese in einem Brief nach Berlin.

In der deutschen Botschaft

Paris, den 14. Dezember 1894

Brief über den Fall Dreyfuß.

Ueber die Angelegenheit Dreyfuß herrscht fortgesetzt vollkommenes Dunkel. Es ist bisher noch nicht festgestellt, welches der Inhalt des Schriftstückes ist, von welchem behauptet wird, daß Dreyfuß es einem ausländischen Militär-Attaché oder Agenten gegeben habe. Die Behauptungen, daß dieses der deutsche Militär-Attaché sei, dauern in der chauvinistischen Presse fort, womit Angriffe auf die deutsche Botschaft in manchmal unverschämtester Weise verbunden werden. Diese Angriffe sind auf die ernstlichen Vorstellungen Sr. Exellenz des Herrn Botschafters durch die Regierung zurückgewiesen worden. Es gewinnt immer mehr den Anschein, als ob die ganze Angelegenheit schließlich mit einer Freisprechung von Dreyfuß endigen wird, wodurch natürlich die schon so sehr untergebene Stellung des Kriegsministers wie auch diejenigen d. Chefs des Generalstabes nicht nur sehr leiden würden, sondern diejenige des Ersteren absolut unhaltbar wird.

Die ungünstige Beurtheilung des Kriegsministers durch die opportunistische und auch die deutsche Presse, welche letztere beschuldigt wird, daß sie den Sturz des Kriegsministers wünsche, hat die chauvinistische radikale Presse veranlaßt, sich zum energischen Vertheidigen des Kriegsministers aufzuwerfen. Diese Presse, die noch vor Kurzem sich nicht scheute, den Kriegsminister wegen seiner flair d'aitillem lächerlich zu machen, stellt ihn heute als einen der bedeutendsten Männer Frankreichs hin und erinnert in dieser Beziehung an die blühendsten Zeiten des Boulangismus.

Diese Parteinahme seitens der niedrigsten Presse für den Kriegsminister kann nur dazu beitragen, den Sturz des Letzteren zu beschleunigen, der auch ohne die Dreyfuß Affaire längst beschlossene Sache war. Die ganz unverständlichen Maßregeln des Kriegsministers in militärisch organisatorischer Beziehung haben ihm das Vertrauen der Armee und des verständigen Theils der parlamentarischen Körperschaften vollkommen entzogen, wie solches bei Berathung des Kriegsbudgets zum Ausdruck kommen wird.

Klarheit in der Dreyfuß Angelegenheit wird eventuell erst durch das am 19. d. Mt. abzuhaltende Kriegsgericht gebracht werden.

Wie der Spruch desselben aber auch ausfallen mag, die Angriffe gegen die deutsche Botschaft und den deutschen Militär-Attaché dürften damit kaum aufhören und es dürfte sich die Frage aufdrängen, ob nach Klarlegung des Falles Dreyfuß nicht eine erneute bestimmte Erklärung seitens der Französischen Regierung gefordert werden müsste, welche keinen Zweifel über die unberechtigten Beschuldigungen, denen sowohl die Botschaft, wie der Militär-Attaché im Besonderen, während dieser Angelegenheit schwebte, fortgesetzt ausgesetzt waren, zulässt.

gez. von Schwartzkoppen
Oberstlieutnannt im Generalstabe
u. Militär-Attaché

6

Abbildungen

1   Das so genannte Bordereau. Es handelt sich um einen Briefaus-
    zug von Esterhazy an von Schwartzkoppen.
2   Max von Schwartzkoppen, Militärattaché in der deutschen
    Botschaft in Paris.
3   Major du Paty de Clam.
4   Major Esterhazy.
5   Kriegsminister Mercier.
6   Schreiben des Militärsttachés Schwarzkoppen an das königliche
    Kriegsministerium in Berlin.

Detlev Zimmermann

Eine Bewährungsprobe für die Republik

Frankreich und die Dreyfus-Affäre

Wenn im heutigen Frankreich die Rede von ‚L'affaire' ist, bedarf es keiner besonderen Erläuterung. Nahezu jeder Bürger assoziiert mit dem Begriff die umfassendste Gesellschaftskrise der Dritten Republik am ausgehenden 19. Jahrhundert. Deren Präsenz im kollektiven Gedächtnis erklärt sich aus mehreren Ursachen. Einerseits verbindet sich mit diesem Skandal eine Story, die ein begabter Krimiautor kaum spannender hätte erzählen können. Daher nimmt es auch nicht wunder, dass das bedauernswerte Schicksal von Alfred Dreyfus die Phantasie von Generationen von Künstlern beflügelte. Andererseits gehört der Verweis auf die Affäre zum gängigen verbalen Instrumentarium der ‚classe politique'. Immer wieder nehmen die Entscheidungsträger gerne Bezug auf die Affäre, um entweder ihr eigenes Tun zu rechtfertigen oder den politischen Gegner zu attackieren. Dadurch entstehen mitunter so viele ‚neue Dreyfus-Affären', dass es Schwierigkeiten bereitet, den Überblick zu behalten.

Das anhaltende Interesse der Historiker gilt hingegen weniger diesen parlamentarischen Scharmützeln noch den teils dramatischen Einzelheiten des Falls. Vielmehr bewegt die Geschichtswissenschaftler die sich hinter der Dreyfus-Affäre verbergende fundamentale und vor allem – stets aktuelle – Auseinandersetzung um die Legitimation und die Grenzen staatlicher Macht. An der Frage des Erhalts bzw. der Einschränkung individueller Freiheitsrechte schieden sich die Geister. Dieser prinzipielle Wertekonflikt spaltete das Land, gefährdete die republikanische Staatsform und brachte Frankreich – wie es nicht wenige Zeitgenossen empfanden – an den Rand eines Bürgerkrieges.[1]

Die bedrohte Republik

Die Dritte Republik erblickte unter schwersten Geburtswehen das Licht der Welt. Kurz vor ihrer Geburt hatte Napoleon III. das Land leichtfertig in einen Krieg gegen Preußen geführt und hierfür folgerichtig in der Schlacht bei Sedan die Quittung erhalten. Die Konfusion nach dem militärischen Debakel nutzte Léon Gambetta, Führer der republikanischen Opposition im Zweiten Kaiserreich, um am 4. September 1870 die Absetzung der napoleonischen Dynastie zu erklären und die Republik auszurufen.

Doch der Aufbruch in eine neue Zeit erwies sich als überaus schwierig. In die ohnehin schon existierende Konfrontation zwischen Gegnern und Befürwortern einer Fortsetzung des Krieges mischte sich nun auch

1

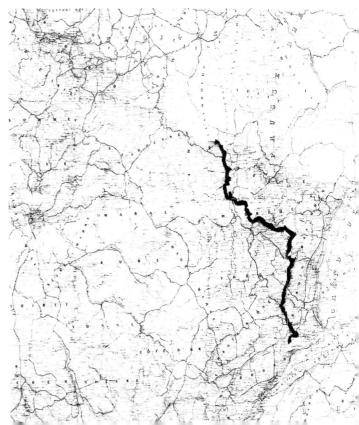

noch der Gegensatz zwischen Republikanern und Royalisten.

Trotz des republikanischen Neuanfangs dominierten anfänglich die Monarchisten. In den Parlamentswahlen vom 8. Februar 1871 errangen sie eine überwältigende Zweidrittelmehrheit. Dass sie bei dieser Konstellation nicht umgehend zum Angriff auf die republikanische Regierung bliesen, hatte mehrere Gründe. Zum einen überschattete der Konflikt mit dem Deutschen Kaiserreich die innenpolitische Szenerie. Alle Abgeordneten, gleich welcher Couleur, einte der Wille, so schnell wie möglich die Schmach der Niederlage zu tilgen. Daher akzeptierten sie notgedrungen die überaus harten Bedingungen des Friedensvertrages, insbesondere die Abtretung des Elsass' und weiten Teilen Lothringens sowie die Zahlung von fünf Milliarden Franc an Deutschland. Zum anderen zeigten sich die Monarchisten über die blutige Niederschlagung der Pariser Kommune (18.3.–28.5.1871) sehr erleichtert. Da die Honoratioren der alten Ordnung aber weiterhin heillos in Anhänger verschiedener Königslinien (Orléanisten, Legitimisten, Bonapartisten) zerstritten waren und sich auf keinen geeigneten Thronnachfolger verständigen konnten, unterstützten sie vorläufig den konservativen Republikaner Adolphe Thiers in seinem Bemühen, die hohen Kriegsentschädigungen aufzubringen. Das Ergebnis der von ihm hierzu angeregten Anleihen übertraf alle Prognosen. Mit der vorfristigen Überweisung der Reparationssumme entfiel zugleich die Notwendigkeit einer weiteren deutschen Besetzung der östlichen Départements. Als Thiers auf der Woge dieses Erfolgs jedoch die allmähliche Republikanisierung des Staates vorantreiben wollte, entzogen die Monarchisten ihm im Mai 1873 ihr Vertrauen und ersetzten ihn durch den ultrakonservativen Marschall Patrice de MacMahon. Dessen extrem restaurativ-monarchistische Überzeugungen motivierte nun die Republikaner ihrerseits, die Reihen fester zu schließen und die Verfassungsfrage energischer voranzutreiben. Schließlich wurde im Januar 1875 ein Gesetzentwurf mit nur einer Stimme Mehrheit angenommen, der vorsah, dass der Präsident der Republik von Senat und Kammer auf sieben Jahre gewählt wird. Mit dieser Kompromissformel, die eine

herausragende Stellung des Präsidenten mit der parlamentarischen Kontrolle durch ein Zweikammersystem verband, hatten die Republikaner zweifellos einen wichtigen Teilerfolg errungen.[2] Doch das hauchdünne Ergebnis kündete auch von der Fortsetzung dieser Auseinandersetzung.

Zu einer erneuten Machtprobe drängte MacMahon im Mai 1877, als er gegen den erklärten Wählerwillen die Bildung eines promonarchistischen Kabinetts initiierte. Als die Abgeordneten diesem erwartungsgemäß das Vertrauen verweigerten, löste der Präsident das Parlament mit Hilfe des konservativen Senats auf. Diese verfassungsrechtlich mögliche, aber höchst selbstherrliche Entscheidung empfanden die Deputierten als Provokation (,Staatsstreich'), da sie nicht wegen einer politischen Krise, sondern nur infolge von Regierungsbeschlüssen, die dem Präsidenten missfielen, erfolgt war. In den notwendigen Neuwahlen konnten die Republikaner – entgegen den Erwartungen MacMahons und seiner Gesinnungsfreunde – ihren Wahlerfolg wiederholen. Als sie daraufhin sogar die Mehrheit im Senat errangen, gab MacMahon im Januar 1879 sein Amt auf. Die Republik hatte sich behauptet.

Nach der Ausschaltung der monarchistischen Gefahr setzte in den 80er Jahren eine Phase der inneren Republikanisierung Frankreichs ein. Neben einigen eher symbolträchtigen Maßnahmen (Erhebung des 14. Juli zum Nationalfeiertag und der Marseillaise zur Nationalhymne, Verlegung des Parlaments von Versailles nach Paris, Amnestie der Kommunarden) trugen vor allem die Ausweitung bürgerlicher Freiheiten (Sicherung von Presse- und Versammlungsfreiheit, Legalisierung der Gewerkschaften, Stärkung von Lokalverwaltungen) sowie die Modernisierung im Erziehungswesen (Einführung der allgemeinen und kostenlosen Schulpflicht, Verweltlichung der Bildung) zur Stabilisierung der Gesellschaft bei. Gleichzeitig förderten diese Reformen aber auch neue Interessengegensätze im Lager der Republikaner selbst. Während die ,Radikalen' für eine Vertiefung der Demokratie, für eine forcierte Revanchepolitik und gegen eine Wiederaufnahme der Kolonialpolitik eintraten, wünschten die ,Gemäßigten' eine innenpolitische Konsolidierung, einen stillschweigenden Ausgleich mit Deutschland und eine zielgerichtete Ausdehnung französischen Einflusses in Übersee. Erheblich verschärft wurden diese Rivalitäten durch zunehmende soziale Spannungen, die im Ergebnis der beschleunigten industriellen Entwicklung aufbrachen. Sie begünstigten nicht nur die Neuformierung einer organisierten Arbeiterbewegung links von den Republikanern, sondern sie spielten auch politischen Abenteurern vom Schlage eines Georges Boulangers in die Hände, dessen Ambitionen die Republik in ihren Grundfesten schwer erschütterte. Als Kriegsminister wegen seiner nationalistischen Reden (»Général Revanche«) und seiner aufgesetzten Volksnähe bald

untragbar, machte sich der erst strafversetzte und dann im März 1888 aus der Armee entlassene General dank seines demagogischen Talents zum Anwalt aller politisch und sozial Unzufriedenen. Finanziert von monarchistischen Kreisen, eroberte er binnen kürzester Zeit einen Wahlkreis nach dem anderen. Sogar im linken Paris triumphierte er. Angesichts dieser schon irrationalen Popularität schien selbst ein Umsturz nicht mehr ausgeschlossen. Von dieser Aussicht aufgeschreckt, strengte die Regierung gegen den Konkurrenten ein Verfahren wegen monarchistischer Konspiration an. Zum Entsetzen seiner Bewunderer packte Boulanger daraufhin die Angst. Er entzog sich der Anklage, floh überstürzt ins Ausland und beging zwei Jahre später am Grab seiner Geliebten Selbstmord. Mit dem ruhmlosen Ende des Helden zerfiel auch die nach ihm benannte antiparlamentarische Massenbewegung.

LES MARTYRS DU PANAMA

Obwohl der Name Boulanger schon bald in Vergessenheit geriet und der prunkvolle Glanz der Weltausstellung von 1889 auch auf die regierenden Liberalen abstrahlte, währte die Atempause für die Republik nicht lange. Vor allem der spektakuläre Bestechungsskandal beim Bau des Panamakanals, ein Abgrund von Filz, Manipulationen und Intrigen, bot 1892 den gerade enttäuschten Konservativen eine willkommene Gelegenheit, sich an ihren Opponenten zu rächen. Die Wellen der Entrüstung schlugen hoch und manch verheißungsvolle Karriere drohte im Strudel dieser dunklen Finanzmachenschaften unterzugehen.

Doch verglichen mit dem eisigen politischen Sturm, der in wenigen Monaten über die Republik hereinbrechen sollte, nahm sich

AFFAIRE ESTERHAZY

Identité absolue des Écritures

Le BORDEREAU est l'œuvre du Commandant Esterhazy

3

auch diese abermalige Krise – natürlich nur in der Nachbetrachtung – eher wie ein laues Frühlingslüftchen aus.

Der Fall Dreyfus

Dabei begann die Geschichte der Dreyfus-Affäre wenig spektakulär. Auf Veranlassung von Kriegsminister Auguste Mercier wurde am 15. Oktober 1894 Alfred Dreyfus, 35-jähriger Artilleriehauptmann und seit Anfang des Jahres Praktikant im Generalstab, verhaftet. Man beschuldigte ihn des Landesverrats. Als Beweis diente den Ermittlern ein zerrissener Zettel (»Bordereau«), den eine Putzfrau, die im Auftrag des französischen Nachrichtendienstes in der deutschen Botschaft angestellt war, im Papierkorb des Militärattachés Oberstleutnant Max von Schwartzkoppen gefunden hatte. Dabei handelte es sich offensichtlich um ein Begleitschreiben zu einer Sendung von fünf geheimen militärischen Dokumenten.[3]

Obwohl die Autorenschaft der Korrespondenz nicht zweifelsfrei geklärt war, glaubte Oberst Jean Sandherr, Chef des Nachrichtenbüros und in diesem Amt verantwortlich für die Spionageabwehr, den vermeintlichen Verräter gefunden zu haben. Seinem Verdacht schloss sich die Führung des Generalstabs umgehend an. Die ranghohen Offiziere standen nicht nur unter einem erheblichen Erfolgsdruck, endlich den lang vermuteten Spion präsentieren zu können, sondern sie teilten vor allem dieselben klerikal-nationalistischen Überzeugungen und antisemitischen Stimmungen. Insoweit kam Dreyfus ihren Vorstellungen von einem möglichen Verräter sehr nahe. Als überzeugter Republikaner und einziger Jude im Generalstab war er den Militärs doppelt verdächtig. Nach wie vor misstrauten sie »der von Juden

korrumpierten Republik« genauso wie sie im Herzen der monarchistischen Ordnung nachtrauerten. Ihre Sympathien korrespondierten ganz augenscheinlich mit den Intentionen eines Edouard Drumont, dessen Zeitung *La Libre Parole* am 29. Oktober 1894 erstmalig über den Spionagefall berichtet hatte.[4]

Täglich warteten weitere Pariser Blätter mit neuen, häufig antisemitisch eingefärbten Enthüllungen auf. Ihre haltlosen Anschuldigungen vergifteten das öffentliche Klima merklich. Unter diesen Bedingungen war an einen fairen Prozess überhaupt nicht zu denken. Trotz des dürftigen Beweismaterials, fragwürdiger Handschriftenvergleiche und der fehlenden Motive des Angeklagten glaubten die Richter den verzweifelten

A propos de Judas Dreyfus

-- Français, voilà huit années que je vous le répète chaque jour !!!

Unschuldsbeteuerungen von Dreyfus nicht. Ihre vorgefasste Meinung fanden sie obendrein durch ein Geheimdossier bekräftigt, das ihnen kurz vor der Urteilsfindung
rechtswidrig hinter dem Rücken der Verteidigung übergeben worden war. Auf Befehl des Kriegsministers hatte
Major Du Paty de Clam darin weitere ‚Beweisstücke'
zusammengestellt, um die einmal gelegte Fährte zu verstärken. Schließlich erging
am 22. Dezember 1894
der Richterspruch: Drey-
fus wurde einstimmig der
Spionage zugunsten einer
fremden Macht für schul-
dig befunden und zu le-
benslanger Haft verurteilt.
Bevor der Strafgefangene
auf die abgelegene
Teufelsinsel nach Franzö-
sisch-Guayana verbannt
wurde, musste er sich
am 5. Januar 1895 noch
einem entwürdigenden
Schauspiel stellen.

Zu seiner Degradierung
waren im Hof der *Ecole
militaire* Abordnungen
aller Regimenter der Pariser Garnison angetreten.
Nach der Verlesung des
Urteils riss ihm ein Feld-
webel der *Garde républi-
caine* die Rangabzeichen
vom Waffenrock und zer-
brach seinen Säbel. Anschließend wurde der öffentlich
Gedemütigte unter den wütenden Beschimpfungen der
zuschauenden Massen zurück ins Gefängnis geführt.
Das Urteil stieß in der Presse, im Parlament und in der
Armee auf allgemeine Zustimmung. Lediglich über das
Strafmaß gab es geteilte Meinungen. So bedauerten der
radikale Republikaner Georges Clemenceau genauso
wie der Sozialist Jean Jaurès – wenige Jahre später
beide entschiedene Verteidiger Dreyfus' – das viel zu
milde Urteil.[5]

LE TRAITRE
Dégradation d'Alfred Dreyfus

Die jüdische Gemeinde verhielt sich auffallend zurückhaltend, da sie nachteilige Folgen für ihre gesellschaftliche Stellung, möglicherweise sogar den Verlust ihrer
Gleichberechtigung befürchtete.[6]

Während der Strafgefangene unter der Hitze Süd-
amerikas litt und unentwegt mit seinem Schicksal
haderte, beruhigte sich die öffentliche Meinung an der
Seine langsam. Allmählich
geriet der Prozess in
Vergessenheit.

An dieser Situation hätte
sich vermutlich auch
nichts geändert, wenn
nicht die Familie, allen
voran sein älterer Bruder
Mathieu Dreyfus, und
eine verschwindend klei-
ne Anzahl von rechtsbe-
wussten Männern, denen
im Verlaufe des Prozesses
doch Zweifel an der
Schuld des Angeklagten
gekommen waren, sich
nicht weiter für den Verurteilten engagiert hätten.

Zu ihnen gehörten vor
allem der Dreyfus-Anwalt
Edgar Demange, der
Publizist Bernard Lazare
sowie der Abgeordnete
Joseph Reinach. Gleich-
wohl waren die ersten
Dreyfusards, wie die
Verteidiger des Verbannten genannt wurden, von einer
Aufhebung des Urteils noch weit entfernt.

Erst als Oberstleutnant Georges Picquart, seit dem 1.
Juli 1895 Nachfolger von Sandherr im Nachrichtenbüro,
dem wahren Verräter auf die Spur kam und trotz des
unmissverständlichen Desinteresses der Generalstabsführung sich deren Druck nicht beugen wollte, weitete
sich der Justizirrtum ab 1896 Schritt für Schritt zu einer
veritablen Affäre aus.

Die Affäre Dreyfus

Ins Blickfeld des Nachrichtenbüros geriet Graf Charles Ferdinand von Walsin-Esterhazy, nachdem in einem erneut abgefangenen Brief Schwartzkoppens (*petit bleu*) dessen Name Erwähnung fand. Die nachfolgen-

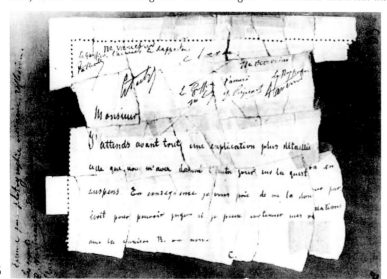

6

de Routineüberprüfung ergab, dass der lebenslustige Major das leichtfertige Glücksspiel genauso liebte wie den kostspieligen Kontakt zu zahlreichen Mätressen. Wesentlich folgenreicher als der unstete Lebenswandel und der anfängliche Spionageverdacht jedoch war, dass Picquart beim Studium der Akten von Dreyfus und von Esterhazy die Identität der Handschriften in den Beweismaterialien auffiel. Wenn diese Annahme stimmte, war Esterhazy nicht nur der Verfasser des gerade abgefangenen *petit bleu*, sondern auch der Autor des Dreyfus zu Unrecht angelasteten Schreibens. Von der Unschuld des Deportierten inzwischen überzeugt, informierte Picquart pflichtgemäß seine Vorgesetzten im Generalstab. Doch weder General de Boisdeffre noch dessen Stellvertreter General Gonse zeigten sich an einer Revision des Verfahrens wirklich interessiert. Gemeinsam fürchteten sie um ihre Karriere und um die Glaubwürdigkeit der Armee. Deshalb rieten sie zum Schweigen. »*Wenn Sie nichts sagen, wird es niemand wissen.*«[7] Doch dieser Empfehlung konnte Picquart

nicht folgen. Auch wenn der Offizier noch unschlüssig zwischen militärischem Gehorsam und seinem eigenen Gewissen hin und her schwankte, empörte ihn die Haltung der Generäle sehr. Er verabschiedete sich aus der Unterredung mit der Gewissheit, dass er dieses Geheimnis nicht mit ins Grab nehmen werde.[8] Aber dieses tiefe Zerwürfnis sorgte nicht allein für Unruhe im Generalstab.

Inzwischen hatte auch die Familie Dreyfus die Initiative ergriffen, so dass die Bemühungen derjenigen, die eine Revision des Prozesses anstrebten, sich erstmals berührten. Zwar war die Meldung von Dreyfus' Flucht, die Mathieu lanciert hatte, wenig glaubhaft, aber sie verhalf der Angelegenheit zu einer erneuten Aufmerksamkeit. Wieder nahm sich die Tagespresse des Themas ausführlich an. Dabei gab *L'Eclair* in zwei Artikeln ausgewählte Inhalte des Geheimdossiers preis und bestätigte damit zumindest den rechtswidrigen Verlauf des Prozesses. Um die zunehmend nervöser werdenden Generalstabsoffiziere zu beruhigen und um sich gleichzeitig als möglicher Nachfolger für den in Ungnade gefallenen Picquart zu empfehlen, fertigte Major Hubert Henry, der im Prozess als Zeuge aufgetreten war, ein weiteres Beweisstück an, das die angebliche Schuld Dreyfus' untermauern sollte. Die vorübergehende Entspannung der Generäle beeindruckte die *Dreyfusards* allerdings wenig. Von nun an suchten sie die Offensive. Anfang November 1896 publizierte der junge Lazare unter dem Titel: *Une erreur judiciaire. La vérité sur l'affaire Dreyfus* eine kleine Broschüre, in der alle bisherigen Fakten der Affäre zusammengetragen worden waren. Sie wurde an 3.500 einflussreiche Persönlichkeiten des öffentlichen Lebens verschickt. Außerdem druckte *Le Matin* am 10. des Monats überraschend das Faksimile des *Bordereau* ab, so dass jeder Leser selbst einen Schriftvergleich vornehmen konnte. Für den Generalstab, der hinter diesem Artikel fälschlicher Weise eine Indiskretion Picquarts vermutete, war die Veröffentlichung nunmehr der letzte Anstoß, um den unbequemen Oberst aus dem Amt zu entfernen und zu einem ‚Himmelfahrtskommando' nach Tunesien zu kommandieren.

Um in diesem Dickicht von Lügen, Verschleierungen und Intrigen weiterhin den Überblick zu behalten, müssen zwei parallele Entwicklungen, die am Ende des Jahres 1897 wieder zusammenfanden, in den Mittelpunkt gerückt werden. Die erste nahm ihren Ausgangspunkt bei Picquart. Gemahnt durch unmissverständliche Drohungen Henrys, der inzwischen sein Nachfolger im Nachrichtenbüro geworden war, setzte der nach Nordafrika Abgeschobene ein Testament auf, in dem er seinen Kenntnisstand über die Dreyfus-Affäre niederschrieb. Dieses Wissen vertraute er einem befreundeten Anwalt an. Mit Einverständnis seines Mandanten gab dieser die brisanten Informationen – unter dem Siegel der Verschwiegenheit – an den angesehenen Vizepräsident des Senats Auguste Scheurer-Kestner weiter. Dessen Gespräche mit dem Präsidenten der Republik und dem Kriegsminister führte zwar nicht zum Wiederaufrollen des Verfahrens, signalisierten aber dem Generalstab zumindest, dass die Gefahr der Wahrheitsfindung keineswegs gebannt war.

Im Engagement Scheurer-Kestners spiegelte sich eine zweite bedeutende Entwicklung wider. Beeindruckt vom unermüdlichen Einsatz des Senators wuchs die Anzahl derjenigen, die, wenn auch noch nicht völlig von der Unschuld Dreyfus' so doch zumindest von der Ungesetzlichkeit des Verfahrens überzeugt, endlich eine bedingungslose Überprüfung des Spionagefalls verlangten. Zu ihnen gehörten sowohl Politiker wie Clemenceau als auch Intellektuelle wie der berühmte Schriftsteller Emile Zola, der Historiker Gabriel Monod und der Bibliothekar der *Ecole normale supérieure* Lu-

Le général de Pellieux et le commandant Esterhazy

8

zu können, indem er am 16. November 1897 offiziell Anzeige gegen den Major erstattete. Während nun die engsten Mitarbeiter des Generalstabs geradezu in Panik verfielen und zu immer verbrecherischeren Maßnahmen griffen, zeigte sich Esterhazy, des staatlichen Schutzes seiner einflussreichen Gönner sicher, gänzlich unbesorgt. An Dreistigkeit wohl schwer zu überbieten, schlug dieser selbst eine Untersuchung vor, um die *infame Anklage* zu entkräften. Unterdessen übte sich die antisemitische Presse in wildesten Hetztiraden. Gemeinste Beschimpfungen ergossen sich über Scheurer-Kestner und seine Mitstreiter, die sich angeblich vor

cien Herr. Gerade letzterer gewann unter den Absolventen der berühmten Schule viele am Fall Dreyfus Interessierte, förderte Kontakte zu anderen Sympathisanten und schuf so à la longue ein Netzwerk der *Dreyfusards*.

Öffentlich wurde der Name Esterhazy aber erst, nachdem ein Börsenmakler die Handschrift eines Kunden von ihm auf dem Faksimile des *Bordereau* wieder erkannte und diese Information an Mathieu Dreyfus verkaufte. Der ältere glaubte seinem jüngeren Bruder am wirkungsvollsten helfen

9

den Karren des ‚jüdischen Syndikats' – wie die *Dreyfusards* summarisch diffamiert wurden – spannen, um einen höchst ehrenhaften Offizier anzuklagen und ihn gegen einen jüdischen Landesverräter auszutauschen. Gleichwohl musste das Kriegsgericht den erhobenen Beschuldigungen nachgehen und eine gerichtliche Beweisaufnahme anordnen. Sie endete am 11. Januar 1898 mit einem Freispruch Esterhazys. Die anschließende Verhaftung Picquarts, dem man Dienstvergehen vorwarf, komplettierte den Affront.

Empört über die Ignoranz der Richter, griff der wortgewaltige Zola sofort zur Feder. Er schrieb einen offenen Brief an den Präsidenten der Republik, den Clemenceau in seiner Zeitung *L'Aurore* veröffentlichte und zugleich noch mit einer

UN DINER EN FAMILLE

— Surtout ! ne parlons pas de l'affaire Dreyfus !

... Ils en ont parlé...

10

zündenden Überschrift versah. Am 13. Januar 1898 prangte in großen, fett gedruckten Lettern auf der Titelseite des Blattes die unübersehbare Schlagzeile »*J'Accuse!*«[9] Mit dieser im Text allein achtmal wiederholten Formel übernahm der berühmteste Romancier Frankreichs rhetorisch die Rolle des Staatsanwalts. Er klagte den Generalstab als Drahtzieher des Komplotts an, er beschuldigte das Kriegsgericht der wissentlichen Rechtsverletzung, er bezichtigte die ‚Schmutzpresse' der antisemitischen Propaganda und er entlarvte

Esterhazy als wahren Verräter. Abschließend forderte er die Staatsgewalt provozierend auf, ihn wegen übler Nachrede vor Gericht zu stellen.

Deren Reaktion ließ auch nicht lange auf sich warten. Noch am selben Tag nahmen konservative Parlamentarier sowie der Generalstab den von Zola hingeworfenen Fehdehandschuh auf. Ihrem Verlangen nach Strafverfolgung schloss sich der Ministerrat am 18. Januar an und leitete ein Gerichtsverfahren gegen den Dichter ein. Damit hatte Zola aber das von ihm gewünschte

Forum. Indem er bewusst eine Anklage wegen Verleumdung provozierte, wollte er die zivile Rechtssprechung nutzen, um Dreyfus, dem die Militärgerichtsbarkeit einen weiteren Prozess versagt hatte, zu helfen. Denn ein Freispruch Zolas bedeutete ja zugleich die Anerkennung der Unschuld des Deportierten.

Erwartungsvoll sah Zola dem Prozess entgegen. Doch der Hoffnung auf eine Aufhellung der Affäre folgte alsbald die bittere Enttäuschung. Die Staatsanwaltschaft hatte inzwischen ihre Beschuldigung auf jene Textpassagen des offenen Briefes begrenzt, in denen er dem Kriegsgericht vorwarf, Esterhazy auf Befehl freigesprochen zu ha-

La Presse étrangère au procès de Rennes

ben. Mit diesem durchsichtigen Schachzug beabsichtigte die Anklage, jedweden Bezug zur Dreyfus-Affäre von vornherein auszuschließen. Infolgedessen wurden die bohrenden Fragen der Verteidigung, die zur Aufklärung hätten beitragen können, vom Vorsitzenden Richter stereotyp als unzulässig zurückgewiesen. Nicht unerwartet verurteilte das Gericht am 23. Februar 1898 Zola wegen Beleidigung des Kriegsgerichts zu einem Jahr Haft und 3.000 Franc Strafe. Noch einmal feierten die Generäle einen juristischen Erfolg. Doch gewichtiger als das Urteil selbst war die Tatsache, dass die Affäre nicht mehr aus den Spalten der Zeitungen verschwand.

Die ausführliche und kontroverse Kommentierung des Prozesses ermunterte zum Engagement, belebte den Streit und trug erheblich zur Polarisierung der Gesellschaft bei. Sehr treffend karikierte Caran d'Ache diese Situation in *Le Figaro*. Der Titel seiner zwei Zeichnungen lautet: *Familienessen*. Die erste Szene zeigt eine bürgerliche Großfamilie beim Abendessen. Während die Suppe hereingebracht wird, bittet der Hausherr inständig: »*Lasst uns vor allem nicht über*

die Dreyfus-Affäre sprechen.« Die zweite Szene zeigt die Familienmitglieder in ein wüstes Handgemenge verstrickt. Tisch und Stühle fliegen durch die Luft. Die knappe Unterschrift verrät: »*Sie haben darüber gesprochen.*«[10] Fanden die politischen Leidenschaften bis dato ihr Ventil in wilden Ausschreitungen auf der Straße oder in hitzigen Debatten im Parlament, so tobten sie nun auch in Institutionen, Verbänden und Vereinen. Sie trennten Familien, entzweiten langjährige Freunde und führten zu manchem Duell. In diesen verbissenen Auseinandersetzungen wurde die ursprüngliche Forderung nach Gerechtigkeit für Dreyfus zusehends von einer prinzipiellen Diskussion über die Grundwerte der Nation überlagert. Schlagworte wie Tradition, Patriotismus, nationale Interessen und Ehre bestimmten den politischen Meinungsstreit am Ende des Jahrhunderts.

Die *Dreyfusards*, die von ihren Gegnern zunächst abwertend als ‚intellectuels' tituliert wurden,[11] beriefen sich dabei auf das Erbe der Revolution von 1789. Sie fühlten sich einer republikanischen und demokratischen Gesellschaft verpflichtet, in der die elementaren Menschen- und Bürgerrechte als höchstes Gut Achtung und Schutz erfahren. Freiheit und Gleichheit bildeten für sie die konstituierenden Elemente des Gemeinwesens. Aus diesem republikanischen Grundverständnis heraus leiteten ihre Anhänger ab, dass die Rechte des Individuums vor den Ansprüchen des Staates zu verteidigen seien. Wahrheit und Gerechtigkeit dürften niemals auf dem Altar einer vorgeblichen Staatsräson geopfert werden. Um dieses Anliegen wirkungsvoller vertreten zu können, gründeten sie noch während des ersten Zola-Prozesses die *Ligue des droits de l'homme*. Diese institutionelle Plattform ermöglichte den Start einer landesweiten Kampagne, die vor allem bei der literarischen Avantgarde, bei den Geisteswissenschaftlern an der Sorbonne und im Umfeld der *Ecole normale supérieure* Widerhall fand. Auch Gruppierungen der Sozialisten um Jaurès, die es bisher abgelehnt hatten, sich in den bürgerlichen Streit über den jüdischen Hauptmann überhaupt einzumischen, schlossen sich im Sommer 1898 den *Dreyfusards* an.[12] Gegen diese Bewegung formierte sich die konservative Rechte. Ihre Hauptträger, Armee und Kirche, verband vor allem das gemeinsame Interesse an der Akzeptanz des Richterspruchs. Sie beschworen die vorbehaltlose Anerkennung staatlicher Institutionen und Entscheidungen, meinten damit im Grunde aber die Wahrung ihrer eigenen herausgehobenen Stellung in der Gesellschaft. So wurde jedwede Kritik an den Machenschaften des Generalstabs, zumal in einer Zeit wachsender deutsch-französischer Gegensätze, als Verrat an den nationalen Interessen gebrandmarkt. Dem Klerus bot die Auseinandersetzung, da Dreyfus jüdischer Herkunft war, die ersehnte Gelegenheit, sich als alleiniger Bewahrer des ‚alten, christlichen Frankreichs' zu preisen. Katholische Kreise machten Juden und Freimaurer für den moralischen Verfall und für die zunehmenden laizistischen Tendenzen in der Republik verantwortlich.

Analog zum Zusammenschluss der *Dreyfusards* fanden sich im Dezember 1898 auch deren Kontrahenten zusammen. Sie gründeten die *Ligue de la patrie française*. Ihre Mitglieder kamen vor allem aus der traditionsbedachten *Académie française* und aus den eher konservativen medizinischen und juristischen Fakultäten der Universitäten. Aber auch namhafte Künstler und Publizisten der judenfeindlichen Presse schlossen sich der Vereinigung an. Aus dieser unheilvollen Verbindung von Nationalismus und Antisemitismus erwuchs

LA RÉHABILITATION DE DREYFUS

4. Après la remise des décorations le Commandant Dreyfus s'entretient avec le Général Gillain et le Commandant Targe

E. L. D.

HÉLIOTYPIE. E. LE DELEY, PARIS

u.a. auch die *Action française*, die unter Federführung von Charles Maurras weit über die Dreyfus-Affäre hinaus die ideellen Grundlagen für die faschistischen Bewegungen im 20. Jahrhundert legte.

Die Revision

Eine unerwartete Dramatik erfuhr das Geschehen, als Kriegsminister Godefroy Cavaignac endlich einen Schlussstrich unter die Affäre ziehen wollte. Großspurig verkündete er am 7. Juli 1898 in der Kammer, dass die Armee die Schuld von Dreyfus unwiderlegbar beweisen könne und empfahl, die Verteidiger des Verurteilten zur Verantwortung zu ziehen. Doch diese ließen sich nicht einschüchtern. In einem Brief an den Ministerpräsidenten bezeichnete Picquart die von Cavaignac angeführten Beweise schlicht als Fälschung. Zum Entsetzen des Ministers bestätigte eine danach von ihm selbst angeordnete hausinterne Überprüfung der Akten die Aussage des inzwischen inhaftierten Militärs. Konfrontiert mit dieser Erkenntnis brach Oberst Henry zusammen und gestand am 30. August seine Verfehlungen.

Die Nachricht von der zugegebenen Fälschung überraschte das politische Paris wie ein Blitz aus heiterem Himmel. Daraufhin überschlugen sich die Ereignisse. Henry beging Selbstmord, die kompromittierte Generalstabsführung demissionierte und Esterhazy wurde aus der Armee entlassen. Auch Cavaignac musste seinen Posten räumen. Endlich schien der Weg für die Wiederaufnahme des Prozesses frei.

Doch die militantesten Kräfte unter den *Anti-Dreyfusards* holten noch einmal zum Gegenschlag aus. Sie verursachten mehrere Kabinettskrisen, organisierten hysterische Pressekampagnen und wiegelten die Straße gegen die Republik auf. Selbst das Begräbnis des plötzlich verstorbenen Staatspräsidenten Félix Faure wollten einige von ihnen für einen Umsturz nutzen. Dieser wütende Widerstand konnte den Beginn des Revisionsverfahrens zwar hinauszögern, aufhalten konnte er den Prozess aber nicht mehr.

Obwohl die Unschuld Dreyfus' eigentlich außer Zweifel stand, verschlossen die Richter am Militärgerichtshof in Rennes abermals ihre Augen vor der Wahrheit. Sie konnten oder wollten die ehemalige Armeeführung um den inzwischen pensionierten General Mercier nicht desavouieren. Am 9. September 1899 sprachen sie mit fünf gegen zwei Stimmen Dreyfus des Hochverrats für schuldig, diesmal allerdings unter Anerkennung mildernder Umstände.

Seine Strafe wurde auf zehn Jahre Gefängnis herabgesetzt. Gleichzeitig stellte die Regierung in Aussicht, falls der Verurteilte auf eine Revision des Urteils verzichte und ein Gnadengesuch stelle, werde sie dieses positiv bescheiden.

Von der Qual der Verbannung, der Haft und des erneuten Prozesses sichtlich gezeichnet, stimmte der bitter enttäuschte Dreyfus dem Deal zu. Nahezu fünf Jahre nach seiner ersten Verurteilung verließ der nun fast 40-Jährige am 19. September 1899 das Gefängnis als freier Mann.

Über das groteske Urteil – Landesverrat und mildernde Umstände – und über den anschließenden ‚Kuhhandel' zerstritten sich die *Dreyfusards* auf Dauer. Während diejenigen, die wie die Angehörigen aus Sorge um die Gesundheit des Betroffenen die Annahme der Begnadigung befürworteten, beklagten die anderen wie Clemenceau die Aufgabe der hehren Ideale, bevor der endgültige Sieg errungen sei.

Die radikalen Republikaner, die im Juni 1899 das Regierungssteuer übernommen hatten, erblickten im Ausgang dieses zweiten Dreyfus-Prozesses hingegen die Chance für eine Beruhigung der innenpolitischen Lage. Sie erwirkten im Dezember 1900 eine generelle Amnestie für alle an der Affäre Beteiligten. Damit blieb die Wahrheit und Gerechtigkeit zwar abermals auf der Strecke, aber es trat jene politische Stabilisierung der republikanischen Ordnung ein, die es den folgenden Kabinetten der Radikalen zwischen 1900 und 1905 gestattete, wichtige politische Ziele der *Dreyfusards* wie die Demokratisierung der Armee und die Trennung von Staat und Kirche in den kommenden Jahren durchzusetzen.

Als sich die Öffentlichkeit längst anderen Themen zugewandt hatte, erfolgte Dreyfus' Rehabilitierung. Am 12. Juli 1906 hob das oberste Berufungsgericht das

Urteil von Rennes aus dem Jahre 1899 auf, das »*aus Irrtum und zu Unrecht*«[13] gefällt worden war. Dreyfus wurde wieder ehrenvoll in die Armee aufgenommen, zum Major befördert und zum Ritter der Ehrenlegion geschlagen. Damit war für die Zeitgenossen die Affäre beendet. Hingegen gab sie der historischen Forschung nicht nur in Frankreich, sondern auch in Deutschland noch so einige Rätsel auf.

Anmerkungen

1   Vgl. hierzu generell: Eckardt Fuchs/Günther Fuchs: »J'accuse!«. Zur Affäre Dreyfus, Mainz 1994.
2   Näher ausgeführt wurde das Verhältnis zwischen Exekutive und Legislative in drei grundlegenden Gesetzen, die, zwischen Februar und Juli 1875 verabschiedet, gemeinsam die Verfassung der Dritten Republik konstituierten. Vgl. Gesetzestexte, in: Stefan Grüner u.a. (Hrsg.): Frankreich: Daten, Fakten, Dokumente, Tübingen 2003, S. 208ff.
3   Wortlaut des sogenannten Bordereau, in: Thalheimer, Siegfried (Hrsg.): Die Affäre Dreyfus. Dokumente, München 1986, S. 21.
4   Edouard Drumont gehörte zu den einflussreichsten Propagandisten des modernen Antisemitismus. Mit seinem Buch La France juive (1886), in dem er wesentliche Elemente dieser pseudowissenschaftlichen Theorie (christlicher Antijudaismus; judenfeindlicher Antikapitalismus; Rassismus) zusammenfasste und volkstümlich erklärte, trug er erheblich zur zeitweiligen Verbreitung des Judenhasses bei. Der Antisemitismus erschien ihm die geeignete Ideologie und Praxis zu sein, um Krisen in Gesellschaft und Wirtschaft zu erklären und die hieraus entstehenden Erbitterungen gegen ihre vermeintlichen Verursacher zu kanalisieren. Die Gründung von Libre Parole 1892 ermöglichte Drumont, die Judenphobie noch zu intensivieren. Vgl. Esther Benbassa: Geschichte der Juden in Frankreich, Berlin, Wien 2000, S. 169ff.
5   Vgl. Michel Winock: La fièvre hexagonale. Les grandes Crises politiques 1871–1968, Paris 1987, S. 144f.
6   Dazu siehe: Michael R. Marrus: Les juifs de France à l'époque de l'affaire Dreyfus, Paris 1985; Philippe E.Landau: L'opinion juive et l'affaire Dreyfus, Paris 1995.
7   Jean-Denis Bredin: L'Affaire, Paris 1993, S. 234.
8   Vgl. Vincent Duclert: Die Dreyfuß-Affäre. Militärwahn, Republikfeindlichkeit, Judenhaß, Berlin 1994, S. 40.
9   Zolas Brief abgedruckt in: Alain Pagès (Hrsg.): Emile Zola. Die Dreyfus-Affäre. Artikel–Interviews–Briefe, Innsbruck 1998, S. 102ff.
10 Le Figaro, 14.2.1898. Wiedergegeben in: L'affaire Dreyfus et le tournant du siècle (1894–1910). Ouvrage sous la direction de Laurent Gervereau et Christophe Prochasson, Paris 1994, S. 191.

11 Ursprünglich abfällige Bezeichnung von Maurice Barrès über diejenigen Schriftsteller, Künstler und Gelehrten, die nach der Veröffentlichung von J'Accuse! mit ihrer Unterschrift unter eine »protestation« in L'Aurore die Wiederaufnahme des Dreyfus-Prozesses gefordert hatten. Während die Anti-Dreyfusards den Intellektuellen infolge ihres abstrakten und universellen Denkens die Fähigkeit zum nationalen Handeln absprachen, verstanden die Dreyfusards darunter Menschen unabhängig von ihrer Qualifikation, die allein ihrem Gewissen und der Wahrheit gegenüber verantwortlich sich für das Ideal eines demokratischen und republikanischen Staates einsetzten. Diese Auseinandersetzung begründete eine Tradition, in der die Intellektuellen sich in bedeutende politische Debatten und grundlegende Belange des Gemeinwesens einmischten. Vgl. grundsätzlich: Michel Winock: Le siècle des intellectuels, Paris 1997.
12 Im Gegensatz zu Jaurès verharrte der marxistische Flügel unter Jules Guesde beim Prinzip der Nichteinmischung. Er betrachtete die Affäre als einen Akt bürgerlicher Selbstzerfleischung. Vgl. hierzu: Günther Fuchs/Udo Scholze/Detlev Zimmermann: Werden und Vergehen einer Demokratie. Frankreichs Dritte Republik in neun Porträts, Leipzig 2004, S. 65ff.
13 Jean-Denis Bredin: L'Affaire, Paris 1993, S. 644.

Abbildungen

1   Karte von Nordostfrankreich ohne Datum (nach 1871). Die vorliegende Karte gehörte früher Senator Auguste Scheurer-Kestner, einem gebürtigen Elsässer; die Teilung ist durch eine roten Linie gekennzeichnet.
2   Titelseite der Zeitschrift Le Grelot vom 27. November 1892; Schlagzeile: »Les Martyrs du Panama« [Die Märtyrer von Panama]; im November 1892 führte der Panama-Skandal, angeheizt durch eine Pressekampagne unter Führung der La Libre Parole, zu einem Gerichtsverfahren gegen die Direktoren und Verwalter der Gesellschaft. Unter den zahlreichen in den Skandal verwickelten Politikern und Geschäftsleuten waren drei Juden; ihre Anwesenheit diente als Vorwand für weitreichende antisemitische Propaganda.
3   Schriftstück zur Affäre Esterhazy, kein Datum, Inschrift in Bleistift »8. Januar 1898«; Inhalt: Identité absolue des écritures, Le Bordereau est l'oeuvre du commandant Esterhazy [Vollkommene Übereinstimmung der Handschriften, Das Bordereau ist das Werk von Major Esterhazy].
4   Titelseite der von Edouard Drumont herausgegebenen Zeitung La Libre Parole vom 10. November 1894; die Bildunterschrift lautet: Apropos Judas Dreyfus – Franzosen, es sind nun acht Jahre, dass ich euch das einblaute!!!
5   Titelseite Le Petit Journal vom 13. 1. 1895.
6   Le Petit Bleu.
7   Titelseite von L'Illustration vom 19. Februar 1898; »Le Procès Emile Zola – Le Lt. Col. Picquart« [»Der Prozess Emile Zola – Oberstleutnant Georges Picquart«]; Picquart trat im Prozess gegen Emile Zola als Zeuge auf. Auch hier vertrat er erneut

standhaft seine Ansicht über die falsche Verurteilung von Dreyfus. Obwohl ihn ehemalige Kameraden und der Großteil der Öffentlichkeit als Verräter der Armee verachteten, konnte er ein Schweigen in dieser Angelegenheit mit seinem Gewissen nicht vereinbaren.

8 Titelseite von *L'Aurore* vom 13. Januar 1898 mit der Schlagzeile: »J'Accuse...! Lettre au président de la république, par Emile Zola« [Ich klage an...! Brief an den Präsidenten der Republik von Emile Zola]; in einem offenen Brief an Präsident Félix Faure klagte Zola namentlich Mitglieder des Generalstabs an, ein falsches Urteil gegen Dreyfus gefällt zu haben. Innerhalb weniger Stunden wurden 300.000 Exemplare von »J'Accuse...!« verkauft und internationale Aufmerksamkeit erregt.

9 Titelseite von *L'Illustration* vom 12. Februar 1898; »Le Procès Emile Zola – La Première Audience« [Der Zola-Prozess – Die erste Sitzung]; Zola bei seinem Prozess im Justizpalast in Paris:

hinter ihm Fernand Labori, der Verteidiger des Autors; nach »J'Accuse ...!« wurde Zola wegen Verleumdung vor dem Pariser Schwurgericht (7.–23. Februar) angeklagt, für jede An- und Abreise wurde Polizeischutz benötigt.

10 Karikatur in der Zeitung *Le Figaro* vom 14. Februar 1898; die Bildunterschrift lautet: Aufgepasst! Aufgepasst! Lasst uns nicht über die Affäre Dreyfus sprechen! Sie haben darüber gesprochen...

11 Foto aus *Die Dreyfus-Affäre: Fünf Wochen in Rennes*, zweihundert Fotografien von Gerschel aus dem Jahr 1899.

12 Lichtdruck, Postkarte; Die Rehabilitierung von Dreyfus; am Nachmittag des 21. Juli 1906 wurde Alfred Dreyfus zum Ritter der Ehrenlegion ernannt. General Gillain ließ Major Dreyfus vor mehreren Kompanien der Kavallerie und Fußtruppen diese Ehre zuteil werden ,

Michael Berger

Der Fall Dreyfus

Frankreichs Armee und der neue Antisemitismus

»... le capitaine Dreyfus est victime d'une machination abominable: il est innocent.«

(Bernard Lazare)

Am 31. Oktober 1894 gibt die amtliche französische Nachrichtenagentur bekannt, dass ein Offizier vorläufig festgenommen worden sei, unter dem Verdacht, ver-

trauliche Dokumente von geringer Bedeutung an einen Ausländer weitergegeben zu haben. Am folgenden Tag erscheint in der *La Libre Parole*, einem bekannten antisemitischen Schmierblatt ein Artikel mit der Überschrift: *»Landesverrat, Verhaftung des jüdischen Offiziers A. Dreyfus«* In diesem Artikel wird behauptet, Dreyfus sei bereits geständig, dass er militärische Geheimnisse an Deutschland verkauft habe. Damit bekommt die Angelegenheit eine politische Dimension und das Ergebnis steht bereits fest. Alle nationalistischen Zeitungen versuchen nun sich gegenseitig zu übertreffen, die *»Wahrheit«* ans Licht zu bringen und den Kriegsminister unter Druck zu setzen. Die nun beginnende Hetzjagd endet mit der Verurteilung, Degradierung und Deportation eines Unschuldigen und stürzt die französische Republik in eine allgemeine Krise, die bis ins 20. Jahrhundert andauern wird.

Im selben Jahr, in dem der elsässische Fabrikantensohn und Jude Alfred Dreyfus zum Hauptmann der französischen Armee befördert wurde, feierte die französische Nation den 100. Jahrestag der Revolution. Alle französischen Juden beteiligten sich mit großer Begeisterung an den Jahrhundertfeiern, denn sie bedeuteten 100 Jahre Gleichberechtigung und französische Bürgerrechte. Sie verwiesen voller Stolz auf die Tatsache, dass sie die Vorreiter der jüdischen Emanzipation in Europa waren. In keinem anderen europäischen Land war die jüdische Gemeinschaft so vollständig in die Gesellschaft integriert wie in Frankreich. Sie hatten die Traditionen und Kultur ihres Vaterlandes angenommen, waren französische Patrioten aus innerster Überzeugung und hatten Zugang zu den elitärsten Schulen und Universitäten des Landes, zu Laufbahnen als Staatsbeamte und Karrieren in der Armee.

Aufklärung, Gleichstellung und Militärdienst

Im Zeitalter der Aufklärung im 18. Jahrhundert begann der langsame und steinige Weg der französischen Juden in die Emanzipation und die damit verbundene bürgerliche Gleichberechtigung. Bis zur französischen Revolution waren die Juden in allen europäischen Staaten bis auf wenige Ausnahmen Bürger zweiter Klasse. Insbesondere in Frankreich nahm das aufstrebende Judentum am bürgerlichen Kampf um Freiheit, Gleichheit und Brüderlichkeit teil.

Die Aufklärung und der Wunsch nach Emanzipation gaben den Anstoß für ein neues jüdisches Selbstverständnis. Viele Juden waren nun nicht mehr beseelt vom Wunsch nach Rückkehr in das Heilige Land, sondern fühlten sich mehr und mehr als Bürger des Staates, von dem sie ihre bürgerlichen Rechte einforderten, aber gleichzeitig auch bereit waren, den damit verbundenen Pflichten nachzukommen. Dies führte in einigen Fällen zu einer vollständigen Anpassung

2

verbunden mit einer Abkehr vom Judentum und der Konversion zum Christentum.

Napoleon befürwortete wie Graf Clermont-Tonnère eine vollständige Eingliederung der Juden in den französischen Staat bei gleichzeitiger Aufgabe sowohl der religiösen Tradition als auch des Bewusstseins, zur jüdischen Nation zu gehören. Am 30. Mai 1806 berief der Kaiser nach dem Vorbild des Sanhedrin in hellenistisch – römischer Zeit eine Versammlung jüdischer Notabeln ein. Napoleon wollte mit diesem Schachzug die Sympathien der Juden Europas für sich gewinnen. Der Sanhedrin erklärte in seiner zweiten Sitzung am 9. Februar 1807 nach langem Zögern seine Bereitschaft, die staatsbürgerlichen Pflichten den Religionsgesetzen voranzustellen. Auch die von den französischen Juden als »décret infâme« bezeichnete Verordnung – die die Betätigung der Juden in Handel und Kreditgeschäften durch eine zeitlich beschränkte Genehmigung regle-

mentierte – wurde von Napoleon als eine Art Erziehungsmaßnahme gesehen. Sie sollten sich vollständig in Staat und Nation integrieren und sich *»von den übrigen Mitbürgern in Unserem Kaiserreich nicht mehr unterscheiden«.*

Die französischen Juden hatten 1791 im Zusammenhang mit den Beschlüssen der französischen Nationalversammlung das Recht erhalten, in das Heer aufgenommen zu werden und damit den Dienst an der Waffe zu leisten. Ein Privileg, dass ihnen seit dem Mittelalter entzogen wurde, denn spätestens seit Mitte des 13. Jahrhunderts verloren sie das Recht Waffen zu tragen und zählten seither zu den Schutzbedürftigen, die unter dem Kuratel des Kaisers bzw. Landesherrn standen.

Jedoch unterstützten Juden in Kriegs- und Notzeiten Maßnahmen zur Landesverteidigung und waren am Ausbau und der Unterhaltung von Stadtbefestigungen beteiligt. In der Regel wurden sie nur für Hilfsdienste herangezogen, in den seltensten Fällen fanden sie Verwendung als Kämpfer. Ausnahmen vom Verbot des Waffentragens gab es für Juden in den folgenden Jahrhunderten nur selten.

Die durch die Französische Revolution erworbenen bürgerlichen Rechte wurden durch die jüdische Bevölkerung nicht nur mit großer Begeisterung aufgenommen, die damit verbundenen Pflichten gegenüber dem Staat wurden im Gegenzug mit größter Ernsthaftigkeit erfüllt und auch eingefordert. Denn es ging dabei nicht nur um die Integration jüdischer Soldaten innerhalb des Militärs, sondern vor allem um die Möglichkeit durch geleisteten Militärdienst die Integration in die französische Gesellschaft zu vollziehen. Gerade deswegen wurde schon seit Beginn der jüdischen Emanzipation innerhalb des französischen Judentums die Bedeutung des Zusammenhangs zwischen Militärdienst und Integration erkannt und nach geleistetem Dienst am Vaterland die vom Staat garantierten bürgerlichen Rechte eingefordert. So beteiligten sich bereits zahlreiche französische Juden an den Revolutionskriegen und den napoleonischen Kriegen.

1808 dienten von den 2.543 Pariser Juden bereits 150 im Heer, während die gesamte jüdische Gemeinschaft des damaligen Frankreich 797 Soldaten stellte. Die berühmtesten jüdischen Offiziere der Grande Armée waren der Brigadegeneral Marc-Jean-Jerome Wolffe (1776–1848), der Kommandeur der ersten Kavalleriebrigade und Henri Rottembourg, der als Offizier in der kaiserlichen Garde diente, 1814 Generalmajor und

3

dann Generalinspekteur der Infanterie wurde. Nach 1815 erfolgte die Ernennung zum Präsidenten des Ausschusses für die Infanterie. Henri Rottembourg erhielt sowohl von Napoleon als auch von den Bourbonen zahlreiche Ehrungen. Sein Name ist auf der Nordseite des Arc de Triomphe verewigt.

Spätestens nach der vollständigen Verwirklichung der Emanzipation haben zahlreiche französische Juden in der französischen Armee gedient und die höchsten militärischen Ränge erreicht. Im Jahre 1846 wurde

einer der herausragendsten jüdischen Offiziere, Martin Cerfberr, zum Oberst befördert. Die Situation jüdischer Soldaten in der Armee blieb trotz dieser Erfolge weiterhin schwierig. Viele Kommandeure lehnten jüdische Offiziersbewerber ab und übergingen jüdische Offiziere, wenn sie zur Beförderung anstanden.

In den Kriegen der zweiten Hälfte des 19. Jahrhunderts zeichneten sich jüdische Offiziere durch besondere Tapferkeit aus, die durch entsprechende Orden und Beförderungen gewürdigt wurde. Hier sind die Obristen Leopold See und Abraham Lévy zu erwähnen, die sich sowohl im Krimkrieg als auch im Italienischen Krieg von 1859 durch Tapferkeit vor dem Feind auszeichneten und hohe Auszeichnungen erhielten. Abraham Lévy wurde später Generalmajor und Divisionskommandeur, Leopold See war Absolvent der Militärakademie in St. Cyr, wurde 1880 Generalleutnant und Divisionskommandeur. Er war stets aktives Mitglied der jüdischen Gemeinschaft und gehörte dem »Consistoire Central des Israélites« an, eine Art Zentralrat der Juden. Auch am Deutsch-Französischen Krieg von 1870/71 nahmen zahlreiche jüdische Soldaten teil. Oberst Jules Moch und der Hauptmann Halphen durchbrachen die preußischen Linien, nachdem die französische Armee bei Metz eingeschlossen wurde.

Obwohl es für jüdische Offiziere keine offiziellen Beschränkungen gab, wurden sie vor allem wegen ihrer herausragenden Leistungen regelmäßig das Ziel antisemitischer Angriffe. Im Jahr 1895 gab es mindestens sieben aktive jüdische Generale, 14 Obristen, mehr als 150 Stabsoffiziere und ca. 200 Subalternoffiziere. Unmittelbar vor Ausbruch des 1.Weltkrieges gab es in der französischen Armee acht jüdische Generale, 68 Majore und 150 weitere Offiziere. Zu den ersten Kriegsfreiwilligen von 1914 zählten die Hauptleute Charles Lehmann und René Frank, die bereits 44 Jahre zuvor im Deutsch-Französischen Krieg gekämpft hatten. 50.000 französische Juden, mehr als 20 Prozent der gesamten jüdischen Bevölkerung Frankreichs, kämpften zwischen 1914 und 1918 in der französischen Armee, zwölf von ihnen im Generalsrang. Mardochée Georges Valabrègue war nach seinem Studium an der École Polytechnique und der Militärakademie bereits

1884 Regimentskommandeur, seit 1902 Stabschef des Kriegsministers und Kommandeur der Artillerieschule und in den Jahren vor dem Weltkrieg Kommandeur des 3. Armeekorps und der Pariser Militärakademie. Im I. Weltkrieg führte er als Generalleutnant die Reservedivisionen der 4. Armeegruppe und gehörte dem Obersten Kriegsrat an. Auch nach dem I. Weltkrieg gab es einige jüdische Generale in der französischen Armee. Selbst in den Jahren unter dem Vichy Regime durften General Charles Huntzinger und Generalmajor Pierre Brisac trotz der Rassengesetze ihren Rang und Dienstposten weiter führen.

Hauptmann Dreyfus, ein jüdischer Offizier im französischen Generalstab

Für den jungen Elsässer aus Mülhausen, Alfred Dreyfus, war der Eintritt in die Armee und die Wahl der Offizierslaufbahn eine Demonstration seines für sein Vaterland Frankreich empfundenen Patriotismus. Dreyfus stammte aus einer jüdischen Familie, die seit dem 18. Jahrhundert im Elsass ansässig war. Die Beschlüsse der Nationalversammlung von 1791, die auch den elsässischen Juden die bürgerliche Gleichberechtigung zusicherte, war der Ausgangspunkt für ihre Integration in den französischen Staat und die Gesellschaft. Diese Integration war natürlich mit neuen Möglichkeiten und einem schnellen sozialen Aufstieg verbunden. Der Urgroßvater Dreyfus' zog 1835 nach Mülhausen, das sich zum östlichen Zentrum der französischen Textilproduktion entwickelt hatte. Dreyfus' Vater gelang es, sich an Textilunternehmen zu beteiligen und sammelte im Zuge der Expansion dieses Gewerbzweiges ein beträchtliches Vermögen an. Die Familie Dreyfus gehörte bald zum Kreis der reicheren und anerkannten Familien Mülhausens. Ob Katholiken, Protestanten oder Juden – diese Familien fühlten sich als französische Patrioten und waren überzeugt von der zivilisatorischen Größe der Nation Frankreich. Als die Deutschen einmarschierten und das Elsass dem Deutschen Kaiserreich einverleibt wurde, blieben die ältesten Brüder Alfreds im Elsass

und wurden Deutsche, während Alfred und sein Bruder Mathieu nach Paris zogen.

Mathieu stieg in das Textilgewerbe ein, Alfred wählte die militärische Laufbahn.

In seinem Buch *Fünf Jahre meines Lebens 1894 – 1899* schilderte er seine durch Erfolg und Zufriedenheit geprägten Lebensumstände:

»Ich bin in Mülhausen im Elsass am 9.Oktober 1859 geboren. Ich verlebte unter dem wohltuenden Einfluss von Mutter und Schwestern durch die liebevolle Fürsorge des Vaters uns Kindern gegenüber und in der Hut zärtlicher älterer Brüder eine frohe Kindheit.

Mein erstes trauriges Erlebnis, das mir schmerzlich in Erinnerung blieb, ist der Krieg 1870. Mein Vater entschied sich nach dem Friedensschluss für die fran-

4

zösische Nationalität; wir mussten daher das Elsass verlassen. Ich begab mich nach Paris, um dort meine Studien fortzusetzen.

Ich wurde 1878 in die Kriegsschule aufgenommen und verließ sie 1880, um als Fähnrich die Artillerieschule in Fontainebleau zu besuchen. Am 1. Oktober 1882 ernannte man mich zum Leutnant des 31. Artillerieregiments in Mans. Gegen Ende des Jahres 1883 wurde ich in die erste Division der reitenden Feldartillerie nach Paris versetzt. Am 12. September 1889 wurde ich zum Hauptmann im 21. Artillerieregiment befördert und von dort aus an die Feuerwerker – Zentralschule in Bourges abkommandiert. Im selben Winter verlobte ich mich mit Lucie Hadamard, die mir eine hingebungsvolle und tapfere Lebensgefährtin geworden ist.

Während meiner Verlobungszeit bereitete ich mich für die höhere Kriegsschule vor und wurde am 20. April 1890 dort zugelassen. Am folgenden Tag, dem 21. April, verheiratete ich mich. Ich verließ die höhere Kriegsschule mit dem Prädikat »sehr gut« und der Qualifikation zum Generalstab. Dank meiner Klassifikation beim Austritt aus der höheren Kriegsschule wurde ich zum Generalstab abkommandiert. Ich trat dort am 1. Januar 1893 den Dienst an. Meine Karriere lag glänzend und vielversprechend vor mir, die Zukunft stand unter den besten Vorzeichen. Nach der Tagesarbeit fand ich in meiner Familie Behaglichkeit und den Reiz des häuslichen Lebens. Die Abende verbrachte ich gemeinsam mit meiner Frau bei anregender Lektüre, denn wir interessierten uns für alles, was Menschengeist geschaffen. Wir waren vollkommen glücklich; ein erstes Kind belebte und erhellte unser Heim; ich hatte keine materiellen Sorgen, und auch zwischen den Mitgliedern meiner Familie und der meiner Gattin herrschte tiefe Zuneigung. Alles im Leben schien mir freundlich gesonnen.«

Die französische Armee hatte zwar einige jüdische Offiziere, Dreyfus war jedoch der erste Jude, der gegen den Widerstand hoher Offiziere in den Generalstab aufgenommen wurde. Durch den Wohlstand seiner Familie und eine größere Mitgift verfügte Dreyfus über ein Vermögen von 400.000 Goldfranken, das in der Fabrik der Familie im Elsass angelegt wurde. Dieses Vermögen warf eine Rente von 30.000 Goldfranken ab. Im Gegensatz zu anderen Offizieren war er dadurch finanziell bestens abgesichert und konnte sich auf Karriere und Familie konzentrieren.

Dreyfus zeichnete sich durch hohe Intelligenz, ein ausgezeichnetes Gedächtnis und eine unerhörte Arbeitskraft aus. In seinen Akten finden sich durchweg ausgezeichnete Zeugnisse. Sein sehnlichster Wunsch war eine schnelle und glänzende Karriere als Offizier. Als man ihm 1892, bei der Eignungsprüfung für den Generalstab nur den neunten Platz gab, obwohl er den

fünften oder vierten verdient hatte, fühlte er sich tief getroffen und bezeichnete diese Zurücksetzung als Infamie. Im Auftreten wurde er als Mensch beschrieben, der mit seiner Schüchternheit kämpfte, im militärischen Dienst galt er als übereifrig und überkorrekt. Kameraden und Vorgesetzte schilderten ihn als Musterschüler, als ehrgeizigen Streber, der, weil er Jude war, immer besser als die anderen sein wollte und wohl auch sein musste. Er hatte nicht allzu viele Freunde, war ohne die Gabe, Sympathien zu erwecken. So blieb er stets ein Außenseiter, den man spüren ließ, dass er trotz seines Reichtums, seiner Intelligenz und seiner fortwährenden Bemühungen sich anzupassen, im französischen Offizierskorps und vor allem im Generalstab allenfalls geduldet wurde.

Was waren nun die Ursachen dafür, dass ein unbedeutender jüdischer Hauptmann zum Anlass für eine Affäre wurde, die ganz Frankreich über mehr als ein Jahrzehnt hinweg erschütterte.

Antisemitismus in Gesellschaft und Armee der Dritten Republik

Die Ursachen für die Dreyfus-Affäre sind im wesentlichen in den Geburtswehen der Dritten Französischen Republik zu suchen.

Die Französische Nation hatte in den Jahren nach dem Krieg von 1870/71 vor allem mit dem Trauma der Niederlage zu kämpfen. Die Umsetzung der durch Gambetta im September 1870 verkündeten Staatsform – die Ausrufung der Republik – erwies sich als überaus schwierig. Die Wahlen zur Nationalversammlung am 8. Februar 1871 brachten ein Ergebnis, das eindeutig gegen eine republikanische Staatsform sprach. Von 675 gewählten Abgeordneten waren 400 aus dem monarchistischen Lager.

Zu diesem Zeitpunkt wäre eine verfassungsmäßige Verankerung der Monarchie durchaus möglich gewesen. Das Parlament wählte den Historiker und Politiker Adolphe Thiers zum Regierungschef, der, gestützt auf die konservative Mehrheit, am 10. Mai 1871 den Friedenvertrag mit dem neu gegründeten Deutschen Kaiserreich abschloss. Dies bedeutete die Abtrennung des Elsass' und eines Teils Lothringens, die Zahlung von fünf Milliarden Francs Kriegsentschädigung, eine für die damalige Zeit unvorstellbare Summe, und die Besetzung sechs östlicher Departements bis zur Zahlung der Entschädigungssumme. Aus den von Deutschland annektierten Gebieten wurde kein deutscher Staat, sondern ein, praktisch von Preußen verwaltetes »Reichsland« Elsass-Lothringen.

Dieser Friedensvertrag sollte für Frankreich und für Europa schwerwiegende Folgen haben. Er spaltete die französische Gesellschaft über Jahre hinweg und schuf eine unüberbrückbare Kluft zwischen Deutschland und Frankreich. Die deutsch-französischen Beziehungen waren fortan von Nationalismus und Revanchismus geprägt. Eine Spätfolge dieser Gegensätze war der 1. Weltkrieg und seine Auswirkungen.

Die Besetzung Ostfrankreichs wurde bereits nach Aufbringung einer Anleihe von drei Milliarden Francs im September 1873 beendet, und auch die Kriegsentschädigung wurde unerwartet schnell gezahlt. Wie auch ein Teil der Familie Dreyfus verließen viele Elsässer, deren Herz für Frankreich schlug, ihre alte Heimat und als überzeugte Patrioten traten sie als Beamte und Offiziere des Heeres in den Dienst des französischen Staates. Am 25. Februar 1875, erst vier Jahre nach Ausrufung der Republik, wurde die republikanische Verfassung Gesetz. Die Verfassung trat am 1. Januar 1876 in Kraft. Die ersten Wahlen zur Deputiertenkammer ergaben ein Verhältnis von 360 Republikanern zu 170 Konservativen. 1879 errangen die Republikaner auch im Senat die Mehrheit, 1881 hatten die Monarchisten nur noch 88 Sitze. Obwohl die Fragestellung »Republik oder Monarchie« weiterhin umstritten blieb, waren die Monarchisten fortan politisch bedeutungslos.

Die Regierung der Republik führte Reformen im Innern

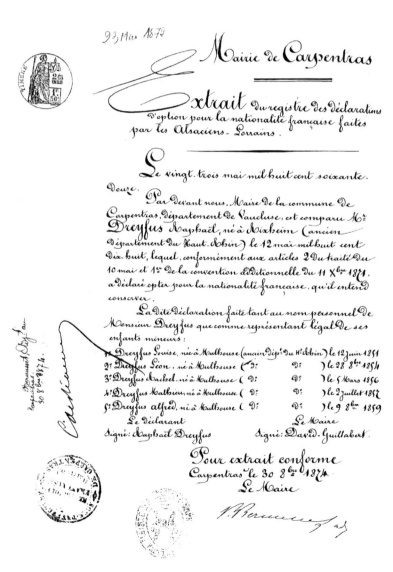

durch: Absetzung von monarchistischen Richtern und Aufhebung der Jesuitenschulen. 1886 wurden die Prinzen des Hauses Orléans aus Frankreich verwiesen. Diese Maßnahmen verstärkten die Gegensätze zwischen der Republik und ihren Feinden, die unverändert eine Restauration der Monarchie anstrebten. Die Monarchisten hatten zwar in Deputiertenkammer und Senat die Mehrheit verloren, besaßen jedoch nach wie vor starken Rückhalt in den Kreisen des Adels und vor allem im Offizierkorps, das die Republik als unerwünschtes Ergebnis des verlorenen Krieges sah.

Die Armee hatte in Frankreich stets hohe Achtung genossen. Sie symbolisierte den Garant für die »französische Größe« und diente vermehrt als Druckmittel in der von Nationalismus und Revanchismus geprägten Außenpolitik. Aus diesem Grund stärkten die regierenden Republikaner den politischen Einfluss und die Schlagkraft der Armee und ließen dem Offizierskorps dessen traditionelle Exklusivität.

Das Offizierskorps strafte diese uneingeschränkte Unterstützung und fast mystische Verehrung mit offener Verachtung für die Republik und ihre Repräsentanten. So sehr die Armee von Seiten der Regierung stets in Ehren gehalten wurde, so wenig interessierte sich die Armee für die Belange der Nation. Die Armee war im Wesentlichen ein Erbe der vorherigen Regimes. Das Offizierkorps wurde vom Adel dominiert, die leitenden Militärs waren entweder monarchistisch oder nationalistisch gesinnt und lehnten die republikanische Regierung innerlich ab. In dieser Republik mit ihren zahllosen Krisen und ihren ständig wechselnden Regierungen, mit einem Staatsoberhaupt, das aus dem Volk gewählt worden war, entwickelte sich die Armee mit ihrem Kastengeist und Elitebewusstsein zu einem Staat im Staate. Die Dritte Republik hatte die alten Eliten, den Adel und die mit ihm verbundenen bürgerlichen Kreise, von den hohen zivilen Ämtern ausgeschlossen. So versuchte diese Schicht, die hohen Stellen in der Armee für sich zu reservieren. Die feudalen Kavallerieregimenter und der Generalstab waren fest in Händen von Adel und christlichem Großbürgertum. Offizieren, die nicht zu diesen Kreisen gehörten, wurde der Zugang zu diesen Bereichen erschwert bzw. unmöglich gemacht.

Die wenigen zugehörigen jüdischen Offiziere waren in der Regel Absolventen der École Polytechnique. Diese besser ausgebildeten Offiziere standen in erfolgreicher Konkurrenz mit den Schülern der Militärakademie von St. Cyr.

Ein weiterer entschiedener Feind der Republik war die katholische Kirche. Die Kirche und vor allem der hohe französische Klerus sympathisierten mit den Monarchisten und Nationalisten und machten Front gegen jede Art von Fortschritt in Politik, Wirtschaft, Wissenschaft und Kultur. Die durch den Feudalismus geprägte Kirche lehnte demokratische Anschauungen als unvereinbar mit ihren Vorstellungen von »Glauben und Ordnung« ab. Diese offene Ablehnung von bürgerlicher Demokratie und modernen Ideen führte zwangsläufig zu einem Bündnis mit den nationalistischen und monarchistischen Kräften. Übersteigerte Frömmigkeit in Verbindung mit nationalistischem und revanchistischem Gedankengut führten bis zum Missbrauch religiöser Symbole für politische Kampagnen.

6

Im Jahre 1875 z.B. wurde die Jungfrau von Lourdes zur »Schutzpatronin der Revanche« erklärt. So wurde die katholische Kirche ein Wegbereiter des nach der schmachvollen Niederlage von 1870/71 aufkommenden Nationalismus. Ziel war die Wiederherstellung der »nationalen Größe« und die Restauration der Monarchie mit Hilfe von Militär und Kirche.

Diese konservativen, monarchistischen Kräfte bedienten sich im Kampf gegen die Republik des Antisemitismus, der seit 1880 immer mehr eine politische Rolle zu spielen begann. Frankreich war eines der wenigen Länder, in denen die Emanzipation der Juden auch in die Wirklichkeit umgesetzt wurde und das seine jüdische Bevölkerung vollständig in Gesellschaft und Staat integriert hatte. Die Zahl der französischen Juden war im Vergleich zu anderen europäischen Ländern stets gering. Sie hatte wohl auch gegen Ende des 19. Jahrhunderts trotz der Immigranten aus Osteuropa und den Juden aus dem von Deutschland annektierten Elsass-Lothringen die 100.000 nie überschritten. Die nach Frankreich einwandernden Juden kamen aus Gebieten Osteuropas, in denen sie Verfolgungen ausgesetzt waren. Der Zustrom dieser osteuropäischen Juden stieß bei den etablierten französischen Juden auf Ablehnung, da sie befürchteten, dass deren Sitten und Erscheinungsbild antisemitische Vorbehalte hervorrufen könnten.

Der in den achtziger Jahren des 19. Jahrhunderts entstehende moderne Antisemitismus richtete sich jedoch nicht nur gegen die Einwanderer aus Osteuropa, sondern gegen das gesamte französische Judentum. In dieser Zeit griff in Frankreich eine Welle der Fremdenfeindlichkeit als Folge der Wirtschaftskrise, der steigenden Arbeitslosigkeit, der Lebensunsicherheit und des Zweifels an Demokratie und Kapitalismus um sich. Man begab sich auf die Suche nach einem Sündenbock, der für die ganze Misere verantwortlich sein sollte, und fand ihn in den französischen Juden. Dieser neue Antisemitismus war ein Gebräu aus christlichem Judenhass der Konservativen und des Klerus, judenfeindlichem Antikapitalismus der Linken und der kleinen Leute sowie einer auf pseudobiologischer Basis stehenden Rassentheorie.

Die Verbreitung dieser Ideen erfolgte durch Presse und Literatur. Das 1869 erschienene Buch des Chevalier Henri Gougenot des Mousseaux: *Le Juif, le Judaïsme et la Judaïsation des peuples chrétiens* (Der Jude, das Judentum und die Judaisierung der christlichen Völker) wurde in den folgenden Jahren zu einer Art Bibel des Antisemitismus. Als 1882 die von einem ehemaligen Angestellten der Familie Rothschild gegründete katholische Banque Union Générale zusammenbrach und viele Sparer ihr Geld verloren, führte dies zu einer neuen Flut antisemitischer Publikationen. Sie verbreiteten, der Bankrott sei das Werk des Finanzjudentums á la Rothschild. Im Jahre 1886 (zwischen dem Zusammenbruch der Union Générale und dem Panama-Skandal) erschien das zweibändige Werk von Edouard Drumont, *La France juive* (»Das verjudete Frankreich«).

Drumont war ursprünglich eifriger Republikaner, wandte sich aber später in Richtung Klerikalismus und Antisemitismus. Sein Hauptwerk *La France Juive* ein Konglomerat aus den verschiedensten antisemitischen Strömungen, erreichte schon im ersten Jahr eine Auflage von mehr als 100.000 Exemplaren und wurde zum Evangelium der antisemitischen und antirepublikanischen Reaktionäre. Frankreich sei, so schreibt Drumont, fest in der Hand der Juden, die als Agenten einer weltweiten Verschwörung des Geldes agieren und auf Kosten der kleinen Leute ihre Geschäfte betreiben. Diese Saat fiel in dem von Krisen geschüttelten Frankreich auf fruchtbaren Boden und entwickelte sich zu einer gefährlichen Ideologie, die sich rasend schnell in allen Bevölkerungsschichten verbreitete. Im Jahre 1889 gründete Drumont zusammen mit Jaques Biez die antisemitische Liga und seit 1892 erschien Drumonts eigene Zeitung, *La Libre Parole*, die sich der Aufdeckung des Panama-Skandals rühmte.

Dieses Blatt war das Sprachrohr eines unglaublich primitiven und aggressiven Antisemitismus, der sich in allen Bevölkerungsschichten rasch verbreitete. Daneben gab es noch die verschiedenen Auflagen von *La Croix*, der Zeitschrift der Assumptionisten, und des *Pèlerin* (Der Pilger) mit über 500.000 Exemplaren, sowie Vereine wie die Ligue Antisémitique mit einigen tausend Mitgliedern. Diese Zeitungen und Vereinigungen trugen zum weiteren Anschwellen des Antisemitismus bei, so dass ein Funke genügte, um ihn während der Dreyfus-Affäre zur Explosion zu bringen.

Auch im französischen Offizierskorps verbreitete sich antisemitisches Gedankengut mit rasanter Geschwindigkeit. Die Offiziere des Heeres, im Zweiten Kaiserreich die gesellschaftliche Elite repräsentierend, fühlten sich – vor allem wenn sie ohne Vermögen waren – durch die neue Werteordnung in der Gesellschaft zurückgesetzt. Die Karrieren einiger brillanter jüdischer Offiziere verstärkten den von Zeitungen wie *La Libre Parole* geschürten Hass. Zudem wuchs die Zahl jüdischer Offiziere stetig. Zu Beginn des I. Weltkrieges lagen die höchsten Befehlstellen fast der gesamten Artillerie in jüdischen Händen. Eine der ersten Pressekampagnen der *La Libre Parole* richtete sich gegen jüdische Offiziere, wie die seit dem 23. Mai 1892 veröffentlichten Artikel gegen »Juden in der Armee«, in der sie als »künftige Verräter« gebrandmarkt wurden, sowie die antisemitischen Karikaturen des Soldaten Chapuzot, die einer von Drumonts Mitarbeitern zeichnete.

In der Armee häuften sich Ehrenhändel. Als einer der ersten forderte der Hauptmann Crémieu-Foa im Namen von dreihundert jüdischen Offizieren Drumont zu einem Duell. Was für eine Ironie der Geschichte war es doch, dass Major Esterhazy, der der eigentliche Auslöser für die gesamte Affäre war, in diesem Duell als Zeuge des jüdischen Hauptmanns auf die Bühne der Ereignisse trat!

Ein Zweikampf des elsässischen Juden und Absolventen der École Polytechnique, Hauptmann Armand Mayer mit dem Marquis de Morès, einem demissionierten Offizier und Mitarbeiter von Drumont schloß sich an. Hauptmann Mayer fiel, durchbohrt vom Degen des Marquis, der in einem anschließenden Gerichtsverfahren freigesprochen wurde. Sein Tod rief bei den europäischen Juden eine beträchtliche Aufregung hervor. Bei seiner Beerdigung würdigten ihn die »Ehemaligen« der École Polytechnique als vorbildlichen Republikaner, fähigen Offizier und untadeligen Staatsbürger. Ein Mitglied der weitverzweigten Dreyfus-Familie, Ferdinand Camille Dreyfus, Mitarbeiter mehrerer liberaler Zeitungen und Abgeordneter der Deputiertenkammer kämpf-

te erbittert gegen den von Drumont geschürten Judenhass. Er hatte mehrere Duelle mit Antisemiten, sogar mit Drumont selbst, von dem er schwer verwundet wurde. Drumont hatte in Folge seiner antisemitischen Angriffe gegen Juden im Militär und im öffentlichen Leben zahlreiche weitere Duelle zu bestreiten, u.a. gegen den Journalisten Arthur Meyer. Arthur Meyer gehörte der konservativen, monarchistischen Partei an und war Besitzer verschiedener Zeitungen. Die bekannteste war der monarchistische *Gaulois*. Er trat bei seiner Heirat zum Katholizismus über, wurde aber in jüdischen Kreisen weiterhin als Jude gesehen und fühlte sich auch als solcher.

Diese Ereignisse verdeutlichen, dass judenfeindliches Gedankengut sowohl das Militär als auch die gesamte französische Gesellschaft durchdrungen hatte und sich vor dem Hintergrund der Feindschaft mit dem Deutschen Kaiserreich irrwitziger Phantasien und Verschwörungstheorien bediente. Die zunehmende Verteufelung des jüdischen Anteils der französischen Bevölkerung war zu einem großen Teil das Werk skrupelloser Journalisten wie Drumont. Seine Hetzreden waren von beispielloser Primitivität: »*Laßt die Juden noch zwanzig Jahre frei, und sie werden Paris, Frankreich und Europa in die Luft sprengen*«. Mit dieser Argumentation versuchte er, einen angeblichen Zusammenhang zwischen jüdischer und deutscher »Gefahr« nachzuweisen und weckte damit bei den Franzosen tiefsitzende Ängste. Frankreich sei von außen durch den »alten Feind« Deutschland bedroht und im Innern von Juden korrumpiert. Diese Verleumdungen waren besonders brisant angesichts der weitverbreiteten Vorstellung, Deutschland warte nur auf eine Gelegenheit, das zu vollenden, was mit dem schmachvollen Vertrag von Frankfurt 1871 begonnen wurde. Militärische Gründe für die Niederlage wurden von der militärischen Führung nicht zugegeben. Das Wort vom Verrat in den eigenen Reihen machte die Runde.

In diese durch Verleumdungen, Ängste, Neid und Hass aufgeladene Atmosphäre schlug die Nachricht von der Verhaftung des jüdischen Hauptmanns Dreyfus wie eine Bombe ein. Der Kriegsminister General Mercier, auf die Informationen des Kommandeurs des »Nachrichtenbüros« Oberst Sandherr, einem passionierten Antisemiten, vertrauend, war an einer schnellen Lösung der Spionageaffäre interessiert. General Mercier stand zudem unter heftigem Beschuss der nationalkonservativen Presse, die ihn beschuldigte, republikanisch gesonnen zu sein und im Generalstab Juden zu dulden. Merciers vorrangiges Ziel war demzufolge, die nationalkonservativen Kräfte und vor allem die antisemitische Presse schnellstmöglich zufrieden zu stellen.

So war die logische Konsequenz, dass man im Generalstab und im Nachrichtenbüro relativ schnell den »*einzig möglichen Verdächtigen fand*«. Hauptmann Alfred Dreyfus war Artillerist – die gefundenen Spionageunterlagen betrafen militärische Geheimnisse aus dem Bereich der Artillerietruppe – er hatte verschiedene Abteilungen des Generalstabes durchlaufen und er war Jude. Des weiteren kam er aus dem Elsass, war also fast ein Deutscher und damit ohnehin ein potentieller Landesverräter. Die Untersuchung des Falles und auch der Vergleich der Schriftprobe des Hauptmann Dreyfus mit dem bewussten Schriftstück, dem Bordereau, ergaben keinerlei Beweise für dessen Schuld. Dennoch unterschrieb General Mercier am 14. Oktober 1894 den Haftbefehl gegen Hauptmann Dreyfus, der am folgenden Tag vollstreckt wurde.

Als die Verhaftung bekannt wurde, verstärkten die nationalistischen Zeitungen, allen voran *La Libre Parole*, den Druck auf das Kriegsministerium mit Behauptungen, es hätte Dreyfus Verhaftung verschweigen wollen und sei verantwortlich für die Anwesenheit eines »Landesverräters« im Generalstab.

Als am 19. Dezember 1894 der Prozess gegen Hauptmann Alfred Dreyfus vor dem Obersten Kriegsgericht in Paris eröffnet wurde, war dieser bereits schuldig gesprochen. Der Angeklagte war jener außergewöhnlich begabte Offizier, der 1878 seine militärische Karriere mit dem Eintritt in die École Polytechnique begonnen hatte und später als Hauptmann der Artillerie seine Zulassung zum Generalstab erhielt. Er musste sich nun gegen die Anklage der »*Komplizenschaft mit einer ausländischen Macht*« verteidigen. Trotz einer ungenauen Anklage, dem Fehlen eindeutiger Beweise und plausib-

ler Motive, bestand über den Ausgang des Prozesses kein Zweifel. Dies war vor allem das Werk der nationalistischen und antisemitischen Presse, der sich zahlreiche Zeitungen in Paris und der Provinz angeschlossen hatten. Sie alle forderten eine exemplarische Verurteilung. Die großen Zeitungen wie *Le Petit Journal* des Nationalisten Ernest Judet, *Le Petit Parisien*, *Le Matin* und *Le Journal* verleumdeten den »Landesverräter« in einer Atmosphäre, die durch übersteigerten Nationalismus und von Verfolgungswahn geprägter Spionagephobie gekennzeichnet war. Seine intellektuellen Fähigkeiten und sein Patriotismus seien ihm bei seiner Spionagetätigkeit für Deutschland zugute gekommen. Der daraus entstandene Schaden für die nationale Verteidigung sei so gravierend und die Beweise so eindeutig, so die Argumentation der Nationalisten, dass sie einen Prozess eigentlich überflüssig machten.

Die Verhandlung war eine Farce – die Öffentlichkeit wurde vom ersten Tag an ausgeschlossen und Dreyfus' Anwalt, Maître Albert Demange, der von der Unschuld seines Mandanten überzeugt war, das Wort verweigert. Am 22. Dezember wurde der Hauptmann der Artillerie Alfred Dreyfus schuldig gesprochen: »*1894 in Paris einer fremden Macht oder ihren Agenten eine gewisse Anzahl von geheimen und vertraulichen Dokumenten, die die nationale Verteidigung betreffen, übergeben zu haben* [...].« Das Gericht verurteilte ihn einstimmig zu Degradierung und Verbannung an einen befestigten Platz. Der Schuldspruch wurde allgemein begrüßt. Die *Dreyfusards* gab es noch nicht und die französischen Juden vermieden es Stellung zu beziehen aus Angst vor Repressalien und davor, den Antisemitismus weiter zu schüren. Einige waren sicherlich auch von seiner Schuld überzeugt. Maurice Paléologue, ein Zeitgenosse und selbst in die Dreyfus-Affäre involviert, schrieb am 23. Dezember 1894 in seinem Tagebuch: »*Heute morgen kennt die ganze Pariser Presse – von der äußersten Linken bis zur äußersten Rechten, von den klerikalen und monarchistischen Blättern bis zu den avantgardistischen Organen der Sozialisten – in ihren Kommentaren über das Urteil des Kriegsgerichts nur eine einzige Tonart. Zustimmung, Erleichterung, Aufatmen, Freude – eine triumphierende, wilde, rachsüchtige Freude.*«

Am Tage nach der Verkündigung des Urteils schrieb Dreyfus aus dem Gefängnis an seine Frau: »*Unschuldig sein, hinter sich ein Leben ohne Makel zu haben und wegen des schlimmsten Verbrechens, das ein Soldat begehen kann, verurteilt zu werden, was kann es Schrecklicheres geben? […] Was vor allem not tut – gleichgültig was aus mir wird – ist, die Wahrheit zu suchen. Unser ganzes Vermögen muss, wenn es not tut, daraufgehen, damit mein Name, der in den Staub gezogen ist, wieder hergestellt wird. Dieser unverdiente Flecken muss um jeden Preis weggewischt werden.*«
Hauptmann Dreyfus legte erfolglos Revision ein. Am 5. Januar 1895 wurde er in einer äußerst demütigenden Prozedur im Hof der École Militaire öffentlich degradiert. Die Degradierung war von einem heftigen Ausbruch antisemitischer Emotionen begleitet. Alfred Dreyfus musste vor der angetretenen Truppe defilieren und schrie seine Unschuld heraus, während die auf der Straße versammelte Menge tobte: »*Hängt ihn auf!*« Nur mit Mühe konnten die Polizisten den Pöbel davon abhalten, auf den Paradeplatz zu stürmen und Selbstjustiz zu üben. Am 21. Februar wurde Alfred Dreyfus auf die Teufelsinsel, vor der Küste von Französisch-Guyana, deportiert. Der unvorstellbare Hass, der Dreyfus bei seiner Degradierung entgegenschlug und die Haltung des Verurteilten ließen schnell erste Zweifel über seine Schuld aufkommen. Es wurde bald klar, dass die Armeeführung, das Kriegsgericht und sogar Mitglieder der Regierung wissentlich einen Unschuldigen geopfert hatten, um den wahren Schuldigen, den Major Walsin-Esterhazy zu decken. Dieser offensichtliche Justizirrtum sollte die politische Landschaft Frankreichs über Jahre hinweg in zwei Lager spalten, *Dreyfusards* und *Anti-Dreyfusards*.
Der von Émile Zola am 13. Januar 1898 in der Zeitung *L'Aurore* an den Präsidenten der Republik veröffentlichte Brief »*J'Accuse*« führte zu Demonstrationen gegen Zola und die Juden sowie zu Sympathiekundgebungen für die Armee. In Algerien kam es zu gewalttätigen antijüdischen Ausschreitungen. Es wurden erste Forderungen für eine Wiederaufnahme des Verfahrens laut, die schließlich zu einem erneuten Prozess im August 1899 führten, mit einem erneuten Schuldspruch und

anschließender Begnadigung durch Präsident Loubet als Ergebnis. Alfred Dreyfus konnte jedoch nur eine vollständige Wiedergutmachung akzeptieren. Am 12. Juli 1906 wurde er schließlich rehabilitiert und wieder in die Armee aufgenommen, am 13. Juli zum Major und sein Mitstreiter Picquart zum Brigadegeneral befördert. Sieben Tage danach wurde er zum Ritter der Ehrenlegion geschlagen, auf öffentlichem Platz, vor versammelter Truppe, an der gleichen Stelle, an der er die entwürdigende Prozedur der Degradierung hatte über sich ergehen lassen müssen.
Die Affäre Dreyfus führte zur Spaltung Frankreichs, obgleich es sich anfangs um ein recht unbedeutendes Ereignis handelte. So wie der Antisemitismus, angestachelt durch Nationalisten und Katholiken innerhalb kürzester Zeit breite Volksmassen erfasste und die übelsten Auswüchse hervorbrachte, ging er nach der Rehabilitierung von Dreyfus wieder zurück und wurde mit dem Beginn des I. Weltkrieges von einer Woge patriotischer Begeisterung weggeschwemmt.

Die Reaktionen des Deutschen Kaiserreiches

Das außenpolitische Klima zwischen der Republik Frankreich und dem Deutschen Kaiserreich war am Vorabend der Dreyfus-Affäre von Versuchen der Annäherung Deutschlands an Frankreich gekennzeichnet. Kaiser Wilhelm II. zeigte sich persönlich voller Aufmerksamkeiten für Frankreich. Er dinierte gelegentlich beim französischen Botschafter und legte einen Kranz beim Tode des Marschalls Mac Mahon nieder. Der deutsche Botschafter in Paris, Graf Münster von Derneburg, war ein aufrichtiger Anhänger deutsch-französischer Verständigung und dokumentierte jedes Zeichen einer Annäherung mit großer Begeisterung. Frankreich jedoch betrachtete Deutschland nach wie vor als den drohenden Feind, der die erste sich bietende Gelegenheit nutzen würde, über Frankreich herzufallen. Die Nachricht über die Verhaftung des Hauptmann Dreyfus war somit für die nationalistische französische Presse ein willkommenes Geschenk, die »deutsche Gefahr« in schillernden Farben an die Wand zu malen. Das Dementi des deutschen Militärattachés Oberstleutnant von Schwartzkoppen verhallte fast ungehört. Am 10. November 1894 veröffentlichte *Le Figaro* eine Protestnote der Deutschen Botschaft: *»Nie erhielt Oberstleutnant von Schwartzkoppen Briefe von Dreyfus. Weder hatte er eine direkte noch indirekte Verbindung zu ihm. Selbst wenn dieser Offizier des Verbrechens, für das er angeklagt wird, schuldig sein sollte, ist die deutsche Botschaft nicht in diese Affäre verwickelt.«* Nach Verleumdungen in *Le Matin* protestierte Graf Münster erneut und es fand ein Treffen mit dem französischen Außenminister statt. Der Botschafter war von der Unschuld seines Militärattachés überzeugt, während der Außenminister eine Erklärung über die Verantwortung *»ausländischer Botschaften und Legationen in Paris«* dementieren musste. Dies war für die Presse ein weiterer Beweis für Dreyfus Schuld: der deutsche Botschafter log, um seine in Frankreich operierenden Spione zu decken. Es war darüber hinaus ein Indiz dafür, dass Frankreichs Juden mit dem Erzfeind Deutschland kooperierten. Die deutschen Zeitungen zeigten sich schon deshalb an der Affäre interessiert, weil von französischer Seite behauptet wurde, Dreyfus habe für Deutschland spioniert. Die deutsche Presse hielt sich dieser Anschuldigung gegenüber an die offizielle Stellungnahme der deutschen Regierung: Die Dreyfus-Affäre sei eine rein innerfranzösische Angelegenheit, Deutschland habe mit ihr nichts zu tun. Die liberale deutsche Tagespresse, im wilhelminischen Kaiserreich die einflussreichste und Auflagenstärkste, sah den Fall Dreyfus als einen Auswuchs des französischen Antisemitismus, betrachtete ihn aber auch als Widerstreit zwischen monarchischem und republikanischem Regierungssystem. Die rechts-konservative Presse nützte die Affäre zur Verbreitung eines negativen Frankreich-Bildes und vor allem zur Kritik an der republikanischen Staatsform. Sie sei der Beweis für das Versagen der Republik und den Erfolg der Monarchie.

Im Verlauf der Affäre wurden alle Mitteilungen von deutscher Seite, die zur Beruhigung der französischen Öffentlichkeit bestimmte waren, mit Schweigen übergangen. Die deutsch-französischen Beziehungen traten in eine kritische Phase. Der deutsche Botschafter hatte in seinem ersten Bericht dem Kanzler und damit dem Kaiser gemeldet, dass kein Angehöriger der deutschen Botschaft Dreyfus kannte. Der Kaiser begann sich nun für die Angelegenheit zu interessieren und beteiligte sich aktiv am Geschehen. Alle Akten, die Dreyfus-Affäre betreffend, tragen seine Randbemerkungen. Auch nach der Deportation von Dreyfus auf die Teufelsinsel und den Jahren des Kampfes der Dreyfusards für dessen Rehabilitierung, beobachtete er die Geschehnisse im Umfeld der Affäre. Wilhelm II. war von Dreyfus Unschuld von Anfang an fest überzeugt. Er hat diese Überzeugung auch öffentlich vertreten, so gegenüber dem Fürsten von Monaco, der dies als Zeuge vor dem Kassationshof im Sommer 1899 auch bekundete. Zu einem – nicht veröffentlichten – Bericht des Botschafters vom 9. November 1896 bemerkte Kaiser Wilhelm: *»Der Ansicht [dass Dreyfus seinerzeit auf ungesetzliche Weise verurteilt worden sei] war ich früher und bin es auch heute noch.«* Er entschloss sich jedoch nicht zu aktivem Vorgehen. Obwohl er in dieser Sache stets die politisch fortgeschrittenere Tendenz vertrat, ließ er sich in seiner Meinung allzu leicht von seinen Beratern zurückdrängen. Von der Notwendigkeit deutsch-französischer Verständigung überzeugt, von französischer Kultur und Eleganz begeistert, im Wesen sprunghaft und bei heftigem Widerstand nachgebend, so erscheint das Bild des Kaisers in diesem Abschnitt deutsch-französischer Geschichte.

Abbildungen

1   Kupferstich mit dem Titel: »Napoleon der Große stellt den Kultus der Israeliten wieder her, 30. Mai 1806«, Paris 1806.
2   Titelseite des *Le Petit Journal* vom 30. Januar 1898.
3   Deklaration der Menschenrechte durch die französische Nationalversammlung im Jahr 1789.
4   Jüdischer Feldgottesdienst an Jom Kippur vor Metz im Jahr 1870.
5   Urkunde aus dem Nachlass von Alfred Dreyfus über die französische Einbürgerung nach dem Wegzug aus dem Elsass.
6   Plakat aus der Serie »Musée des Horreurs«: Baron Alphonse de Rothschild als Oktopus (Symbol für Gier und Macht) ist mit einer Augenklappe dargestellt, die ihm das Aussehen eines Piraten verleiht, das Plakat leitet den antisemitischen Angriff auf das Haus Rothschild, als das Urbild des Großkapitals in jüdischer Hand, ein, im Jahr 1899 war Rothschild 72 Jahre alt und seit 1855 Direktor der Bank von Frankreich.

III. Stimmen der Ehre

DREYFUS
EST
INNOCENT

LES DÉFENSEURS DU DROIT, DE LA JUSTICE ET DE LA VÉRITÉ

VIVE LA **FRANCE!**

VIVE LA **RÉPUBLIQUE!**

L. TRARIEUX

ÉMILE ZOLA

« La Vérité est en marche, rien ne l'arrêtera! »

SCHEURER-KESTNER

YVES GUYOT

GEORGES CLÉMENCEAU (L'Aurore)

JOSEPH REINACH

Par la Vérité, vers la Justice!

LIEUTENANT-COLONEL PICQUART

« Je n'emporterai pas dans la tombe un pareil secret. »

JEAN JAURÈS (Petite République Française)

VIVE **L'ARMÉE!**

À BAS LES **TRAITRES!**

BERNARD LAZARE

FERNAND LABORI, Avocat

FRANCIS DE PRESSENSÉ

10 CENTIMES

10 CENTIMES

Hauptmann Alfred Dreyfus

1859	Alfred Dreyfus wird am 9. Oktober in Mulhouse (Mühlhausen) / Elsass geboren
1878–1892	Studium an der Ecole Polytechnique und der Militärakademie, Abschluss mit Auszeichnung
1889	Beförderung zum Hauptmann am 12. September
1890	Heirat mit Lucie-Eugénie Hadamard am 21. April
1893	Abkommandierung zum Generalsstab am 1. Januar
1894	Verhaftung unter Verdacht des Landesverrats am 15. Oktober Von November bis Dezember Anklage und Verurteilung zu lebenslänglicher Haft Ablehnung der Berufung gegen das Urteil am 31. Dezember
1895	Am 5. Januar öffentliche Degradierung auf dem Hof der Ecole militaire Ab April Einzelhaft auf der Teufelsinsel
1899	Am 3. Juni Aufhebung des Urteils durch den Kassationsgerichtshof und Anordnung eines Revisionsverfahrens in Rennes Im September erneute Verurteilung unter ‚mildernden Umständen' zu zehn Jahren Haft Begnadigung unter dem Vorbehalt Dreyfus', die Anstrengungen zum Beweis seiner Unschuld fortzusetzen
1906	Im Juli Entlastung Dreyfus' und Annullierung des Urteils Rehabilitation und Beförderung zum Major Auszeichnung mit dem Kreuz der Ehrenlegion
1914–1918	Dienst als Oberstleutnant im I. Weltkrieg
1935	Tod am 12. Juli in Paris

»Mein Leben [...] gehört meinem Land [...] meine Ehre [...] ist mein Erbe an meine Kinder.«

(Alfred Dreyfus,
Brief an den Präsiden-
ten der Republik am 8.
Juli 1897)

Alfred Dreyfus wurde am 9. Oktober 1859 als Sohn eines jüdischen Textilunternehmers in Mühlhausen (Mulhouse) geboren. Nach der deutschen Annexion des Elsass im Zuge des Deutsch-Französischen Krieges 1870/71 entschied sich die Familie Dreyfus – gemäß einer Vereinbarung im Frankfurter Friedensvertrag – für die französische Staatsbürgerschaft und übersiedelte nach Paris.

Alfred Dreyfus strebte eine militärische Laufbahn an, für die er unter anderem die Kriegsschule und die Artillerieschule besuchte. Die Ausbildung an der Militärakademie schloss er im Alter von 32 Jahren mit Auszeichnung ab und erhielt damit die Qualifikation zum Generalstab. Nach der Heirat mit Lucie Hadamard 1890 und der Geburt des Sohnes Pierre 1891 und der Tochter Jeanne 1893 war sein persönliches Glück vollkommen. Im Nachhinein schrieb er über diese Zeit:

»Meine Karriere lag glänzend und vielversprechend vor mir, die Zukunft stand unter den besten Vorzeichen. Nach der Tagesarbeit fand ich in meiner Familie Behaglichkeit und den Reiz des häuslichen Lebens. [...] Wir waren vollkommen glücklich [...] ich hatte keine materiellen Sorgen.«

2

Als der französische Geheimdienst im September 1894 einen Brief abfing, in dem ein Unbekannter dem deutschen Militärattaché Militärgeheimnisse anbot, fiel der Verdacht auf Dreyfus. Die beharrliche Bezeugung seiner Unschuld half ihm nicht gegen die scheinbar unzweifelhaften Beweise. Er wurde vor einem geheimen Militärgericht des Landesverrats angeklagt und zu lebenslanger Haft verurteilt, verbunden mit einer öffentlichen Degradierung, die ihn Erniedrigungen durch die Zuschauer aussetzte. Seinem Unschuldsbewusstsein und seiner Persönlichkeit entsprechend ertrug Alfred die Demütigungen mit aufrechter Haltung. Diese behielt er auch unter den unmenschlichen Zuständen seiner Gefangenschaft bei, obwohl ihn körperliche wie seelische Entbehrungen über fünf Jahre hinweg sehr belasteten. Außerdem gab es Dreyfus nicht auf, seine Unschuld zu beteuern, trotzdem dies zu seiner unbarmherzigen Behandlung beitrug: ein Aktenvermerk wies darauf hin, dass er kein Geständnis abgelegt hatte und daher jeder Nachsicht unwürdig sei.

3

Hinzu kam die weitgehende Isolation von der Außenwelt, so dass die Geschehnisse um seine Person Dreyfus in diesen Jahren so gut wie nicht erreichten. So wurde er erst bei der Wiederaufnahme des Verfahrens in Rennes mit dem internationalen Interesse konfrontiert, wozu der offene Brief *J'Accuse* von Emile Zola und das, durch das Aufkommen entlastender Beweise, zunehmende Misstrauen gegenüber der Korrektheit des Urteils geführt hatte. Trotz dieser Vorzeichen wurde Dreyfus erneut schuldig gesprochen, diesmal unter mildernden Umständen, nämlich zu zehn Jahren Haft. Zehn Tage später ging er zugunsten seiner sehr angeschlagenen Gesundheit auf das Angebot einer Begnadigung seitens des Staatspräsidenten, der den Prozess endlich beendet sehen wollte, ein; jedoch nur unter dem Vorbehalt, auch weiterhin für den Beweis seiner Unschuld und die Wiederherstellung seiner Ehre zu kämpfen.

»Meine Freiheit [...] ist wertlos für mich ohne meine Ehre [...] Ich will, dass ganz Frankreich weiß, dass ich unschuldig bin.«

Der Fall war politisch überwunden, jedoch rechtlich noch nicht abgeschlossen. Erst zwölf Jahre nach der ersten Verurteilung wurde Alfred Dreyfus unter Verwendung neuer Beweise und unter einer anderen Regierung in allen Anklagepunkten freigesprochen und wieder in die Armee aufgenommen, zum Major befördert und in der *Ecole Militaire* zum Ritter der Ehrenlegion ernannt.

3

Abbildungen

1 Alfred Dreyfus.
2 Fotografie: »Dégradation du Capitaine Dreyfus, le 5 janvier 1895« [»Die Degradierung von Hauptmann Alfred Deryfus am 5. Januar 1895«].
3 Zeichnung von Dreyfus auf der Teufelsinsel.
4 Lichtdruck, Postkarte; Die Rehabilitierung von Dreyfus; am Nachmittag des 21. Juli 1906 wurde Alfred Dreyfus zum Ritter der Ehrenlegion ernannt. General Gillain ließ Major Dreyfus vor mehreren Kompanien der Kavallerie und Fußtruppen diese Ehre zuteil werden.

Lucie Dreyfus

1869	Lucie-Eugénie Hadamard wird am 23. August in Chatou geboren
1890	Im April heiratet sie Alfred Dreyfus
1894	Von Oktober bis Dezember finden Anklage und Prozess gegen ihren Gatten statt
1895	Im Februar wird ihre Bitte, ihren Mannes auf die Teufelsinsel begleiten zu dürfen, abgelehnt
1896	Im September Revisionsgesuch an die Deputiertenkammer
1898	Im April Veröffentlichung der *Briefe eines Unschuldigen* Am 3. September Revisionsgesuch an die französische Regierung Am 29. Oktober Beschluss zur Wiederaufnahme des Verfahrens wegen Landesverrats
1899	Im September Nachricht von der Begnadigung ihres Ehemanns
1906	Im Juli wird ihr Gatte rehabilitiert
1945	Lucie Dreyfus stirbt am 14. Dezember in Paris

1

Lucie-Eugénie wurde am 23. August 1869 als zweites Kind der angesehenen und wohlhabenden jüdischen Familie Hadamard in Chatou, einem Vorort von Paris, geboren.

Im Winter 1889 verlobte sie sich mit Hauptmann Alfred Dreyfus, um ihn im darauf folgenden April zu heiraten. Aus dieser Ehe gingen 1891 der Sohn Pierre und 1893 die Tochter Jeanne hervor. Durch das Einkommen ihres Mannes und die eigene großzügige Mitgift waren sowohl finanzielle Sicherheit als auch ein hervorragender Platz in der Pariser Gesellschaft garantiert. Für die Fortsetzung dieses zuversichtlich begonnenen Familienglücks, das mit den Beschuldigungen gegen ihren Gatten und dessen Verhaftung so plötzlich zerstört worden war, setzte sich Lucie Dreyfus in den folgenden Jahren unermüdlich ein. Es war vor allem eine emotionale Unterstützung, die sie ihrem Mann zuteil werden ließ. In unzähligen Briefen versuchte sie, ihm Kraft zu geben, und bat ihn um Zuversicht und Durchhaltewillen. So verlangte die Ehefrau bereits unmittelbar nach der Verurteilung Alfred Dreyfus' in einem Brief:

»Du musst für die Kinder leben [...]. Denke an die guten Jahre, die wir zusammen hatten und die, die wir haben werden [...] Wir werden gemeinsam kämpfen [...]«.

Jener gemeinsame Kampf beinhaltete für Lucie Dreyfus aber nicht nur den geistigen Beistand anhand von Briefen in den Jahren von Dreyfus' Haft, sondern auch die aktive Verteidigung ihres Mannes, indem sie eine Vielzahl von Anstrengungen unternahm, um seine Unschuld zu beweisen oder ein Wiederaufnahmeverfahren zu erreichen. Zu diesem Zweck richtete Lucie Dreyfus zahlreiche Gesuche an französische Behörden sowie im September 1896 ein Revisionsgesuch direkt an die Kammer.

Auch wenn die Geschwister Alfred Dreyfus' dessen älteren Bruder, Mathieu, ausgewählt hatten, sich in ihrem Namen ausschließlich für den Beweis der Unrechtmäßigkeit der Verurteilung einzusetzen, fühlte sich Lucie Dreyfus dennoch zum eigenen Einsatz für die Sache ihres Mannes verpflichtet. Sie edierte deshalb, obwohl sie selbst die Öffentlichkeit scheute, die Briefe, die sie von ihrem Mann aus dem Gefängnis erhalten hatte. Die *Briefe eines Unschuldigen*, so hoffte sie,

CAPTAIN ALFRED DREYFUS

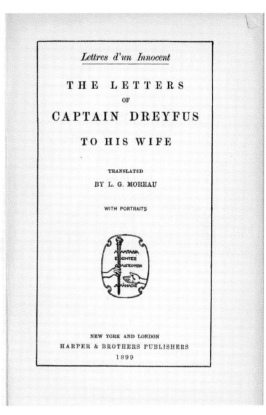

Lettres d'un Innocent

THE LETTERS

OF

CAPTAIN DREYFUS

TO HIS WIFE

TRANSLATED

BY L. G. MOREAU

WITH PORTRAITS

NEW YORK AND LONDON
HARPER & BROTHERS PUBLISHERS
1899

2

würde die Welt davon überzeugen, dass Alfred ein liebender Ehemann, hingebungsvoller Vater und ein loyaler Soldat Frankreichs war. Tatsächlich war es die stoische Ruhe, mit der Dreyfus die Qualen seiner Haft ertrug, und das verzweifelte Ringen um Tapferkeit, die die Leser erschütterten.

Madame Dreyfus scheute sich nicht einmal, sich im September 1898 unmittelbar an die französische Regierung zu wenden, um für die Einleitung eines Revisionsverfahrens zu bitten. Damit hatte sie erreicht, dass der Ministerrat eine Weiterleitung ihres Gesuchs an den Kassationsgerichtshof in Auftrag gab und somit die bereits negativ ergangene Entscheidung revidierte. Am 29. September 1898 beschloss die Strafkammer des Kassationsgerichtshofs die Wiederaufnahme des Verfahrens. Auch wenn Alfred Dreyfus im Revisionsverfahren in Rennes erneut für schuldig befunden und verurteilt wurde, sah seine Ehefrau keine Veranlassung ihren Kampf um die Ehre ihres Mannes nun aufzugeben. Bis zu seiner Entlastung, Rehabilitierung und Ehrung als Ritter der Ehrenlegion im Juli 1906, bei der die Familie Alfred Dreyfus wieder zur Seite stand, hielt Lucie an ihrem ausdauernden Engagement fest.

Dieser jahrelange beharrliche Kampf für die Gerechtigkeit, die Ehre ihres Mannes und ihrer Familie löste eine weltweite Bewunderung für Madame Dreyfus aus. Vor allem waren es Frauen, die mit unterstützender Anteilnahme den Mut und das Engagement Lucies würdigten.

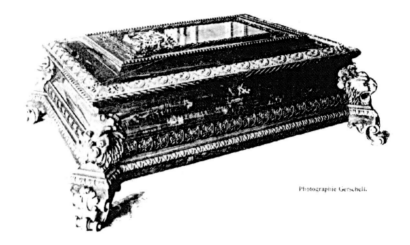

Supplément au journal " LE SIÈCLE " du Jeudi 31 Mai 1900

HOMMAGE DES FEMMES DU BRÉSIL
à Madame Alfred Dreyfus

Photographie Gerschell.

3

Abbildungen

1   Lucie Dreyfus.
2   Buch; Die Briefe von Hauptmann Dreyfus an seine Frau von
    1899; eine von zahlreichen Übersetzungen in verschiedenen
    Sprachen, u.a. ins Polnische und Jiddische. Die Veröffentlichung
    war eine Reaktion auf die Verleumdungen, die Dreyfus im Zuge
    des Prozesses ertragen musste, und entspricht der Absicht,
    Dreyfus so zu zeigen wie er war – ein aufrechter Ehemann,
    besorgter Vater und Frankreich gegenüber treu ergeben.
3   Foto aus der Beilage von *Le Siècle* vom 31. Mai 1900; »Hom-
    mage des femmes du Brésil à Madame Alfred Dreyfus«
    [»Huldigung an Lucie Dreyfus durch Frauen aus Brasilien«];
    eine Gruppe von Frauen aus Brasilien schenkte Lucie Dreyfus
    eine Schmuckdose aus wertvollen Hölzern. Die Schatulle war
    mit Diamanten besetzt und mit den Initialen »LD« versehen;
    sie wurde als Huldigung für »eine beispielhafte Ehefrau und
    Mutter« dargebracht. Das Geschenk beinhaltete außerdem ein
    Sonett das Dichters Olavo Bilac.

Oberstleutnant
Marie-Georges Picquart

1854	Marie-Georges Picquart wird am 6. September in Straßbourg (Straßburg) geboren
1872–1885	Studium an der Militärhochschule Saint-Cry und der Generalstabsschule
1885–1888	Aktiver Dienst in Tonkin (heute Vietnam)
1895	Ernennung zum Chef des französischen Geheimdienstes
1896	Im März Entdeckung des ‚petite blue' (Eilbrief), das Esterhazy als den Verräter identifiziert Im August / September Benachrichtigung des Generalstabs, der von Picquart Stillschweigen fordert Im Dezember Versetzung auf Befehl des Generalstabs in den aktiven Dienst nach Tunesien
1898	Am 13. Januar, dem Tag des Erscheinens von Zolas Artikel *J'Accuse*, wird Picquart inhaftiert Am 11./12. Februar sagt Picquart als Zeuge im Zola-Prozess aus Am 26. Februar unehrenhafte Entlassung aufgrund von Dienstunfähigkeit wegen »schweren Fehlverhaltens« Am 13. Juli erneute Inhaftierung für ein Jahr Im November Unterschriftenaktion der Zeitschriften *Le Siecle* und *L'Aurore* zur Unterstützung Picquarts
1899	Im Januar Veröffentlichung des Albums *Hommage der Künstler an Picquart*
1906	Im Juli Entlastung und Beförderung zum Brigadegeneral Im Oktober Ernennung zum Kriegsminister unter Premierminister Clemenceau
1914	Im Januar erhält Picquart nach einem tödlichen Reitunfall ein Staatsbegräbnis

1

»*Der Tag wird kommen, an dem die Wahrheit von allen verstanden werden wird: Weshalb die Öffentlichkeit getäuscht wurde, weshalb die Verbrecher des Landes ungestraft bleiben.*«

(Oberstleutnant Picquart)

Zum Zeitpunkt der Verurteilung von Alfred Dreyfus war Georges Picquart mit einundvierzig Jahren der jüngste Oberstleutnant in der französischen Armee und nach Ansicht seiner Vorgesetzten einer der vielversprechendsten Offiziere. Er billigte selbstverständlich die harte Entscheidung des Gerichts gegenüber dem Landesverräter und hatte der Degradierung Dreyfus' mit Genugtuung zugesehen. Diese Haltung in Bezug auf Dreyfus und die Rechtmäßigkeit des Verfahrens änderte sich, als ihm als Chef des französischen Nachrichtendienstes 1896 ein Eilbrief, das sogenannte *petit bleu* in die Hände fiel, das vom deutschen Militärattaché an einen französischen Offizier, Major Ferdinand Esterhazy, adressiert war. Nach persönlichen Nachforschungen fand Picquart Hinweise, die Esterhazy als Verräter bestätigten. Als Picquart den Generalstab über seine Entdeckung informierte, wies man ihn allerdings an, zu schweigen. Obwohl er wusste, dass die Missachtung dieses Befehls seine Karriere, seine Ehre und seine Freiheit gefährden würde, gelobte er gegenüber dem stellvertretenden Generalstabschef Gonse, er werde dieses Geheimnis nicht mit ins Grab nehmen. Um das Schweigen Picquarts dennoch zu garantieren, wurde er als Chef des Nachrichtendienstes entlassen und in den aktiven Dienst nach Tunesien versetzt. Als sich der Verdacht auf Esterhazy, von mehreren Seiten in der Öffentlichkeit angestoßen, verstärkte, war eine Untersuchung unumgänglich geworden. Weder der Regierung noch dem Generalstab konnte freilich daran gelegen sein, die Vorwürfe über Ungereimtheiten bezüglich des Militärgerichtsverfahrens und damit eine »Affäre Dreyfus« bestehen zu lassen. Daher musste einerseits eine Verteidigung Esterhazys und gleichzeitig die Verdächtigung Picquarts, das *petit bleu* als Beweisstück gegen Esterhazy gefälscht zu haben, angestrengt werden. Konsequenterweise zog die Entlastung Esterhazys in dieser Untersuchung die Verhaftung Picquarts nach sich. Er wurde kurz darauf aufgrund »*schwerer Verfehlung im Dienst*« aus dem Militär entlassen.

Als Picquart, eben erst aus der Haft entlassen, auch während seiner Zeugenaussage im Prozess gegen Zola im Februar 1898 nicht von seinem Standpunkt über den Fall Dreyfus abwich, reichte die Verabschiedung aus dem Dienst als Maßregelung nicht mehr aus, so dass er kurz darauf erneut, diesmal für ein Jahr, inhaftiert wurde. In der darauf folgenden Anklage warf man ihm neben der Urkundenfälschung am *petit bleu* die Herausgabe militärischer Interna, nämlich seine Kenntnisse über den Fall Dreyfus, an seinen Anwalt vor, was ihn schließlich genauso wie Dreyfus

LE PILORI

ABONNEMENTS
Un an...... 8 fr. » | Trois mois. 2 fr. 50
Six mois... 4 fr. 50 | Le numéro : 15 cent.

ADMINISTRATION ET RÉDACTION
9, place de la Bourse. — Paris

Treizième Année — N° 622
DIMANCHE 20 MARS 1898

LE DERNIER MOT DE L'AFFAIRE, PAR CLÉRAC

ZOLA. — Un duel ?... Mon ami Picquart n'y est pour personne.

zum Landesverräter machte. Erst mit der Aufdeckung der nachträglichen Fälschung des *petit bleu* durch Oberst Henry, der mit der Absicht gehandelt hatte, Picquart unglaubwürdig zu machen, zeichnete sich in den folgenden Monaten eine Wendung ab. Bis zu seiner Freilassung im Juni 1899 erfuhr er in einer Unterschriftenaktion Tausender und in dem Prachtband *Huldigung der Künstler für Picquart* eindrucksvolle Unterstützung.

LE PROCÈS ÉMILE ZOLA. — Le lieutenant-colonel Picquart.

3

Die Anklagen gegen Picquart wurden allerdings erst mit dem Amnestiegesetz für alle im Zusammenhang mit dem Fall Dreyfus stehenden Strafverfahren vom Dezember 1900 fallengelassen. Damit wollte sich Picquart jedoch nicht zufrieden geben, er forderte Recht und nicht Gnade, zumal er aus der Armee ausgeschlossen blieb. Deshalb erhob er immer wieder das Wort in dieser Sache. Aber erst mit seiner völligen Rehabilitierung 1906 in Verbindung mit der von Dreyfus wurde Picquart wieder in die Armee aufgenommen, zum Brigadegeneral befördert und diente schließlich sogar unter Premierminister Clemenceau als Kriegsminister.

Abbildungen

1 Georges Picquart.
2 Titelseite des *Le Pilori* vom 20. März 1898; »Le dernier mot de l'affaire« [»Das letzte Wort in der Affäre. Zola – ein Duell? ... Mein Freund Picquart ist für niemanden zu sprechen«]; Zola wird als Concierge dargestellt, der zwei Offizieren den Weg versperrt, aus der ersten Etage schaut Picquart herunter, während Esterhazy drohend wartet.
3 Titelseite von L'Illustration vom 19. Februar 1898; »Le Procès Emile Zola – Le Lt. Col. Picquart« [»Der Prozess Emile Zola – Oberstleutnant Georges Picquart«]; Picquart trat im Prozess gegen Emile Zola als Zeuge auf. Auch hier vertrat er erneut standhaft seine Ansicht über die falsche Verurteilung von Dreyfus. Obwohl ihn ehemalige Kameraden und der Großteil der Öffentlichkeit als Verräter der Armee verachteten, konnte er ein Schweigen in dieser Angelegenheit mit seinem Gewissen nicht vereinbaren.

Sarah Bernhardt

»Sie haben wieder gelitten, aber Sie werden nicht mehr leiden.
Die Flagge der Wahrheit [...] rauscht lauter als das Bellen der Hundemeute [...]«

(Sarah Bernhardt an Alfred Dreyfus, nach dem versuchten
Attentat während der Überführung der sterblichen Überreste Zolas ins Panthéon am 4. Juni 1908)

Bildhauerin, Autorin, Theaterdirektorin: Sarah Bernhardt war eine großartige Schauspielerin tragischer Rollen, die in ihrer Arbeit aufging und vom Publikum in der ganzen Welt verehrt und geliebt wurde. Im Alter von zehn Jahren kam sie auf die Klosterschule Grandchamps in Versailles und erhielt eine strenge Erziehung. Der Geliebte der Mutter Duc de Morny verschaffte der vierzehnjährigen die Möglichkeit vorzusprechen und eine Schauspielausbildung zu beginnen.

Während ihres ganzen Lebens setzte sie sich gegen Tyrannei und Ungerechtigkeit ein. Aus der Presse erfuhr sie von der Dreyfus-Affäre und war Zeugin der öffentlichen Degradierung Dreyfus' im Januar 1895. Zahlreiche Würdenträger, Diplomaten und Journalisten hatten sich zu der Zeremonie an der Ecole Militaire versammelt und hörten die Unschuldsbeteuerung des Verurteilten. Sarah Bernhardt glaubte ihm.

Ihr Engagement für Dreyfus machte sie zur Zielscheibe der nationalistischen und antisemitischen Presse und entfremdete sie von früheren Freunden und künstlerischen Mitarbeitern. Die Unterstützung für Dreyfus führte in ihrer eigenen Familie zum Bruch mit ihrem Sohn Maurice, der ein vehementer Dreyfus-Gegner war. Die Aufführungen eines Stückes des Dreyfus-Anhängers Octave Mirbeau im Winter 1897 führte zu Unruhen im Publikum. Deshalb wurde Sarah Bernhardt vom Polizeichef aufgefordert, das Stück abzusetzen.

In der angespannten und kritischen Zeit im Januar 1898, als sich der bekannte französische Romancier Emile Zola gegen die Ungerechtigkeit gegenüber Dreyfus erhob, besuchte ihn Sarah Bernhardt, um öffentlich ihre Unterstützung anzubieten. Sie trat vor eine wütende Menge, die sich vor Zolas Haus in Paris versammelt hatte und half diese aufzulösen. Nachdem Sarah Bernhardt seinen Artikel *J'Accuse* gelesen hatte, schrieb sie bewegt an den Verfasser:

»[...] die wunderbaren Worte, die du gestern schriebst, brachten meinem großen Leiden enorme Erleichterung. [...] Ich sage danke mit all meiner Kraft [...] Danke Emile Zola [...] Danke im Namen der ewigen Gerechtigkeit.«

Senator
Auguste Scheurer-Kestner

1833	Auguste Scheurer-Kestner wird in Mulhouse (Mülhausen) / Elsass geboren
1871	Wahl zum Abgeordneten der Nationalversammlung
1875	Scheurer-Kestner wird Senator auf Lebenszeit und Leiter der Zeitung *La République francais*
1895	Wahl zum Vizepräsidenten des Senats
1897	Im Juli Einsicht in Beweise für Dreyfus' Unschuld und Esterhazys Verrat, vorgelegt von Louis Leblois, dem Anwalt von Georges Picquart
1898	Am 13. Januar gescheiterte Wiederwahl zum Vizepräsident des Senats Im Februar Mitbegründer der *Liga der Menschen- und Bürgerrechte*
1899	Aufgrund der Verschlechterung des Gesundheitszustands schriftliche Zeugenaussage im zweiten Militärgerichtsverfahren von Alfred Dreyfus in Rennes Scheurer-Kestner stirbt am 19. September, dem Tag an dem Dreyfus die Begnadigung annimmt

»Ich werde sterben der republikanischen Sache [...] dem Recht auf freie Gedanken treu ergeben; ich werde sterben so wie ich mich bemüht habe zu leben, mit Respekt für alle Meinungen, solange sie aufrichtig sind.«

(Auguste Scheurer-Kestner)

Auguste Scheurer-Kestner wurde 1833 in Mulhouse (Elsass) als Mitglied einer Familie mit festen republikanischen Traditionen geboren. Er studierte Chemie und wurde 1894 in Paris zum Präsidenten der Gesellschaft für Chemie gewählt. Als Student brachte er seine Ablehnung zum kaiserlichen Regime offen zum Ausdruck und wurde daraufhin zu drei Monaten Haft und einer Geldstrafe von 2.000 Francs verurteilt. Seine Hingabe für die republikanische Sache sicherte Scheurer-Kestner den Respekt und die Freundschaft vieler Repräsentanten der zukünftigen Dritten Republik. 1875 wurde er zum Senator auf Lebenszeit ernannt. Vier Jahre später übernahm er das Amt des politischen Direktors der Zeitung *La République française*, die er auch finanziell unterstützte. Scheurer-Kestner verfolgte vehement die Idee der soziale Gerechtigkeit. Als seine Untersuchungen zur Dreyfus-Affäre ihn von Dreyfus' Unschuld überzeugten, ignorierte er mögliche Gefahren für seine Position als Vizepräsident des Senats und begann sich für eine Wiederaufnahme des Verfahrens einzusetzen. Mit einem Gutachten, dass das *Bordereau* von Esterhazy verfasst worden war, trat Scheurer-Kestner an den Präsidenten Félix Faure und den Kriegsminister heran. Die Anträge des Senators auf eine Wiederaufnahme des Verfahrens wurden jedoch abgelehnt. Am 7. Dezember 1897 wandte sich Scheurer-Kestner an den Senat und forderte, dass der Fall Dreyfus wieder aufgerollt und das *Bordereau* von anderen Experten geprüft werde.

»Es wird Gerechtigkeit geübt werden, meine Herren [...] früher oder später wird die Wahrheit triumphieren.«

Scheurer-Kestners Überzeugung und Mut waren Vorbild für viele. Er zog einige andere Senatoren auf seine Seite. Der Schriftsteller Emile Zola und der Publizist George Clemenceau wurden durch ihn in ihrem Engagement zugunsten von Dreyfus gestärkt. Die Regierung und der Generalstab fürchteten den Ausgang einer erneuten Untersuchung des Falls Dreyfus und beriefen sich auf das Gerichtsurteil und die »Ehre der Armee«. Am 11. Januar 1898 wurde Esterhazy in einem übereilten und eindeutig parteiischen Militärgerichtsverfahren freigesprochen. Zwei Tage später erschien Zolas kritischer Artikel *J'Accuse*. Am selben Tag wurde Scheurer-Kestner nach zwanzig Dienstjahren im französischen Senat sein Mandat als Vizepräsident entzogen.

Während der Unruhen in Verbindung mit Zolas Prozess im Februar 1898, schloss sich Scheurer-Kestner dem Senator Trarieux an, um die *Liga der Menschen- und Bürgerrechte* zu gründen – eine Vereinigung, deren Ziel der Schutz individueller Rechte, die Freiheit der Bürger und Gleichheit vor dem Gesetz war. Zwei Jahre später, am 11. Februar 1908, wurde auf dem Gelände des Senats, in den Gärten des Palais du Luxembourg ein Scheurer-Kestner-Denkmal errichtet. Erst nach seinem Tod würdigte die Politik sein Engagement für die Gerechtigkeit.

Séverine

1855	Carolin Rémy wird in Paris geboren
1879–1880	Bekanntschaft mit Jules Vallès, Journalist, Autor und Revolutionsführer, in Brüssel und Anstellung als seine Sekretärin
1885–1889	Chefredakteurin der Zeitung *Le Cri du Peuple* nach dem Tod Vallès
seit 1889	Journalistin für viele verschiedene Zeitungen als »unabhängige« Stimme
1892	Auftrag von *Le Figaro* nach Rom zu reisen und erhält von Papst Leo XIII. eine Erklärung gegen den Antisemitismus
1898	Im Februar Beteiligung an der Gründung der *Liga der Menschen- und Bürgerrechte* Im September Unterzeichnung des Protestschreibens von Oberstleutnant Georges Picquart an den Präsidenten
1899	Berichterstattung im August zugunsten Dreyfus' für die Zeitung *La Fronde* über das zweite Militärgerichtsverfahren in Rennes
1900	Veröffentlichung *Towards the Light (frz. Ausgabe)* [Zum Licht], einem Band mit Artikeln über die Affäre, der »*dem ehrenvollen Gedenken an Scheurer-Kestner*« gewidmet ist
1929	Séverine stirbt im Alter von 74 Jahren

»Die ganze Dreyfus-Affäre kann man wie folgt zusammenfassen:
Indiskretion, Lügen, Untersuchungen und die Suche nach einem Sündenbock – für einige durch
Nachlässigkeit, für andere aufgrund persönlicher Feindschaft oder religiösen Fanatismus – dar-
unter auch einige Verbrecher, die ihre eigenen Handlungen verschleiern wollen [...]«.

(Séverine)

Caroline Rémy, die den Künstlernamen Séverine annahm, war eine hoch angesehene und be-
liebte Journalistin und Autorin, zu einer Zeit, als beide Berufe im Allgemeinen als Männerdomäne
galten.

Sie wurde 1855 in Paris als Kind einer kleinbürgerlichen Familie geboren. Ihr Vater war Poli-
zeibeamter, ihr Großvater Soldat während der Großen Revolution. Im Alter von vierundzwanzig
Jahren traf Séverine den Schriftsteller, Journalist und Sozialrevolutionär Jules Vallès, der einen
großen Einfluss auf sie ausübte. Nach seinem Tode im Jahre 1883 eröffnete sich ihr eine journa-
listische Laufbahn. Séverines Karriere umspannte sechsundvierzig Jahre, in denen sie mehr als
sechstausend Artikel verfasste. Sie schrieb für verschiedene Zeitungen (*Le Gaulois, Le Gil Blas,
La Libre Parol*) – aber als unabhängige Stimme, und immer war sie voller Sympathie und Solidarität für die Armen. Im Sommer 1892 erhielt sie von *Le Figaro* den Auftrag, nach Rom zu reisen,
wo Papst Leo XIII ihr gegenüber eine Erklärung gegen den Antisemitismus abgab.

Zuerst war sie sich, wie viele andere, über die Wahrheit im Falle Dreyfus nicht sicher, aber sie
misstraute den offiziellen Erklärungen. Im Jahre 1897 erschien *La Fronde*, die erste Tageszeitung
Frankreichs, die nur von Frauen herausgegeben wurde. Séverine führte ihre Untersuchung zur
Dreyfus-Affäre in ihren Kolumnen weiter. Durch die Schriften von Bernard Lazare wurde ihr
bewusst gemacht, dass es Versuche gab, den Fall zu vertuschen; und wachgerüttelt durch Zolas
Artikel *J'Accuse* wurde Séverine für die Sache Dreyfus gewonnen, die sie als ein Symbol des
großen Kampfes der Ideen gegen den von der Obrigkeit geforderten Gehorsam sah:

*»[...] man wollte nichts wissen: eine erbarmungslose, beharrliche Verpflichtung zum Schweigen,
um das Grab mit einem Stein zu bedecken.«*

Séverine nahm zusammen mit den Senatoren Scheurer-Kestner und Ludovic Trarieux an der
Gründung der *Liga der Menschen- und Bürgerrechte* teil. Mit ihrem Engagement für Freiheit,
Gleichheit und Gerechtigkeit blieb sie ihr ganzes Leben der Liga treu.

Nach der Begnadigung Dreyfus' im Dezember 1899 bemühte sich Séverine mit verstärktem
Einsatz um seine Entlastung. Sie unternahm eine Vortragsreise durch Belgien, wo sie Reden zu
den Ereignissen in der Affäre hielt. Am 10. Oktober 1899 trat sie vor dreitausend Zuhörern im
Maison de Peuple in Brüssel auf. Als bedeutende Stimme zur Verteidigung von Alfred Dreyfus
wurde Séverine für viele zu einem leidenschaftlichen Symbol der Gerechtigkeit und Wahrheit.

Emile Zola

1840	Zola wird am 2. April in Paris geboren und wächst in Aix-en-Provence auf
1865–1876	Doppelkarriere als Romancier und Journalist beginnt mit der Veröffentlichung des Romans *Thérèse Raquin* (1867) In dieser Zeit schreibt er mehr als 1.800 Artikel für die Presse
1877	Die Zeitschrift *L'Assommoir* kürt Zola als Frankreichs berühmtesten zeitgenössischen Autor
1897	Im November überzeugt Senator Scheurer-Kestner Zola von Dreyfus' Unschuld Am 14. Dezember beschwört er im *Brief an die Jugend* Studenten und junge Leute, sich für Dreyfus einzusetzen
1898	Sein Artikel *Brief an Frankreich* ruft am 7. Januar die Nation zur Gerechtigkeit auf Am 13. Januar erscheint *J'Accuse ...!* in der von Georges Clemenceau herausgegebenen Zeitung *L'Aurore* 7.–23. Februar findet der Prozess gegen ihn wegen Verleumdung statt, in dem er zu einem Jahr Gefängnis und einer Geldstrafe von 3.000 Francs verurteilt wird. Obgleich Zola bereit ist, ins Gefängnis zu gehen, wird er überredet, nach England zu fliehen
1899	Nach der Verordnung über eine Wiederaufnahme des Verfahrens gegen Dreyfus, kehrt Zola am 5. Juni nach Frankreich zurück
1902	Am 29. September stirbt Zola in seiner Pariser Wohnung Der 5. Oktober, der Tag seiner Beerdigung, ist ein nationaler Trauertag

»Das ständige und unwiderstehliche Bedürfnis, das laut herauszuschreien, was man zu fühlen glaubt, vor allem wenn man in seinem Glauben allein ist [...] wenn ich etwas wert bin, dann dadurch und nur dadurch.«

(Emile Zola, *Une campagne*, 1882)

Nach dem frühen Tod seines Vaters war Zolas Jugend durch Entbehrungen und Armut gekennzeichnet. Er erkannte bald, dass das Schreiben in seinem Leben eine zentrale Rolle spielen würde. Als Journalist und Romancier setzte sich Zola gegen soziale Ungerechtigkeiten seiner Zeit ein. Durch seine Romane mit ihren eindrucksvoll beschriebenen Szenen der Verarmung, Entwürdigung und Revolte warf der Autor wirtschaftliche und soziale Fragen auf. Er zeigte Welten, die von seinen Zeitgenossen im Wesentlichen ignoriert wurden.

Im Alter von dreiundfünfzig Jahren war Zola Frankreichs berühmtester Romancier und genoss weltweites Ansehen. Trotz seines Erfolges blieb er den Idealen treu, die seinem Werk zugrunde lagen. Nachdem er von Senator Scheurer-Kestner auf Beweise für Dreyfus' Unschuld hingewiesen wurde, kämpfte Emile Zola in dieser Angelegenheit für Wahrheit und Gerechtigkeit.

Mit der Absicht, die öffentliche Aufmerksamkeit auf die Ungerechtigkeit zu lenken, prangerte Zola die staatlich gebilligte Korruption an. In einem offiziellen Brief an den Präsidenten der Republik beschuldigte er namentlich die Mitglieder der Regierung, die Sachverständigen und das Oberkommando des Militärs der ungerechtfertigten Verurteilung Dreyfus'. Zolas Brief, der von George Clemenceaus Zeitung *L'Aurore* unter der aufrührerischen Überschrift *J'Accuse...!* veröffentlicht wurde, brachte den gewünschten Effekt – ein öffentliches Verfahren, dass die Aufmerksamkeit erneut auf die Affäre lenkte. Die Stimmung in Frankreich eskalierte und die internationale Unterstützung wurde geweckt, als sich Zola selbst als sichtbarstes Ziel des Widerstands der Dreyfus-Anhänger anbot:

»Mein flammender Protest ist nur der Aufschrei meiner Seele. Wage man es also, mich vor das Schwurgericht zu stellen, und möge die Untersuchung im vollen Tageslicht geführt werden!«

Zola wurde zu einer Geldstrafe und einem Jahr Gefängnis verurteilt. Da man ihm riet, Frankreich zu verlassen, um so als *Dreyfusard* mehr bewirken zu können, suchte der Autor in England Zuflucht. *J'Accuse* gab dem internationalen Kampf für eine Wiederaufnahme des Verfahrens enormen Auftrieb und sollte schließlich zur vollen Entlastung von Alfred Dreyfus führen.

Emile Zolas mutige Standhaftigkeit veranlasste boshafte Attacken gegen ihn. Aber einige Schriftsteller, Künstler und Politiker schlossen sich ihm an und trugen so als die »Intellektuellen« in der Presse, der Kunst und auf der politischen Bühne zu einer Wiederaufnahme des Verfahrens bei.

»Handeln! Handeln! Alle müssen handeln, alle müssen wissen, dass es ein gesellschaftliches Verbrechen ist, angesichts der Ungerechtigkeit passiv zu bleiben!«

Directeur
...EST VAUGHAN
BONNEMENTS

Cinq Centimes

JEUDI 13 JANVIER 1898

Directeur
ERNEST VAUGHAN

LES ANNONCES SONT REÇUES :
142 — Rue Montmartre — 142
AUX BUREAUX DU JOURNAL

Les manuscrits non insérés ne sont pas rendus

ADRESSER LETTRES ET MANDATS
à M. A. BOUIT, Administrateur

Téléphone : 102-88

L'AURORE

Littéraire, Artistique, Sociale

J'Accuse...!

LETTRE AU PRÉSIDENT DE LA RÉPUBLIQUE

Par ÉMILE ZOLA

LETTRE

À FÉLIX FAURE
Président de la République

Monsieur le Président,

Me permettez-vous, dans ma gratitude pour le bienveillant accueil que vous m'avez fait un jour, d'avoir le souci de votre juste gloire et de vous dire que votre étoile, si heureuse jusqu'ici, est menacée de la plus honteuse, de la plus ineffaçable des taches ?

Vous êtes sorti sain et sauf des basses calomnies, vous avez conquis les cœurs. Vous apparaissez rayonnant dans l'apothéose de cette fête patriotique que l'alliance russe a été pour la France, et vous vous préparez à présider au solennel triomphe de notre Exposition universelle...

[Le reste du texte de l'article, disposé en sept colonnes, reproduit la célèbre lettre ouverte d'Émile Zola au Président de la République.]

J'Accuse!*

»Herr Präsident,

in dankbarem Gedenken des wohlwollenden Empfangs, den Sie mir einmal gewährt haben, erlaube ich mir, in der Besorgnis um Ihren verdienten Ruhm, zu sagen, dass Ihr bisher so glücklicher Stern von dem schmählichsten, von dem unauslöschlichsten Schandfleck bedroht ist.

Sie sind heil und gesund aus den niedrigen Verleumdungen hervorgegangen, Sie haben die Herzen erobert. Sie sind umstrahlt von dem Glanz des patriotischen Festes, das für Frankreich das russische Bündnis gewesen ist. Sie sehen dem großartigen Triumph unserer allgemeinen Ausstellung entgegen, welche die Krönung unseres großen Jahrhunderts der Arbeit, der Wahrheit und der Freiheit sein wird. Aber welch eine Befleckung Ihres Namens – ich hätte fast gesagt Ihrer Regierungszeit – ist diese abscheuliche Affäre Dreyfus! Ein Kriegsgericht hat es gerade gewagt, auf Befehl einen Esterhazy freizusprechen, und das ist die äußerste Schändung aller Wahrheit, aller Gerechtigkeit. Nun ist es geschehen, Frankreich hat auf seiner Wange diesen Schandfleck, die Geschichte wird schreiben, dass ein solches Verbrechen gegen die Gesellschaft unter Ihrer Präsidentschaft begangen werden konnte.

Da sie es gewagt haben, werde ich es auch wagen. Ich werde die Wahrheit sagen, denn ich habe versprochen, sie zu sagen, wenn die Justiz, die regelrecht angerufen wurde, sie nicht ganz und vollständig zum Vorschein brächte. Es ist meine Pflicht zu sprechen, ich will nicht Komplice sein. Meine Nächte würden gestört sein von dem Geist des Unschuldigen, der dort unten unter den furchtbarsten Qualen für ein Verbrechen büßt, das er nicht begangen hat.

Für Sie, Herr Präsident, schreie ich diese Wahrheit in die Welt – mit der ganzen Gewalt der Empörung eines ehrlichen Mannes. Im Interesse Ihrer Ehre bin ich überzeugt, dass Sie nichts davon wissen. Vor wem soll ich den Haufen schuldiger Übeltäter anklagen, wenn nicht vor Ihnen, der ersten Autorität des Landes?

Zuerst die Wahrheit über den Prozess und über Dreyfus' Verurteilung. Ein verhängnisvoller Mensch hat alles angestiftet, alles getan; es ist der Oberstleutnant du Paty de Clam, damals noch Major. Er verkörpert die ganze Affäre Dreyfus. Man wird sie erst kennen, nachdem eine ehrliche Untersuchung mit aller Klarheit seine Handlungen und seine Verantwortlichkeiten festgestellt hat. Er erscheint als der nebelhafteste, als der komplizierteste Geist, den Vorstellungen von romantischen Anzettelungen erfüllen, der die Dinge im Stile von Schundromanen sieht. Es gibt bei ihm gestohlene Dokumente, anonyme Briefe, Begegnungen an verlassenen Plätzen, geheimnisvolle Frauen, die mitten in der Nacht mit niederschmetternden Schuldbeweisen hausieren. Seiner Phantasie entsprang das Diktat des Bordereaus, nach dem man Dreyfus schreiben ließ, er träumte davon, ihn in einem Raum mit Spiegeln an allen Wänden zu ergründen. Der Major Forzinetti zeigt ihn uns, wie er, bewaffnet mit einer Blendlaterne, sich bei dem schlafenden Angeklagten einschleichen wollte, um einen plötzlichen Lichtstrahl auf sein Gesicht zu werfen und das Verbrechen in dem Erschrecken des plötzlich Erwachenden zu lesen. […] Ich erkläre einfach, dass der Major du Paty de Clam als Untersuchungsoffizier in der zeitlichen Folge und nach der Schwere der Verantwortung der erste unter den Schuldigen an dem furchtbaren Justizirrtum ist, der begangen wurde. […]

Der Major du Paty de Clam tritt auf, sobald der Verdacht auf Dreyfus fällt. Von diesem Augenblick an ist Dreyfus seine Angelegenheit, die Affäre wird seine Affäre. Er macht sich stark, den Verräter zu überführen, ihn zu einem vollständigen Geständnis zu bringen. Es hat zwar auch der Kriegsminister, der General Mercier, mitzureden, dessen Intelligenz aber mittelmäßig zu sein scheint. Es gibt zwar auch den Chef des Generalstabs, den General de Boisdeffre, der seinem leidenschaft lichen Klerikalismus nachgegeben zu haben scheint, und es gibt seinen Stellvertreter, den General Gonse mit dem dehnbaren Gewissen. Aber im Grunde gibt es zunächst nur den Major du Paty de Clam, der sie alle anführt, der sie hypnotisiert, denn er beschäftigt sich auch mit Spiritismus und Okkultismus; er verkehrt mit den Geistern. Man wird niemals glauben, welchen Proben er den unglücklichen Dreyfus unterworfen hat, welche Fallen er ihm stellte. Seine verrückten Untersuchungsmethoden, seine ungeheuerlichen Phantasien, das alles war der Ausbruch eines irrsinnigen Triebes zu foltern.

Oh, diese erste Affäre! Sie ist ein Alpdruck für denjenigen, der sie in ihren wahren Einzelheiten kennt. Der Major du Paty de Clam verhaftet Dreyfus und hält ihn in geheimer Haft. Er begibt sich zu Madame Dreyfus, terrorisiert sie und sagt ihr, dass ihr Mann verloren ist, wenn sie redet. Zu derselben Zeit war der Unglückliche tobsüchtig vor Verzweiflung und heulte seine Unschuld hinaus. So ist die Untersuchung geführt worden – wie nach der Chronik des 15. Jahrhunderts, in der Stille des vollständigen Geheimnisses, unter Anwendung barbarischer Mittel und das alles auf der Grundlage der kindischen Beschuldigung, die das blöde Bordereau liefert, das nicht nur ein gemeiner Verrat, sondern auch der schamloseste Schwindel ist, denn diese berühmten Geheimnisse, die verraten wurden, waren fast alle ohne Wert. Ich betone es, weil wir hier das Ei haben, aus dem später das ganze Verbrechen erwächst, die schreckliche Rechtsverweigerung, unter der Frankreich leidet. Ich möchte sichtbar und fühlbar machen, wie dieser Justizirrtum möglich war, wie er aus den Umtrieben des Majors du Paty de Clam entstand, wie der General Mercier, die Generale de Boisdeffre und Gonse sich haben in die Irre führen lassen und allmählich mitverantwortlich wurden an diesem Irrtum, den sie dann wie eine heilige Wahrheit, eine unbestreitbare Wahrheit uns aufzwingen zu müssen glaubten. Zu Beginn gab es also bei ihnen nichts als Nachlässigkeit und Einsichtslosigkeit.

Höchstens, so fühlt man, gaben sie dem religiösen Eifer ihrer Umgebung und den Vorurteilen des Korpsgeistes nach. So haben sie die Dummheit geschehen lassen.

Aber hier erscheint nun Dreyfus vor dem Kriegsgericht. Das absolute Geheimnis wird erzwungen. Hätte man nicht die Maßnahmen ergriffen, um die Stille und das Geheimnis zu sichern, würde ein Verräter die Grenzen dem Feinde geöffnet und den deutschen Kaiser bis nach Notre-Dame geführt haben. Das Volk ist vom Schrecken gelähmt, man erzählt sich furchtbare Tatsachen, spricht von ungeheuerlichen Verrätereien, die ihresgleichen in der Geschichte suchen, und natürlich glaubt man alles. Keine Strafe wäre zu hart, die Nation billigt die öffentliche Degradation, sie möchte, dass der Schuldige auf seinem Felsen der Schande bliebe, verzehrt von Gewissensbissen. Sind sie wahr, diese unsagbaren Dinge, diese gefährlichen Dinge, die Europa in Flammen aufgehen lassen können und die man sorgfältig in dem Geheimnis des Ausschlusses der Öffentlichkeit begraben muss. Nein, es gab nichts dahinter als die romantischen und irrsinnigen Phantasien des Majors du Paty de Clam. Das alles geschah nur, um den lächerlichsten Schundroman zu verbergen. Es genügt, um sich davon zu überzeugen, aufmerksam die Anklageschrift zu studieren, die vor dem Kriegsgericht verlesen wurde.

Oh, die Leere dieser Anklageschrift! Dass ein Mann auf dieser Grundlage verurteilt werden konnte, ist ein Gipfel der Ungerechtigkeit. Kein ehrlicher Mensch kann sie lesen, ohne sich zu entrüsten und zu empören – im Gedanken an die maßlose Folter dort unten auf der Teufelsinsel [...]

Man erzählt, dass die Richter in ihrem Beratungszimmer natürlich bereit waren, den Angeklagten freizusprechen. Heute versichert man, es hätte ein unbedingt belastendes geheimes Dokument gegeben, das man nicht vorzeigen kann und das alles rechtfertigt. Vor diesem müssen wir uns beugen wie vor dem unsichtbaren und unbekannten lieben Gott [...] Ich bestreite das Dasein dieses Dokuments, ich bestreite es mit meiner ganzen Kraft. Ja, ein lächerliches Dokument mag es geben, vielleicht eins von denen, wo man von kleinen Frauen spricht und wo von einem gewissen D… die Rede ist, der zu unverschämt wird. Offenbar ein Ehemann, der findet, dass man nicht genug für seine Frau bezahlt. Aber ein Dokument, das die Landesverteidigung angeht, das man nicht vorzeigen könnte, ohne dass der Krieg morgen erklärt würde, nein, das ist eine Lüge. Und das ist um so abscheulicher und zynischer, weil sie ungehemmt lügen dürfen, ohne fürchten zu müssen, dass man sie überführen kann. Sie wiegeln das französische Volk auf und schirmen sich hinter der legitimen Sorge für das Vaterland, sie unterdrücken die Meinungen, verwirren die Gefühle und verfälschen die Ideen. Ich kenne kein größeres Verbrechen gegen die Gesellschaft.

Das sind, Herr Präsident, die Tatsachen, die erklären, wie ein Justizirrtum begangen werden konnte […]

Und nun kommen wir zu der Affäre Esterhazy. Drei Jahre sind vergangen, viele Gewissen sind tief beunruhigt, suchen die Wahrheit und überzeugen sich schließlich von Dreyfus' Unschuld. Ich werde nicht die Entwicklung der Zweifel und dann der Überzeugung Scheurer-Kestners beschreiben. Aber während er allein für sich nachforschte, gab es wichtige Vorkommnisse im Generalstab selber. Der Oberst Sandherr starb, und der Oberstleutnant Picquart wurde sein Nachfolger als Chef des Nachrichtendienstes. In dieser Stellung und in Ausübung seiner Pflichten nahm er eines Tages einen Rohrpostbrief in Empfang, der von dem Vertreter einer fremden Macht an den Major Esterhazy gerichtet war. Seine Pflicht schrieb ihm vor, eine Untersuchung zu eröffnen. Es ist gewiss, dass er niemals gegen den Willen seiner Vorgesetzten gehandelt hat. Er unterbreitet also seine Verdachtsgründe seinen hierarchischen Chefs, dem General Gonse, dann dem General de Boisdeffre und schließlich dem General Billot, der als Kriegsminister auf den General Mercier gefolgt war […]

Die Nachforschungen dauerten von Mai bis September 1896. Man kann nicht genug betonen, dass der General Gonse von der Schuld Esterhazys überzeugt war, dass der General de Boisdeffre und der General Billot keinen Zweifel an dem Bordereau als Esterhazys Werk hatten. Die Untersuchung des Oberstleutnants Picquart war zu dieser sicheren Schlußfolgerung gelangt. Aber die Erregung war groß, denn die Verurteilung Esterhazys zog unvermeidlich die Revision des Prozesses Dreyfus nach sich, und das war es, was der Generalstab um keinen Preis zulassen wollte.

[…]

Man hat sich voller Erstaunen gefragt, wer die Beschützer des Majors Esterhazy waren. Da ist zunächst, im Schatten, der Oberstleutnant du Paty de Clam, der alles angezettelt hat und alles lenkt. Seine Hand verrät sich durch die absonderlichen Mittel, die er gebraucht; dann finden wir den General de Boisdeffre, den General Gonse und sogar den General Billot, die ja gezwungen sind, den Major freisprechen zu lassen, da sie unmöglich Dreyfus' Unschuld zulassen können, ohne dass die Büros des Kriegsministeriums sich der allgemeinen Verachtung aussetzen. Und aus dieser wunderlichen Lage ergibt sich, dass der ehrbare Mann, der Oberstleutnant Picquart, der allein seine Pflicht getan hat, das Opfer sein wird, derjenige, den man anschwärzen und bestrafen wird. Oh, Gerechtigkeit! Welche furchtbare Verzweiflung bedrückt das Herz! Man geht so weit, zu sagen, dass er den Rohrpostbrief gefälscht hat, um Esterhazy ins Verderben zu stürzen. Aber, großer Gott, warum? Mit welchem Ziel? Geben Sie einen Beweggrund! Ist auch Picquart von den Juden bezahlt worden? Das Schöne an der Geschichte ist, dass er Antisemit war. Ja, wir erleben dieses schändliche Schauspiel: Männer, die tief in Schulden und Verbrechen stecken, werden zu Unschuldigen proklamiert, und einen Mann fleckenlosen Lebens greift man in seiner Ehre an. Wenn eine Gesellschaft so tief sinkt, ist sie dem Verfall ausgeliefert.

Das also, Herr Präsident, ist die Affäre Esterhazy: ein Schuldiger musste weißgewaschen werden. Seit beinahe zwei Monaten können wir Stunde für Stunde dieses schöne Geschäft beobachten […] Wir haben nun den General de Pellieux, dann den Major Ravary eine verbrecherische Untersuchung führen sehen, aus der die Schurken verklärt und die ehrenhaften Leute beschmutzt hervorgingen. Dann hat man das Kriegsgericht zusammengerufen. Wie hat man erwarten können, dass ein Kriegsgericht sich einem anderen entgegensetzen würde. Die beherrschende Idee der Disziplin, die diese Soldaten in ihrem Blute haben, genügt, ihre Fähigkeit zu gerechtem Urteil zu lähmen. Wer von Disziplin spricht, spricht von Gehorsam. Als der Kriegsminister, der große Chef, unter dem Beifall der Volksvertreter die unbedingte Autorität der einmal abgeurteilten Sache behauptete, wie können Sie verlangen, dass ihn ein Kriegsgericht in aller Form, durch sein Urteil, widerlegt! In einer Hierarchie ist das unmöglich. Der General Billot hat durch seine Erklärung die Richter in eine moralische Zwangslage gebracht. Sie haben geurteilt, so wie sie ins Feuer gehen müssen – ohne nachzudenken. Die vorgefasste Meinung, die sie auf die Richterbank mitgebracht haben, ist offensichtlich diese: »Dreyfus ist von einem Kriegsgericht wegen Landesverrats verurteilt worden, er ist also schuldig. Wir als ein Kriegsgericht können ihn nicht für unschuldig erklären, denn Esterhazy schuldig sprechen würde bedeuten, Dreyfus' Unschuld offenkundig zu machen.« Nichts konnte sie aus dieser Zwangslage befreien.

Sie haben ein ungerechtes Urteil gefällt, das für immer das Ansehen unserer Kriegsgerichte schädigt und von nun an alle ihre Urteile mit Verdacht schlägt. Das erste Kriegsgericht war vielleicht nicht einsichtig, das zweite ist unausweichlich verbrecherisch. Seine Entschuldigung ist, ich wiederhole es, dass der große Chef die einmal abgeurteilte Sache für unangreifbar, für heilig und über den Menschen stehend erklärt hatte. Und dem konnten die Untergebenen nicht widersprechen.

Man redet von der Ehre der Armee, man will, dass wir sie lieben, dass wir sie achten. Oh gewiss, wir haben für die Armee nur Liebe und Achtung, denn sie ist das ganze Volk, sie würde sich bei der ersten Drohung in Bewegung setzen und das Vaterland verteidigen. Aber es handelt sich nicht um sie, um deren Ruhm wir in unserem Bedürfnis nach Gerechtigkeit besorgt sind, es handelt sich um den Säbel, den Zwingherrn, den man uns vielleicht morgen geben wird. Und sollen wir lammfromm den Säbelknauf küssen – wie einen Götzen! Nein!

[…]

Das also ist die einfache Wahrheit, Herr Präsident, und sie ist furchtbar. Sie wird eine Befleckung Ihrer Präsidentschaft bleiben. Ich ahne sehr wohl, dass Sie keinerlei Möglichkeit der Einwirkung in dieser Affäre haben, denn Sie sind der Gefangene der Verfassung und Ihrer Umgebung. Sie haben nichtsdestoweniger eine menschliche Pflicht, an die Sie denken und die Sie erfüllen werden. Ich zweifle übrigens keineswegs an dem Triumph der Sache, und ich wiederhole es noch einmal mit einer ganz unerschütterlichen Gewissheit: die Wahrheit ist auf dem Wege und nichts wird sie aufhalten. Heute erst beginnt die Affäre, weil heute erst völlig klar geworden ist, wer sich im Gegensatz befindet: auf der einen Seite die Schuldigen, die sich der Gerechtigkeit in den Weg stellen, auf der anderen Seite die Vorkämpfer der Gerechtigkeit, die ihr Leben für den Sieg ihrer Sache einsetzen. Wenn man die Wahrheit eingräbt, so entwickelt sie eine solche Sprengkraft, dass sie an dem Tage, da sie durchbricht, alles zerstört. Man wird noch erfahren, ob man nicht gerade jetzt die Voraussetzungen für den kommenden, in der ganzen Welt widerhallenden Zusammenbruch geschaffen hat.

Aber dieser Brief ist lang, Herr Präsident, und es ist Zeit ihn abzuschließen.

Ich klage den Oberstleutnant du Paty de Clam an, der teuflische Urheber des Justizirrtums – ich will glauben, der Unbewusste – gewesen zu sein, und in der Folge sein verhängnisvolles Werk drei Jahre lang durch die absonderlichsten und sträflichsten Machenschaften verteidigt zu haben.

Ich klage den General Mercier an, sich zum Mitschuldigen an einer der größten Ungerechtigkeiten des Jahrhunderts gemacht zu haben – wenn auch vielleicht nur aus Geistesschwäche.

Ich klage den General Billot an, die sicheren Beweise der Unschuld des Hauptmanns Dreyfus in Händen gehabt zu haben. Indem er diese Beweise unterdrückte, machte er sich der Verbrechen gegen die Menschheit und gegen die Gerechtigkeit aus politischer Berechnung schuldig, um den bloßgestellten Generalstab zu retten.

Ich klage den General de Boisdeffre und den General Gonse an, sich zu Mitschuldigen desselben Verbrechens gemacht zu haben. Der eine ohne Zweifel aus leidenschaftlichem klerikalem Eifer, der andere im Gehorsam gegenüber dem Korpsgeist, der ihm das Kriegsministerium wie ein unangreifbares Heiligtum erscheinen lässt.

Ich klage den General de Pellieux und den Major Ravary an, eine verbrecherische Untersuchung angestellt zu haben. Ich verstehe darunter eine Untersuchung der ungeheuerlichsten Parteilichkeit, von der wir in dem Bericht des Majors Ravary das unvergängliche Denkmal naiver Unverfrorenheit besitzen.

Ich klage die drei Schriftsachverständigen Belhomme, Varinard und Couard an, lügnerische und betrügerische Gutachten geliefert zu haben, wenn sie nicht durch eine ärztliche Untersuchung für augen- und geisteskrank erklärt werden sollten.

Ich klage das Kriegsministerium an, in der Presse, insbesondere in den Zeitungen ‚L'Eclair' und ‚L'Echo de Paris', eine ungeheuerliche Propaganda unternommen zu haben, um die öffentliche Meinung irrezuführen und seinen schuldhaften Irrtum zu verdecken.

Schließlich klage ich das erste Kriegsgericht an, das Recht verletzt zu haben, indem es einen Angeklagten auf Grund eines Dokuments verurteilte, das vor ihm geheim gehalten wurde, und ich klage das zweite Kriegsgericht an, diese Ungesetzlichkeit auf Befehl gedeckt zu haben, indem es seinerseits das Rechtsverbrechen beging, wissentlich einen Schuldigen freizusprechen.

Indem ich diese Anklagen erhebe, bin ich mir bewusst, dass ich mich der Verfolgung auf Grund der Artikel 30 und 31 des Pressegesetzes vom 20. Juli 1881 aussetze, das die Vergehen der üblen Nachrede betrifft. Das nehme ich absichtlich auf mich. Was die Leute, die ich anklage, angeht, so kenne ich sie nicht, ich habe sie niemals gesehen, ich habe ihnen gegenüber weder Rachegefühle noch Hass. Sie sind für mich nur Einheiten, Schädlinge der Gesellschaft. Und die Tat, die ich vollbringe, ist nur ein revolutionäres Mittel, um den Durchbruch der Wahrheit und der Gerechtigkeit zu beschleunigen.

Ich habe nur eine Leidenschaft, die der Aufklärung im Namen der Menschheit, die so viel gelitten hat und die ein Recht auf Glück besitzt. Mein glühender Protest ist nur der Schrei meiner Seele. Wage man es, mich vor das Assisengericht zu bringen, und möge die Erörterung in aller Öffentlichkeit stattfinden.

Ich warte!

Genehmigen Sie, Herr Präsident, die Versicherung meines tiefen Respekts.«

Emile Zola

Anmerkung

* Der berühmte offene Brief an den Präsidenten der Republik Felix Faure, veröffentlicht in L'Aurore vom 13.1.1898, wird hier leicht gekürzt wiedergegeben.

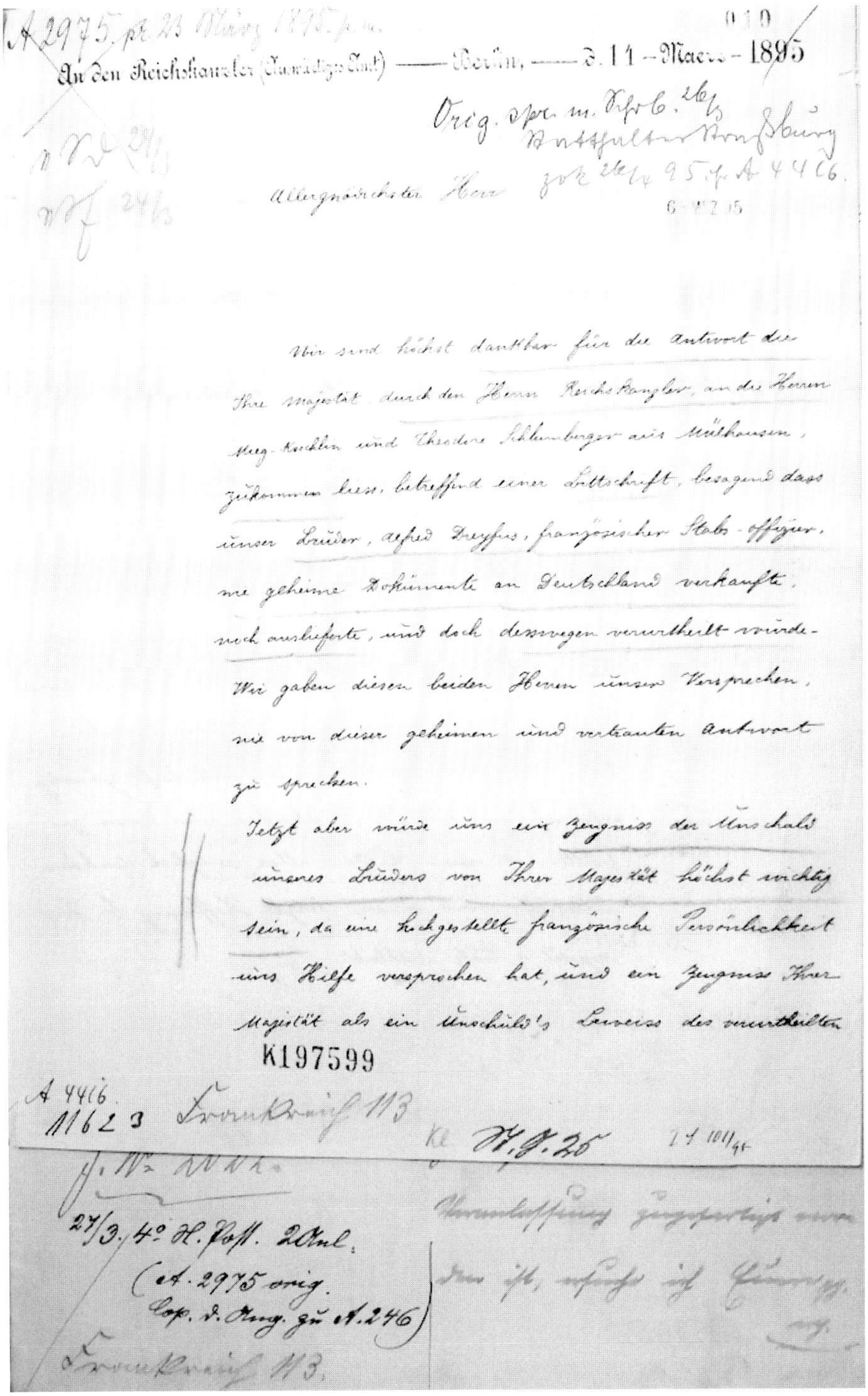

A 2975. pr. 23 März 1895. p. m.

An den Reichskanzler (Auswärtiges Amt) — Berlin, — d. 11 Maerz 1895

Orig. spr. m. Schrb. 26/3
Botschafter von Strassburg
zbr. 2/4 95. A 4466.
G. 4.2.95

Allergnädigster Herr

Wir sind höchst dankbar für die Antwort die Ihre Majestät durch den Herrn Reichskanzler, an die Herren Meyer Koechlin und Theodore Schlumberger aus Mülhausen, zukommen liess, betreffend einer Bittschrift, besagend dass unser Bruder, Alfred Dreyfus, französischer Stabs-Offizier, nie geheime Dokumente an Deutschland verkaufte, noch auslieferte, und doch deswegen verurtheilt wurde.

Wir gaben diesen beiden Herren unser Versprechen, nie von dieser geheimen und vertrauten Antwort zu sprechen.

Jetzt aber würde uns ein Zeugniss der Unschuld unseres Bruders von Ihrer Majestät höchst wichtig sein, da eine hochgestellte französische Persönlichkeit uns Hilfe versprochen hat, und ein Zeugniss Ihrer Majestät als ein unschuld's Beweis des verurtheilten

K197599

A 4466
11623 Frankreich 113.

ke N. A. 25   14 104/95

27/3. 4° H. Soff. 20 Anl.
(A. 2975 orig.
Cop. d. Verf. zu A. 246)

Frankreich 113.

Offiziers betrachten würde.

Wir bitten daher allergnädigsten Herrn uns dieses Zeugniss nicht zu verweigern da es helfen wird die Ehre eines loyalen und braven Soldaten zu retten, der, der schrecklichsten That angeklagt und unschuldig verurtheilt wurde. Allergnädigster Herr verwirklicht so vollkommen die höchst militärische Ehre, dass Sie uns wohl dazu helfen werden ein Offizier, obwohl französischer Offizier, wieder zu rehabilitiren, über dessen Unschuld Sie gewisheit haben, und dessen Ehre so tragisch bei einem gerichtlichen Irrthum verloren gegangen ist. Im Namen dessen unglücklicher Frau, dessen armen Kindern, dessen ganzer untröstlichen Familie, bitten wir Ihre Majestät unsere Bittschrift günstig aufzunehmen, und wir erlauben uns dieses zu erbitten, da unser Leiden alles möglich denkbare übertrifft, und unser letzte Hoffnung bei Ihrer Majestät's Güte verbleibt.

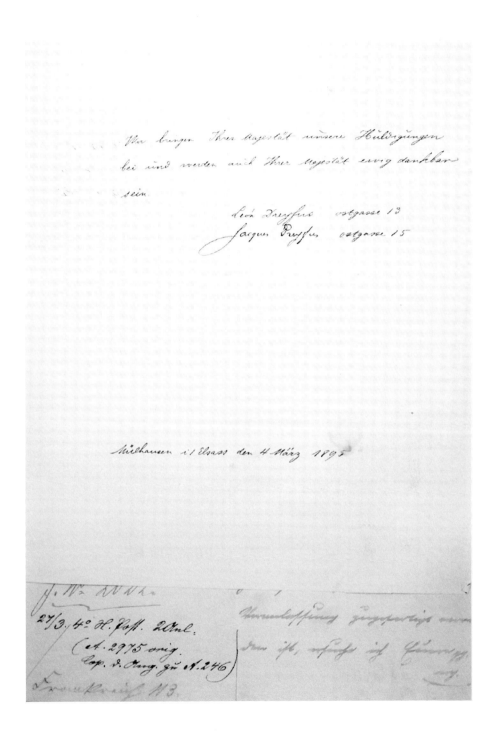

Brief der Brüder Dreyfus an den deutschen Kaiser vom 4. März 1895

Mülhausen, Elssass den 5 [6] ^{ten} Januar 1895

An Seine Durchlaucht
Den Fürst von Hohenlohe Schillingsfürst
Wir möchten uns erlauben das hohe Wohlwollen
Eurer Durchlaucht zu Gunsten einer hiesigen
ehrenwerthen gegenwärtig sehr unglücklichen
Familie ergebenst zu erbitten. Wir glaubten
recht zu thun dieser Familie unsre Hülfe
nicht zu verweigern und hoffen daß Eure
Durchlaucht es uns nicht übel nehmen wird.
Es handelt sich nämlich um die Familie
des französischen Hauptmann Dreyfus
welcher neulich unter die Beschuldigung
geheime militär Dokumente an die kaiserliche Deutsche Botschaft in Paris ausgehändigt
zu haben, durch das Kriegsgericht verurtheilt
worden ist. Nun haben seine Familie
sowie der Rechtsanwalt welcher ihn
vertheidigt hat die Ueberzeugung daß er
unschuldig ist. Ferner haben sie von zuver-
lässiger Seite gehört daß die Botschaft
versichert hat, sie hätte niemals von dem
betreffenden Offiziere Erkundigungen
erhalten.
In der hoffnungslosen Lage in welcher
sich die Familie befindet, wendet sie sich
als einziges Rettungsmittel an die
Barmherzigkeit des Deutschen Kaisers
mit der Hoffnung daß wenn er unschuldig
ist, Ihre Allerhöchste Majestät geneigt
sein werden, ihm und seiner Familie
Ihr hohes Erbarmen zuzuwidmen, und
zu befehlen daß die Versicherung seiner
Unschuldigkeit dem Herrn [Carmie Pesier]
President der Französischen Republik
übermittelt wird.
Wir bitten ergebenst Eure Durchlaucht
um Entschuldigung und werden [Ihr]
für das was Sie gütigst zu thun
gewillt sein wird, sehr verpflichtet
sein.
Mit unterthänigster Ergebung
zeichnen

[... Roechlin]
[Theod. Schlumberger]

IV. Die Macht der Medien

Die Dreyfus-Affäre hatte gewaltige kulturelle Auswirkungen in Frankreich und im Ausland. Die Affäre wurde in Liedern, Büchern, Gemälden und Karikaturen, Skulpturen, Postkarten und Spielen sowie in den neueren Künsten der Fotografie und des Films kommentiert und auf diesem Weg einer breiten Öffentlichkeit vermittelt. Als »Kunst der Straße« wurde das Plakat zu einem eigenen ästhetischen Medium, das während der Dreyfus-Affäre verwendet wurde, um offizielle Bekanntmachungen, politische Propaganda und satirische Kommentare zu verbreiten.

Zum zentralen Medium des kulturellen Engagements wurde jedoch vor allem die französische Presse, die Ende des 19. Jahrhunderts enormen Veränderungen unterlegen war. Unter anderem kam die französische Regierung einem früheren Versprechen nach und verabschiedete am 29. Juni 1881 ein Gesetz, das den Journalismus von Beschränkungen und der Zensur befreite. Ferner trug der Fortschritt und die kommerzielle Nutzung des fotomechanischen Drucks sowie des Farbdrucks dazu bei, dass die Zeit der Jahrhundertwende zu einem ‚Goldenen Zeitalter' des Gedruckten wurde.

Die Presse bot den Künstlern und Schriftstellern ein riesiges Betätigungsfeld und wurde zum wichtigsten Forum für den Meinungs- und Informationsaustausch während der Dreyfus-Affäre. So erschienen unzählige Artikel, Karikaturen und Fotos zur Unterstützung Dreyfus' aber mindestens ebensoviele gegen ihn.

Auf Grund der von Emile Zola verfassten Anklageschrift *J'Accuse*, die im Januar 1898 in der Pariser Zeitung *L'Aurore* erschien, wurde der Schriftsteller in der Presse zumeist als moralisch und politisch subversiv dargestellt. Seine Standhaftigkeit diente jedoch auch als Vorbild für zahlreiche Schriftsteller, Künstler, sprich den ‚Intellektuellen', die ihm gemeinsam mit Dreyfus-freundlichen Politikern und anderen Sympathisanten des öffentlichen Lebens folgten und damit zum internationalen Echo der Affäre beitrugen, wodurch letzlich eine Wiederaufnahme des Kriegsgerichtsverfahrens gegen Dreyfus bewirkt werden konnte.

LE MONDE ILLUSTRÉ

JOURNAL HEBDOMADAIRE

M. EDOUARD DESFOSSÉS

Eckhardt Fuchs/Günther Fuchs

»Ohne Zeitungslärm... keine Affäre«

Die Affäre Dreyfus im Spiegel der Berliner Presse

»*Was das eigentliche Frankreich über die ‚Affäre' denkt*«, so begann der Kommentator der Wochenschrift *Die Gegenwart* 1899 seinen Bericht, »*soll hier nicht weiter erörtert werden, aber es scheint, daß Dreyfus in Deutschland weit mehr Anhänger hat, als in Frankreich*«.[1] Wohl selten hat ein Ereignis die deutsche Öffentlichkeit über Jahre hinweg derart in ihren Bann gezogen wie die französische Dreyfus-Affäre am Ausgang des letzten Jahrhunderts. Natürlich brach sich das Echo der in Frankreich tobenden politischen Leidenschaften an den Vogesen, aber zweifelsohne schwappten die Ausläufer der Sturmwelle nach Deutschland über. Hier wie in Frankreich implizierte die Haltung gegenüber dem Dreyfus-Prozess eine politische Entscheidung, hier wie dort fungierte Dreyfus als ein Symbol politischer Diskussionen, Auseinandersetzungen, die im Zeitalter der hereinbrechenden Massenmedien vor allem in der politischen Publizistik geführt worden sind. Die Entstehung der modernen Kommunikationsgesellschaft ließ den Zeitungsleser am öffentlichen und politischen Leben teilhaben und führte zu einer Politisierung des privaten Lebens. Sie schaffte eine Öffentlichkeit, die dem Zeitungsmarkt nicht nur als Konsument gegenübertrat, sondern diese Öffentlichkeit wirkte auf die Berichterstattung zurück. Wohl nicht zu Unrecht ist

festgestellt worden, dass sich der Fall Dreyfus ohne den »*Zeitungslärm*« kaum zu einer »*Affäre*« ausgeweitet hätte[2], ein Urteil, das für Deutschland und – wie zu zeigen sein wird – für Berlin ebenso zutrifft.

Wenn im Folgenden Berlin als ein Fallbeispiel für die Wirkungen der Dreyfus-Affäre in Deutschland untersucht wird, so hat dies vor allem zwei Gründe. Erstens hatte sich die Reichshauptstadt als politischer Mittelpunkt im vorletzten Jahrhundertviertel zum wohl wichtigsten Pressezentrum Deutschlands entwickelt. Die drei großen Verlagshäuser Mosse, Ullstein und Scherl gründeten mit dem *Berliner Tageblatt*, der *Berliner Morgenpost* oder dem *Berliner Lokalanzeiger* Tageszeitungen neuen Typs, die sich mit ihrer Mischung von politischen und unpolitischen Elementen rasch neben der so genannten parteipolitisch gebundenen Richtungspresse etablierten und hohe Auflagenhöhen erreichten.[3] Im Jahre 1893 gab es – gemäß dem offiziellen Verzeichnis der im Deutschen Reich erscheinenden Zeitungen und Zeitschriften – 69 politische Blätter in Berlin, das *Berliner Tageblatt* war die am weitesten verbreitete Zeitung Deutschlands, die *Berliner Morgenzeitung* wies die meisten Abonnenten auf.[4] Zweitens hatte sich in Berlin seit dem Ende der 1870er Jahre der Antisemitismus als eine politische Bewegung zu konstituieren begonnen, die schnell Massenwirksamkeit erzielte und der dann auch bei der politischen Inanspruchnahme der Ereignisse in Frankreich eine bedeutende Rolle spielte.

Die folgenden Untersuchungen über die Rezeption der Dreyfus-Affäre in der Berliner politischen Publizistik[5] – die überregionale Blätter wie etwa *Die Norddeutsche Allgemeine Zeitung* einschließt – wenden sich weniger der über ein Jahrzehnt andauernden, mehr oder weniger intensiven Berichterstattung der Presse über den Verlauf der Affäre und den Diskussionen um die Schuld oder Unschuld des jüdischen Hauptmannes zu. Ohne Zweifel gibt es im Zuge der Ereignisse, beginnend mit Dreyfus' Verhaftung und Verurteilung, über den Prozess Esterhazy, den Artikel *J'Accuse!* Zolas und seinen Prozess bis zur Fälschung Henrys, den Verhandlungen des Kassationshofes bis hin zum Prozess in Rennes und der endgültigen Rehabilitierung des Hauptmannes durchaus Modifizierungen im Urteil

Beschränkung vor allem auf die Jahre 1898 und 1899 erfolgt nicht nur, weil in diesem Zeitraum die eigentliche Affäre stattfand, sondern weil einerseits nach den Einschätzungen von 1894, die noch vorwiegend auf die Relevanz für Deutschland beschränkt geblieben waren, nun Wertungen vorherrschten, die über Sensationsberichte hinausgingen und bewusste Positionierungen darstellten, andererseits, weil die Rehabilitierung 1906 nur noch ein vergleichsweise geringes Echo hervorrief.

Der Untersuchung der Haltungen der politischen und literarischen Presse in Berlin zu diesen vier genannten Punkten müssen aber zunächst einige allgemeine Bemerkungen zu den hier behandelten Zeitungen hinsichtlich der Affäre vorangestellt werden.[6] Der Analyse liegen dabei 21 Tageszeitungen, das Satireblatt *Kladderadatsch*, die jüdischen Zeitungen *Im deutschen Reich, Die jüdische Presse, Allgemeine Zeitung des Judenthums* und drei literarische Zeitschriften zugrunde. Verallgemeinert lassen sich wohl analog zu

einzelner Blätter, beeinflussten der Gang der Geschehnisse und der jeweils herrschende öffentliche Diskurs auch die Berichterstattung. Statt einer diachronisch angelegten Untersuchung [wie sie sich etwa beim *Berliner Tagesspiegel* anbieten würde], die solchen Veränderungen nachzuspüren hätte, soll anhand von vier Gesichtspunkten – Regierungssystem, Antisemitismus, Geschichtssymbolik und Nationalismus – der jeweiligen Indienstnahme der Affäre für unterschiedliche politische Zwecke nachgegangen werden, ein Unterfangen, das auch einen spezifischen Einblick in die politische Mächtekonstellation des Wilhelminischen Reiches gewährt. Die dabei vorgenommene

Frankreich[7] verschiedene Lager feststellen: Das rechte, konservative Spektrum war – obwohl z.T. vom Justizirrtum überzeugt – streng antidreyfusardisch eingestellt. Dazu gehörte zunächst – stark antisemitisch ausgerichtet – die 1865 gegründete *Staatsbürger-Zeitung* [in der bis 1891 Franz Mehring als leitender Redakteur tätig gewesen war], die von dem Antisemiten Adolf Stöcker gegründete Zeitung der Christlich-Sozialen Partei, *Das Volk,* die 1848 gegründete konservative *Neue Preußische Zeitung [Kreuzzeitung],* die ebenfalls durch Adolf Stöcker Anfang der 1890er Jahre antisemitisch beeinflusst worden war, sowie *Das Reich.* Zeitungen wie die 1871 gegründete *Germania* als das Parteiorgan des konservativen Berliner katholischen Zentrums und die auflagenstarke, parteilose *Deutsche Warte* hatten im Zuge des Esterhazy-Prozesses zunächst in den antisemitischen Rummel eingestimmt, sowohl *Das Volk* als auch die *Deutsche Warte* wurden dann allerdings nach den Enthüllungen Henrys moderater. Die als Bismarcks Leibblatt 1861 unter dem Namen *Norddeutsches Wochenblatt* gegründete *Norddeutsche Allgemeine Zeitung*[8] hielt sich in der Polemik zurück und blieb stark auf die deutsche Frage fixiert.

Zu den Verteidigern Dreyfus' und Befürwortern der Revision sind die freisinnigen Zeitungen *Berliner Tageblatt* und *Berliner Morgenzeitung* [1889 gegründet] zu zählen, ebenso die traditionelle, liberale *Vossische Zeitung, Das Kleine Journal* [1897 gegründet] und die überparteilichen, 1881 gegründeten *Berliner Neuesten Nachrichten*. Auch der 1891 aus dem *Berliner Volksblatt* hervorgegangene sozialdemokratische *Vorwärts* und die demokratisch orientierte *Volks-Zeitung* ergriffen nach Ausbruch der Affäre entschieden für Dreyfus Partei. Dass die politische Zuordnung nicht unbedingt die jeweilige Position zur Dreyfus-Affäre implizierte, zeigt der Fall des konservativen *Berliner Fremden- und Anzeigenblattes*, das insgesamt Dreyfus-freundlich berichtete. Die nationalliberalen Blätter wie die *Deutsche Rundschau*, die *Berliner Börsenzeitung* und die *Nationalzeitung* zeichneten sich durch eine distanzierte objektive Berichterstattung aus, für die der Fall Dreyfus vor allem hinsichtlich der Relevanz für Deutschland interessant war. Auch für die kaisertreue *Neue Korrespondenz* stand die Frage der deutsch-französischen Beziehungen im Vordergrund. Die wohl – weit über Berlin hinaus – einflussreichste Literaturzeitschrift war die *Deutsche Rundschau*. 1874 von Julius Rodenberg gegründet, hatte sie sich schnell zu einem viel gelesenen, keinen parteipolitischen Bindungen verpflichteten Magazin entwickelt. Mit seinen monatlichen Berichten, der *»Politischen Rundschau«,* strebte Rodenberg eine möglichst objektive Information über die politische Entwicklung in Europa an.[9] Seine liberale Grundposition lässt sich jedoch in seiner Berichterstattung über Frankreich klar ablesen. Deutlich auf der Seite der *Dreyfusards*, besonders Picquarts und Scheurer-Kest-

ners, stehend, sah Rodenberg im Schutz der französischen Republik gegen Militarismus und Klerikalismus als ihren Hauptfeinden sowie einer deutsch-französischen Verständigung sein Hauptanliegen.[10]

Die seit 1872 von Paul Lindenau, seit 1881 von Theophil Zolling herausgegebene *Die Gegenwart* mit dem Untertitel »Wochenschrift für Literatur, Kunst und öffentliches Leben« fungierte von Beginn an als ein regierungsoffiziöses Organ der Bismarckschen Politik, was sich bis zu einem Heroenkult in den neunziger Jahren steigerte – zunächst besonders unter dem Publizisten Maximilian Harden.[11] Insgesamt wenig interessiert an den Ereignissen in Frankreich – obwohl Zolling vor seiner Herausgeberschaft als Pariser Korrespondent für die Wiener *Neue Freie Presse* tätig war –, betonte sie ihren republikanischen Geist: Das Ziel der zivilisierten Nationen sah sie in der Durchsetzung von Wahrheit, Gerechtigkeit und Freiheit, Prinzipien also der Französischen Revolution.[12]

Als letztes Beispiel sei *Die Zukunft* genannt, die Harden nach dem Verlassen der *Gegenwart* als ihr Gegenstück mit dem Untertitel »*Wochenschrift für Politik, öffentliches Leben, Kunst und Literatur, unabhängige Rednertribüne für jedermann*« gründete. Als 'persönlichste politische Zeitschrift' Deutschlands entwickelte sie sich rasch zu einem politischen Kampfblatt, das nicht nur durch harsche Kritik an der Politik Wilhelm II. große Aufmerksamkeit erweckte[13] sondern auch durch ihre Stellungnahme zur Dreyfus-Affäre. In einer Vielzahl von Kommentaren positionierte Harden sich im Lager der *Anti-Dreyfusards*. Seine Kritik richtete sich vor allem gegen die »*tendentiösen Berichte*« der liberalen Presse, insbesondere derjenigen von Max Nordau in der *Vossischen Zeitung* und von Theodor Wolff im *Berliner Tageblatt*.[14] Dreyfus wurde als »*verhätschelte[s] Sorgenkind unserer liberalen Presse*« bezeichnet.[15] Die von einem stark antisemitischen Tonfall begleitete Kritik der *Zukunft* bezog sich nicht nur auf die Verteidiger von Dreyfus, sondern stellte insgesamt die Republik als Regierungsform in Frage: »*Das republikanisch-parlamentarische System*«, so die Einschätzung des Juristen Otto Mittelstädt im März 1898, »*hat abgewirthschaftet*«.[16]

Regierungssystem

Ernst-Otto Czempiel verweist in seiner Studie über *Das deutsche Dreyfus-Geheimnis* auf den Zusammenhang von monarchischer Regierungsform und der Außenpolitik gegenüber dem republikanischen Frankreich im Kaiserreich, die – vereinfacht ausgedrückt – in der Überzeugung Wilhelms II. von der Überlegenheit der Monarchie gegenüber der Republik bestand. Diese Prämisse schloss nicht nur jedes enge Bündnis mit Frankreich aus, sondern bestimmte auch die Haltung gegenüber den republikanischen Regierungen im

nutzen.[17] Das Auseinanderfallen von Herrschaftsform und Gesellschaftssystem im letzten Jahrhundertdrittel ließ aber dieses aus der Zeit der Heiligen Allianz stammende Axiom vom monarchischen Sendungsbewusstsein zumindest kritikwürdig erscheinen. In dieser Hinsicht gewann die Haltung zur Dreyfus-Affäre und deren Bewertung einen hohen Stellenwert für die politischen Auseinandersetzungen in Deutschland. Diese Komponente, das Verhältnis Monarchie-Republik, ist so in der Berichterstattung widergespiegelt worden. Dass damit quasi ein Stellvertreterkrieg ausgetragen wurde, der in Deutschland nicht möglich gewesen wäre, liegt auf der Hand. Insbesondere die liberalen Blätter machten kein Hehl aus ihrer republikanischen Neigung. Die Dreyfus-Affäre wurde daher von ihnen als Kampf der Republik gegen ihre Feinde – vor allem in Form des Militarismus – interpretiert. Die *Vossische Zeitung* brachte dies in ihrer abschließenden Überlegung zur Affäre 1906 auf den Punkt, dass nämlich der Fall Dreyfus die Auseinandersetzung zwischen zwei Frankreichs dargestellt hätte: »*Das eine der beiden Frankreichs ist das der feudalen Standesvorrechte, des ancien régime, der Kirchengewalt, der Ausbeutung der Vielen durch die Wenigen, das andere ist das der Aufklärung, der demokratischen Gleichheit und der freien Entwicklung der Staats- und Gesellschaftsformen.*«[18] Für die republikanischen und liberalen Blätter symbolisierte die Dreyfus-Affäre den Kampf der Republik gegen eine vom Antisemitismus unterstützte »*klerikal-militaristische Diktatur*«, eine »*Fehde zwischen der bürgerlichen Demokratie auf der einen und den*

L'AGE DU PAPIER

Nachbarland und natürlich der Dreyfus-Affäre. Die deutsche Regierung, vor allem aber Staatssekretär Fürst von Bülow, suchte die Dreyfus-Affäre in erster Linie zur Schwächung der französischen Republik zu

verbündeten rückständigen Mächten der Krieger- und Priesterkaste auf der anderen Seite«[19]. Diese Warnung vor der militaristischen Diktatur findet sich in einer Reihe von Zeitungen.[20] Für *Das Kleine Journal* bestand die politische Bedeutung der Affäre in der Auseinandersetzung zwischen einer mächtigen Militärpartei mit imperialistischer Gesinnung und Diktatoren-Allüren und der republikanisch gesonnenen Zivilpartei, der sich die radikalen Elemente Frankreichs angeschlossen hatten.[21] Die *Volks-Zeitung,* das *Berliner Tageblatt* und auch die *Norddeutsche Allgemeine Zeitung* sahen in der Allianz von Schwert und Kreuz, von »*Säbel und Weihwedel*«, eine Gefahr für den Bestand der staatlichen Ordnung, der Republik.[22] Als klassisches Beispiel ist das *Berliner Tageblatt* anzuführen. 1872 vom Verleger Rudolf Mosse als linksdemokratische Zeitung neuen Stils gegründet, entwickelte sie sich rasch zu einem der einflussreichsten Organe des liberalen und demokratischen Deutschlands mit einer Auflagenhöhe von etwa 60.000 vor der Jahrhundertwende.[23] Insbesondere der – seit 1880 – Chefredakteur Arthur Levysohn und der seit 1893 als ständiger Korrespondent aus Paris berichtende Theodor Wolff prägten das Bild dieses Blattes. Wolff, der Typ des »*demokratisch-liberal gesinnten Intellektuellen*«[24], ergriff von Beginn an konsequent Partei für die *Dreyfusards*, und seine präzisen Berichte und Kommentare widerspiegelten sein Engagement nicht nur für die republikanische Staatsform, sondern waren immer auch auf eine Verständigung zwischen Frankreich und Deutschland – was wohl nicht einfach war, wie sich in seinen Tagebüchern und Briefen widerspiegelt – ausgerichtet.[25]

Auch die Sozialdemokratie ergriff nach anfänglichem Zögern und – wie im Falle Wilhelm Liebknechts – nicht ohne Widerspruch Partei für den französischen Hauptmann. Für den *Vorwärts* standen der Allianz von Militarismus, Klerikalismus und Chauvinismus sozialistische und bürgerlich-demokratische Elemente gegenüber. Ging sie so im Kampf für die Verteidigung der Republik ein Bündnis mit den bürgerlichen Republikanern ein, sah sie die tiefe Ursache der politischen Krise in Frankreich in der Klassenherrschaft der Bourgeoisie, die ja erst die Übermacht der »militärischen Oligarchie« möglich gemacht hatte. Die Waffe für die Dreyfus-Bewegung bildeten die Grundrechte der bürgerlichen Demokratie, insbesondere »*die unbeschränkte Freiheit der Presse und des Wortes*«

– ein Recht, das in Deutschland nicht gewährleistet war und deutsche *Dreyfusards* im Falle einer solchen Affäre im Kaiserreich längst hinter Schloss und Riegel gebracht hätte.[26] Parteipolitisch aber bedeutete die Krise »*den moralischen Bankrott der bürgerlichen Demokraten*«. Nicht der Kampf um die Beibehaltung der alten freiheitlichen Grundlagen rangierte für die Berliner Sozialdemokratie an erster Stelle, sondern »*die Durchsetzung neuer demokratischer Garantien gegen die verschwisterten reaktionären Mächte des Klerikalismus und Militarismus*«.[27] Gegenüber dieser Haltung stand der *Vorwärts* partiell im Gegensatz zu den Sozialdemokraten um Liebknecht und auch Luxemburg, die entweder ein Engagement für Dreyfus als Fraktionskampf zwischen den bürgerlichen Parteien ablehnten oder die Krise – wie im Falle Luxemburgs – als Auseinandersetzung zwischen bürgerlichem Parlament und Militär einschätzten. Der Berliner *Vorwärts* lag den Anschauungen Mehrings in der *Neuen Zeit* und dem revisionistischen Flügel um Bernstein näher, die in der Affäre die Auseinandersetzung um die endgültige Durchsetzung der Republik erkannt hatten.[28]

Während für die liberalen Blätter die Dreyfus-Affäre so auch ein willkommener Anlass war, ihre republikanischen Ideale durch eine Solidarisierung mit der Revisionsbewegung in Frankreich sozusagen hinter dem Rücken der Zensur in Deutschland offen zu propagieren, interpretierten die nationalistischen und konservativen Zeitungen diese Auseinandersetzung zu Gunsten der Monarchie und griffen in ihren Kommentaren die republikanische Staatsform an. Für sie verband sich die Verteidigung der französischen Militärs mit dem politischen Angriff auf die Sozialdemokraten, der mit einem Antisemitismus – auf den später noch eingegangen wird – gekoppelt war. So schrieb die *Staatsbürger-Zeitung*: »*Der enge Zusammenhang des Dreyfus-Syndikats mit Anarchisten und Sozialdemokraten tritt […] klar in Erscheinung. Und überall sind die Juden die Wortführer.*«[29] Für die *Germania* bestand das Ziel der *Dreyfusards* im Sturz der Regierung, um ein »*freimaurerisch verseuchtes Cabinett*« bilden zu können.[30] Die konservativen Berliner Katholiken verbündeten sich in ihren antirevisionistischen Kommentaren mit der klerikalen Bewegung im Nachbarland. Im Unterschied zu Frankreich bildeten sie in Deutschland eine – wenn auch starke – Minderheit, ihr Engagement bedeutete zugleich eine Selbstbehauptung gegen die republikanischen Säkularisierungsbestrebungen. Der Liberalismus mit seinem auf Autonomie des Individuums und einem auf Rationalität gegründeten Menschenbild sowie seinen Prinzipien von Volkssouveränität und -herrschaft stellte natürlich die traditionelle geistige und moralische Institution der Kirche in Frage. Säkularisierter Liberalismus und atheistischer Sozialismus bildeten damit die Hauptfeinde der katholischen Kirche, eine Gegnerschaft, die während der Affäre deutlich zu Tage trat. Während aber für die Berliner Katholiken die Auseinandersetzung mit den liberalen, weil antiklerikalen und sozialistischen Strömungen, nicht aber mit der republikanischen Staatsform als solcher im Mittelpunkt stand, stellten andere konservative Zeitungen ihre monarchistischen Ziele heraus. Die *Neue Korrespondenz* sah wie die liberalen Zeitungen den Hauptgegensatz zwischen militärischer und Zivilgewalt, kam aber freilich zu einer anderen Einschätzung: Die Republik, so das Urteil, könne auf Dauer eine große und lebensfähige Armee nicht ertragen, denn diese brauche ein wirkliches Oberhaupt, statt sich einer »abstrakten *Zivilgewalt*« unterzuordnen. Dieser Gegensatz sei in der Republik unauflösbar, und er werde sich weiter zuspitzen, »*da die ausgleichende monarchistische Gewalt*« fehle.[31] Auch für die *Neue Preußische Zeitung* wäre eine solche politische Krise wie die Dreyfus-Affäre in einer Monarchie unmöglich gewesen.[32]

Antisemitismus

Wie auch in Frankreich spielte der Antisemitismus in Deutschland und der Berliner Presse eine herausragende Rolle bei der Interpretation und politischen Instrumentalisierung der Affäre. Seit den sechziger Jahren war die rechtliche Gleichstellung und damit die bürgerlich-rechtliche Emanzipation der Juden im Wesentlichen durchgesetzt, wenn auch – im Unterschied zu Frankreich – ihre Zulassung zum Offizierskorps ausgeschlossen und zur Beamtenschaft beschränkt blieb.

In Berlin war die Zahl der Juden zwischen 1871 und 1910 von 36.000 auf 90.000 angestiegen, was 4,3% Bevölkerungsanteil ausmachte. Damit lag dieser Anteil über dem gesamtdeutschen Durchschnitt, hier senkte er sich im gleichen Zeitraum von 1,25% auf etwa 0,95% ab. Im Jahre 1900 war der Anteil 1,19% hoch. 1871 lebten 9,6% der deutschen Juden in der Reichshauptstadt, 1900 etwa 26,9%.[33] Gehörten die Juden in ihrer Mehrzahl der mittleren und oberen Mittelklasse an, so hatten aber gerade in Berlin überproportional viele den Aufstieg in wirtschaftliche Führungspositionen geschafft. Hier waren 1895 etwa die Hälfte aller Bankdirektoren oder -inhaber Juden, auch die Pressekönige Mosse und Ullstein zählten dazu.[34]

Nicht zufällig fand der deutsche Antisemitismus mit seinen Hauptvertretern Wilhelm Marr und Adolf Stöcker seine Geburtsstadt dann auch in Berlin. Der Antisemitismus als Begriff und Bewegung setzte sich rasch als Kennzeichen einer allgemeinen Judenfeindschaft durch, die sich nicht nur gegen die jüdische Religion, sondern auch die ethnische und nationale Identität der Juden zu richten begann. Der Judenhass war nun auf eine spezifische Gruppe innerhalb der Gesellschaft gerichtet, die quasi als Verkörperung der Schattenseiten der industriellen Modernisierung, als Protagonisten des Kapitalismus, als Zerstörer des Mittelstandes und der traditionellen Werte galt und damit als eine Gefährdung der nationalen Idee der Deutschen angesehen wurde.[35]

Die Dreyfus-Affäre ist in doppelter Hinsicht von den Antisemiten genutzt worden, verbanden sie doch ihre Kampagne gegen die Juden mit ihrer Ablehnung der Liberalen und Sozialdemokraten. Die *Staatsbürger-Zeitung* und *Das Reich* gehörten dabei zu den wichtigsten antisemitischen Blättern. Bereits am 15.11.1894 hob erstere die antisemitische Bewegung in Paris, besonders ihr Hauptorgan, die *Libre parole*, anerkennend hervor und stellte sie den »*verjudeten republikanischen Parteien*« gegenüber.[36] Regelmäßig verwahrte sie sich gegen den Vorwurf der so genannten Judenpresse, Dreyfus wäre als ein Opfer des Antisemitismus verurteilt worden.[37] Über die ganze Affäre hinweg dominierte die antisemitische Stoßrichtung gegen die »juden-

No 19. Erstes Blatt. Berlin, Dienstag den 25. Januar 1898. XLVIII. Jahr

IV. Die Macht der Medien

99

Berliner Zeitungen

dienerische« und »judenliberale« Presse[38], die sich im Dienste der »börsenliberalen Parteien«[39] für Dreyfus engagieren würden und der »internationalen jüdischen Solidarität«[40] beigetreten wären. Für diese Zeitung stellte »der ganze Skandal einen Judenschwindel« dar, »wie er wohl niemals dreister und plumper verübt worden« war.[41] Im Zusammenhang mit dem Zola-Prozess wurde festgestellt: »Hier bricht der socialistische Haß gegen Religion und Militär durch; kein Wunder, daß die Sympathie der internationalen Socialdemokratie auf Seiten des Dreyfus-Syndikats steht.«[42] »Internationales Judentum« und »internationale Socialdemokratie« wurden in einem Atemzug genannt – der Antisemitismus war

die sie gefährden würden: die Sozialisten einerseits, die Juden als »Element der Zerstörung«, wie es die Neue Preußische Zeitung formulierte[44], andererseits.

Die Germania und die Staatsbürger-Zeitung sprachen den Juden jeglichen Patriotismus ab, nicht Deutschland, sondern das Judentum stelle den größten Feind des französischen Volkes dar. »Franzosentum oder Judentum, das ist die Losung dieser Schlacht [...]. Der Dreyfusskandal ist die Einleitung zu dem Eroberungszuge, den Israel über die Welt zu nehmen gedenkt.«[45] Auch für Das Volk zeigte der Fall Dreyfus, dass die Juden immer – unabhängig von der Rechtmäßigkeit – für ihre »Glaubensgenossen« eingetreten wären.[46] Bereits im November 1894 hatte der Berichterstatter das Prinzip der Gleichheit für die Juden in Frage gestellt: Das Nationalbewusstsein und der Stolz auf ihre Geschichte hätte die Franzosen vor der Anwendung dieses Prinzips gerade im Militär warnen müssen, denn die Rasseeigenschaften ließen die Juden für die Heeresleitung ungeeignet sein.[47] Das Volk wandte sich gegen die liberalen, gegen den Antisemitismus polemisierenden Blätter wie das Berliner Tageblatt.[48]

so gepaart mit dem Vorwurf des Antinationalen, des Verrates an den Idealen der deutschen Einheit und des deutschen Charakters sowohl durch die Juden als auch die Sozialdemokratie. »Wenn die französische Regierung dieser jüdischen Verhetzung nicht Herr werden kann, dann geht sie zu Grunde, und Juden, Socialisten und Anarchisten triumphieren. Arme Republik!«[43] Nicht also gegen die Republik als solche war diese Argumentation gerichtet, sondern gegen diejenigen,

Wenn auch nur wenige Blätter so weit gingen wie Das Reich, das die Haft von Dreyfus auf der Teufelsinsel als »einen erträglichen Badeurlaub« und Zola als einen »pornographischen Schriftsteller« bezeichnete[49], findet sich ein latenter Antisemitismus vielfach unterschwellig auch in moderateren Zeitungen, etwa die Auffassung, dass sich die Affäre nur als Resultat der jüdischen Presse zu einer solchen politischen Dimension hätte entwickeln können.[50] Für Die Zukunft ging es bei der Affäre im Kern um den »*Gegensatz starker antisemitischer Volksströmungen gegen die Gesellschaft Reinach, Cornelius Herz & Co., und in erster Reihe um das Ansehen, die Herrschaft, das Prestige der in ihrer Jurisdiktionsgewalt angegriffenen Armee*«.[51] Auch hier wird so die Ehre der Armee dem Judentum gegenübergestellt, Zola dementsprechend als »*Renommirchrist*« unter den jüdischen *Dreyfusards* bezeichnet.[52] Wie unterschiedlich und durchaus schwankend die Haltung in ein und demselben Blatt aber sein konnte, zeigt der Beitrag Karl Hechts in der *Zukunft* vom November 1899, der die Ursache des Judenhasses nicht allein auf von Juden bestochene Deputierte oder Presseorgane – eine von den »*primitiven*« Antisemiten benutzte Argumentation – beschränkte, sondern ihn auf eine allgemeine soziale und ökonomische Unzufriedenheit mit der Republik zurückführte, die nun über die zum Sündenbock gemachten Juden zum Ausdruck käme.[53]

Insgesamt richtete sich die antisemitische Presse gegen eine liberale Staatsordnung und damit gegen die Ideen der Französischen Revolution. Nicht zu vergessen ist dabei auch, dass die überwiegende Mehrheit der deutschen Juden ja liberal gesinnt war. »*Denn die Principien*«, wie Wollstein in der jüdischen Zeitung *Im deutschen Reich* schrieb, »*auf Grund deren wir die Wahrung unserer verfassungsmäßigen Rechte verfolgen, sind die allgemeinen Principien der Humanität und Gerechtigkeit, dieselben Principien der politischen und philosophischen Aufklärung, denen die liberalen Parteien ihre Entstehung und ihre Daseinsberechtigung verdanken.*«[54] Antisemitismus und Kampf gegen den Liberalismus verflochten sich und fokussierten in der Dreyfus-Affäre. Dieser Antiliberalismus musste aber nicht zwangsläufig in einen Antirepublikanismus münden.

Die liberale Presse verteidigte die Juden während der Affäre fast durchgängig und setzte sich mit der antisemitischen Bewegung kritisch auseinander. Ganz deutlich ist diese Haltung in der *Volks-Zeitung* ausgesprochen worden: »*In Frankreich herrscht der Antisemitenpöbel. Niemals könnte unter seiner Herrschaft Recht und Gerechtigkeit siegen.*«[55] Als beschämend gar für das deutsche Volk wertete sie die Meinung der antisemitischen

Blätter zum Attentat auf Labori im August 1899.[56] Ähnlich kritisch urteilte *Das Kleine Journal*: »*Die wüste antisemitische französische Presse, die sich übrigens in nichts von der unsrigen unterscheidet, sah in Dreyfus nicht nur einen Vaterlandsverräther, sondern vor allen Dingen den Angehörigen einer Religionsgemeinschaft, die noch mehr verfolgt werden muß als die Leute, die für Geld oder sonstige Vortheile die Geheimnisse des Staates preisgeben.*«[57] Die *Berliner Neuesten Nachrichten* sahen zum Abschluss der Affäre 1906 Dreyfus als ein Opfer seiner jüdischen Konfession[58], die *Berliner Morgenzeitung* wertete die Rehabilitierung von Dreyfus als Niederlage der Antisemiten: »*Der Sieg der Dreyfus-Sache bedeutet damit zugleich eine schwere Niederlage seiner antisemitischen Agitation, die kein Geringerer als Kaiser Friedrich einst als eine Schmach des Jahrhunderts bezeichnet hat.*«[59]

Wie verhielten sich nun die Berliner Juden bzw. ihre Presse zur Affäre Dreyfus? Die Vielzahl von Organisationen wie die *Großloge Unabhängiger Orden Bnei Briss* [1888], der *Centralverband deutscher Staatsangehöriger jüdischen Glaubens* [1893], der *Verband der Vereine für Jüdische Geschichte und Literatur* [1893], der *Kartellkonvent der Verbindungen deutscher Studenten jüdischen Glaubens* [1896], um nur einige der vor der Jahrhundertwende gegründeten zu nennen, und eine Reihe in Berlin erscheinende jüdischer Zeitungen und Journale, zu denen die *Allgemeine Zeitung des Judenthums* [1837] mit ihrem – seit 1890 – Herausgeber Gustav Karpeles, das *Jahrbuch für jüdische Geschichte und Litteratur* [1899], der *Israelitische Jugendfreund* [1895], das *Magazin für die Wissenschaft des Judentums* [1874], *Die jüdische Presse* [1869], die *Jüdische Volkszeitung* [1888] und die *Allgemeine israelitische Wochenschrift* [1892] zu zählen sind, ließen – als ein potentielles Gegengewicht zur antisemitischen Hetze – eine kämpferische Haltung zugunsten des verurteilten Dreyfus vermuten. Die vom *Centralverein deutscher Staatsbürger jüdischen Glaubens* ab April 1895 in Berlin herausgegebene Monatszeitschrift *Im deutschen Reich*, die *Allgemeine Zeitung des Judenthums* und *Die jüdische Presse* berichteten allerdings zurückhaltend – verglichen mit Tageszeitungen, aber auch Literaturzeitschriften wie der *Deutschen Rundschau* – über die Ereignisse in Frankreich und nahmen zumindest anfänglich eine ähnliche Defensivhaltung ein wie die jüdische Presse in Paris. Bekanntermaßen hatte sich ja die Mehrzahl des jüdischen Großbürgertums in Frankreich von Dreyfus distanziert in der Hoffnung, die antisemitische Welle würde sich umso schneller abschwächen, je weniger Anlass man ihr gab. Auch in den deutschen Zeitungen finden sich in den ersten Jahren wenig ausführliche Berichte zur Affäre, Kommentare erfolgten in den kleinen Rubriken »Umschau« oder »Korrespondenzen«. Die *Allgemeine Zeitung des Judenthums* zweifelte beispielsweise die Integrität des Gerichts von 1894 nicht an, wohl aber hätte dessen Zusammensetzung viele beunruhigt. Nicht nur bei jüdischen Glaubensgenossen gäbe es Zweifel an der Schuld Dreyfus', es fehle ein Motiv, der Hauptmann habe vielleicht unbesonnen gehandelt, aber an eine absichtliche »*Verräterei*« wolle man nicht glauben.[60] Die Zeitschrift *Im deutschen Reich* bezeichnete noch Anfang 1898 Reinach als »*internationalen Schwindler*«, und das Blatt wandte sich vehement gegen eine Identifizierung von Einzel- und Kollektivschuld: Dreyfus sei als Individuum verurteilt worden, nicht aber die französischen Juden. »*Was haben die französischen Juden als solche*«, so die Frage noch 1898, »*was hat das Judenthum mit dem Falle Dreyfus zu thun?*«[61] In Abkehr vom Zionismus eines Max Nordau beschwor die Zeitschrift die Zugehörigkeit der Juden zur deutschen Nation: Der jüdische Glaube schlösse ein Bekenntnis zur deutschen Nationalität und zum Liberalismus ein.[62] In Deutschland selbst hielt man solch eine Affäre für ausgeschlossen, hier würde im Unterschied zum Nachbarland, so die Einschätzung, das Engagement der klerikalen Partei für den Antisemitismus fehlen. »*Wenn auch in Deutschland ein ähnliches Verhalten wie das der französischen Generalstäbler unmöglich sei*«, wird aber im Bericht über eine Versammlung des *Centralvereins* wiedergegeben, »*hätten doch die deutschen Juden alle Veranlassung, fest zusammenzustehen, bis auf allen Gebieten der guten Sache der Sieg zu Theil werde.*«[63] Im Unterschied zu der passiven und – anders als deutsche Zeitungen hinsichtlich einer »*jüdischen In-*

ternationalen« behaupteten – wenig solidarischen Haltung vieler französischer Juden überließen die Juden in Deutschland schon bald nicht mehr ausschließlich den liberalen Republikanern ihre Verteidigung und die Abwehr des Antisemitismus.[64] Anders als in Frankreich, wo sich etwa mit Elissen im *Petit Journal*, Arthur Meyer im *Gaulois*, Pollonais im *Soir* oder Klotz im *Voltaire* Juden gegen eine Revision des Urteils einsetzten, wird in Deutschland sogar in Teilen der liberalen Presse, die sowohl redaktionell als auch verlagsmäßig in jüdischer Hand war, eine gewisse Verteidigungsstrategie deutlich. Mit der wiederholten Kritik an der abwartenden Haltung der französischen Juden verband sich die Mahnung, »*daß sie angesichts der drohenden Gefahr zu energischer Abwehr sich rüsten*« und aus den Erfahrungen der deutschen Juden Lehren ziehen sollten.[65] Deren Abwehrbereitschaft hätte zu dem »*moralischen Erfolg*« geführt, »*daß wir nicht wie geduldige Lämmer alle Angriffe und Verfolgungen über uns ergehen zu lassen geneigt seien, daß wir uns nicht als Staatsbürger zweiter Klasse betrachten lassen wollen, und daß wir mit aller Entschiedenheit auf unserem Rechtsstandpunkt bestehen*«.[66]

War man sich noch lange unsicher, ob »*der Antisemitismus die Affäre Dreyfus geschaffen, oder diese jenen erst zum eruptiven Ausdruck gebracht hat*«, stand aber für die meisten Juden ab Anfang 1898 fest, was dann nach dem Urteil in Rennes ganz deutlich ausgesprochen wurde: »*Die Affäre Dreyfus' ist das ureigentlichste Werk des Antisemitismus*«.[67] Ab Anfang 1898 lässt sich in der jüdischen Presse zunehmend die Tendenz ausmachen, sich für Dreyfus einzusetzen und dieses Engagement mit dem Kampf gegen den Antisemitismus zu verbinden.[68] Infolge der sich überschlagenden Ereignisse in Frankreich nutzte vor allem *Die jüdische Presse* immer stärker die Möglichkeiten, die die Bemühungen um die Revision des Prozesses und die Rehabilitierung von Dreyfus im Kampf gegen den Antisemitismus boten. Als die Urheber der Affäre wurden die antisemitische Presse und Partei benannt, für die sich die langersehnte Möglichkeit ergeben hätte, für den »*jüdischen*

Verräther« alle Juden verantwortlich zu machen und büßen zu lassen. Mit Unterstützung der Klerikalen und Reaktionäre, fanatisierten Massen und gestützt auf Judenhetze und Patriotismus, sollte die Herrschaft des *»verhaßten Liberalismus«* gebrochen werden.[69] Für die Zeitung zeigte die Affäre, dass Judenhass auf dem *»Giftboden sittlicher Fäulniß«* entstand und, wo er zur Macht gelangte, *»unabwendbar die Grundvesten staatlicher Ordnung und bürgerlichen Gedeihens«* zerstörte.[70] In ähnlicher Weise wurde nun auch *Im deutschen Reich* argumentiert. In seinem Vortrag *»Der Kampf um die Emanzipation der Juden in Deutschland«* verwies B. Elsaß auf die Dreyfus-Affäre und Zolas *J'Accuse*! und ordnete beide in den Emanzipationskampf der Juden ein, der mit dem französischen Edikt vom 27. November 1791 einen wichtigen Höhepunkt gefunden, in der Dreyfus-Affäre jedoch einen Rückschlag erlitten hätte. *»Statt des Hochgefühls und der hoffnungsvollen Zuversicht«*, so Elsaß, *»sind es Trauer und Schmerz, die uns bei den traurigen und widerwärtigen Erscheinungen erfüllt, welche der kaum vergangene Dreyfus-Prozeß in jenem Lande gezeitigt, das vor mehr denn hundert Jahren ‚Freiheit, Gleichheit, Brüderlichkeit' proklamierte.«* Trotzdem, so sein Appell, *»haben wir unverzagt den Kampf wieder aufzunehmen«* und fortzusetzen.[71]

Die Auseinandersetzung mit dem Antisemitismus und der Kampf um umfassende soziale und rechtliche Gleichstellung verbanden sich so während der Dreyfus-Affäre für die deutschen Juden mit dem Bekenntnis zu ihrer Religion einerseits, wie es der bekannte jüdische Philosoph Hermann Cohen 1899 auf den Punkt brachte[72], zu ihrer deutschen Nationalität und einem politischen Liberalismus andererseits.

Geschichtssymbolik

Die Dreyfus-Affäre fungierte zugleich als symbolische Vermittlung historischer und politischer Traditionen. Indem vergangene geschichtliche Ereignisse als Wertungskategorien dem Fall Dreyfus zugrunde gelegt wurden, erfolgte zugleich eine Legitimation politischer Positionen und ideologischer Bestrebungen.

Kaum überraschen kann daher die Berufung der liberalen Zeitungen auf die revolutionären Traditionen Frankreichs. Die *Vossische Zeitung* stellte in einem Jahrhundertrückblick die Geschichte Frankreichs als eine Auseinandersetzung zwischen Fortschritt und Reaktion dar, wobei sie sich selbst mit den progressiven Kräften identifizierte: *»Das eine [Frankreich; Anm. d. Verf.] verfaßte die Erklärung der Menschenrechte, das andere zettelte mit allen Rückschrittsgewalten des Auslandes eine Verschwörung zur Unterdrückung der französischen Freiheitsbewegung an. Das eine eilte an die Grenzen, um das Vaterland zu verteidigen, das andere floh über die Grenzen, um in Koblenz den Angriff auf das Vaterland vorzubereiten. Das eine Frankreich führte die große Umwälzung aus, beging Fehler und Tollheiten, behielt aber immer seine großen Ideale im Auge und seine Freiheitsliebe im Herzen und raffte sich nach Perioden der Ermüdung, der Entmutigung, der Erschlaffung immer wieder zu starken Taten auf, zur Julirevolution von 1830, zur Februarrevolution von 1848, zu der friedlichen Erhebung gegen die ‚Regierung der moralischen Ordnung' von 1877; das andere kam in dem Gepäckwagen der ausländischen Eroberer 1813 und 1815 nach Frankreich zurück, veranstaltete die Morde des ‚weißen Schreckens', schlachtete in den Junitagen 1848 die Pariser Proletarier, veranstaltete in demselben Jahr den Kriegszug nach Rom und metzelte in der Maiwoche 1871 36.000 Pariser Kommunenteilnehmer jedes Alters und Geschlechts nieder.«*[73]

Eine solche Interpretationslinie lässt sich auch in anderen Zeitungen finden. Die *Berliner Neuesten Nachrichten* betrachteten es als Hohn, dass die Franzosen das 50-jährige Jubiläum der Februarrevolution und das 100-jährige der Republik durch den Prozess Zola feierten, *»von Freiheit, Gleichheit, Brüderlichkeit wahrlich nicht eine Spur«*.[74] Auch *Das Deutsche Blatt* sah in einer Rehabilitierung Dreyfus' eine Rückkehr des französischen Volkes *»zu den edlen Traditionen seiner Vergangenheit«*.[75] *»Alles hat Frankreich verloren«*, formulierte es die *Volks-Zeitung* nach der Verurteilung Zolas, *»auch seine Ehre. In Frankreich, in dem die Menschenrechte verkündet wurden, hat das Recht keine Stätte mehr.«*[76] Für *Das Kleine Journal* erinnerte die Wiederverurteilung von Dreyfus an die schmähliche Niederlage der

Franzosen im Krieg gegen Deutschland: »*Wehe dem französischen Volk! Schon einmal in diesem Jahrhundert brach an einem Septembertage das Verhängnis über unsere Nachbarn hinein, möge der gestrige Tag nicht ein neues Sedan für Frankreich bedeuten.*«[77] Als letztes Beispiel sei die Einschätzung der *Deutschen Rundschau* erwähnt: »*Auch im Zola-Prozesse hat sich gezeigt, daß im Vaterlande Voltaire's, nachdem mehr als ein Jahrhundert seit der großen Revolution verflossen ist, deren Errungenschaften gewissermaßen verleumdet werden.*«[78]

Zweifellos mussten die Berufung der liberalen Blätter auf die Französische Revolution und die dort eingeforderten politischen und sozialen Grundrechte auf Widerspruch in der konservativen Publizistik stoßen. Der Rückgriff auf die Revolution bedeutete bei ihnen eine negative Bewertung der Dreyfusbewegung. So beschwor die *Neue Preußische Zeitung* im Januar 1899 die Gefahr einer erneuten Jakobinerdiktatur: »*Ganz Frankreich löst sich anarchisch in Ligen auf oder ballt sie dazu zusammen, wenn man so will, ganz wie zur Zeit der Jakobiner, was deutlich das allgemeine Mißtrauen gegen die bestehende Gesellschaftsordnung und ihre Gewähr verräth.*«[79] Der Vergleich mit den Tagen des Jakobinerterrors implizierte eine deutliche Absage an das republikanische System. Dass sich die Liberalen allerdings nicht als die Erben der Jakobiner bei ihrem Eintreten für Dreyfus verstanden, drückte Wolff deutlich aus: »*Die Demonstranten der Straße ahmten die Jakobiner der großen Revolution nach und organisirten einen Terrorismus, dem kein Philisterherze Widerstand zu leisten vermochte. Fast schien es, als sollte die bürgerliche Republik selber schließlich der Kampfpreis werden, denn von zwei Seiten ging man gegen sie und ihre Bekenner vor. Auf der einen Seite* ‚*Säbel und Weihwedel*‘ *[…] auf der anderen Seite die Vertreter einer katilinarischen Republik*«.[80]

Mit dem Rückgriff einiger Zeitungen auf den Rechtsfall Voltaire/Calas lässt sich die unterschiedliche Interpretation historischer Ereignisse zum Zwecke der politischen Instrumentalisierung an einem zweiten Beispiel nachweisen. Voltaire hatte in diesem Rechtsstreit öffentlich

Partei für einen protestantischen Textilhändler namens Calas ergriffen, der 1762 im Elsass wegen angeblichen Mordes an seinem Sohn zum Tode verurteilt worden war. Voltaire – weniger interessiert an der Person als an dem Exempel – prangerte in einigen Aufsätzen insbesondere den religiösen Fanatismus der Katholiken an, der zur Verurteilung des Unschuldigen geführt hatte. 1765, lange nach der Vollstreckung des Urteils, wurde Calas offiziell von Ludwig XV. rehabilitiert.[81]

Die *Vossische Zeitung* stellte diesen Justizfall in die Traditionslinie eines um seine politische und soziale Emanzipation kämpfenden französischen Bürgertums.[82] Dreyfus erschien damit in der Rolle Calas, seine Verteidiger als Erben der Ideale Voltaires. Ebenso schätzte die *Deutsche Rundschau* das Auftreten Zolas ein: »*Ihm habe wohl gar die Rolle Voltaire's in Bezug auf Jean Calas, das Opfer des Religionsfanatismus, vorgeschwebt, spotteten Andere, die sehr wohl begriffen, daß unter den Schriften Voltaire's diejenige*: ,Sur la tolérance à cause de la mort de Jean Calas' *nicht am wenigsten einen Ruhmestitel auf Unsterblichkeit darstellt.«*[83]

In seinen politischen Betrachtungen verglich anlässlich des Zola-Prozesses Levysohn Dreyfus und Calas miteinander und drückte seine Sympathie deutlich aus: »*Wie Voltaire, als sich dieser zu Gunsten des unschuldigen Jean Calas einsetzte, […] so stellte sich auch der große zeitgenössische Romancier unerschrocken der ungezügelten Meute gegenüber. Jean Calas war Protestant, wie Dreyfus Jude. Jean Calas war ein Opfer des Religionsfanatismus, wie Dreyfus ein solches der antisemitischen Demagogie.«*[84]

Auf Seiten der konservativen Blätter zog die *Germania* diesen Rechtsfall als Erklärungsmuster heran, zeichnete aber ein anderes Bild: Hatte der Voltaire-Fall eine verhängnisvolle »Spaltung des Geistes« eingeleitet, die schließlich zur Revolution führte, könnte die Dreyfus-Affäre zu ähnlichen Resultaten führen. Vor allem im Hinblick auf Deutschland konstatierte die Zeitung:

»*Die durch die Sache dieses jüdischen Offiziers hervorgerufene Spaltung hat uns die Trennung zwischen Kirche und Staat gebracht, deren moralische und sittliche Folgen vielleicht noch schwerer werden, als die Folgen der Affäre Calas.«*[85] Die *Staatsbürger-Zeitung* kam zu einer der *Vossischen Zeitung* und der *Deutschen Rundschau* völlig entgegengesetzten Sichtweise. Indem sie Zolas Engagement direkt mit Voltaires Eintreten für Calas verglich, versuchte sie, ihn und die Dreyfusbewegung zu diskreditieren.[86]

Nationalismus

Natürlich riefen – vor allem am Anfang – die Verhaftung Dreyfus' und die antideutsche Publizistik in Frankreich eine über alle politischen Unterschiede hinweg relativ einheitliche Reaktion in Deutschland hervor: die Verteidigung Deutschlands gegen die chauvinistischen Angriffe der französischen Presse und die Verneinung jeglicher deutschen Spionage im Zusammenhang mit dem Fall. Das Erscheinen der Notizen vom 30.11.1894 und 9.1.1895 in der *Agence Havas* wurde dann auch als öffentliches Dementi der französischen Regierung angesehen und beendete zunächst die deutsch-französischen Spannungen und den Pressekrieg auf Seiten Deutschlands. Bis weit in das Jahr 1898 überwog so die Grundeinstellung, dass die Affäre als eine rein französische Angelegenheit zu betrachten wäre und Deutschland als objektiver Zuschauer keinen Handlungsbedarf hätte. Variationen gab es vor allem im Grad der Verteidigung Deutschlands und der Haltung gegenüber Frankreich.

Der Fall Björnson entfachte im August 1898 die Debatte in der deutschen Presse nach der Intensität einer deutschen Beteiligung an den französischen Ereignissen neu. Der Publizist Björnson hatte zunächst in der Kopenhagener Zeitung *Politiken* einen Beitrag – als Brief an Zola verfasst – veröffentlicht, der dann am 8.3.1898 auszugsweise auch im *Berliner Tageblatt* und am 4.10.1898 im *Kleinen Journal* erschien. Björnson verwies darin auf Fürst Hohenlohe, der einem Gewährsmann die Unschuld Dreyfus' bestätigt und einen anderen Schuldigen genannt hätte. Dies schloss eine Aufforderung an Schwartzkoppen ein, die Wahrheit über seine Beziehungen zu Esterhazy öffentlich zu machen. Dieser Artikel rief ein großes Echo hervor, Björnson klagte gar gegen die *Münchener Neuesten Nachrichten*, die ihn der wissentlichen Verkündung von Unwahrheiten bezichtigten. Während konservative Zeitungen die Veröffentlichung für eine Polemik gegen die liberalen Parteien, die den Reichskanzler für ihre Zwecke missbrauchen würden, nutzten,[87] reagierten sowohl das *Berliner Tageblatt* als auch *Das Kleine Journal* gleich: »*Deutschland an sich hat mit der Dreyfus-Affäre nichts zu tun, sie ist eine vollständig interne Angelegenheit Frankreichs und wahrlich zu allerletzt die Knochen auch nur eines pommerschen Grenadiers wert.«*[88] »*So sehr man wünschen kann«*, schrieb

Theodor Wolff, »daß die Wahrheit in dieser traurigen Affäre so deutlich und bestimmt an den Tag gebracht werde, daß Niemand mehr sie, gleichgiltig oder böswillig, leugnen oder abweisen könnte, - so sehr muß man doch, meiner Meinung nach, jede abermalige ‚direkte Einmischung' der deutschen Regierung ‚widerrathen'.«[89]

Es ist sicher schwer, einen direkten Einfluss der politischen Führung auf die Presse nachzuweisen. Wie Czempiel aber gezeigt hat, kam die liberale Presse bereitwillig den Forderungen des Auswärtigen Amtes nach der Veröffentlichung im Reichsanzeiger vom 8.9.1898 nach, in der die deutsche Regierung versicherte, dass die kaiserliche Botschaft in Paris keinerlei Beziehung zu Dreyfus unterhalten hätte. Bülow regte im Zusammenhang mit der Veröffentlichung an, dass diese »von unserer Presse als hochbedeutsamer und durchschlagender Beweis für die Loyalität, Offenheit, Korrektheit und Humanität der Politik Seiner Majestät« propagiert werden sollte, eine Forderung, die alsbald in der National-Zeitung, dem Berliner Tageblatt, der Vossischen Zeitung, der Volks-Zeitung, dem Kleinen Journal und dem Vorwärts umgesetzt wurde.[90] Auch das Deutsche Blatt nahm die deutsche Regierung in Schutz.[91] Den liberalen Parteien ging es aber bei der Nichteinmischungsstrategie zuerst um die Vermeidung ernsthafter diplomatischer Auseinandersetzungen, die zum Kriege hätten führen können. Theodor Wolff versuchte immer, eine deutsch-französische Annäherung zu propagieren, was eine Nichteinmischung der deutschen Regierung in die Dreyfus-Affäre voraussetzte. Die menschliche Dimension des jüdischen Hauptmannes dürfte nicht die Grenzen zur politischen Ebene durchbrechen.[92] Er glaubte zu keinem Zeitpunkt, wie etwa auch die Volks-Zeitung[93], an Unredlichkeiten oder Vertuschungsversuche der deutschen Regierung und des deutschen Botschafters in Paris. »Was Herrn Major ‚v. Schwarzkoppen' betrifft, so wäre es ganz unverständlich, wenn man ihm auch nur den leisesten Vorwurf machen wollte.«[94] Ebenso nahm die Neue Korrespondenz die deutschen Militärs in Schutz: »Daß es niemand einem Militär-Attache zum Vorwurf anrechnen kann, wenn er das Angebot von Informations-

diensten annimmt, versteht sich von selbst.«[95] Auch die Berliner Morgenzeitung würdigte rückblickend das Verdienst der deutschen Regierung, mit ihrer amtlichen Erklärung bei der Entlarvung der Verurteilung eines Unschuldigen und der Intrigen der französischen Militärpartei geholfen zu haben.[96] Die liberalen Zeitungen sind so insgesamt als Frankreich-freundlich einzuschätzen, die die Affäre nicht für nationalistische Zwecke zu nutzen versuchten, im Gegenteil strichen sie z.T., wie beispielsweise die Deutsche Rundschau, die Größe der französischen Nation hervor: »Durchaus verfehlt wäre es, in dem betrübenden Ausgange des Dreyfus-Prozesses, sowie in anderen Erscheinungen der inneren Politik Frankreichs einen Niedergang der Nation zu erblicken.«[97]

Demgegenüber zogen die Berliner Neuesten Nachrichten den Schluss, dass Frankreich mit seiner »Verblendung, Rechtsbeugung, Disziplin- und Sittenlosigkeit« eine ernsthafte Gefahr für Deutschland, den Frieden und die Weltkultur darstellte.[98] Eine noch wesentlich stärkere antifranzösische Haltung nahm Die Gegenwart ein. Der Autor trat gegen eine etwaige Unterschätzung des französischen Militärs infolge einer vermeintlichen Schwächung im Zuge der Affäre auf: »Trotz der ‚Affaire' bleibt Frankreich unser mächtiger, unser gefährlichster Gegner, auch unter seinem Generalstab.«[99] Die Zukunft prognostizierte im Falle eines Sieges des »Millionensyndikats« einen Krieg. In streng nationalistischem Sinn warnte sie davor, im Zuge der Affäre nicht »die vortheilhafte Stellung« des Vaterlandes zu gefährden.[100] Nationalistische Tendenzen traten auch bei anerkennenden Kommentaren über die Dreyfusbewegung auf. Die Norddeutsche Allgemeine Zeitung etwa äußerte sich in ihrer Wertschätzung für Scheurer-Kestner: »Der Allemanne würdigt den Allemannen, der in Scheurer-Kestner sich unverfälscht erhalten hat. Einige Jahrzehnte Pariser Aufenthalts reichen eben noch lange nicht aus, um eine echte tête carrée gallisch umzumodeln.«[101]

Versucht man, die hier an ausgewählten Beispielen erfolgte Rekonstruktion von unterschiedlichen Rezeptionslinien, Images über die Affäre und daraus resultierende politisch-ideologische Schlussfolgerungen zusammenzufassen, lässt sich feststellen, dass – im Gefolge der Ereignisse in Frankreich – die Konjunktur der Berichterstattung und die politische Auseinandersetzung über den Charakter der Affäre im Laufe des Jahres 1897 einsetzte. Insbesondere das *Berliner Tageblatt* sorgte mit seinen z.T. halbstündig aus Paris abgesendeten Telegrammen und der wortgetreuen Wiedergabe der Prozesse und Verhandlungen[102] für eine äußerst aktuelle Information über die jeweiligen Ereignisse in Frankreich. Die Berichte aus dem Nachbarland nahmen schnell an Länge zu und beherrschten die Titelseiten. Eine anfangs vorherrschende objektive Berichterstattung wurde zunehmend von kontroversen und parteilichen Wertungen abgelöst. Im Unterschied zu Frankreich und in Modifizierung des diese Studie eröffnenden Zitates konstituierte sich aber in Deutschland keine organisierte Dreyfusbewegung mit eigenen Publikationsorganen und auch keine entsprechende Gegengruppierung, die den Diskurs weitgehend bestimmt hätten und fähig gewesen wären, die Öffentlichkeit zu steuern und zu mobilisieren. In Berlin etwa wurden keine neuen Zeitungen im Verlauf der Affäre gegründet, und es scheint keine breitere intellektuelle Strömung für oder gegen Dreyfus Partei ergriffen zu haben.

Aber wie auch in Frankreich sind über die Dreyfus-Affäre politische Kontroversen ausgetragen worden. Mit Ausnahme der nationalliberalen Blätter hat aber die nationale Frage – anders als in Frankreich, wo die Niederlage von 1870/71 tief verwurzelt geblieben war – nur eine untergeordnete Rolle gespielt. Die Nationalliberalen schlugen sich auf die Seite der *Dreyfusards*, um den Niedergang Frankreichs, die Korruption der Armee- und politischen Führung anprangern zu können. Interessierte die Liberalen das Nationalstaatsprinzip unter den Gesichtspunkten einer universalen Humanität, Gerechtigkeit und republikanisch-demokratischer Ideale wenig, betonte gerade die nationalistische Presse den französisch-deutschen Gegensatz und versuchte damit, das Wesen der Affäre zu erklären. Als Hauptkontrahenten standen sich die liberalen und konservativen Blätter gegenüber, die den Gegensatz Republik-Monarchie über die Dreyfus-Affäre austrugen. Während

die Liberalen aber das Wesen der Affäre zu erkennen vermochten, blieben die Konservativen in ihrer Abwehr des demokratischen Liberalismus und des Atheismus in ihren politischen Vorurteilen vom ‚Umsturz' stehen und erfassten die Auseinandersetzung nicht als Widerstreit unterschiedlicher Regierungssysteme. Sie nutzen allerdings den Antisemitismus als Propagandamittel sowohl gegen die Juden als auch gegen die Liberalen. Letztere verteidigten die französische Republik, und sie griffen dabei auf die republikanischen Traditionen der Französischen Revolution zurück. Für die jüdische Presse stand – nach anfänglich distanzierter Haltung – der Kampf gegen den Antisemitismus im Vordergrund, der mit dem Ziel der jüdischen Mittelschicht verbunden war, ihrer Zugehörigkeit zum deutschen Bürgertum öffentliche Anerkennung zu verschaffen.

Anmerkungen

1   Hoplites: Vom französischen Generalstab, in: Die Gegenwart 55, 1899, S. 114.

2   Vgl. u.a. Sakrewski, Ignatz: Die französische Gesellschaft und die Affäre Dreyfus, in: Allgemeine Zeitung des Judenthums v. 28.4.1899, S. 199.

3   Vgl. dazu Mendelssohn, Peter de: Zeitungsstadt Berlin. Menschen und Mächte in der Geschichte der deutschen Presse. Frankfurt am Main/Berlin/Wien 1982.

4   Vgl. Die deutsche Presse. Verzeichnis der im Deutschen Reiche erscheinenden Zeitungen und Zeitschriften. Bd. 1. Amts-, Lokal- und Anzeige-Blätter, Politische Zeitungen, Forbach 1893, Statistische Uebersicht, S. 58ff.

5   Die Untersuchung entstand im Rahmen eines Projekts der Historischen Kommission zu Berlin und unter Mithilfe von Frau Sieglinde Hermann.

6   Zum Folgenden vgl. Die deutsche Presse [wie Anm. 4], S. 58ff.; Adressbuch der Deutschen Zeitschriften und der hervorragenden politischen Tagesblätter, hrsg. v. H. O.Sperling, Jg. 39, Stuttgart 1899, I. Abt., S. 192, II. Abt., S. 14ff.; Koszyk, Karl: Deutsche Presse im 19. Jahrhundert. Geschichte der deutschen Presse. Teil II, Berlin 1966; Mendelssohn: Zeitungsstadt Berlin [wie Anm. 3].

7   Siehe dazu Fuchs, Eckhardt/Fuchs, Günther: »J'accuse!« Zur Affäre Dreyfus in Frankreich, Mainz 1994.

8   Zu deren Redakteuren hatte zeitweilig Wilhelm Liebknecht gehört, sie blieb auch in den neunziger Jahren ein konservatives offiziöses Regierungsblatt.

9   Vgl. Wolter, Hans-Wolfgang: Deutsche Rundschau [1874–1964], in: Heinz-Dieter Fischer [Hrsg.]: Deutsche Zeitschriften des 17.– 20. Jahrhunderts, München 1973, S. 183–200, hier: S. 188,

191.

10 Vgl. u.a. die »Politische Rundschau« in: Deutsche Rundschau 94, 1898, S. 149; 95, 1898, S. 147f., 467f.; 94, 1898, S. 307f., 465. Siehe auch: Die Pariser Dreyfus-Literatur, in: Deutsche Rundschau 99, 1899, S. 144–147, hier: S. 144.

11 Vgl. Pohl, Heinz-Alfred: Die Gegenwart [1872–1931], in: Fischer: Deutsche Zeitschriften [wie Anm. 9], S. 167–181, hier: 168ff.

12 Vgl. Zolling, Theophil: Zola's Paris, in: Die Gegenwart 53, 1898, S. 213–215.

13 Vgl. Welle, Uwe: Die Zukunft [1892–1922], in: Fischer: Deutsche Zeitschriften [wie Anm. 9], S. 241–254, hier: S. 243, 244.

14 Vgl. u.a. Harden, Maximilian: Alfred Dreyfus, in: Die Zukunft 22, 1898, S. 241.

15 Ebd., S. 244.

16 Mittelstädt, Otto: Dreyfus-Campagne, in: Die Zukunft 22, 1898, S. 513–523, hier: S. 523. Mittelstädt veröffentlichte 1899 in Berlin ein Buch unter dem Titel »Die Affaire Dreyfus«.

17 Vgl. Czempiel, Ernst-Otto: Das deutsche Dreyfus-Geheimnis. Eine Studie über den Einfluß des monarchischen Regierungssystems auf die Frankreichpolitik des Wilhelminischen Reiches, München/Bern/Wien 1966, S. 61ff., hier: S. 41.

18 Die beiden Frankreich, in: Vossische Zeitung v. 14.7.1906, Abendausgabe.

19 Berliner Fremden- und Anzeigenblatt v. 23.1.1898, S. 1; Berliner Tageblatt v. 11.6.1899.

20 Vgl. z.B. Das Deutsches Blatt v. 25.9.1898.

21 Das Kleine Journal v. 8.8.1899.

22 Norddeutsche Allgemeine Zeitung v. 16.1.1898, S. 1; 4.2.1898, S. 1; Volks-Zeitung v. 8.2.1898, Mittagsausgabe; 12.2.1898, Abendausgabe; 27.8.1898, Mittagsausgabe; 14.8.1899, Abendausgabe; Levysohn, Arthur: Politische Wochenschau, in: Berliner Tageblatt v. 18.9.1898 und 10.9.1899. Vor allem das Berliner Tageblatt warnte ab Anfang 1898 ständig vor der Gefahr eines Staatsstreiches und eines neuen Boulangismus. Vgl. u.a. Der neue Boulangismus, in: Berliner Tageblatt v. 18.1.1898, Abendausgabe, S. 2f.; Wolff, Theodor: Das Ministerium Brisson und die Dreyfus-Affäre, in: Berliner Tageblatt v. 1.7.1898.

23 Vgl. Schwarz, Gotthardt: Theodor Wolff und das »Berliner Tageblatt«. Eine liberale Stimme in der deutschen Politik 1906–1933, Tübingen 1968, S. 8; Mendelssohn: Zeitungsstadt Berlin [wie Anm. 3], S. 63ff.; Koszyk: Deutsche Presse [wie Anm. 6], S. 280.

24 Schwarz: Theodor Wolff [wie Anm. 23], S. 12.

25 Vgl. u.a. Berliner Tageblatt v. 5.2.1899, 13.2.1899, 11.6.1899, 7.8.1899, 10.9.1899. Siehe auch Wolff, Theodor: Tagebücher 1914–1919, Hg. u. eingel. v. Sösemann, Bernd, 1. Teil, Boppard am Rhein 1984, S. 36ff.

26 Vorwärts v. 28.10.1898.

27 Vorwärts v. 4.6.1899.

28 Vgl. dazu Czempiel: Das deutsche Dreyfus-Geheimnis [wie Anm. 17], S. 109ff.; Winling, Raymond: Echos de l'Affaire dans la presse socialiste allemande, in: Les Ecrivains et l'Affaire Dreyfus. Textes réunis par Géraldi Leroy. Orléans 1983, S. 65–73.

29 Staatsbürger-Zeitung v. 19.11.1998, Mittagsausgabe.

30 Germania v. 26.1.1898.

31 Neue Korrespondenz v. 3.11.1998 und 24.12.1898. Anlässlich der Regierungserklärung Sarriens 1906 konstatierte die Zeitung: »Aus den Aufgaben und Zielen des neuen Kabinetts […] konnte man wieder einmal entnehmen, wie rückständig doch in sozialpolitischer Hinsicht die Länder republikanischer Freiheit gegenüber unserm monarchischen Deutschland sind«. Vgl. Neue Korrespondenz v. 14.6.1906.

32 Neue Preußische Zeitung v. 26.4.1899.

33 Die Zahlen bei Nipperdey, Thomas: Deutsche Geschichte 1866–1918. Bd. 1. Arbeitswelt und Bürgergeist, München 1993, S. 396f. Die Zahl für 1900 siehe Wollstein: Unser Verhalten gegen den Antisemitismus in politischer, sittlicher und gesellschaftlicher Beziehung, in: Im deutschen Reich 6, 1900, S. 181.

34 Vgl. Nipperdey: Deutsche Geschichte [wie Anm. 33], S. 398f.

35 Vgl. ebd., S. 404ff.; Nipperdey, Thomas/Rürop, Reinhard: Antisemitismus, in: Geschichtliche Grundbegriffe. Historisches Lexikon zur politisch-sozialen Sprache in Deutschland. Bd. 1, Stuttgart 1972, S. 129–152, hier: S. 137ff.

36 Staatsbürger-Zeitung v. 15.11.1894, Mittagsausgabe.

37 Staatsbürger-Zeitung v. 22.11.1897, Abendausgabe.

38 Vgl. u.a. Staatsbürger-Zeitung v. 13.1.1898, Abendausgabe; 1.9.1898, Mittagsausgabe.

39 Staatsbürger-Zeitung v. 21.7.1898.

40 Staatsbürger-Zeitung v. 22.11.1897, Abendausgabe.

41 Staatsbürger-Zeitung v. 13.1.1898, Abendausgabe.

42 Staatsbürger-Zeitung v. 15.1.1898.

43 Staatsbürger-Zeitung v. 22.1.1898, S. 3, Mittagsausgabe; auch 25.2.1898, Mittagsausgabe.

44 Neue Preußische Zeitung v. 16.3.1899, Mittagsausgabe.; Vgl. auch die ablehnende Haltung gegenüber einer »orleanistischen Verschwörung«, in: ebd. v. 15.3.1899, Mittagsausgabe.

45 Germania v. 25.1.1898; Staatsbürger-Zeitung v. 21.1.1898; Zitat in: Staatsbürger-Zeitung v. 16.7.1899, Mittagsausgabe.

46 Das Volk v. 11.12.1897.

47 Das Volk v. 14.11.1894, Beilage.

48 Das Volk v. 29.11.1898; 2.9.1898.

49 Das Reich v. 14.7.1906. Die Bezeichnung für Zola findet sich auch in der Germania v. 26.1.1898.

50 Vgl. u.a. Deutsche Warte v. 26.1.1898; Neue Korrespondenz v. 25.11.1897; Germania v. 25.1.1898.

51 Mittelstädt: Dreyfus-Campagne [wie Anm. 16], S. 523.

52 Harden, Maximilian: Notizbuch, in: Die Zukunft 24, 1898, S. 224.

53 Hecht, Karl: Die Juden und Dreyfus, in: Die Zukunft 27, 1899, S. 72–83, hier: S. 78ff.

54 Wollstein: Unser Verhalten [wie Anm. 33], S. 181.

55 Volks-Zeitung v. 24.1.1898, Abendausgabe.

56 Volks-Zeitung v. 15.8.1899, Mittagsausgabe.

57 Das Kleine Journal v. 30.10.1897.

58 Berliner Neueste Nachrichten v. 13.7.1906.

59 Berliner Morgenzeitung v. 13.7.1906.

60 Allgemeine Zeitung des Judenthums v. 1.2.1895.

61 Im deutschen Reich 2, 1898, S. 70.

62 Fuld, Ludwig: Der Nationaljude als Staatsbürger, in: Im deutschen Reich 3, 1897, S. 531f.: »Das Judenthum ist ganz in

demselben Sinne deutsch, wie das Christenthum deutsch ist.«; Vgl. auch ebd. 2, 1898, S. 71; 5, 1899, S. 181; Ebenso Wollstein: Unser Verhalten [wie Anm. 33], S. 183: »Das ist echtdeutsche und echtjüdische Treue.«

63 Vereinsnachrichten, in: Im deutschen Reich 5, 1899, S. 236.

64 Vgl. Schorsch, Ismar: Jewish Reactions to German Anti-Semitism, 1870–1914, New York/London 1972.

65 Die französischen Juden, in: Allgemeine Zeitung des Judenthums v. 17.6.1898, S. 278.

66 Ebd. S. 277.

67 Pfeifer, Pinchas: Der Antisemitismus in Frankreich, in: Allgemeine Zeitung des Judenthums v. 23.9.1898, S. 448; Nach dem »Richter«-Spruche, in: Die jüdische Presse [Beilage] v. 15.9.1899, S. 410.

68 Der Artikel »Alfred Dreyfus« von Paul Nathan, zunächst erschienen in der: Nation, dann wiederabgedruckt in: Jüdischen Presse v. 1.12.1897, S. 515–517, und v. 8.12.1897, S. 527–528, hat mit dem Rückblick auf den Fall Dreyfus seit 1894 wohl als einer der ersten Beiträge die Dimension der Affäre in das Blickfeld der Juden und der Öffentlichkeit geschoben.

69 Juden-Verfolgungen in Frankreich, in: Die jüdische Presse [Beilage] v. 26.1.1898, S. 34.

70 Nach dem »Richter«-Spruche, in: Die jüdische Presse [Beilage] v. 15.9.199, S. 411; Emile Zola in: ebd. v. 19.1.1898, S. 29.

71 Elsaß, B.: Der Kampf um die Emanzipation der Juden in Deutschland, in: Im deutschen Reich 6, 1900, 237ff., S. 240.

72 »Die Befreiung unseres Glaubensgenossen Dreyfus soll uns als Erlösung gelten.« Vgl. Cohen, Hermann: Unsere Ehrenpflicht gegen Dreyfus, in: Allgemeine Zeitung des Judenthums v. 9.6.1899, S. 268.

73 Die beiden Frankreich [wie Anm. 18].

74 Berliner Neueste Nachrichten v. 24.2.1898, Abendausgabe.

75 Das Deutsche Blatt v. 30.5.1899.

76 Volks-Zeitung v. 24.2.1898, Abendausgabe.

77 Das Kleine Journal v. 10.9.1899.

78 Deutsche Rundschau 95, 1898, S. 467. Das »Berliner Tageblatt« wies auf die zwei Parteien in der Affäre hin und solidarisierte sich mit jener, die die »Gesinnungen der großen Revolution von 1789 und ihrer Errungenschaften« vertrat. »Ihr galt es, im Kampfe für die Wahrheit, für die Gerechtigkeit und eine edele Menschlichkeit die Güter zu schirmen, die sich in dem Ideal einer bürgerlichen und demokratischen Republik verkörperten«. Vgl. Berliner Tageblatt v. 10.9.1899.

79 Neue Preußische Zeitung v. 24.1.1899, Mittagsausgabe.

80 Berliner Tageblatt v. 27.2.1898.

81 Vgl. dazu Nixon, Edna: Voltaire and the Calas Case, New York 1961; Gay, Peter, The Enlightenment: An Introduction. Vol. 2, New York 1978, S. 433–437; Zum Vergleich des Dreyfusprozesses mit anderen historischen Rechtsfällen vgl. z.B. Parallelen zum Dreyfus-Prozeß [1794 und 1899], in: Deutsche Rundschau 99, 1899, S. 343–347.

82 Vossische Zeitung v. 14.7.1906, Abendausgabe. Die Identifizierung von Dreyfus und Calas findet sich auch in: Die Zukunft bei Harden: Alfred Dreyfus [wie Anm. 14], S. 237.

83 Deutsche Rundschau 94, 1898, S. 466.

84 Levysohn, Arthur: Politische Wochenschau, in: Berliner Tageblatt v. 16.1.1898. Wolff hatte Scheurer-Kestner mit dem historischen Fall verglichen, weil »der so muthig bereit ist, in der Affäre Dreyfus, dieser neuen Affäre Calas, die Rolle des Voltaire zu spielen«. Wolff, Theodor: Die Rehabilitierung des Kapitäns Dreyfus, in: Berliner Tageblatt v. 30.10.1897. Der Hinweis auf den Calas-Fall vgl. auch ders.: Herr Hanotaux und der Fall Dreyfus, in: Berliner Tageblatt v. 27.11.1897, Abendausgabe.

85 Germania v. 1.7.1906, S. 2.

86 Staatsbürger-Zeitung v. 12.2.1898.

87 Staatsbürger-Zeitung v. 21.7.1898.

88 Das Kleine Journal v. 4.10.1898; vgl. auch v. 7.8.1898.

89 [Wolff, Theodor]: Esterhazys Rache, in: Berliner Tageblatt v. 12.3.1898, Abendausgabe, S. 1. Selbst die Abberufung Schwartzkoppens im November 1897 ließ Wolff nicht stutzig werden. Vgl. Wolff, Theodor: Zur Dreyfus-Kampagne, in: Berliner Tageblatt v. 10.11.1897 [Hervorhebung im Original gesperrt; Anm. d. Red.].

90 Zit. nach Czempiel: Das deutsche Dreyfus-Geheimnis [wie Anm. 17], S. 51.

91 Das Deutsche Blatt v. 10.9.1899.

92 Vgl. Berliner Tageblatt v. 16.12.1897. Vgl. auch: »Möge der Einzelne selbst unverdient leiden, wenn nur das Vaterland nicht in Gefahr geräth!« Levysohn, Arthur: Politische Wochenschau, in: Berliner Tageblatt v. 17.7.1898.

93 Volks-Zeitung v. 9.9.1899.

94 Wolff: Esterhazys Rache [wie Anm. 89], S. 2 [Hervorhebung im Original gesperrt; Anm. d. Red.]..

95 Neue Korrespondenz v. 7.4.1898.

96 Berliner Morgenzeitung v. 13.7.1906.

97 Politische Rundschau, in: Deutsche Rundschau 99, 1899, S. 186.

98 Berliner Neueste Nachrichten v. 24.2.1898, Abendausgabe, S. 2.

99 Hoplites: Vom französischen Generalstab [wie Anm. 1], S. 116.

100 Harden, Maximilian: Dreyfus in Deutschland, in: Die Zukunft 22, 1898, S. 371f.

101 Norddeutsche Allgemeine Zeitung v. 16.1.1898.

102 Vgl. Theodor Wolff: Tagebücher [wie Anm. 25], S. 38.

Chana Schütz

Wo ist Alfred Dreyfus?

Die Darstellung der Affäre in der humoristischen
Bildpresse Deutschlands

Die Dreyfus-Affäre war in den Jahren 1898 bis 1899
das beherrschende Thema der französischen Innenpolitik. An ihrem Anfang stand die Verurteilung des
Hauptmanns Alfred Dreyfus im Dezember 1894 wegen
Spionage für das Deutsche Reich und seine Verbannung auf die Teufelsinsel in Französisch-Guyana,
wo er unter unmenschlichen Bedingungen mehrere
Jahre festgehalten wurde. Als jedoch nach und nach
an seiner Schuld Zweifel laut wurden und bekannte
Persönlichkeiten, wie der Schriftsteller Emile Zola und
sogar hochrangige Militärs wie der Chef des Nachrichtenbüros im Generalstab, Marie-Georges Picquart, die
Schuld des Hauptmann bezweifelten, das offensichtlich
ungerechte Urteil anprangerten und den wahren Schuldigen überführen wollten, kam es zur erbitterten Gegnerschaft zwischen den zwei sich befehdenden Lagern:
den *Dreyfusards* und den *Anti-Dreyfusards*.

Auf der einen Seite standen die *Dreyfusards* – die
Dreyfus-Freunde, die an die Unschuld und die ungerechte Verurteilung des Hauptmann Alfred Dreyfus
glaubten. Dabei waren die *Dreyfusards* eine »*in sich
selbst völlig heterogene Minorität*« wie Hannah Arendt
später bemerkte. »*Ihr Kampf gegen die Armee und
gegen die korrupte Komplizität der Republik zu ihren
Gunsten beherrschte von dem Ende des Jahres 1897
bis zur Eröffnung der Weltausstellung im Jahre 1900
die gesamte französische Innenpolitik.*«[1] Auf der Geg-
nerseite standen die Dreyfus-Feinde, die *Anti-Dreyfusards*. Sie kämpften gegen eine Revision des Urteils
von 1894. Vor allem die Armee, der Klerus, Mitglieder
des Adels aber auch viele Republikaner hielten daran
fest, dass Alfred Dreyfus für den Erzfeind Deutschland
spioniert habe und ein Verräter sei. General Mercier,
Kriegsminister zur Zeit der ersten Verurteilung von
Dreyfus, sollte später im Revisionsverfahren in Rennes
Folgendes aussagen: »*Man muss wählen: entweder

bin ich eines Amtsverbrechens schuldig, weil ich mit
unerlaubten Mitteln einen Unschuldigen habe verurteilen lassen, oder dieser Mann ist ein Verräter, den mit
allen Mitteln zu entlarven, ich die vaterländische Pflicht
hatte. Sie müssen zwischen mir, Ihrem ehemaligen
Kriegsminister, zwischen mir, dem Divisionsgeneral,
dem Kommandeur eines Armeekorps, dem hohen militärischen Würdenträger und diesem jüdischen Hauptmann entscheiden, der sich in unserem Offizierskorps
nur durch eine bedauerliche Toleranz befindet.*«[2]

Letztlich wurden alle Argumente gegen Hauptmann
Dreyfus auf einen Grund zurückgeführt: Dreyfus war
Jude. Die antisemitische Stimmung wurde so sehr
angeheizt, dass es im Februar 1898 nach der Gerichts-
verhandlung, die zur Verurteilung von Zola wegen
Beleidigung führte, zu Ausschreitungen gegenüber
Juden in Frankreich und vor allem in der damaligen
französischen Provinz Algerien kam.

Die gesellschaftspolitische Brisanz dieser für die
Juden Frankreichs gefährlichen Entwicklung, die in
ihrer letzten Konsequenz zu einer Rücknahme ihrer
Bürgerrechte in der Dritten Republik führen konnte,
wurde damals von einigen erkannt. Für Theodor
Herzl, der als Korrespondent der Wiener *Neuen Freien
Presse* an der öffentlichen Degradierung von Dreyfus
im Dezember 1894 teilgenommen hatte, war es die
Initialzündung, die ihn zum Zionismus führte. Er hatte
erkannt, dass es hier nicht um Aufklärung eines ver-
meintlichen Justizirrtums sondern um Überzeugungen
ging. In gleicher Weise stritt für Dreyfus das *Berliner
Tageblatt* mit ihrem Pariser Korrespondenten Theodor
Wolff. Kenntnisreich kritisierte der spätere, langjährige
Chefredakteur die französische Regierung und die
antisemitisch geprägten Debatten. Am 21. Februar
1898 schrieb er für das *Berliner Tageblatt* unter der
Überschrift: *Der Antisemitismus in Frankreich: »Die*

niedrigsten Instinkte der Volksseele wurden alarmiert und wie unter einer Zauberrute wuchsen in den französischen Städten die dunklen Massen der Hinterhäuser und Vorstädte aus dem Boden, und in die Rufe: ‚Es lebe die Armee!' mischte sich der noch lautere: ‚Tod den Juden. Plündert die Juden!'«[3] Für die *Vossische Zeitung* berichtete aus Paris Max Nordau, der wie Herzl zu einem Zionisten der ersten Stunde wurde. Dass alle drei Journalisten Juden waren, wurde in Deutschland immer wieder gegen die ‚jüdische Presse' und ihre Berichterstattung ins Feld geführt.[4]

Das Lager der Dreyfus-Gegner war zwar ähnlich heterogen zusammengesetzt wie das der Dreyfus-Freunde, doch sie vereinte eine Überzeugung: Ein Jude konnte kein Patriot sein, denn er hat kein Vaterland. Für sie war Alfred Dreyfus, der einer alteingessenen jüdischen Familie aus dem Elsass entstammte, Teil eines Syndikats, eines im Geheimen agierenden Bundes, in der sich die Juden, das Kapital und Deutschland gegen Frankreich zusammengeschlossen hatten. Dieses ‚Dreyfus-Syndikat' musste von den Dreyfus-Gegnern bekämpft werden.

Der Kampf wurde mit allen verfügbaren Mitteln – vor allem in Wort und Bild – geführt und öffentlich ausgetragen. Über Monate waren einzelne Entwicklungen, Gerüchte und vermeintliche Beweise, Fälschungen und Vorwürfe das immer wieder beherrschende Thema in der Tagespresse. Moderne Druck- und Reproduktionstechniken machten es möglich, dass sich nicht nur Journalisten sondern auch bildende Künstler, Zeichner und Karikaturisten an der Kampagne beteiligten. So nahmen Bilder, die entweder in Dreyfus-feindlichen Blättern oder Publikationen der Dreyfus-Freunde erschienen, als Werkzeuge der Propaganda zielgerichtet Einfluss auf die Meinungsbildung und politische Atmosphäre im Land.[5] Schon der Skandal um den Bau des Panamakanals 1891/92 hatte in Frankreich zu einer riesigen Flut von Karikaturen geführt, doch die Darstellungen zu Dreyfus übertrafen alles bisher Dagewesene. Interessant ist zu beobachten, dass bestimmte Bildmetaphern, die in der Panamakrise entstanden, in der Dreyfus-Affäre wieder verwendet wurden. Und zwar diejenigen, in denen Juden als Karikaturen dargestellt

wurden, die also eindeutig antisemitisch waren. In Hinblick auf die Darstellung der Affäre in der satirischen Bildpresse in Deutschland ist es interessant, auf ein bildnerisches Element hinzuweisen, das in Frankreich von den Dreyfus-Gegnern in ihrem Bilderkampf eingesetzt wurde: die Darstellung des deutschen Juden.

Im Jahre 1893 veröffentlichte die *Librairie Antisemite* in Paris eine Postkartenserie mit einer Darstellung *Le nouveau Juif-errant*[6]. Dort sieht man einen Juden – erkennbar an der überdimensionalen Nase –, der einen Geldsack von der Pariser Börse zur Berliner Börse schleppt. Die zentrale Bildaussage ist klar: der »neue, ewige Jude« ist ein Kapitalist, ein Börsenprofiteur, der nur ein Ziel verfolgt, nämlich den französischen Staat zu schädigen und die Franzosen auszubeuten. Der Jude bleibt der Fremde, der um des Profits wegen sogar in den Diensten der Feinde der französischen Nation, im Dienste des deutschen Kaiserreichs, steht.

Bereits im Zusammenhang mit dem Skandal um den Bau des Panamakanals, bei dem viele französische Kleinanleger ihre Ersparnisse verloren hatten, hatte man die Schuld den Juden gegeben. Die Folge war,

— *Huisqu'il n'y a blus rien à cagner ici, nous allons enfin poufoir retef'air Allemands!*

dass in der antisemitischen Bildpresse der Typus des deutschen Juden als Ausbeuter und Profiteur ausgebildet wurde.

Dies zeigt sich deutlich in einer Darstellung von Louis Forain für das Album: *Les temps Difficiles (Panama)* aus dem Jahre 1893.[7] Hier sagt ein älterer Herr zu seiner im Lehnstuhl sitzenden Frau in Französisch mit deutschem Tonfall: »*Buisquil n'y a blus rien à cagner ici, nous allons enfin poufoir retef'nir Allemands*« [Seitdem hier nichts mehr zu verdienen ist, können wir endlich nach Deutschland zurückkehren].

Derselbe Typus des älteren, untersetzten Mannes mit langem Mantel und Zylinder kehrt auf dem Höhepunkt der Dreyfus-Affäre zurück. Man erkennt ihn auf der Titelseite (5. Februar 1898) der ersten Nummer der Zeitschrift: *Psst…!*, dieser von zwei führenden Pressezeichnern Frankreichs, Louis Forain und Caran d'Ache, gegen Zola und die Dreyfus-Freunde agitierenden Zeitschrift. Diesmal steckt der jüdische Banker oder Börsianer einen Brief durch das Fenster eines Aborthäuschens. In Anspielung auf Emile Zolas berühmtes *J'Accuse*, seinen öffentlichen Brief an den Präsidenten der Republik, in dem er der französischen Generalität vorwirft, wissentlich Beweismaterial, das die Unschuld des Hauptmann Dreyfus bewiesen hätte, unterschlagen zu haben, trägt die Karikatur den Titel: *Le Pon Batriote* und hat den Untertitel: – *Ch'accuse…!* In fehlerhaftem Französisch, das den Mann als fremden, deutschen Juden charakterisiert, wird deutlich, dass Zola, Deutschland und die Juden eine Allianz bilden: das ‚Dreyfus-Syndikat'. Die Vorstellung eines Komplotts von Juden, Kapital und Deutschland war auch Thema eines Gesellschaftsspiels der Zeitschrift *L'antijuif* von 1899 mit dem Titel *Le Jeu des 36 Têtes*. Mit 36 Porträts angeblicher Feinde Frankreichs: Nr. 1 Dreyfus, *Le Traitre* (der Verräter) mit großer krummer Nase als Jude zu erkennen, Nr. 2 Major Picquart, *Le Faussaire dit Georgette* (Der Fälscher, genannt Georgette), Nr. 3 Wilhelm

II, *Leur Dieu* (Ihr Gott). Das Spiel war eine Revanche für ein Spiel der Dreyfus-Freunde: *L'affaire Dreyfus et de la Verité* von 1898.[8] Dass Alfred Dreyfus eigentlich ein deutscher Jude und damit schon als Verräter überführt worden sei, wurde während des ganzen Verlaufs der Affäre immer wieder von den Dreyfus-Gegnern ins Feld geführt, so auch 1899 am Ende des Revisions-Prozesses von Rennes in einem Plakat der Zeitung *Intransigeant*,[9] dessen Herausgeber Henri-Victor Rochefort ein vehementer Nationalist, Antisemit und Sozialist war. Dargestellt ist eine Szene (gezeichnet von J. Belon) in der Alfred Dreyfus, erkennbar an der überdimensionalen krummen Nase, sein Gefängnis verlässt. In der Hand trägt er einen Koffer, der mit einem preußischen Adler und Aufklebern versehen ist, die seine Verbindung nach Berlin und der Teufelsinsel, seinem Verbannungsort, verdeutlichen. Die angebliche Verbindung zwischen Dreyfus und Deutschland war für alle Dreyfus-Gegner eine erwiesene Tatsache und wurde in den einschlägigen Darstellungen immer wieder thematisiert. Überhaupt formierten sich in Frankreich die bildenden Künstler vor allem als Gegner von Dreyfus, wobei ihre Zeichnungen in den meisten Fällen unverhohlen antisemitisch waren. Vorbilder dafür fanden sich in der 1893 von dem Antisemitenführer Edouard Drumont gegründeten satirischen Zeitschrift *La Libre Parole*, für die viele Künstler zeichneten.

»Verschiedene der bedeutendsten französischen Karikaturisten sind ausgesprochene Antisemiten« konstatiert Eduard Fuchs in seiner Arbeit *Die Juden in der Karikatur*. Fuchs nennt die Künstler Adolf Willette, Louis Forain, Charles Leandre, Huard, Caran d'Ache, aber auch Theophile Alexandre Steinlen, der eine Fülle von antijüdischen Karikaturen schuf, sich selbst jedoch im Laufe der Debatte auf die Seite der Dreyfus-Freunde schlug. Schließlich ist als vehemente Dreyfus-Gegnerin, die mit dem Namen »Bob« zeichnende Karikaturistin Comtesse Sibylle Martel de Janville zu erwähnen. Die unter dem Namen »Gyp« publizierende Gräfin, hatte *»sich den Kampf gegen das Judentum ebenfalls zu ihrem besonderen Ziel erkoren«*. Jeder dieser erwähnten Künstler hatte *»Hunderte von direkt antisemitischen Karikaturen gemacht«*. Sachkundig wies Eduard Fuchs

im Folgenden darauf hin, dass diese *»nicht nur zu den Besten unter allen jemals erschienenen Judenkarikaturen«* gehörten, sondern sie nahmen *»überhaupt in der Geschichte der Karikatur einen hervorragenden Platz«* ein.[10]

Als immer mehr ernsthafte Zweifel an der Schuld des Hauptmann Dreyfus aufkamen, verschärfte sich die Gegnerschaft zwischen den *Dreyfusards* und *Anti-Dreyfusards* sogar noch. Als die Debatte um eine Wiederaufnahme des Dreyfus-Prozesses begann, gründeten die beiden Künstler Louis Forain und Caran d'Ache im Februar 1898 das bereits erwähnte antisemitische Witzblatt *Psst...!*, das ausschließlich von diesen beiden Künstlern illustriert wurde und – abgesehen von kurzen Bildunterschriften – gänzlich ohne begleitenden Text auskam. Als Alfred Dreyfus im September 1899 wiederum vom Kriegsgericht in Rennes schuldig gesprochen, jedoch schließlich begnadigt wurde und die Affäre sich – auch publizistisch – ihrem Ende zuneigte, verzichteten Forain und Caran d'Ache auf die weitere Herausgabe des Blattes, denn ihr ganzer Inhalt war nur auf den Kampf gegen Dreyfus gerichtet.

Die humoristische Bildpresse in Deutschland

Im Vergleich zu der Flut von Presseerzeugnissen in Frankreich wurde die Affäre in Deutschland anfänglich zurückhaltend betrachtet. Bis zu Beginn des Jahres 1898 einer der populärsten Schriftsteller der damaligen Zeit, Emile Zola, mit seinem vehementen *J'Accuse* den offensichtlichen Rechtsbruch des Staates öffentlich anprangerte. Wie bereits bemerkt, war vor allem die liberale Presse in Deutschland pro-Dreyfus eingestellt. Dies trifft auch auf die illustrierte politische Witzpresse zu, die sich ebenfalls überwiegend als freisinnig verstand.[11] Doch auch aus ganz nationalen Gründen gab es in Deutschland *»eine gewisse Berechtigung, sich in diesem Streit des Nachbarlandes einzumischen, wenn auch nur von Seiten der Presse. Wurde es doch im Laufe des Prozesses drüben erwähnt und sind doch gar die unglaublichsten Combinationen über Einverständnisse mit unseren allererersten Kreisen entstanden…«* schrieb Otto Eysler im Nachwort zu seinem

Der Verbannte: Donnerwetter, von hier aus hat man aber höchst mangelhafte Verbindung nach dem Ausland!

4

1899 in Berlin erschienenen *Dreyfus-Bilderbuch.* In diesem kleinen Büchlein hatte der Herausgeber der *Lustigen Blätter* 132 Karikaturen zur Dreyfus-Affäre aus Frankreich, Deutschland, Holland, Ungarn, Österreich, Italien, Schweden und den USA gesammelt.[12] Im Mai 1899 veröffentlichte Eysler ein weiteres Buch zum Thema. Unter dem Titel *Los von der Teufelsinsel. Des Dreyfus-Bilderbuchs II. Theil* zeigte er 153 Karikaturen. In seinem Vorwort weist er darauf hin, dass sein erstes Buch zum Thema erst vier Monate zuvor entstanden war, doch damals »*ahnten wir nicht, dass die unglückselige ‚Affaire‘ abermals in immer neue Stadien treten und dadurch allen Witzblättern des Continents reichlicheren Stoff bieten sollte denn je zuvor«.* Dabei erwähnte er von den deutschsprachigen Zeitungen, die von Anbeginn wacker für Dreyfus eingetreten *Wiener Humoristischen Blätter* sowie der in Zürich erscheinende *Lustige Nebelspalter* ebenso die Wiener Witzblätter *Floh, Bombe, Figaro* und *Kikeriki.*

Die beiden letztgenannten waren jedoch eindeutig antisemitisch eingestellt, standen also auf der Seite der Dreyfus-Gegner. Zu erwähnen sind weiterhin die Münchner *Jugend* sowie der ebenfalls in München erscheinende *Simplicissimus.* Zudem gab es noch die Berliner Blätter politischer Satire *Ulk* und *Kladderadatsch* mit einer Vielzahl von Beiträgen in Wort und Bild, sowie die *Lustigen Blätter,* die sich hervortaten und sich in humoristischer Weise über die französische Armee und Regierung mokierten und sich über den Verlauf der Angelegenheit lustig machten. Einen gewissen Auftakt der Beschäftigung mit dem Thema in der deutschen humoristischen Bildpresse stellt eine Karikatur dar, die in Nummer 18 im Mai 1897 auf der letzten Seite der *Lustigen Blätter* unter der Rubrik *Kuriosa aus dem Verkehrsleben* erschien: man sieht den Hauptmann Dreyfus auf einer kleinen »Teufels-Insel« sitzen. In der Hand hält er ein Kursbuch. Die Bildunterschrift legt dem Verbannten die folgenden Worte in den Mund: »*Donnerwetter, von hier aus hat man aber höchst mangelhafte Verbindung nach dem Ausland.«* In dieser Darstellung ist noch keine eindeutige Parteinahme geschweige denn Mitleid für den vermeintlich zu Unrecht Verbannten festzustellen, der bereits mehr als zwei Jahre in der Verbannung lebte. In ähnlicher Weise sieht es ein in Reimen gefasster Text des *Kladderadatsch* vom Januar 1898 mit dem Titel *An Frankreich.* Dort wird Frankreich vorgeworfen, es habe »*die unvorsicht'gen Hände gelegt an den schlimmen Dreyfus. […] doch wirbt für sich er muthiger Männer Mund, Die kühn in's Angesicht dir leuchten, Nimmer beirrt durch der Menge Toben Recht ist dir's Frankreich, quälen nun mögst du dich // In tiefem Unmuth jammern und klagen laut, Ein warnend Beispiel andern Völkern, Dass es nicht ihnen wie dir ergehe; Dass frei und offen sie in des Tages Licht // Ihr Recht ausüben, nicht in Verborgenheit; Dass ein verheimlicht Unrecht rächend Ihnen nicht auch der*

Berliner Mosse Verlag herausgegeben wurde und dem liberalen Spektrum seiner Leserschaft entsprach. Die Darstellungen beider Zeitungen sind durchweg darauf gerichtet, aufzuzeigen, dass in der Affäre die staatstragenden Organe der Französischen Republik gesetzwidrig handelten und die Wahrheit vertuschten. Dabei wird keine Gelegen-

Eins, zwei, eins, zwei! Wir werden ihr schon den langsamen Schritt beibringen, Frau Justitia.

Vergelter komme.« Der Berliner *Kladderadatsch*, hatte sich seit der Märzrevolution von einem liberalen Blatt *»zu einem publizistischen Organ, das nach der deutschen Reichsgründung in der Person Bismarcks dem Konservatismus huldigte«* entwickelt.[13] In Deutschland war diese Zeitschrift zur Zeit der Dreyfus-Affäre das auflagenhöchste Witzblatt. In den Darstellungen des *Kladderadatsch* wird sich wohl auch die offizielle Linie der kaiserlichen Regierung wiedergefunden haben.[14] Ganz ähnliche Aussagen zeigen die Karikaturen des *Ulk – Illustriertes Wochenblatt für Humor und Satire*, das ursprünglich als Beiblatt des *Berliner Tageblatts* vom

heit ausgelassen, die korrupte Armee Frankreichs zu attackieren, wie in einer Zeichnung von P. Halke im *Ulk* vom 10. Dezember 1897, in dessen Titel es heißt: *Frankreichs Anführer.* Am Rande eines mit Soldaten überfüllten Schützengraben, dessen Boden das Wort *»Corruption«* bedeckt, steht ein Kavalleriesoldat, es ist: *»Unser eigener Militär-Attaché«*, der die Worte spricht: *»In dem Terrain kann die schönste Armee nichts ausrichten!«* Oder die Karikatur *»Gut gedrillt Löwe!«* von L. Stutz, erschienen im *Kladderadatsch* am 27. Februar 1898, die das Militär und deren offensichtliche Rechtsbeugung im Falle des Hauptmanns Dreyfus anprangert.

7

Zu sehen ist ein Exerzierhof, auf dem zwei französische Militärs stehen – genannt »Pellieux« und »Boisdeffre« (Mitglieder der französischen Generalität). Sie befehlen »Justitia«, in langsamem Stechschritt zu marschieren: »*eins, zwei, eins, zwei! Wir werden ihr schon den langsamen Schritt beibringen, Frau Justitia!*«

Oft dienen weibliche Figuren als Allegorien der französischen Nation. Mitunter ist Frankreich als schöne, sogar aufreizende Dame dargestellt, wie in der Zeichnung *Traum und Realität*[15], in dem der leichtbekleideten Dame »Frankreich« die Dreyfus Affäre als böser Traum erscheint oder in der mit *Unheimliche Erscheinung* überschriebenen Zeichnung von G. Brandt, ebenfalls erschienen im *Kladderadatsch*, in der eine schöne Frau vom Gespenst des Staatsstreiches geweckt wird. Die Zeichner »*träufeln manche ätzende Säure in die blutende Wunde Frankreichs*«, wie Otto Eysler kommentiert: »*Stutz mit seiner derben, fast brutalen, dabei aber doch jederzeit überaus komischen Manier, Brandt geistreich und scharf pointiert, im bewussten Besitz eines sieghaften Humors*«.[16] Ein anderes beliebtes Thema in den deutschen Publikationen ist die Allegorie der Wahrheit[17], dargestellt als Frau mit

Spiegel, ein auch in französischen pro-Dreyfus Darstellungen immer wieder verwendetes Bildmotiv. P. Halke zeichnet *Das verschleierte Bild zu … Paris* im *Ulk* vom 18. Februar 1898.[18]

Es ist ein verhülltes Standbild, das im Pantheon aufgestellt ist, wobei unter dem Schleier das Sinnbild der Wahrheit, eine Frau mit Spiegel, zu sehen ist. Auf einer Leiter steht ein Richter und drapiert den Schleier, unten sieht man Männer weitere Stoffballen heranschleppen. Die Stoffballen tragen die Namen Billot (Kriegsminister), Méline (Premierminister), Mercier (General, verantwortlich für die Verhaftung von Dreyfus), Paty de Clam (Oberstleutnant im Generalstab), die alle in die Affäre verwickelt sind, während andere – darunter Zola – dagegen protestieren, jedoch von Soldaten zurückgehalten werden. Unzählige Zeichnungen stellen den Schriftsteller Emile Zola immer wieder als Verfechter von Wahrheit und Gerechtigkeit dar. So in dem Bild *Conspuez Zola* [Verhöhnt Zola!] von Fritz Gehrke im *Ulk* vom 4. Februar 1898[19], in dem Zola realistisch dargestellt, auf der getreu wiedergegebenen Place de la Concorde das Volk von Paris riesenhaft überragt, »*wie etwa der Riese Gulliver die kleinen Liliputaner*«[20].

8

Die Graf-ologie in der Dreyfus-Affaire.

Der Senator Scheurer-Kestner bringt die Erleuchtung durch Röntgen-Strahlen und wirft den Urheber des famosen Schriftstücks an die Wand.

9

Lustige Blätter – Das deutsche »Revisionsorgan«

Der Autor des erwähnten Dreyfus-Bilderbuchs, Otto Eysler, war gleichzeitig Herausgeber und Verleger der Zeitschrift *Lustige Blätter*. Die Tendenz des Blattes bezeichnete ihr langjähriger Chefredakteur Alexander Moszkowski als *»entschieden fortschrittlich, national, höchst freigeistig«*.[21] So ist es nicht überraschend, dass sich die *Lustigen Blätter* in Deutschland im Laufe der Affäre *»geradezu zu einem deutschen Revisions-Organ«* entwickelten.[22] Die meisten dieser Karikaturen stammen von Franz Jüttner. Im Dezember 1897 erschien von ihm in den *Lustigen Blättern* die Karikatur *Die Grafologie in der Dreyfus-Affaire*.[23] Man sieht in der Bildmitte einen riesigen Pokal, der mit zerknüllten Schriftstücken angefüllt ist und die Aufschrift *»Deutsche Botschaft Paris«* trägt. Daneben stehen Männer; einer von ihnen – als Scheurer-Kestner (einer der ersten Politiker, der sich für Dreyfus einsetzte) bezeichnet – zeigt auf ein Bild, das durch eine Art Röntgengerät mit der Aufschrift *»Revision«* auf die Fläche projiziert wird. Es zeigt den wahren Übeltäter: *»Walsin-Esterhazy«*. Der Text dazu lautet: *»Der Senator Scheurer-Kestner bringt die Erleuchtung durch Röntgen-Strahlen und wirft den Urheber des famosen Schriftstücks an die Wand.«*

Ebenfalls auf Esterhazy als wahren Schuldigen in der Angelegenheit anspielend, verweist in der nächsten Nummer der *Lustigen Blätter*[24] eine ganzseitige Darstellung mit dem Titel *Das ewig Weibliche in der Dreyfus-Affaire*. Eine mondäne Dame, die den Betrachter über die Schulter hinweg selbstverliebt anguckt und mit ihrem Rock zwei Soldaten der französischen Armee (*»Esterhazy«*) verdeckt. Im Text dazu heißt es: *»,Sucht nur die Frau!' ruft alle Welt, // Wenn solch ein Faktum festgestellt; // Hier fängt die Sache anders an: // Man sieht die Frau und sucht den Mann.«* Unverhohlen wird hier die französische Armee lächerlich gemacht – hierbei in frivoler Anspielung. Ein weiteres Beispiel ist die Zeichnung *»Des Teufels Antheil, oder Die Action des Rache-Ministeriums«*, die zum Ende der Debatte, ebenfalls von Franz Jüttner gezeichnet, in den *Lustigen Blättern* im Mai 1899 erschien.[25] Zu sehen ist der Teufel, der in seiner Hand eine Gruppe Militärs hält: *»Der Beherrscher der Teufelsinsel: Einen Hauptmann muss ich hergeben – sechs Generäle krieg' ich dafür – das*

Das ewig Weibliche
in der Dreyfus-Affaire.

»Sucht nur die Frau!« ruft alle Welt,   Hier fängt die Sache anders an:
Wenn solch ein Faktum festgestellt;   Man sieht die Frau und sucht den Mann.

Emile Zola, der neue Winkelried.

„Seht, wie ich diese Speere alle
Mit kühnem Arm zusammenfasse!

Und ob ich stehe, ob ich falle,
Der Wahrheit mach' ich eine Gasse!"

nenn ich ein Geschäft!« Wie schon bei den Zeichnungen des *Kladderadatsch* und *Ulk* bemerkt wurde, steht auch bei den *Lustigen Blättern* seit Beginn des Jahres 1898 Emile Zola im Mittelpunkt des Interesses. Wiederum liefert Franz Jüttner dazu die Bilder, so in einer Ausgabe der *Lustigen Blätter* vom Februar 1898[26] wobei es ihm gelingt, den Schriftsteller als Krieger gegen die korrupte Armee Frankreichs darzustellen: *Emile Zola, der neue Winkelried*. In Anspielung auf den Schweizer Freiheitskampf sieht man auf der rechten Seite »E. Zola« in Ritterrüstung als Winkelried die Lanze gegen seine Gegner führen. Sie sind mit »Gonse«, »Boisdeffre«, »Mercier«, »Paty du Clam.« und »Ravary« bezeichnet, Vertreter der französischen Generalität, die für das Unrecht an Dreyfus verantwortlich gemacht werden. Im Text heißt es dazu: »*,Seht, wie ich diese Speere alle // Mit kühnem Arm zusammenfasse! // Und ob ich stehe, ob ich falle, // Der Wahrheit mach' ich eine Gasse!'*« An anderer Stelle zeigen die *Lustigen Blätter* den populären Schriftsteller als Arzt in *Die gelungene Operation*. Zola hält den Kopf (von Esterhazy) eines Bandwurms in der Hand: »*Da hätten wir ja endlich*

den ganzen Bandwurm – und noch dazu mit Kopf«, heißt es in der Bildunterschrift.

Zu den witzigsten Karikaturen der Affäre in den *Lustigen Blättern* zählen die Zeichnungen von Edmund Edel[27], der auch eine Begleitpublikation in kleinem Format illustrierte, die im Dezember 1898 zusammen mit den *Lustigen Blättern* erschien. Unter dem Titel *Gelbbuch über Dreyfus. Aktenstücke aus dem Geheimen Dossier der ,Lustigen Blätter'* nimmt diese in humoristischer Weise Bezug auf das »Livre Jaune«, eine Sammlung amtlicher Aktenstücke, die in Frankreich der Minister des Äußeren dem Parlament unterbreitet. Die Bezeichnung »Gelbbuch« beruht auf der Tatsache, dass in Frankreich diese Aktenstücke einen gelben Umschlag hatten. So ist es auch nicht verwunderlich, dass sich gerade diese Karikaturen in besonderem Maße gleichzeitig auf in Frankreich zur Affäre erschienene Zeichnungen beziehen, wie die Werke der genannten notorischen Dreyfus-Feindin und Antisemitin, die mit »Bob« oder »Bobb« signierte. Edel persifliert eine ihrer Zeichnungen, sogar die Signatur »Bob« übernimmt er in seiner Darstellung: Man sieht ein Paar, das durch die

GELBBUCH UEBER DREYFUS.

Les gens chic

Monsieur Felix Faure et Madame Gyp

Herr Faure engagirte kürzlich die bekannte Antisemitin G y p zur Tischdame. So hat er von Ae - G y p - Ten wenigstens etwas bekommen.

12

Couturier geholt haben, die 1899 in Frankreich unter dem Titel *Histoire d'un crime* mit großem Erfolg herausgekommen war.[29] In kurzer Zeit waren sie vergriffen und besaßen einen großen Sammlerwert. Edel nannte diese Serie, die ebenfalls im *Gelbbuch über Dreyfus* der *Lustigen Blätter* erschien: »Gruss von der Teufels-Insel«. Diese fiktiven Postkarten waren mit »Dreyfuss«, an anderer Stelle auch mit »Dreyfusschen« unterschrieben. Die Kartengrüße waren an bestimmte Protagonisten der Affäre gerichtet: an Zola (»Lieber Zola, Ich höre Sie wollen Paris auf einige Zeit verlassen. Kommen Sie doch ein bisschen zu mir auf die Teufels-Insel u. bringen Sie einen dritten Mann zum Skat mit. Oder wollen Sie lieber Daumendrehen mit mir spielen?«) oder an Esterhazy (»Lieber Esterhazy! Kommen Sie doch her! Hier können sie ebenso gut baden wie in Ostende u. sich großartig reinwaschen«), andere Adressaten waren Staatspräsident Felix Faure und der deutsche Militärattaché Schwartzkoppen.

Eindeutig pathetischer sind dagegen die Zeichnungen von W. A. Wellner in den *Lustigen Blättern*. Im Februar

Inschrift am Rande des Bildes zu erkennen ist als »Les gens chic Monsieur Felix Faure et Madame Gyp«. »Les Gens chic« ist eine Anspielung auf das gleichnamige Buch der Gyp, das sie auch selbst illustriert hatte. Ebenfalls von Edmund Edel stammt eine Serie von Karikaturen in den *Lustigen Blättern*, die sich über die in der Dreyfus-Affäre weit verbreitete Mode von Ansichtspostkarten[28] lustig macht. Edel hatte selbst einige dieser Postkarten, die von der Firma Max Marcus in Berlin herausgegeben wurden und durchweg auf der Seite von Dreyfus standen, gestaltet.

Inspiration für seine Serie in den *Lustigen Blättern* mag sich Edel von einer Postkartenserie des französischen Künstlers Léon-Antoine-Lucien

13

Gruss von der Teufels-Insel.

Lieber Esterhazy! Kommen Sie doch her! Hier können sie ebenso gut baden wie in Ostende u. sich großartig reinwaschen. Freundschaftlich Ihr Dreyfusschen.

4

1899 erscheint als ganzseitiges Titelbild der *Lustigen Blätter*[30] Wellners Zeichnung *Kirke und die Schweine*. Bezugnehmend auf Homers Odyssee und frei nach einem Gemälde der Berliner Malerin Hermione von Preuschen steht ein junges Mädchen, um dessen Hüften ein Blatt mit der Aufschrift »Bordereau« (das sogenannte Bordereau war das vermeintlich Dreyfus belastende Schriftstück) gebunden ist. Sie ist umringt von Schweinen, die die Namen prominenter Dreyfus-Gegner tragen. Die Unterschrift lautet: *»In Frankreich wirkt die Dreyfus-Affaire wie die böse Zauberin: sie hat sogar ganz anständige Menschen in Schweine verwandelt.«* Es folgt im Oktober ein weiteres Titelblatt der *Lustigen Blätter* ebenfalls von Wellner, das allerdings keineswegs lustig, sondern vordergründig von einem sentimentalen Gefühl des Mitleids getragen zu sein scheint. Es zeigt eine junge Frau, die an den Eiffelturm gefesselt ist. Auf ihrem Kopf ist die Jakobinermütze zu sehen, doch trägt sie das bekannte Freiheitssymbol nicht stolz erhobenen Hauptes, sondern sie steht in sich versunken da. Um ihren Hals ist ein Schild gehängt mit der Aufschrift *»Affaire«*. Ein Reim begleitet das Bild: *»Am Eiffelthurm (La France und die Weltausstellung): Sie lädt uns zum Vergnügen ein // Und muss des Auslands Ungunst spüren, Sie selber schaut so traurig drein Und soll die Andern amusiren!«* Die Aussicht auf die Weltausstellung, die im April 1900 in Paris stattfinden sollte und die damit verbundene Furcht in Frankreich, es könne im Zusammenhang mit

der Dreyfus-Affäre zu Boykottmaßnahmen des Auslands kommen, führte letztlich zu ihrem Ende.

Waren Franz Jüttners Zeichnungen zur Dreyfus-Affäre in den *Lustigen Blätter* vor allem zeichnerische Hiebe gegen Deutschlands ungeliebte Nachbarn, so blieben sie doch stets unterhaltend. Der Chefredakteur Alexander Moszkowski urteilte später über den Künstler in *»ihm hatte das politische Bild, durch die Jahrzehnte die pièce de résistance«* der Zeitschrift *»seinen stärksten Vertreter«* gefunden.[31] Edmund Edel ist in seinen Zeichnungen zur Dreyfus-Affäre in erster Linie als Illustrator von Bildgeschichten zu erkennen. Seine Bilder, angefüllt mit Detailkenntnissen der französischen Debatte, zielen immer darauf ab, das Despektierliche und Lächerliche einer Begebenheit hervorzuheben, sind dabei jedoch gänzlich frei von Pathos und Besserwisserei und bleiben immer komisch. Wellner dagegen liebt *»die Themata von grossen Ge-*

15

LUSTIGE BLÄTTER

Frei nach H. v Preuschen.   W. A. Wellner.

Kirke und die Schweine.

In Frankreich wirkt die „Dreyfus-Affaire" wie die böse Zauberin: sie hat sogar ganz anständige
Menschen in Schweine verwandelt.

sichtspunkten aus zu betrachten. Er geht an seine Arbeit als denkender Deutscher ernst und überlegend«[32],
wie Otto Eysler in seinem Dreyfus-Bilderbuch bemerkt.
Das komische Element wird dabei in den Hintergrund
gedrängt. Dies wird in einer weiteren Zeichnung von
Wellner deutlich, die auf dem Höhepunkt der Drey-
fus-Debatte Anfang September 1898 als Titelblatt der
Lustigen Blättern publiziert wurde.[33] Sie trägt den Titel:
»‚Dreyfus, der ewige Jude‘ (ein Jahr vergeht nach dem
andern, – Und er muss wandern, wandern – in Müh-
sal und Beschwerde – Durch alle Blätter der Erde.)«.
Man sieht Dreyfus als alten Mann in eine zerrissene
Uniform gekleidet, auf einen Wanderstock gestützt,
durch ein Feld voller Zeitungen wandern. Vorbild dafür
ist das Bild des durch Zeit und
Raum irrenden Ahasver, der als
Sinnbild des ewig wandernden
Juden zum Symbol der Ruhelo-
sigkeit und der Heimatlosigkeit
der Juden gemacht wurde. Als
direktes Vorbild könnte Wellner
ein Holzschnitt des bekannten
Bibelillustrators Gustave Doré
von 1852 gedient haben.[34]

Wellners Darstellung von
Alfred Dreyfus als ewigen
Juden in den Lustigen Blättern
bleibt jedoch eine Ausnahme
im Bilderfundus der humoristischen Bildpresse in Deutschland. Offenbar vermied es die
Dreyfus-freundliche Bildpresse
in Deutschland, die Figur des
Hauptmanns in irgendeiner
Weise als jüdisch zu typisieren.
Manche satirische Zeichnung
verweist – allerdings nicht auf
den ersten Blick erkenntlich
– darauf, dass es sich bei dem
Verurteilten um einen Juden
handelt. Betrachtet man die
Zeichnung Die Teufelsinsel
(Frei nach Böcklin) von Thomas

Theodor Heine im Simplicissimus[35], so sieht man auf
den ersten Blick das berühmte Gemälde Die Todesinsel
von Arnold Böcklin. Heine hat das Gemälde in Bezug
auf die Teufelsinsel, den Verbannungsort von Dreyfus,
umgedeutet. Militärische Wachposten bewachen den
unheimlichen Ort, dem sich ein Boot mit Soldaten
nähert: »Französische Generäle, deren Nervensystem durch Überanstrengung im Nachrichtendienst
erschüttert ist, suchen einen passenden Erholungsort
auf« heißt es in der Bildunterschrift. Ein Hinweis am
Felsen der Insel »Für 1. Okt. oder später zu vermieten«
verweist auf die bevorstehende Befreiung von Dreyfus
von seinem unwirtlichen Verbannungsort. Der Gefangene selbst ist im Bild nicht zu sehen, oder doch? In

Die Teufelsinsel

(frei nach Böcklin)

Französische Generäle, deren Nervensystem durch Überanstrengung im Nachrichtendienst erschüttert ist, suchen einen passenden Erholungsort auf.

der Mitte des Bildes hängt von einem Felsen ein runder Käfig herab, in dem eine schwarze Gestalt gefangen ist. Vorbild für diese Darstellung sind Abbildungen aus dem 18. Jahrhundert, die den Hofjuden Süß Oppenheimer nach seinem Fall als Finanzier des Königs von Württemberg als Gefangenen in einem runden eisernen Käfig zeigen. Wollte Heine damit sagen, dass beide, Dreyfus und Süß, das gleiche Schicksal teilten und zu Unrecht für Verbrechen angeklagt waren, aus dem einzigen Grunde, weil sie Juden waren?

Ohne Zweifel konnte diese Aussage nur von denjenigen verstanden werden, die das historische Vorbild auch kannten und das werden in dieser Zeit in Deutschland wohl hauptsächlich Juden gewesen sein. Auch die *Lustigen Blätter* verwenden die Metapher des eisernen Käfigs, um den eingekerkerten Dreyfus darzustellen.[36] Beiden Blättern wird nicht vorzuwerfen sein, dass sie antisemitisch agitierten. Im Gegenteil, zu ihren Konsumenten gehörten große Teile des jüdischen Bürgertums. Gerade der *Simplicissimus* hat des öfteren antijüdische Karikaturen publiziert und vor allem die Anstrengungen jüdischer Parvenüs, in die sogenannte feine Gesellschaft aufzusteigen, immer wieder mit spöttischen Zeichnungen begleitet.[37] Im Zusammenhang mit der Dreyfus-Affäre hat man jedoch den Eindruck, als wenn der *Simplicissimus* in seinen wenigen Zeichnungen offenbar darauf bedacht war, Juden möglichst gar nicht darzustellen.

Dies lässt sich auch bei den anderen bisher betrachteten humoristischen Blätter beobachten, die ebenfalls eine direkte Verbindung zum Jüdischen vermeiden. Zwar gibt es Hinweise auf den Antisemitismus, doch bleiben die Darstellungen immer auf Frankreich bezogen. Wie überhaupt die Dreyfus-Affäre in den humoristischen Blättern in erster Linien als eine ausländische Angelegenheit gilt, ohne Bezug zur gesellschaftlichen Situation in Deutschland. Wieder sind es die *Lustigen Blätter*, die diesen scheinbaren Vorbehalt durchbrechen und in einer Zeichnung den Vergleich zu den Verhältnissen in Deutschland offen legen. Die *Lustigen Blätter* veröffentlichen Ende Juni 1899 in ihrer Nr. 29 eine Zeichnung mit dem Titel: *Das unvermeidliche Thema*. Man sieht zwei Reiter, die vermutlich durch den Berliner Tiergarten reiten. Der eine von ihnen ein »Baron« sagt zu dem anderen, der als »Leutnant« beschrieben ist: »*Na das muss man doch sagen, bei uns in Preußen wäre so eine Dreyfus-Affaire gar nicht möglich!*« Darauf antwortet der Leutnant: »*Janz undenkbar; bei uns wäre Dreyfus jar nicht erst Hauptmann geworden!*«

Süddeutscher Postillon

Dass der »*Fall Dreyfuss je nach seiner Beleuchtung*« entweder »*philosemitisch*« oder »*antisemitisch*« betrachtet werden konnte, wurde im Lauf der Debatte selbst zum Thema einer Karikatur des *Süddeutschen Postillon*,[38] dem *politisch-satirischen Arbeiterblatt* aus München, für das Eduard Fuchs verantwortlich zeichnete. Zwei Bilder sind nebeneinandergestellt. Auf der linken Seite wird die »*philosemitische*« Sichtweise gezeigt. Von hellem Licht umgeben sieht man den für Dreyfus eintretenden Senator ,*Scheurer-Kästner*' (eig. Scheurer-Kestner) er kniet vor dem am Boden liegenden ,*Dreyfuss*' auf dem ein uniformiertes Ungeheuer, die ,*Cabinets-Justiz*' hockt und hält seine Hand. Die rechte Bildseite zeigt die gleiche Szene, jedoch diesmal »*antisemitisch*« beleuchtet: Die Lichtgestalt ist diesmal der antisemitische Journalist Rochefort, er hält die Hand des Leutnant Esterhazy, auf dem ein mit Anzug, Uhrenkette und Zylinder sowie mit runder, großer Nase gezeichnetes »jüdisches« Monster sitzt, das mit »*Semitischer Einfluss*« bezeichnet ist.

Im Gegensatz zu den bisher erwähnten Karikaturen wird in dieser Zeichnung nicht Frankreich und seine Affäre humoristisch dargestellt. Diese Zeichnung nimmt auch nicht eindeutig Stellung für Dreyfus, vielmehr wird hier die Rezeption des Dreyfus-Falles selbst im Bild persifliert. Es handelt sich also um die Kritik an der Art und Weise wie vor allem die liberale Presse die Affäre kommentierte. Dass diese Kritik gerade in einem politisch-satirischem Arbeiterblatt offenbar wird, erstaunt nicht, gehörte doch der Sozialist Wilhelm Liebknecht zu den vehementesten Gegnern von Dreyfus in Deutschland.

Auf zwei weitere Darstellungen, die im *Süddeutschen Postillon* zur Dreyfus-Affäre erschienen, soll in

20

unserem Zusammenhang abschließend hingewiesen werden. Das Titelbild zu Nr. 17 des Jahres 1898 nennt sich *Frankreichs Schmerzenskinder* und zeigt in einer häuslichen Umgebung den Arzt Dr. Felix, womit der französische Staatspräsident Felix Faure gemeint ist. Er sitzt am Kinderbettchen des kranken Dreyfus und spricht zu ‚*Mme la France*'die ebenfalls dabei sitzt. Mit Blick auf den im Hinterzimmer aufgebahrten Toten, sagt er: »*Trösten sie sich Madame – nun hat das liebe ‚Herzchen' Ruh*«. Cornelius Herz war einer der Juden, die für die Finanzkrise um den Bau des Panamakanals verantwortlich gemacht wurde, er beging Selbstmord. Madame La France antwortet: »*Ach ja. Herr Doctor – ihm ist wohl und uns ist wöhler! Wenn wir das ande- re Herzchen auch erst zur Ruhe bringen könnten*«. Die Absicht, beide Affären als eine Einheit zu sehen, wird in dieser Zeichnung deutlich und hat, wie wir oben bereits gesehen haben, seine Vorbilder in Dreyfus-feindlichen Karikaturen Frankreichs. Allerdings wird allein der tote Cornelius Herz mit betont semitischen Gesichtszügen

gezeigt, während Dreyfus als Miniausgabe eines französischen Soldaten einen eher lä- cherlichen Eindruck macht.

Eindeutig gegen Dreyfus und damit offen antisemitisch gibt sich dann eine ganzseitige Darstellung, die zwei Nummern später eben- falls 1898 im *Süddeutschen Postillon* erschien: *Die Delegation aus Friedrichsruhe* zeigt eine Versammlung, die sich offenbar zum Begräb- nis Otto von Bismarcks, der am 30. Juni 1898 in Friedrichsruh gestorben war, eingefunden hat. Gezeigt wird eine Gruppe von Männern, die durch ihre gebückte Körperhaltung, ihre Gesichtszüge sowie Brillen und Kneifer als Juden karikiert sind. Einer von ihnen trägt vor sich ein Banner. Es zeigt zwei Initialen: S. und D. Zu dieser Gruppe spricht der im Vorder- grund stehende »*Zugordner: Die Herren vom Dreyfus-Syndikat belieben ihren Platz gleich hinter der Familie einzunehmen.*«

Die Zeichnung stammt von Caran d'Ache, ei- nem der profiliertesten Künstler Frankreichs, der sich in unzähligen Zeichnungen gegen Dreyfus und damit offen antisemitisch positionierte. Mit Louis Forain gab er in Paris die Zeitschrift *Psst...!* heraus, die mit antisemitischen und Dreyfus-feindli- chen Karikaturen angefüllt war. Unter anderem stammt von Louis Forain eine besonders perfide antijüdische Darstellung, die als Titelbild der No. 6 des *Psst...!* vom 12. März 1898 veröffentlicht wurde. Eduard Fuchs bezeichnet gerade diese Zeichnung von Forain in seiner Schrift *Die Juden in der Karikatur* als genial und entschloss sich, diese in deutscher Übersetzung im *Süd- deutschen Postillon* in der Nr. 14, 1898 unter

dem Titel *Der Kassenschrank* zu veröffentlichen.[39] Sie zeigt einen Juden, der sich an einen Panzerschrank lehnt und sagt: »*Nur Geduld ! ... Damit behält man das letzte Wort!*« Dieses Bild benutzte Walter Frank zur Illustration seines Buches ‚*Affäre Dreyfus', Soldatentum und Judentum im Frankreich der dritten Republik*, das 1939 in den Schriften des Reichsinstituts für Geschichte des neuen Deutschlands in Hamburg erschien. Mit der gleichen Bewunderung wie schon Eduard Fuchs betonte Frank, dass die *»Zeichnungen dieser genialen französischen Karikaturisten«* dem Leser nicht nur den *»heißen Atem des Kampfes um Alfred Dreyfus vermitteln«*, sondern dass *»zugleich der heiße Atem des Kampfes zwischen dem internationalen Judentum und unserem Reich«* darin zum Ausdruck käme. Die Bilder hatten also auch nach dreißig Jahren ihre Wirkung nicht verloren.

Nicht nur weil diese Bilder, die der *Süddeutsche Postillon* zeigte, unverhohlen antisemitisch sind, sind sie dem Dreyfus-feindlichen Lager zuzuordnen. In seiner Bewunderung für die französischen Zeichner Forain und Caran d'Ache hatte Eduard Fuchs ihnen ein Forum geboten, sich darzustellen. Verlockungen, denen die anderen deutschen satirischen Blätter offensichtlich widerstehen konnten. Mit größter Vorsicht näherten sich die Zeitschriften *Simplicissimus*, *Kladderadatsch*, *Ulk* und auch die *Lustigen Blätter* der Darstellung jüdischer Typisierung nicht nur, wenn es um die Darstellung der Person Alfred Dreyfus ging. Vermutlich sollte jeder Verdacht vermieden werden, auf die Seite der Dreyfus-Feinde abzurutschen. Wie leicht das passieren konnte, wurde am Beispiel des *Süddeutschen Postillons* klar, der sich nicht eindeutig gegen den Antisemitismus positionierte. Dass in den Karikaturen der betrachteten humoristischen Blätter der Bezug zur gesellschaftlichen Situation in Deutschland, vor allem was die Stellung der Juden betraf, selten hervorragt, zeigt uns viel eher, auf welch unsicherem Terrain man sich als Künstler wie auch als Jude bewegte. Vielleicht waren sich einige der Zeichner und der Redakteure, die sich in Wort und Bild so vehement für Wahrheit und Gerechtigkeit im Falle Dreyfus einsetzten, gar nicht so sicher, dass es in Deutschland nicht auch dazu kommen könnte, dass ein

22

Jude von einem Tag zum anderen seiner Rechte beraubt wird und als Ausgestoßener einzig darauf hoffen durfte, durch das Mitleid und das Rechtsempfinden anderer wieder seine Rechte zu erhalten. Leider legen uns ihre Zeichnungen davon kein Zeugnis ab.

Anmerkungen

1 Hannah Arendt: Elemente und Ursprünge totaler Herrschaft, Frankfurt a. M./Wien/Berlin 1975, S. 193.

2 Zit. nach Ruth Malhotra: Horror-Galerie. Ein Bestiarium der Dritten Französischen Republik, Dortmund 1980, S. 11f., S. 199.

3 Zit. nach Bernd Sösemann/Jürgen Frölich: Theodor Wolff (Jüdische Miniaturen, Bd. 10), Teetz 2004, S. 10–12.

4 Vgl. Brief von Theodor Fontane an Georg Friedlaender v. 15. März 1898: »dass wir uns in diesem Prozess, mit Ausnahme Frankreichs selbst, einer vollkommenen Presseverschwörung gegenüberbefunden haben; die europäische Presse ist eine große Judenmacht, die es versucht hat, der gesamten Welt *ihre* Meinung aufzuzwingen«, Theodor Fontane: Briefe, 4. Bd. (1890–1898), München 1998, Nr. 803, S. 704f.

5 Dazu umfassend: Norman L. Kleeblatt (Hrsg.): The Dreyfus Affair. Art, Truth and Justice, Berkeley/Los Angeles/London 1987.

6 Patrick Hirt: Die Dreyfus-Affäre und der französische Antisemitismus, in: Abgestempelt. Judenfeindliche Postkarten, Frankfurt a.M. 1999, S. 354–355, mit Abbildung.

7 Phillip Dennis Cate: The Paris Cry: Graphic Artists and the Drey-

fus Affair, in: The Dreyfus Affair, [wie Anm. 5], S. 62–95, Figure 21, S. 77.

8 Vgl. The Dreyfus Affair, [wie Anm. 5], S. 191–193, plates 71, 72.

9 Abbildung in: The Dreyfus Affair, [wie Anm. 5], Figure 4, S. 5.

10 Eduard Fuchs: Die Juden in der Karikatur. Ein Beitrag zur Kulturgeschichte, [Nachdr. d. Ausg. München 1921], Berlin 1985, S. 243f.

11 Fritz Hermann: Die Dreyfus-Affäre im Spiegel der Karikatur, in: Eduard Hüttinger, Hans A. Lüthy (Hrsg.): Gotthard Jedlicka. Eine Gedenkschrift, Zürich 1974, S. 105–113.

12 Dreyfus-Bilderbuch. Karikaturen aller Völker über die Dreyfus-Affaire, hrsg. von Otto Eysler, Berlin 1899, S. 120; vgl. John Grand-Carteret: L'Affaire Dreyfus et l'Image, 266 caricatures francaises et étrangères, Paris 1898/1899; sowie den Folioband, derselbe: L'Affaire & L'Image, Paris 1898/1899, mit 197 Illustrationen von Zeichnungen und Objekten zum Fall Dreyfus.

13 Klaus Schulz: »Kladderadatsch«, ein bürgerliches Witzblatt von der Märzrevolution bis zum Nationalsozialismus 1848–1944, Bochum 1975, S. 3.

14 Gerd Krumeich: »Die Resonanz der Dreyfus-Affäre im Deutschen Reich«, in: W. J. Mommsen/G. Hübinger: Intellektuelle im deutschen Kaiserreich, Frankfurt a.M. 1993, S. 16ff.

15 Kladderadatsch v. 28.5.1899.

16 Dreyfus-Bilderbuch, [wie Anm. 12], S. 122.

17 Vgl. Franz Jüttner: »Hinauf zum Licht (Frei nach Rochegrosse's ‚Angoisses Humaines'), Wahrheitsfreunde und Dunkelmänner in der letzten Phase des Dreyfus-Prozesses«, in: Lustige Blätter, 1899, Nr. 23, S. 10.

18 Ulk, Nr. 7, v. 18.2.1898, S. 3.

19 Ulk, Nr. 5, v. 4. 2.1898, S. 3.

20 Dreyfus-Bilderbuch, [wie Anm. 12], S. 121.

21 Alexander Moszkowski: Das Panorama meines Lebens, Berlin 1925, S.102f.

22 Dreyfus-Bilderbuch, [wie Anm. 12], S. 121.

23 Lustige Blätter, Nr. 50 (Dezember) 1897, S. 3

24 Lustige Blätter, Nr. 51 (Dezember) 1897, S. 8.

25 Lustige Blätter, Nr. 23 (Mai) 1899, S. 10.

26 Lustige Blätter, Nr. 5 (Februar) 1898, S. 3.

27 Zu Edmund Edel siehe Marina Sauer: Mit Schirm, Charme und Melone. Der Plakatkünstler Edmund Edel (1863–1934), Kiel 1994.

28 Darunter gab es auch jüdische Neujahrskarten. Ein beliebtes Motiv zeigt die Allegorie der Gerechtigkeit, flankiert von Zola und Dreyfus. Dreyfus wird in Uniform als Angehöriger der französischen Armee gezeigt. Abb. Patrick Hirt, in: Abgestempelt. Judenfeindliche Postkarten, [wie Anm. 6], S. 356–360.

29 The Dreyfus Affair, [wie Anm. 5], S. 205–209.

30 Lustige Blätter , Nr. 7, v. Februar 1899.

31 Alexander Moszkowski: Das Panorama meines Lebens, Berlin 1925, S. 98.

32 Dreyfus-Bilderbuch, [wie Anm. 12], S. 121.

33 Lustige Blätter, Nr. 36, September 1898, Titelblatt.

34 Eduard Fuchs: Die Juden in der Karikatur, [wie Anm. 10], S. 186–193; Frank Stern: Der ‚Ewige Jude' – Stereotype auf der europäischen Wanderschaft, in: Die Macht der Bilder, Antisemi-

tische Vorurteile und Mythen, Kat. Jüdisches Museum der Stadt Wien 1995, S. 117–121.

35 Simplicissimus, Nr. 26, (Juni) 1898, S. 208.

36 Vgl. »Das Dreyfus-Theater«, Lustige Blätter, Nr. 5, 1898. S. 9; Edmund Edel, »Pariser Modelle«, Lustige Blätter, Nr. 43, 1898; »Dreyfus Heimkehr«, Lustige Blätter (»Gelbbuch über Dreyfus«), 1898.

37 Henry Wassermann: Jews in Jugendstil. The Simplicissimus, 1896–1914, in: Leo Baeck Yearbook, 1986, S. 71–104.

38 Süddeutscher Postillon. Politisch-satirisches Arbeiterblatt, Nr. 5, 1898.

39 Eduard Fuchs: Die Juden in der Karikatur, [wie Anm. 10], S. 244.

Abbildungen

1 J.-L. Forain: Les temps Difficiles (Panama), Paris 1893.

2 J.-L. Forain: Le Pon Badriote, in: Psst...!, 1898.

3 Spiel: Regle du jeux

4 Dreyfus auf der Teufelsinsel, in: Lustige Blätter, 1897.

5 L. Stutz: Gut gedrillt Löwe!, in: Kladderadatsch, 1898.

6 G. Brandt: Unheimliche Erscheinung, in: Kladderadatsch, 1898.

7 P. Halke: Das verschleierte Bild zu ... Paris, in: Ulk, 1898.

8 Fritz Gehrke: Conspuez Zola (Verhöhnt Zola!), in: Ulk, 1898.

9 Franz Jüttnerin: Die Graf-ologie in der Dreyfus-Affaire, in: Lustige Blätter, 1897.

10 Franz Jüttner: Das ewig Weibliche in der Dreyfus-Affaire, in: Lustige Blätter, 1897.

11 Franz Jüttner: Emile Zola, der neue Winkelried, in: Lustige Blätter, 1898.

12 Edmund Edelin: Les gens chic Monsieur Felix Faure et Madame Gyp., in: Lustige Blätter, 1898.

13, 14 Edmund Edel: Gruss von der Teufels-Insel, in: Lustige Blätter, 1898.

15 W. A. Wellner: Kirke und die Schweine, in: Lustige Blätter, 1899.

16 W. A. Wellner: Dreyfus, der ewige Jude, in: Lustige Blätter, 1898.

17 W. A. Wellner: Am Eiffelthurm, in: Lustige Blätter, 1899.

18 Th. Th. Heine: Die Teufelsinsel (Frei nach Böcklin), in: Simplicissimus, 1898.

19 Der Fall Dreyfuss je nach seiner Beleuchtung, in: Süddeutscher Postillon, 1898.

20 Frankreichs Schmerzenskinder, in: Süddeutscher Postillon, 1898.

21 Caran d'Ache: Die Delegation aus Friedrichsruhe, in: Süddeutscher Postillon, 1898.

22 J.-L. Forain: Le Coffre-fort, in: Psst...!, 1898.

Nadine Wintersieg

»Das schöne Frankreich nicht in eine Teufelsinsel umwandeln«

Die Dreyfus-Affäre in deutsch-jüdischen Periodika

Frankreich war Europas Vorreiter bei der jüdischen Emanzipation gewesen, hier war die rechtliche Gleichstellung der jüdischen Bevölkerung bereits im Jahre 1791 durchgesetzt und 1834 mit Achille Fould erstmals ein Jude in die Nationalversammlung gewählt worden.[1]

Um so mehr irritierte die Dreyfus-Affäre, bei der sich nun staatliche Institutionen gegen einen Staatsbürger und Hauptmann der französischen Armee wandten. Allzu deutlich war, dass es sich bei der Debatte um Alfred Dreyfus' angeblichen Hochverrat um eine – wenn nicht schon von der Ursache her, so zumindest im weiteren Verlauf – antisemitische Auseinandersetzung handelte, die sich nicht nur auf der staatlichen Ebene bewegte, sondern zunehmend auch in der französischen Gesellschaft ihre Kreise zog. Die ganze Wirkungsbreite der Affäre lässt sich anhand der Randmeldungen in den Zeitungen ermessen: Namensänderungen von Dreyfus' Namensvettern[2], gewalttätige Übergriffe in Algier nach der Berufung eines Juden zum Universitätsprofessor[3] und hohnlachende Berichterstattung in antisemitischen Blättern über den tödlichen Unfall eines Leutnants namens Dreyfus – »wieder ein Jude weniger in der französischen Armee«[4]. Nur ein Jahrhundert nach der Revolution drohte Frankreich somit sein Ideal der gleichen und freien Bürger zu verraten und – wie so mancher schrieb – in das ,dunkle Mittelalter' zurückzufallen.

Wie in Frankreich begleiteten auch in Deutschland unzählige Zeitungen und Zeitschriften die Entwicklungen im Zusammenhang mit dem Prozess. Und ebenso wie in Frankreich blieben auch in Deutschland die Kommentare von jüdischer Seite verhalten, von Solidaritätsbekundungen für Dreyfus ganz zu schweigen. Es bestand die Befürchtung, dass sich die ohnehin schon antisemitisch geprägte Stimmung auch gegen sie selbst wenden könnte.[5]

Die deutschen Juden befanden sich in der prekären Situation eines immer weiter um sich greifenden Antisemitismus, der nicht mehr allein religiös und anti-jüdisch, sondern zunehmend auch rassistisch konnotiert war. Die vollständige rechtliche Gleichstellung als Staatsbürger im gesamten Deutschen Reich lag erst wenige Jahre zurück. Eine zu offene Solidarisierung mit Dreyfus hätte insofern Wasser auf den Mühlen der Weltverschwörungstheoretiker[6] und der Verkünder des »Staates im Staate«[7] bedeutet. Gleichzeitig überwog in weiten Teilen der deutsch-jüdischen Bevölkerung die Identifikation mit dem deutschen Nationalismus;

sich in das ohnehin gespannte Verhältnis zwischen Deutschland und Frankreich einzumischen, schien aus diesem Grunde wenig opportun.

Dies im Blick stellt sich dennoch die Frage, wie sich deutsch-jüdische Periodika gegenüber der Dreyfus-Affäre positionierten. Im Folgenden sollen daher Beiträge in vier zeitgenössischen Publikationen betrachtet werden: der liberalen *Allgemeinen Zeitung des Judenthums*, der gemäßigt orthodoxen *Jüdischen Presse* sowie der deutsch-national gesinnten Zeitung *Im*

deutschen Reich als Vorläuferin der CV-Zeitung, dem Organ des *Centralverein der deutscher Staatsbürger jüdischen Glaubens*. Die zionistisch orientierte *Jüdische Rundschau* wird ebenfalls Erwähnung finden.

In dem breiten Spektrum der genannten Zeitungen lassen sich drei Argumentations- und Konfliktlinien ausmachen. Aufgrund der antisemitischen Stimmungsmache wurde Dreyfus im Zuge der Affäre zum unfreiwilligen Repräsentanten der französischen, wenn nicht gar der europäischen Juden. Folglich bildete die Frage seiner Schuld oder Unschuld einen bedeutenden Bezugspunkt in den Artikeln. Im Verlauf der Affäre vom Jahre 1894 bis 1906 wandelte sich Dreyfus darin vom Verräter bis zum Märtyrer.

Mit der Dreyfus-Affäre wurde das Vertrauen in die Rechtsstaatlichkeit der französischen Institutionen getrübt. Der Diskurs in jüdischen Kreisen, wieweit die Assimilation gehen sollte, ohne die eigene wie auch immer beschaffene Identität aufzugeben, erhielt damit eine neue Aktualität. Die dominierende Frage war hierbei, inwieweit die soziale Integration unter dem zunehmenden antisemitischen Einfluss wirklich glücken konnte, und welche je

unterschiedlichen Konsequenzen daraus zu ziehen seien. In der Debatte um die Dreyfus-Affäre liefen insofern Auseinandersetzungen um Fremd- und Selbst-

bilder von Juden zusammen, die charakteristisch für das ausgehende 19. Jahrhundert waren.

Inmitten der aufgeregten Berichterstattung über die Affäre blieben von der Person und dem Menschen Alfred Dreyfus oft nur Zerrbilder bestehen. Für die Antisemiten in Frankreich wie in Deutschland verkörperte Dreyfus das Stereotyp des verschlagenen und hinterlistigen Juden, dessen Schuld unbestritten war. In jüdischen Periodika wiederum bildete Dreyfus als assimilierter Jude einen Identifikationspunkt, dessen Schicksal – ungeachtet seiner Schuld oder Unschuld – einen Gradmesser für den Stand der jüdischen Gleichberechtigung bot.[8]

Beispiele hierfür bieten verschiedene Beiträge in der *Allgemeinen Zeitung des Judenthums* (AZJ). 1837 von Rabbiner Ludwig Philippson (1811–1889) in Leipzig gegründet und bis zu seinem Tode von ihm herausgegeben, war die AZJ eine der ältesten jüdischen Organe im Deutschland des 19. und beginnenden 20. Jahrhunderts. Die AZJ vertrat einen gemäßigten Liberalismus und setzte sich für die rechtliche Gleichstellung der Juden in Europa ein. Im letzten Viertel des 19. Jahrhunderts wandte sie sich zunehmend der Abwehr des Antisemitismus zu. Die AZJ begleitete und kommentierte die Dreyfus-Affäre von der Verhaftung von Dreyfus Ende des Jahres 1894 durchgängig bis zu dessen Rehabilitierung und Beförderung zum Major und Ritter der Ehrenlegion im Juli 1906.

Die Berichterstattung über den »Fall Dreyfus« beginnt in der AZJ mit einem Leitartikel vom 16. November 1894[9], nur wenige Tage vor Beginn des Prozesses gegen Dreyfus vor dem Pariser Kriegsgericht. Der Verfasser ist vermutlich Gustav Karpeles, der im Jahre 1890 die Herausgabe der Zeitung in Berlin übernommen hatte. Dieser nennt in seinem Beitrag bereits einige Punkte, die auch im jahrelangen Verlauf der Affäre von Relevanz werden sollten. So schreibt er, dass auf fatale Weise die *»sensationslüsterne[n] Boulevardblätter«* in Frankreich im Zusammenspiel mit *»antisemitische[n] Hetzorgane[n]«* die Debatte anheizten. Ein Teil der Öffentlichkeit habe bereits ein Urteil gesprochen, obwohl die Fakten noch längst nicht geklärt seien.

Karpeles stellt die Schuld von Dreyfus nicht in Frage, vielmehr baut er darauf, dass dieser seine Strafe zu Recht erhalten werde. Überdies wirft er Dreyfus vor, er habe ein *»schmachvolles Verbrechen [begangen], nicht nur am Vaterlande, sondern auch am Glauben, nicht nur an den Mitbürgern, sondern auch an den Glaubensgenossen, die doch in dieser trüben Zeit jedes Verbrechen eines Juden mitzubüßen haben.«*[10] Karpeles nimmt eine ambivalente Haltung gegenüber Dreyfus ein. Zum einen betrachtet er ihn distanziert als Verräter der eigenen Nation, zum anderen fühlt er sich durch die äußeren Umstände, die beide zu nicht gänzlich anerkannten Mitgliedern der Gesellschaft machen, mit ihm verbunden. Besonders augenfällig ist hier die Verantwortung, die er Dreyfus für andere Juden zuschreibt. Hier wird der fragile Status deutlich, den die jüdische Bevölkerung trotz der in Frankreich und in Deutschland festgeschriebenen Gleichberechtigung innehatte. Obwohl Karpeles mit Emphase die bürgerlichen Freiheitsrechte huldigt, sieht er doch die Unzulänglichkeiten in ihrer faktischen Umsetzung. Karpeles' Kritik wendet sich insbesondere gegen die französische Öffentlichkeit, die die zu diesem Zeitpunkt noch so wahrgenommene Schuld eines Einzelnen zu einer Kollektivschuld der gesamten jüdischen Bevölkerung Frankreichs gemacht habe.

Als eine *»traurige Ironie«* bezeichnet Karpeles den Umstand, dass *»gerade das republikanische und großmüthige Frankreich […] dieses Schauspiel«* böte. Die *»verletzte Eitelkeit der Franzosen«* sei es, die es eher vorzog, Dreyfus' französische Nationalität zu bestreiten, als unter sich einen Verräter zu wähnen. Zwar sei seit 1870 *»kein hervorragender Mann Frankreichs vom Schauplatz der Geschichte abgetreten, ohne daß man ihn nicht gelegentlich einmal des Landesverraths beschuldigt«*[11] habe, die Staatsangehörigkeit werde Dreyfus aber einzig aufgrund seiner Zugehörigkeit zum Judentum abgesprochen.

Während der AZJ-Herausgeber Karpeles 1894 noch keine Zweifel an der grundsätzlichen Rechtmäßigkeit des Verfahrens hegt, berichtet Amitai/Amiti ab Februar 1895 in seinen *Briefen aus Paris* in der selben Zeitung ausführlich über den Verlauf des Prozesses und insbesondere die Ungereimtheiten im Verfahren. So seien etwa die Richter des Kriegsgerichts, das über Dreyfus zu befinden hatte, Untergeordnete des Kriegsministers, wodurch ihre Unabhängigkeit nicht gewährleistet gewesen sei.[12] Er macht deutlich, dass es ihm insbesondere um ein unabhängiges und gerechtes Verfahren gehe, das den degradierten Hauptmann verurteilen soll. Die Einhaltung der bürgerlichen Rechte sieht er jedoch in sämtlichen Stationen des Prozesses verletzt.

Ganz im Gegensatz zu anderen zeitgenössischen Berichten rückt Amitai/Amiti in seinen Beiträgen die menschliche Tragödie von Dreyfus immer wieder in den Blickpunkt. Zwar schließt er die Schuld von Dreyfus nicht gänzlich aus, führt jedoch dessen bisherige vorbildliche Führung im Militär, dessen familiäre Verhältnisse sowie das uneingeschränkte Fürsprechen von Dreyfus' Verteidiger Edgar Demange, eines *»echten Biedermanns«*, als Grund an, die Schuld zu bezweifeln. *»Niemand kann einen nur halbwegs triftigen Grund ausfindig machen, der diesen reichen und glänzenden Offizier, diesen an Frau, Kindern und Familie innig hängenden Mann zu so einem empörenden Schritt hätte veranlassen können.«*[13]

Amitai/Amiti stellt das Engagement von Dreyfus' Ehefrau Lucie dar, die vergeblich versuchte, ihren Ehemann vor seiner Verbannung zu sehen.[14] Voller Empathie versetzt er sich in die persönliche Lage von Dreyfus, der sich zu diesem Zeitpunkt auf der Teufelsinsel befand: *»Welche Qual, wenn er wirklich unschuldig ist, und welch' noch größere Qual, wenn sich zu ihr die Gewissenspein gesellt, Verräther an seinem Vaterland gewesen zu sein!«*[15]

Spätestens im November 1896 mit der Veröffentlichung der Broschüre *Ein Rechtsirrtum. Die Wahrheit über die Affäre Dreyfus* des Journalisten Bernard Lazare wurden erstmals ernsthafte Zweifel an der Schuld Dreyfus' in der Öffentlichkeit geäußert. Die Anklage des französischen Präsidenten in der Zeitschrift *L'Aurore* am 13. Januar 1898 seitens des Schriftstellers Emile Zola sorgte schließlich für ein Furore, das weit über die Grenzen Frankreichs hinausging.

Die Kommentare des Rabbiners Kohn in der AZJ muten dazu jedoch – gemessen an der Bedeutung von Zolas Anschuldigungen und dem Aufruhr, den sie verursachten – geradezu bescheiden und zurückhaltend an. In einer fünfteiligen Artikelserie betrachtet er den *»Fall Dreyfus im Lichte der jüdischen Gesetzgebung«.*[16] Ausgangspunkt bildet für Kohn die Frage, wie Halacha, Mischna und Talmud einen Irrtum des Obersten Gerichts bewerteten. Er betont, dass im historischen Israel bis zu einer rechtmäßigen Verurteilung von der Unschuld des Angeklagten ausgegangen wurde und redet damit einem gerechten und rechtsstaatlichen Prozess das Wort. *»Wie weit waren diese großen Lehrer von Wahn und Dünkel der Unfehlbarkeit eines menschlichen Urtheils entfernt, wie weit entfernt von der hochmüthigen Annahme, daß die Revision eines Prozesses etwas Entehrendes für den Richter in sich fasse!«*[17] So wie die Richter des Sanhedrin (Hoher Rat) die Größe besessen hätten, das eigene Fehlurteil einzugestehen, so hofft Kohn auf die *»moralische Kraft«* Frankreichs und des französischen Gerichts, auf den Pfad der Gerechtigkeit zurückzukehren. Voller Hochachtung spricht er dennoch von dem Land, in dem – aller Widrigkeiten zum Trotz – die rechtliche Gleichstellung der Juden zu-

erst durchgesetzt wurde. *»Wir hoffen, daß sich dieses edle, humane Volk nicht mit Schmach und Schande bedecken und das schöne Frankreich nicht in eine ‚Teufels-Insel' umwandeln wird!«*[18]

Auf die Untiefen der Assimilation hingegen gehen Pinchas Pfeifer und Hermann Cohen in ihren Beiträgen in der AZJ ein. So bemerkt Pfeifer unter dem Titel *Der Antisemitismus in Frankreich*, bei den französischen Juden sei im Zuge der Affäre ein zunehmendes Verleugnen der eigenen Identität zu beobachten, obwohl – so fügt er lakonisch hinzu – diese *»kaum mehr als dem Namen nach Juden«*[19] seien.

Cohen wiederum gibt in seinem Beitrag vom 27. Juli 1906 eine geradezu geschichtsphilosophische Einschätzung der Dreyfus-Affäre. Er bezeichnet die Tage der Duldung und bloßen Toleranz als *»Kindergarten der Menschheit«*[20]. In dem Maße jedoch, wie Juden in der Gesellschaft anerkannt seien, könne auch die Menschheit im emphatischen Sinne als solche charakterisiert werden. Dreyfus habe dazu beigetragen, den *»Zusammenhang unseres Martyriums mit dem Siege der Wahrheit und dem wahrhaften sittlichen Heile der Menschheit«*[21] zu verdeutlichen.

Die gemäßigt orthodoxe *Jüdische Presse* (JP) stellt die Dreyfus-Affäre in Zusammenhang mit der langen Geschichte der Ritualmord- und Brunnenvergiftungsvorwürfe, die immer wieder an Juden herangetragen wurden. In dem in Berlin von Rabbiner Hirsch Hildesheimer seit dem Jahre 1869 herausgegebenen *Organ für die Gesammtinteressen des Judenthums*[22] erscheint das Jahrhundert seit der Emanzipation insofern als eine nur relativ kurze Ausnahmesituation. Wie Hildesheimer betont, seien die neuerlichen antisemitischen Exzesse daher für Juden kein Anlass zur Überraschung, vielmehr sollten sie aber als Lehre für diejenigen dienen, die es vorzögen, vor dem Judenhass die Augen zu schließen. Spöttisch wendet er sich gegen die »*Heilsverkünder*« der Französischen Revolution, die es zugelassen hätten, dass die »*Bestie des Judenhasses*« sich ausbreiten konnte. Der Judenhass indes könne nur »*auf dem Giftboden sittlicher Fäulnis, als eine Frucht der Zügellosigkeit und Auflösung aller moralischen Begriffe emporwuchern [...]*«[23] und die *Grundvesten der staatlichen und gesellschaftlichen Sicherheit unterwühlen*«[24]. Dreyfus hingegen sei ein Märtyrer, der durch seine Aufrichtigkeit die »*Ehre des jüdischen Namens erhöht*« habe. Einem manichäischen Ringen gleich vertraut Hildesheimer darauf, dass sich die »*Macht der Wahrheit*« durchsetzen und die »*Vorsehung*« Dreyfus letztendlich die »*Erlösung*« aus seiner Haft bringen werde.[25]

Zynisch bezieht sich Hildesheimer auf die von antisemitischer Seite immer wieder aufgestellte Behauptung der jüdischen »*vaterlandslosen Gesinnung*«. An Dreyfus werde nun ein Exempel statuiert, obwohl dieser selbst dem Gericht, das ihn trotz seiner Unschuld verklagte, noch salutiert und damit bewiesen habe, »*mit welcher unausrottbaren heißen Liebe sein Herz für das Vaterland schlug, dessen militärische und bürgerliche Gewalten sich verbündeten, nicht nur um seine Ehre zu morden, sondern auch seinen Leib mit den teuflischsten Martern zu zerfleischen*«[26]. Die deutschen Antisemiten gingen in ihrem Judenhass so weit, so Hildesheimer, dass sie den französischen Klerikalen und Chauvinisten beipflichteten und insofern die Behauptung einer Verquickung der deutschen Regierung mit der angeblichen Spionagetätigkeit von Dreyfus unterstützten. »*Bei dem Conflict zwischen der Ehre des Vaterlandes und der Gier, Juden und Judenthum zu verunglimpfen, entscheiden sich diese Erbpächter ‚teutschen Patriotismus' ohne Scheu für Letzteres!*«[27]

Obwohl sie in einem gänzlich anderen politischen und religiösen Spektrum zu verorten ist, argumentiert die Monatszeitschrift *Im deutschen Reich* ähnlich. Im Jahre 1893 als Organ des *Centralvereins deutscher Staatsbürger jüdischen Glaubens* gegründet, setzte sie sich neben der staatsbürgerlichen und gesellschaftlichen Gleichstellung der Juden für die »*unbeirrbare Pflege deutscher Gesinnung*« ein. Der *Centralverein*

wie auch sein Organ strebten somit eine Identität von Judentum und Deutschtum an.

Der Autor A. L. kritisiert in »Antisemitenmoral und Vaterlandsliebe« ebenfalls die Allianz der deutschen Antisemiten mit den deutschfeindlichen und antisemitischen Vertretern in Frankreich. Selbst nach der gegenteiligen Erklärung der deutschen Regierung hätten die Antisemiten daran festgehalten, Dreyfus als Agenten Deutschlands zu bezeichnen. Überdies propagierten sie nunmehr die Fiktion, die vollständige Wahrheit über Dreyfus sei einzig aus dem Grunde nicht offengelegt worden, einen neuerlichen Krieg zwischen Frankreich und Deutschland zu verhindern. Er zieht daraus den Schluss, dass gerade die Antisemiten sich damit als »*vaterlandslose Gesellen*« erwiesen hätten.[28]

Den Blick auf den »*Antisemitismus in Frankreich*« wendet Ludwig Fuld. Dieser macht im Jahre 1898 die klerikale Partei in Frankreich als die Hauptverantwortliche für den »*offenen Angriff auf das Leben und das Eigentum der jüdischen Bevölkerung*«[29] aus. Doch nicht allein die jüdische Minderheit sei betroffen, auch seien die Protestanten Zielscheibe der Hetze. Gegen beide richtete sich die »*Unduldsamkeit, namentlich dann, wenn sich diese Minorität durch Fleiß, Eifer und rege Betheiligung an der Lösung der staatlichen Aufgaben hervorthut*«[30]. Gleichwohl sieht Fuld die Werte der Revolution nach wie vor als tief genug in der französischen Gesellschaft verankert, als dass die Gleichberechtigung der Juden aufgekündigt werden würde. Für die französischen wie die deutschen Juden habe die Dreyfus-Affäre aber keine Auswirkungen auf ihre Verbindung zur jeweiligen eigenen Nation. Im Gegenteil: »*[...] die französischen Juden werden sich durch dieselbe ihre Liebe zu ihrem Vaterlande und die Freude an diesem mit Nichten verkümmern lassen, sie werden in dieser Hinsicht den deutschen Juden gleichen, welche trotz aller Anfeindungen und Unannehmlichkeiten, die ihnen der An-*

tisemitismus gebracht hat, nicht aufgehört haben und nicht aufhören werden, ihr Vaterland mit der gleichen Begeisterung zu lieben wie früher.«[31]

Nach dem Freispruch und der Rehabilitierung von Dreyfus 1906 vertraut der Autor A.L. in biologisierender Terminologie auf die Selbstheilungskräfte der demokratischen Institutionen, er schreibt, es sei »durch die Freilegung der Wunde die vollständige Heilung ermöglicht worden«.[32] Durch das Eingeständnis des Gerichts, im Prozess gegen Dreyfus fehlerhaft geurteilt zu haben, seien gerade die Stärke und Ehrenhaftigkeit der französischen Institutionen abermals bestätigt worden.

Eine bemerkenswerte Wendung nimmt seine Argumentation in seinem Artikel Der letzte Akt des Dreyfus-Dramas vom Juli 1906.[33] Nachdem er sich lange über die ungesetzlichen Rahmenbedingungen der Affäre ausgelassen hat, fügt er im nächsten Satz an, »jüdischerseits wird man weit davon entfernt sein, über die Rettung eines Mannes, der als französischer Chauvinist bei deutschen Juden nur geringe Sympathien erwecken kann, Jubelhymnen anzustimmen«[34]. A. L. leugnet die antisemitischen Ursachen der Dreyfus-Affäre nicht, just in dem Moment aber, in dem die gesamte Affäre beigelegt ist, scheiden sich für ihn als deutsch-national Gesinnten wieder die Fronten zwischen den Feinden Frankreich und Deutschland.

Ganz im Gegensatz zu den Positionen des Centralvereins stand die ab 1902[35] u.a. von Heinrich Loewe herausgegebene Wochenschrift Jüdische Rundschau (JR). Als Organ der Zionistischen Vereinigung für Deutschland beschäftigte sie sich allenfalls in kurzen Meldungen mit der Dreyfus-Affäre. Zum einen ist dies in der Tatsache begründet, dass die ‚heiße Phase' der Affäre bereits vor dem erstmaligen Erscheinen der JR zu Ende gegangen war. Ein anderer Grund liegt hingegen in der Ideologie der Zionisten: da sie den Antisemitismus für ein den westlichen Staaten und Gesellschaften inhärentes Problem hielten, beschäftigten sie sich en detail nicht mehr mit ihm. Er galt ihnen als »Normalität«, solange es keinen eigenen jüdischen Staat gebe. Als Beispiel für diese Haltung kann hier der Beitrag Juden im Militär aus dem Jahre 1904 dienen. Der Autor Sch.

L. Emil[36] schreibt, die Wiederaufnahme der Dreyfus-Affäre bedeute »zugleich ein gut Stück Judenfrage«. Jüdische Soldaten könnten auf dem Schlachtfeld »ihr Blut für das Stiefvaterland verspritzen«[37], es sei aber unrealistisch zu glauben, dass sie jemals in Offiziersränge oder in andere gehobene Positionen in staatlichen Institutionen aufsteigen könnten, ohne ihre – wie auch immer beschaffene – jüdische Identität aufgeben zu müssen. Er zieht daraus den Schluss: »Die Juden werden daraus aber doch allmählich lernen, dass sie nichts von andern zu erwarten haben, und dass sie sich immer mehr zusammenschliessen sollten.«[38]

Auf das Ende der Affäre im Juli 1906 geht die JR nur in einer kurzen Meldung ein, indem sie die Reaktionen auf die Rehabilitierung von Dreyfus in den deutschen Tageszeitungen dokumentiert. So zitiert der Autor die Forderung der Leipziger Neuesten Nachrichten, der Soldat Dreyfus habe selbst als Unschuldiger die Schuld auf sich nehmen müssen, um den Ruf der französischen Armee nicht zu schädigen. Die Erwiderung in der JR ist in einem beißend sarkastischen Ton gehalten und spielt gleichzeitig auf die despektierlich genannten jüdischen »Assimilanten« an: »Also Deutscher, der du ein guter Staatsbürger sein willst, merke dir, lasse dich beschimpfen, verfehmen, verbannen, aufspiessen, hängen, wenn es das Interesse einiger hochstehenden Schurken fordert und wenn du zehnmal fühlst, wie bitter Unrecht dir geschieht. Sonst bist du ein Feind deines Vaterlandes, auf keinen Fall ein grosser, vornehmer Charakter'.«[39]

In allen besprochenen Blättern stand relativ früh fest, dass es sich bei der Affäre Dreyfus um antisemitische Hetze handelte, zunächst ungeachtet der Frage, ob Dreyfus schuldig sei oder nicht. Der Glaube an die Errungenschaften der Französischen Revolution blieb hiervon jedoch unberührt. Erst im Verlauf der Affäre ließ sich zunehmende Skepsis beobachten, die die Abgründe der »Toleranz« gegenüber Juden als blosse, jederzeit aufkündbare Duldung offen legte. Die Konsequenzen, die aus dieser Erkenntnis gezogen wurden, waren jedoch unterschiedlicher Natur. Während die Zionisten die Dreyfus-Affäre als ein weiteres Argument für die Notwendigkeit eines jüdischen Staates begriffen, sahen sich die Autoren der Zeitschrift *Im deutschen Reich* in ihrer Annahme bestätigt, dass die republikanischen Institutionen selbst einen Tiefschlag wie diesen Justizskandal verkraften könnten und sogar gestärkt daraus hervorgehen würden. In der orthodoxen JP jedoch herrschte Ambivalenz zwischen der Bereitschaft, die Pflichten von ‚guten Staatsbürgern' erfüllen zu wollen, und der Befürchtung, dass die Jahrhunderte langen Verfolgungen auch nach der rechtlichen Gleichstellung der Juden keineswegs ein Ende gefunden hatten. Der Glaube an die stete Fort- und Höherentwicklung der Zivilisationen schien damit ebenfalls getrübt zu sein.

Die Darstellung der Person Alfred Dreyfus war ebenfalls eingebettet in die grundsätzliche Weltsicht der Kommentatoren und deren Idealvorstellung eines Staatsbürgers. Sie variierte je nach Autor, Ausrichtung der Zeitung und Zeitpunkt der Entstehung des Artikels vom Verräter bis hin zum Märtyrer. Während der AZJ-Herausgeber Karpeles Dreyfus 1894 noch als Verräter bezeichnet, der nicht nur das Ideal eines seiner eigenen Nation verpflichteten Staatsbürgers verletzte, sondern auch leichtfertig gegenüber seinen Glaubensgenosse handelte, stellte Amitai/Amiti ein Jahr später in der selben Zeitung Dreyfus als unauffälligen, treusorgenden Familienvaters und verantwortungsvollen Angehörigen der französischen Armee dar. Das Bild von Dreyfus als Märtyrer, das in den Beiträgen in der JP und in der AZJ gezeichnet wurde, war wiederum integriert in eine im weitesten Sinne religiöse Weltanschauung, die hinter dem Gang der Geschichte einen tieferen Sinn vermutete. Dreyfus erscheint in dieser Sicht quasi als Motor der Geschichte, der aufgrund seiner Unschuld und Standhaftigkeit die Geschehnisse ihrer Bestimmung nach in Richtung Wahrheit und Gleichheit vorantreiben sollte. Ungeachtet der religiösen und politischen Ausrichtung scheint jedoch allen Kommentatoren bewusst gewesen zu sein, dass die Dreyfus-Affäre ein Ereignis von welthistorischem Rang war.

Anmerkungen

1 Gleichwohl war die Emanzipation unter Maßgabe der Säkularisierung und Assimilation der jüdischen Gemeinden vonstatten gegangen, was sich in der Formulierung des Abgeordneten Clermont-Tonnerre niederschlug: »Den Juden als Nation ist alles zu verweigern, den Juden als Individuen ist alles zu gewähren«. Vgl. Victor Karady: Gewalterfahrung und Utopie. Juden in der europäischen Moderne, Frankfurt a. M. 1999, S. 69–73.

2 AZJ, 61. Jg., Nr. 50, 10.12.1897, S. 591.

3 Bspw. AZJ, 61. Jg., Nr. 28, 06.07.1897, S. 325-326; Gemeindebote zur AZJ, 61. Jg., Nr. 31, 30.07.1897, S. 3; AZJ, 62. Jg., Nr. 3, 21.01.1898, S. 40-41.

4 AZJ, 61. Jg., Nr. 32, 06.08.1897, Beilage, S. 4.

5 Vgl. Eckhardt Fuchs/Günter Fuchs: Die Affäre Dreyfus im Spiegel der Berliner Presse, vgl. im vorliegenden Band, S. 100.

6 Die gefälschten Protokolle der Weisen von Zion tauchten in Frankreich erstmals 1895 auf und sind bis heute – inzwischen in zahlreichen Sprachen veröffentlicht – der deutlichste Ausdruck der antisemitischen Vorstellung einer jüdischen Weltverschwörung. Vgl. Klaus Hödl: Die Pathologisierung des jüdischen Körpers. Antisemitismus, Geschlecht und Medizin im Fin de Siècle. Wien 1997, S. 157; Gerhard Czermak: Christen gegen Juden. Geschichte einer Verfolgung. Von der Antike bis zum Holocaust, von 1945 bis heute. Reinbek 1997, S. 142–143.

7 Diese Formulierung implizierte die Annahme, Juden bildeten eine disparate soziale und rassische Gruppe, deren Interessen sich grundlegend von denen der christlich-deutschen Mehrheitsgesellschaft unterscheide, aus diesem Grunde seien Juden nicht integrierbar und nicht als gleichberechtigte Staatsbürger anzuerkennen. Helmut Berding: Moderner Antisemitismus in Deutschland, Frankfurt a. M. 1988, S. 63.

8 Vgl. Sander L. Gilman: Dreyfusens Körper – Kafkas Angst, in: Julius H. Schoeps/Hermann Simon (Hrsg.): Dreyfus und die Folgen, Berlin 1995, S. 212–233.

9 AZJ, 58. Jg., Nr. 46, 16.11.1894, S. 541–542.

10 Ebenda, S. 541.

11 Ebenda.

12 AZJ, 59. Jg., Nr. 5, 01.02.1895, S. 52.

13 Ebenda.

14 AZJ, 59. Jg., Nr. 18, 03.05.1895, S. 210.

15 AZJ, 59. Jg., Nr. 6, 08.02.1895, S. 64.

16 Die Beiträge erschienen zwischen dem 03.01.1898 und dem 03.06.1898.

17 AZJ, 62. Jg., Nr. 1, 03.01.1898, S. 6.

18 AZJ, 62. Jg., Nr. 3, 21.01.1898, S. 33.

19 AZJ, 62. Jg., Nr. 38, 23.09.1898, S. 449.

20 AZJ, 70. Jg., Nr. 30, 27.07.1906, S. 354.

21 Ebenda, S. 355.

22 Steven M. Lowenstein: Die Gemeinde – Die jüdische Presse, in: Michael A. Meyer u.a. (Hrsg.): Deutsch-jüdische Geschichte in der Neuzeit, München 1997, S. 128.

23 JP, 29. Jg., Nr. 3, 19.01.1898, Beilage, S. 29.

24 JP, 29. Jg., Nr. 2, 12.01.1898, S. 14. Der unter dem Titel »Nach

dem ‚Richter'-Spruche« erschienene Text ist fast identisch mit einem Artikel von 15.09.1899.

25 JP, 30. Jg., Nr. 37/38, 15.9.1899, S. 411.

26 Ebenda, S. 410.

27 JP, 29. Jg., Nr. 2, 12.01.1898, S. 14.

28 IdR, 12. Jg., Nr. 9/1906, S. 497.

29 IdR, 4. Jg., Nr. 2/1898, S. 72.

30 Ebenda, S. 71.

31 Ebenda, S. 73.

32 IdR, 12. Jg., Nr. 9/1906, S. 497.

33 IdR, 12. Jg., Nr. 7–8/1906, S. 448.

34 Ebenda.

35 Hervorgegangen war die JR aus dem Berliner Vereinsboten (1895–1901) und der Israelitischen Rundschau (1901–1902).

36 Schlemiel (jidd. ‚Pechvogel'); Anspielung auf die Novelle Peter Schlemihls wundersame Geschichte von Adelbert von Chamisso, in der Schlemihl dem Teufel seinen Schatten verkauft. Dies mag als eine Anspielung auf den »Assimilationsdruck« verstanden werden, der im Zuge der Emanzipation der Juden aufkam.

37 JR, 9. Jg., Nr. 12, 18.03.1904, S. 109.

38 Ebenda, S. 110.

39 JR, 11. Jg., Nr. 29, 20.07.1906, S. 433.

V. Internationale Reaktionen

Dem mutigen Engagement Zolas für Alfred Dreyfus schlossen sich auch viele berühmte Künstler wie Claude Monet und Camille Pissaro sowie die Amerikanerin Marie Cassat, die Schriftsteller Anton Tschechow, Mark Twain und Henry James sowie die Schauspielerin Sarah Bernhardt an.

Die von Dreyfus erlittene Ungerechtigkeit führte dazu, dass der Komponist Edvard Grieg eine Konzertreise durch Frankreich ablehnte. Zudem drohte nach dem Erscheinen von *J'Accuse* ein weltweiter Boykott der bevorstehenden Weltausstellung, die 1900 in Paris eröffnet werden sollte.

Dank des technischen Fortschritts der Presse in Herstellung und Vertrieb konnten Künstler, Schriftsteller und Verleger weltweit ein interessiertes Publikum erreichen, das auf neue Nachrich-

HOMMES DE LETTRES (Suite)

ten im Fall Dreyfus wartete. Internationale Berichte und Kommentare sympathisierten größtenteils mit Dreyfus und seinen Verteidigern.

Zahlreich illustrierte und getextete Widmungen, Postkarten und Telegramme an Alfred und Lucie Dreyfus, Senator Scheurer-Kestner, Georges Picquart und Emile Zola dokumentieren die weltweite Solidarität. Darüber hinaus erwiesen sich auch öffentliche Versammlungen, das Theater und der Film als Mittel der Unterstützung. So wurde 1897 das Amerikanische Theaterstück *Devil's Island. A novel founded upon the famous Dreyfus Case* [»Die Teufelsinsel. Ein Roman auf der Grundlage des berühmten Fall Dreyfus«] in New York uraufgeführt und ging bis zur endgültigen Rehabilitierung Dreyfus' im Jahre 1906 auf Tournee durch die Vereinigten Staaten. In Deutschland wurde ebenfalls zeitgleich mit der Affäre ein Theaterstück namens *Capitain Dreyfus* auf die Bühne gebracht, das am 8. Februar 1898 an einem Hamburger Volkstheater seine Premiere hatte und binnen weniger Monate über 100 Vorstellungen verzeichnete.

Die umfassende Berichterstattung in der Presse und umfangreiche Zeugnisse der Unterstützung während der Dreyfus-Affäre sind ein Beleg für den internationalen Kampf um die Einhaltung der Menschenrechte.

The New York Press

READ EVERY DAY BY SIX HUNDRED THOUSAND PEOPLE.

VOL. XII.—WHOLE NO. 4,303.   NEW YORK, MONDAY MORNING, SEPTEMBER 11, 1899.—TEN PAGES.   BC   PRICE : ONE CENT in Greater New York. Jersey City TWO CENTS elsewhere.

THIRD RAIL "L" TRAIN ON FIRE; OTHER OUTBREAKS OF ELECTRICITY

Passengers Flee in Panic Along Airy Structure.

DESTRUCTION OF A MOTOR CAR

Blowing Out of Fuse Causes Unusual Kind of Fire, but Nobody Is Hurt.

It was an accident, unprecedented in the brief history of the third-rail system, that assailed the reputation for safety in Brooklyn yesterday of this method of transportation.

Thousands of persons were attracted by the spectacle of a burning train of two cars on the elevated structure of the Fifth avenue line at 2.30 o'clock in the afternoon. There were clanging fire engines and ambulances below; there were burning ears and fainting women and fleeing passengers above.

The two cars, motor No. 46 and passenger No. 32, were near Garfield place when a fuse box in the motor car blew out. Both cars were crowded, about two hundred passengers being aboard. The motor car frantic was increased by electric discharges, and toast late flashes.

The passengers first clambering into the rear car, which was jammed.

The train rolled on, no progress fanning the flames. Anxious on each side of the street were searched. The situation was serious, as there is no guard rail on that point, such as is maintained on the elevated structures in Manhattan, and a guard motor fairly was increased by electric discharges.

Among the passengers were two men of coolness—Captain Allen of Engine No. 56 of the Fire Department, and Patrolman Lang.

"Keep cool! There is no danger! You will be cool stop!" they shouted repeatedly to the frightened passengers as the train rushed on. Finally the cars were brought to a stop near First street. The women who had fainted were revived. The passengers in the rear car, through a panic, so the figures were crowding along the track, and at the Union street station the train pulled into safety.

The motor car was concerned completely, so firing something but the trucks. The passenger car was damaged seriously. The ambulances were summoned, but the surgeons were kept busy for some hours in the making of the passengers who had been injured.

The poor structure of the accidents was the collision early in the morning between two ears of the Broadway avenue line on the Williamsburg road, by which Motorman Pinsberg and conductor Manhattan, Berrigan were both hurt. Berrigan, 30 years old, and Alice Smith.

The car across the wagon was transformer and killed the horse. Pinsberg was thrown out, and both his legs were cut off just below the knee. He was taken to the Eastern District Hospital. Alice Smith was probably injured and received a fracture of the skull. The next car girl were treated and killed a horse on the Broadway avenue line in New York and kings.

PAPAL DUKE IN A NEW ROLE.

De Loubat Founds Professorship in University of Berlin.

BERLIN, Sept. 10.—The National Zeitung says:

"A New Yorker, Duke Joseph Florimond de Loubat, a resident of France, has founded a professorship in the University of Berlin for Americans, at a cost of 80,000 marks.

The Emperor must confirm the foundation before it is valid."

Joseph Florimond de Loubat was born in New York on January 21, 1831. He inherited a large fortune and made great gifts to charitable institutions, including an endowment of property valued at $1,000,000, together with funds and connections, to the Catholic University. He was made papal duke in 1893 by Leo XIII for the Pope. He was a member of the the Metropolitan Museum of Art, the American Geographical Society, the New York Academy of Science, the American Numismatic Society, of the United States. He has just last year in her London mansion in Paris. In his Italian residence at the Castel Blanco. In the last last year he has made his abode in Paris. He became famous in New York by reason of the fashionable cruise (or reminiscences) after he had been dropped by the club.

GEN. BULLER TO GO TO AFRICA

Although Aspect Is More Peaceable, Boers Rush War Plans.

LONDON, Sept. 11.—It is understood that General Sir Redvers Buller will start for the Cape in next December. The Indian authorities are chartering steamers as transport troops to South Africa as rapidly as possible.

Although the aspect of affairs is more peaceable, the special dispatches from Johannesburg report the actual preparations along the Pretoria boulevard persons left town on Saturday, and it is promised to abandon of Johnson, and thus run almost of the population.

A dispatch from Bloemfontein reports the distribution of arms and a considerable surplus in cape Colony. According to this Johannesburg Town Press is operating of railway of cape men, to short relief works, to meet the exceptional floods.

A dispatch from fashion reports the distribution of arms and to the imminent of war permissions in the Transvaal.

THROWN FROM TANDEM TO DEATH

At Sudden Turn in Road the Rider Was Killed and Another Injured.

Thrown from a tandem bicycle, Eugene Blonck of No. 70 West Ninety-eighth street, Manhattan, was killed yesterday on West New York. His riding partner, Charles Dellmann of No. 164 East Fourth street, was injured seriously.

They were riding along the Hudson County Boulevard's new loop, and had been following a bunch of riders, all of whom were going at a rapid pace. At Manhor Park the loop makes a sudden turn to the westward. Blonck and Dellmann were tempted for the situation in front. They had kept on top the track on the landing bank it was too late to turn or the riders crashed on one side of the road.

Both shot over the handlebars. Blonck struck his head against an electric pole and had probably fractured his skull. Dellmann was thrown and his arm broken. Both men were fractured and his head struck the pole on the broken stone, in Christ Hospital, in Jersey City.

CROKER WINS BROOKLYN BOSS

Boy Playing in the Street Picks Up a Live Wire.

CAR CRASHES INTO A HOUSE

Wagon Is Run Into, Driver's Hips Are Broken, and Doctors Say He Will Die.

There were three other accidents in Brooklyn due to electricity, and all were peculiar.

First, Joseph Wilson, 7 years old, while playing with other children at Forty-second street and Fourth avenue, was attracted by a wire lying in the street. He picked it up. In an instant a current was running through his body.

He screamed and fell senseless in the roadway, the wire still in his grasp, and a bluish flame playing between his fingers.

Two of his playmates ran to the nearest police station, and a patrolman was sent to the rescue. When he reached the prostrate child Joseph's clutching was on fire and his hand was scorched. The patrolman attempted to release the wire and received a shock which knocked him down.

When the boy's grip was loosened he was still unconscious, and at the hospital last night it was said that his recovery was doubtful. The fuse wire belonged to the Citizens' Electric Light Company.

Two in the second conference which Tammany Hall has had within a week with the Democratic organization of Kings County. The first was held in the Union Club to this city, and several Southern men, and they were forced to cling to the furled narrows to prevent his being caught in the whirlwind. At intervals smaller spouts shot up from the sea. Around of this city the first and most smoke here rose others, each bigger in sequence than the original form, for a scene or immense action. A wide fringe of light gray clouds surrounded the central black cloud.

CROKER AND SHEVLIN MEET.

The principals in it were Richard Croker himself and James Shevlin. Mr. Croker reached Saratoga ten on the afternoon of September 2, and drove three times to Saratoga. Mr. Shevlin arrived in Saratoga about the same time, and went at once to Senator's home.

This was at the time when Croker reigned in Michigan and when Carroll and others were fearful that nothing could be done to prevent the McLaughlin contingent from gaining revolutions instead of the position taken by controller Coler and Bridge Commissioner Shea in the Tammany council.

Under there was in touch with the situation and was feeling direct with headquarters, and when Shevlin bade him goodbye on Monday afternoon that Croker had his answer. It ran in this way: Croker and Shevlin paused on Tammany, and the anti-Croker organization files in the Democratic State organization. What Croker gave to return for this politically the developments of the next few days will determine.

SHEVLIN KEPT FAITH.

Shevlin came from Saratoga to Brooklyn and the Kings County General Committee was about on Tammany and the Senator. Shevlin had kept faith and Croker was so early to mind that continued his precious until Saturday. What Hill might say or think, so long as McLaughlin was in line, was of no concern to Croker. But, from some the other side of the General Hill and leaving of faith in Tammany—and it is for the purpose of seeking Shevlin's confidence.

Shevlin went to Newark and was about in the bosom of the Sen. N. 3 waters of No. 32 George street, with whom he was acquainted, and said he could not explain any reason the acquaintance of this convention.

"I am guilty," he said, "and I want to know what I should do."

The guest talked to him kindly, and the mother of the conference was "Meeting's greeting to the public. Mr. Disappearance he said, be had decided to forego a trial and throw himself upon the mercy of Court. He was then by hand and yesterday, with a detective, and "ran in a hansom, he believed to have been detrimental for a surrender.

HONORS PATRON SAINT YEARLY

Italian Spends Savings in Celebrating Recovery from Illness.

NEW HAVEN, Conn., Sept. 10.—Four years ago Antonio Marco prayed to his San. jito Mary when he supposed he was dying. He says that his prayer saved his life. He made up his mind to spend the savings of the year in an offering to his patron saint.

This year Marco lives faster than, in case of this year spent this $1,000 in a new exhibition of gratitude. Last night 2,000 are lights shed their glory around his residence. two electric bands played and an orchestra furnished the San. Harmony, afternoon and evening services have been conducted by the Italian church, and. yesterday all service concluded with the grand. musical feature of the street. Marco contributed $500 for the celebration, and working-men for the street. The money will be used to cash and switching up the same of the street.

GREAT WATERSPOUT SWEEPS OVER SEA

Narrow Escape of Coasting Steamer and Yachts.

Phenomenon Witnessed from the Atlantic City Beach by Hundreds of Early Risers.

Special to The Press.
ATLANTIC CITY, N. J., Sept. 10.—Rising 300 feet above the ocean, a triple waterspout swept past this city early this morning, lashing the surf into fury, and hundreds of fishing boats within three miles of the shore, and just avoiding an unknown coasting steamer and a tug and barges.

The spout was the spout of the waterspout, traveling to the eastward, thus in forty-five minutes after first sighting it had disappeared.

A huge balloon-shaped black cloud rose, apparently from the sea, off Brigantine Beach, at 5 a.m., coming forward across Inlet, with a swirling vortex of water probably 80 feet wide at its base and top, tapering to a few feet in the centre, according to those who had a close view. The waterspout passed within 100 yards of the yacht Surveyor, Captain Abe Ostis, and George Dougherty's yacht.

On the Surveyor were George J. Fisher and Ernest Jones of New York; Dr. E. M. Peckard and Dr. Walter Shoemaker of this city, and several Southern men, and they were forced to cling to the furled narrows to prevent his being caught in the whirlwind. At intervals smaller spouts shot up from the sea. Around of this city the first and most smoke here rose others, each bigger in sequence than the original form, for a scene or immense action. A wide fringe of light gray clouds surrounded the central black cloud.

CONSCIENCE CAUSED RETURN.

Missing Defaulter Surrenders and Is Ready for His Punishment.

NEWARK, N. J., Sept. 10.—Rudolph Manning of No. 48 West Twenty-third street, New York, embezzled $2,500 from the Newark Coal Company when he was in its employ. His defalcations extended from September 10, to February 28, 1899. A warrant was sworn out in last March by William C. Ward, manager of the company, charging him with larceny. Manning was missing ever since.

Late last night he came to Newark and went to the house of the Rev. N. S. waters of No. 32 George street, with whom he was acquainted, and said he could not explain any reason the acquaintance of this convention.

"I am guilty," he said, "and I want to know what I should do."

The guest talked to him kindly, and the mother of the conference was "Meeting's greeting to the public. Mr. Disappearance he said, be had decided to forego a trial and throw himself upon the mercy of Court. He was then by hand and yesterday, with a detective, and "ran in a hansom, he believed to have been detrimental for a surrender.

NEWS OF PEARY IN FROZEN NORTH

He Lost Several of His Toes from Frostbite.

MADE VALUABLE DISCOVERIES

Found Greely's Old Headquarters Intact and Recovered Records and Instruments.

BRIGUS, N. F., Sept. 10.—The Peary-Hartmsworth steamer Windward, Captain John Bartlett, from Etah, North Greenland, August 26, arrived here today, reporting all well on board. She will be followed in a week by the Peary Arctic Club's steamer Diana, Captain Samuel W. Bartlett, also from Etah. The Windward reports that all on board the Diana were well at the time the vessels separated.

The two steamers met at Etah on August 12 and worked in company into the personal director of Lieutenant Peary in collecting supplies for the winter and the equipment for next spring's campaign. The Windward was icebound in All Man Bay, on the west side of Kane Basin, about 37 1/2 miles north of Cape Sabine, from August 9, 1898, to August 1, 1899, being in a sort of winter, officially unidentified by wind or current.

SEASONS ONE OF CALMS.

The season was one of continuous calm, with little snow, the minimum temperature of the ship being 37 degrees below zero, Fahrenheit. All the Windward's command, including the ice Eskimos, were in good health, although the winter had not been severe. At intervals smaller spouts shot up from the sea, and some of them, bearing down upon other of the ship's. of the officers aboard, and no harm came in the original form, for a scene or immense action. None of the Eskimos realized their danger until the waterspout almost was upon them.

PEARY'S DARING WORK.

As soon as the spring he could bear a reckless Lieutenant Peary made a careful reconnaissance of the many was maintained of Allman Bay and carefully defined the lands and waters between that point and Cape Sabine. The coast line of Princess Marie Bay and Buchanan Bay, hitherto unknown, was accurately defined, and Hayes Sound was demonstrated to be a myth.

This work completed, Lieutenant Peary and his sledge parties started away again and laid in a supply of Peary meat, including musk oxen, seal and birds, for the winter. Utilizing the summer, so the record accompanied to Fort Conger, the headquarters of Lieutenant A. W. Greely.

He had the misfortune to have both feet frostbitten, and eventually all eight of his toes were amputated; but while this proved a very great hardship to make the trip, he was handed all the way to the Windward, which covered forty-five miles afterward. Compilation recovery followed rapidly, and he now walks, as well as ever.

AT FORT CONGER.

Lieutenant Peary found Fort Conger extremely as Greely left it. The table was spread with food from the last meal, all the little adjustments had remained undisturbed for eleven years. The buildings were in the condition, though some of these would not be serviceable much longer. He took possession of the property, reformed a part of it, and intends to use the unoccupied buildings to forward his expeditions into the interior. Lieutenant Greely believed to have been detrimental in its service.

He brought away, and in sealing boxes, the original Greely records, the remains of Lieutenant Henderson, F. D., of the Signal Corps, and other relics. Lieutenant Peary returned and occupied Fort Conger, and many day following some of cape Sabine in search of fresh meat of Lifeboat Cove, discovering the bodies of the Lieutenant Greely wrecked party and other relics of Kane's expedition, all of the cabin long years to its end. His presence of scattered relics found some the mouth of Lifeboat Cove, discovering was tried the body of Longfellow, the seaman lost by Greely expedition, some days and night-fall, and a member whose body was never recovered.

KNEW OF THE FRAM.

The Fram relieved near Cape Sabine of Hatchet Isle. Lieutenant and then sailed out to sea. They effort to cross in which was her a month's cruise in which the of the expedition on board the steamer may never be satisfactorily explained. Lieutenant Peary knew nothing of the presence of the Fram before his departure.

Change of Time on Sandy Hook Route.

The steamer Wm. Fletcher of the Sandy Hook route returns begins October 1, and No. 22 of the Sandy Hook route running service on the New York and Sandy Hook route in connection with the new time-table, the hours of Sunday and the time of sailing of trains.

RESENTMENT AGAINST FRANCE MAY RUIN 1900 EXHIBIT

Many Hebrews and Christians to Boycott Paris.

GREAT MOVEMENT IS GROWING

Meetings to Be Held in New York, Louisville and Other Places to Protest Verdict.

France, which chose to condemn an innocent man because of his religion, takes all signs fail, will feel the weight of the resentment of the world, expressed against her in a manner which will touch her in a tender spot. Nothing was talked of more yesterday than the verdict and sentence of Dreyfus, and merchants and manufacturers were free to express their disgust over the finding in no uncertain terms.

Inquiry among them showed that many who had made plans for exhibiting in the Paris Exhibition, were so angry that they had decided not to exhibit. Many others, who had intended to visit the Exhibition, declared that they would not go. While this sentiment was strongest, of course, among the Hebrews, it was not by any means confined to them.

LOVE OF FAIR PLAY.

The love of fairness and religious toleration is so strong among the American people that, irrespective of religious belief, there was a deep-seated resentment against the action of the French court-martial in its several this guilt and sent him to prison again. Chairmen, ministers, merchants and professional men were outspoken in their denunciation of the action of the French court-martial, and merely all agreed that the best way to approved their disapproval of it was to refuse to take any part in which will only delay the Fair, to which bring material much to the geographical for which it is expected to have its prominence. The prominent citizens spoke of the folly that the action was largely attended a mass when the most prominent, and deep-seated resentment against the action of the French court-martial in its several this guilt and sent him to prison again, and the action of the Drey.

TO HOLD MEETINGS.

At the Progress Club, Fifth avenue and Sixty-third street, the directive verdict was the topic of conversation all day. The members were unanimously bitter and said that no abuse would be left unturned to give the voice a general of the verdict, if this was possible. Were all that, so wish set up a protest for Hengen. Indeed, to protest a verdict the club is arranging for it held a mass meeting, at which to held the most prominent speakers in the city. Who shall be held will probably will be held in Carnegie Hall.

QUESTION OF CIVILIZATION.

"The question no longer is one of religion, but one of civilization and liberty," said one who had so much to do with the action of his club, "therefore to be the the condemnation of the from French court-martial has been more eloquently set forth than in the action of France, which stands behind the barb of mon to reject a verdict which prove a man to be innocent, and so much so of the action of the United States Government, and the question on which it so firmly stands."

IN AUSTRIA AND ITALY.

ROME, Sept. 10.—Proposals have been made in both Austria and Italy to induce both countries to boycott the Paris Exhibition as a protest against the verdict of Rennes.

Demonstrations in condemnation of the verdict occurred in every several Italian cities, including the demonstrations in which the police were forced to interfere. In Turin the anti-Dreyfusards were hissed and hustled out of the cafes, and the cafes were forced to close early on this account.

In Milan, which was the scene of the most bitter demonstration in every country against the verdict, and a meeting was forced to be held in a private house.

KNOW OF THE FRAM.

The town has long been quiet. There was just been a sign of a file and just a protest for Hengen. Resentment has, these events in the newspapers, the meetings in America and England, and the action taken elsewhere, A. great deal is spoken and the from the discussion in the newspapers, the meetings in America and England.

LOUISVILLE AROUSED.

LOUISVILLE, Sept. 10.—Special.—The members of the Hebrew communities here are greatly aroused at the convictions of Captain Dreyfus, and they will hold a mass meeting to-morrow evening in denunciation of it. The chief Hebrews are much outspoken in their condemnation of it.

Rabbi A. Moses has announced his intention of delivering a strong sermon next Saturday morning that also to be of the boycott to the Paris Exhibition, and it is probable that the movement will gather strength in this and in other cities.

NEWS OF PEARY [continued]

Dreyfus Bears Up Under the Verdict.

HOPES SOON TO GAIN

Lawyers Hasten to Appeal, Sees Downfall of Republic Court's Decision.

RENNES, Sept. 10.—Dreyfus received the terrible shock of his new conviction with marvelous fortitude. He may be seemed stupefied when Labori communicated to him the decision, but since he has rallied a quiet night and rose to-day brought water at 5 o'clock last night, but he did while still going on.

Mme. Dreyfus and M. Mathieu, his brother, visited Dreyfus in the course of the afternoon, his brother frequently leaving here for application to the Court of Cassation and he taken to him at noon by Maitre Mornard and he signed it.

THE BETTER SPIRIT.

To-day he has spoken only to him, reseated in better spirits than he was before. The bitter resentment against the action which condemned a man whom the defense pretends to be innocent, has not been present. Chairman Labori in his hotel that is apparently broken-spirited. His wife seriously was affecting his health, and he expects to be decision if, which will in five the future of his former condition.

WANTS TO REAPPEAR

He is so eager on the point make a success of the wife, but need in the meantime, regularly in recent events that he made to prosecute unsuccessful. When the friends the action, and he expects to be decisive it, which will in five the future of his former condition.

VERDICT AN INFAMY

"The verdict," he added, "of the Captain Dreyfus in is pure desire and its one known. He has been informed the moment of his arrival is for the least and prejudice is ruin in his health was not improved, and the affairs of particularly terrible like to reunite it, but the general condition. His career the Dreyfus of the Court was most great."

TOWN WAR CALM.

The town to-day has been quiet. There has just been a sign of a file and just a protest for Hengen. Resentment has, these events in the newspapers, the meetings in America and England, and the action taken elsewhere, A. great deal is spoken and the from the discussion in the newspapers, the meetings in America and England.

DIFFERENCES OF OPINION

The officer said a rare difference of opinion concerning the fate of the verdict—for its degrees, and whether the military confined to wreck the honor to be found regret as much with for officers but whether they would, and among several officers there deeply evidences wide, differences in conviction tempered by much difficulty. Nor would they, several officers the present generation, and the French nation should enjoy complete, they are but in view.

VIEWS OF M. CLEMENCEAU

The correspondent of the Associated has intervened M. Clemenceau on the still no more shameful in the history France has ever been known. History for these years for a traitor, who is simply deciding the question of a degraded captain, but whether the French Republic could support the shameful conspiracy which has been well fostered, and the wreck of the Cassation has brought, there to see to see to France if military reject it, and the from the condemnation for a result, was the French nation of from the degree of acquitting it and had is appealed, and the condemnation finished was.

NO EXPLANATION

Colonel Jouaust died declined the two more eager men and regretting, but, with the friends to-day, he expressed.

NEBRASKA CHAPLAIN NO ANTI

Rather Than See Backward Step in Philippines He Would Fight.

LINCOLN, Neb., Sept. 10.—The Patriot chaplain Mailley of the First Nebraska regiment, who preached the sermon at the formal meeting of the State G. A. R. reunion this evening, said that the policy of the Philippines in serving at anti-government.

He declared the war in Luzon a holy one, and said that rather than see a backward step taken he would return to the islands and fight, and its soldiers surrendered these mistreated.

THREE DROWNED IN WRECK

British Steamer Sunk Norwegian Bark Olga.

BARRY, Sept. 10.—The British steamer Penryn arrived to-day and reports having been in collision with the bark Olga (Norwegian), Captain Edward, off Lundy Island, in the Bristol Channel, sinking her and drowning three of the crew, including the captain. The remainder of the crew were picked up by the Penryn and brought here.

Daniela Väthjunker

Marianne und Germania

Die französisch-deutschen Beziehungen zur
Zeit der Dreyfus-Affäre

*»Wenn die Pestbeule am französischen Leibe langsam
und allmählich in Säfte und Blut übergeht, chroni-
sches Siechtum entsteht und die geschwächte und
entehrte Republik weiter vegetiert, könnten wir uns
Glück wünschen«*, schrieb Bernhard von Bülow 1893
an den Fürsten Eulenburg. Das deutsch-französische
Verhältnis stand auch Jahrzehnte nach dem Krieg von
1870/71 und der deutschen Annexion von Elsass-Loth-

1

ringen nicht zum Besten. Zwar deutete sich immer wieder eine relative Entspannung zwischen den Nachbarn
an, es blieb jedoch stets bei Gesten und Episoden. Das
Verhältnis während der Affäre Dreyfus sollte daher im
Gesamtkontext der deutsch-französischen Beziehung
nach 1870/71 gesehen werden, der auch wirtschaftliche Verbindungen und das gegenseitige Bild vom
Nachbarn mit einschließt.[1]

Das Hauptziel der Reichsregierung gegenüber
Frankreich lag in dessen Isolierung innerhalb der europäischen Staatenwelt mit dem Zweck, das Deutsche
Reich gegen einen Revanche-Krieg zu sichern. Indem
es sich in ein Bündnissystem zwischen Drei-Kaiser-Ab-

kommen 1881[2] und Dreibund 1882[3] eingliederte, sollte
einerseits verhindern, dass Frankreich insbesondere
bei Russland Hilfe findet und sollten andererseits Unterstützung bei einem französischen Angriff garantieren.
Auf dieser Basis war das Deutsche Reich imstande, im
Rahmen verschiedener Gesten eine friedlichere Politik
gegenüber ihrem Nachbarn einzuleiten. Eine wirkliche
Annäherung zwischen den beiden Staaten scheiterte
allerdings. Erst in den 1890er Jahren
schien unter veränderten Vorzeichen der
Weg für eine gegenseitige Annäherung
frei. Die Gründe dafür waren vielschich-
tig: Aus einer zunächst ökonomischen
Annäherung zwischen Frankreich und
Russland auf dem Pariser Kapitalmarkt
entwickelte sich 1892 eine französisch-
russische Militärkonvention. Frankreich
hatte sich damit in eine bessere Ver-
handlungsposition gegenüber dem
Deutschen Reich gebracht.

Der französische Kapitalmarkt war
aber durchaus auch für deutsche
Wirtschaftsinteressen offen, ebenso
wie umgekehrt, was zu intensiver Zusammenarbeit
zwischen deutschen und französischen Bankiers bei
ausländischen Staatsanleihen sowie Niederlassungen
und Investitionen deutscher Industrieunternehmen
in Frankreich führte. Ähnlich positiv entwickelten sich
die Handelsbeziehungen: zwar stagnierte der Wa-
renaustausch nach anfänglichem Aufschwung in der
Nachkriegszeit in den 1880er und beginnenden 1890er
Jahren durch eine verschärfte Zollpolitik beider Länder,
machte aber insgesamt, insbesondere seit 1898, erhebliche Fortschritte.

Ein weiterer Grund für die beginnende Entspannung ist in dem Rückgang der Protestbewegungen

in Elsass-Lothringen zu sehen. Dazu hatte einerseits sein wirtschaftlicher Aufschwung einhergehend mit dem des Deutschen Reiches beigetragen, anderseits war eine neue Generation herangewachsen, deren Bezug zu Frankreich nur noch aus Erzählungen und Traditionen bestand. Die Forderung der Rückkehr von Elsass-Lothringen nach Frankreich verlor in der französischen Öffentlichkeit ihren Nachdruck. Kaum jemand setzte sich noch für eine Rückgliederung der verlorenen Provinzen durch einen Revanche-Krieg ein. Vielmehr ging die Mehrzahl der Bevölkerung zunehmend von einer friedlichen Revision des Frankfurter Friedens oder von einer Lösung im Rahmen des Selbstbestimmungsrechts der Völker aus. Einige Franzosen hätten Elsass-Lothringen sogar am liebsten ohne eine Rückgliederung und als neutralen Puffer zwischen Frankreich und dem Deutschen Reich gesehen. Dieser langsame Wandel weg vom Revanche-Gedanken zog sich durch das gesamte französische Parteienspektrum und ging einher sowohl mit dem defensiven Nationalismus der Rechten als auch mit dem Pazifismus und Antimilitarismus der Linken.

Diese Einstellungen zu einem Vergeltungskrieg gegen das Deutsche Reich änderten jedoch kaum das Bild, das man in Frankreich von seinen Nachbarn hatte. Bis zum Deutsch-Französischen Krieg war es – von beiden Seiten – durchaus positiv gesehen worden: im Laufe des 19. Jahrhunderts hatte sich – begründet durch das romantisch deutsche Idyll in Germaine de Staëls Buch *De l'Allemagne* (1808) – die französische Vorstellung, vor allem der Geisteswelt, vom Deutschen als Dichter und Denker, vom Land eines Goethe und Schiller, derart manifestiert, dass nicht einmal Rheinkrise und aufkommender Nationalismus das Idealbild erschüttern konnten. Als dieses mit der kriegerischen Konfrontation zerbrach, entwickelte sich besonders in der breiten Masse ein neuer Patriotismus, der das ‚gute Deutsche' durch das ‚grausam Soldatische' ersetzte. Eine Annäherung war auf der Basis einer solchen, vor allem bei den unteren Schichten, lange Zeit auf Misstrauen gegenüber dem Deutschen Reich beruhenden, öffentlichen Meinung vorerst nicht möglich. Die deutschfreundliche Stimmung in den intellektuellen Schichten Frankreichs

sah man im Deutschen Reich eher als eine temporäre, durch die *Faschoda-Krise*[4] bedingte Tendenz. Die deutsche Seite konnte nicht glauben, dass Frankreich den Revanche-Gedanken tatsächlich aufgegeben hatte.

Das gegenseitige Misstrauen, das Frankreich und das Deutsche Reich gegeneinander hegten, stellt einen der Gründe dar, warum unter den vielversprechend erscheinenden wirtschaftlichen und politischen Vorzeichen eine Annäherung zwischen der Dritten Republik und dem Kaiserreich nicht möglich war. Eine nicht zu vernachlässigende Hürde bildete außerdem der Gegensatz der Regierungssysteme. Die französische Republik stellte unter Ablehnung des Gottesgnadentums die Monarchie in Frage. Darüber hinaus gab es eine Reihe von Gründen, auch auf gesamteuropäischer Ebene, die das Verhältnis zwischen den beiden Nachbarn über eine relative Entspannung nicht hinausgehen ließ.

Einer von ihnen war die Affäre Dreyfus, die zwar keinen tiefgehenden Bruch in der Beziehung herbeiführte, aber dennoch ein jahrelanges Tauziehen hervorrief. Für das Kaiserreich begann die Dreyfus-Affäre mit der Äußerung der französischen Presse, der Verrat des Hauptmanns sei zu deutschen Gunsten erfolgt. Um einer solchen Anschuldigung sofort energisch entgegen zu treten, verlangte der deutsche Botschafter in Paris, Graf Münster, ein kategorisches Dementi. Da der französische Außenminister Hanotaux allerdings kaum widerrufen konnte, was er selbst und ganz Frankreich für wahr hielten, blieb es zunächst nur bei einer recht ungenauen Meldung. Erst auf Proteste Münsters hin, veröffentlichte Hanotaux – ein diplomatischer Zwischenfall musste vermieden werden – ein offizielles Dementi, das nun auch die deutsche Botschaft zufrieden stellte, zumal sie das Bedauern der französischen Regierung über diese Situation durchaus ernst nahm.

Beide Seiten gingen davon aus, dass Dreyfus zwar an Deutschland verraten wollte und damit schuldig sei, zur Ausführung seines Plan aber noch nicht gekommen war. Damit erklärte sich auch, warum er in der deutschen Botschaft gänzlich unbekannt war. In Anbetracht dessen, hielt man es für das Beste, die Sache nun auf sich beruhen zu lassen, da man dadurch einerseits von einer beschleunigten Beruhigung der Angelegenheit ausging, anderseits infolge eines ernsthaften Vorgehens gegen die französische Regierung mit einer verstärkten Annäherung an Russland rechnete. Trotzdem versicherte die deutsche Botschaft immer wieder, dass Dreyfus weder ein deutscher Spion sei noch seine Dienste dem Deutschen Reich angeboten habe.

Nach der Urteilsverkündung im Fall Dreyfus zeichnete sich eine baldige Beruhigung in der Angelegenheit ab, bis die Reichsregierung eine Erklärung seitens der französischen Führung verlangte, die eindeutig eine deutsche Beteiligung an den Machenschaften des Hauptmanns ausschloss. Die Wogen zwischen den beiden Nachbarn waren erneut geglättet, als Frankreich dieser Forderung nachkam. Einer letztgültigen Beendigung der zwischenstaatlichen Probleme in dieser Hinsicht schien nichts mehr im Wege zu stehen, zumal das Deutsche Reich die Angelegenheit fortan ignorierte, selbst als im Herbst 1896 mit der von Mathieu Dreyfus zur Wiederbelebung des öffentlichen Interesses erfundenen Nachricht über die Flucht seines Bruders und der Broschüre von Bernard Lazare das Verfahren um Dreyfus erneut von der Presse aufgegriffen wurde. Dieser Zeitpunkt war aber insofern von Bedeutung, als der deutsche Militärattaché in Paris, Oberstleutnant von Schwartzkoppen, das in diesem Zusammenhang am 10. Oktober 1897 im *Matin* veröffentlichte *Bordereau* und damit die Verwechslung zwischen Dreyfus und Esterhazy erkannte. Zunächst unterrichtete er allerdings nur den Major im Nachrichtenbüro, Dame, von dieser Erkenntnis. Die politische Leitung in Berlin erfuhr erst etwa ein Jahr später im Zusammenhang mit seiner Versetzung, die vom Generalstab als Vorsichtsmaßnahme arrangiert worden war, von den wahren Umständen. Botschafter Münster ließ man dabei nach wie vor im Unklaren; stattdessen musste er nochmals versichern, dass Schwartzkoppen weder in irgendeiner Verbindung zu Dreyfus gestanden habe noch das *Bordereau* bei ihm gefunden worden sei.

Für die Reichsregierung stellte sich nun die Frage, ob nach Kenntnisnahme der Verwechslung ein Eingreifen zugunsten Dreyfus' erfolgen sollte. Im Wege stand dem freilich die Geheimhaltung der eigenen nachrichtendienstlichen Interna.

Der Staatssekretär des Auswärtigen, Bernhard von Bülow, ergriff die Initiative als Anfang Dezember 1897 unmittelbar nacheinander sowohl Kammer als auch Senat sich über die Korrektheit der Verurteilung des Hauptmanns wegen Verrats aussprachen. Mit einer Interpellation im Reichstag, bei der von Bülow jegliche Verbindung des Deutschen Reiches mit Dreyfus verneinte, mussten die Aussagen der beiden Kammern Lügen gestraft werden. Dementsprechende Vorstöße unternahm die deutsche Regierung noch einige Male, immer mit dem Zweck, die Aussagen der französischen Regierung unglaubhaft zu machen und damit die Auseinandersetzung zwischen *Dreyfusards* und den *Anti-Dreyfusards* weiter anzufachen. Schließlich war nach Ansicht von Bülow die innenpolitische Schwäche Frankreichs die beste Garantie für seine Bündnisunfähigkeit, insbesondere mit Russland, und damit für die deutsche Sicherheit. Seine Absicht lag daher darin, die Instabilität der französischen Regierung noch weiter voranzutreiben.

Als das Revisionsverfahren um Dreyfus endlich in Gang gekommen war, ersuchten im Laufe des Sommers 1899 sowohl wiederholt der französische Ministerpräsident Waldeck-Rousseau um Mithilfe des Deutschen Reiches in Form einer prozessfähigen Erklärung, als auch die Bitte von Kriegsminister Galliffet und dem Dreyfus-Anwalt Labori um eine Stellungnahme Schwartzkoppens. Zu einer Aussage kam es aufgrund der ablehnenden Haltung des Gerichts zwar nicht, doch wies man offiziell noch einmal auf die Erklärungen Münsters während des ersten Prozesses hin. Dadurch hatte man im Gegensatz zur französischen Regierung wieder einmal seinen guten Willen gezeigt. Indem Dreyfus allerdings erneut für schuldig befunden wurde, war die deutsche Regierung kompromittiert.

Als Entgegnung hielt die Reichsleitung eine Abberufung der Militärattachés der Dreibundstaaten für das geeignete Mittel, schließlich wollte man diese ‚Niederlage' gegenüber Frankreich nicht auf sich beruhen lassen. Allerdings scheiterte diese Absicht einer kraftvollen politischen Demonstration an der Intervention Kaiser Franz Josephs, der dieser Angelegenheit weit weniger Bedeutung beimaß als das Deutsche Reich, und dem plötzlichen Wandel Wilhelms II. selbst. Danach beruhigten sich die Beziehungen zwischen Frankreich und dem Deutschen Reich hinsichtlich der Affäre Dreyfus endgültig.

Sämtliche Interventionen von Bülows scheinen damit sinnlos, da seine oberste Maxime in dieser Angelegenheit, nämlich die Schwächung der europäischen Sympathien für Frankreich infolge des schrecklichen Unrechts an Dreyfus, auf Dauer keinen Bestand hatte. Von Bülow ging es dabei, anders als dem deutschen Kaiser, zu keiner Zeit um den Unschuldigen. Wilhelm II. verfolgte den Vorgang, wie seine Randbemerkungen nach der Lektüre von Zolas *J'Accuse!* zeigen, mit einem mehr auf die betroffenen Personen bezogenen Interesse. Auch wenn er offensichtlich von der Unschuld Dreyfus' überzeugt war, könnte man ihn naturgemäß nie zu den, die bürgerlich-demokratische Gesellschaftsordnung vertretenden, *Dreyfusards* zählen.

Mit dem Ende der großen Aufregungen um die Affäre Dreyfus in Frankreich, beruhigte sich diesbezüglich auch das deutsch-französische Verhältnis wieder. Auch wenn der Ton mitunter etwas rauer war, ging es nie über einen diplomatischen Zwischenfall hinaus. Vielmehr muss dies im Zusammenhang der deutsch-französischen Beziehungen gesehen werden: Eine Affäre Dreyfus allein konnte das Verhältnis nicht nachhaltig verändern.

Anmerkungen

1 Die Ausführungen stützen sich vor allem auf die grundlegende Arbeit von Jacques Bariéty/Raymond Poidevin: Frankreich und Deutschland die Geschichte ihrer Beziehungen 1815–1975, München 1982; Wolfgang Leiner: 1870/71 – Wandel des Deutschlandbilds im Spiegel der französischen Literatur, in: Franz Knipping u.a. (Hrsg.): Eine ungewöhnliche Geschichte. Deutschland – Frankreich seit 1870, Bonn 1988, S. 28–46; Hans-Ulrich Wehler: Das deutsche Kaiserreich.1817–1918, 7. Aufl., Göttingen 1994; Peter Winzen: Bülows Weltmachtkonzept. Untersuchungen zur Frühphase seiner Außenpolitik 1897–1910, Boppard am Rhein 1977. Über die deutsche Diplomatie: Gerhard Simsons: Georges Picquart, in: Einer gegen Alle, hrsg. von Gerhard Simsons, München 1972, S. 109-211; Militärattaché von Schwartzkoppen: Die Wahrheit über Dreyfus, hrsg. aus dem Nachlass von Bernhard Schwertfeger, Berlin 1930; und die bisher einzige, überaus ausführliche Monografie über die deutsche Diplomatie im Rahmen der Dreyfus-Affäre von Ernst-Otto Czempiel: Das deutsche Dreyfus-Geheimnis. Eine Studie über den Einfluss des monarchischen Regierungssystems auf die Frankreichpolitik des Wilhelminischen Reiches, München 1966.

2 Das Abkommen zwischen dem Deutschen Reich, Österreich-Ungarn und Russland bestand bis 1886.

3 Verteidigungsbündnis zwischen dem Deutschen Reich, Österreich-Ungarn und Italien.

4 Auslöser war die britische Kriegsdrohung nach einem Zusammenstoss französischer und britischer Kolonialtruppen in Faschoda (heutiges Kodok im Sudan).

Abbildungen

1 Marianne und Germania.
2 Bravo! Zola. Randnotiz Wilhelms II. nach der Lektüre des Artikels (»J'Accuse«) von Emile Zola.

Kaiserlich Deutsche Botschaft
Paris, den 13ten Dezember 1894
in Frankreich

No. 299

Durch. Kgl. Feldg.

Seiner Durchlaucht dem Herrn Reichskanzler, Fürsten zu Hohenlohe-Schillingfürst.

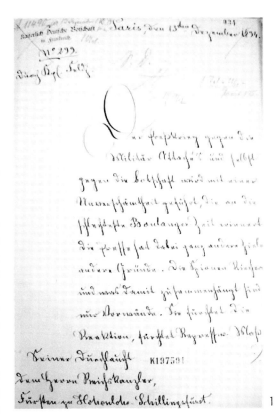

Der Presskrieg gegen den Militär Attaché und selbst gegen die Botschaft wird mit einer Unverschämtheit geführt, die an die schlechteste Boulanger Zeit erinnert. Die Presse hat dabei ganz andere Ziele, andere Gründe. Die Spionen Riecherei und was damit zusammenhängt sind nur Vorwände. Sie fürchtet die Reaktion, fürchtet Repression Maßregeln und weiß, dass die jetzige Regierung die zur Pressfrechheit gewordene Pressfreiheit einschränken möchte.

Die strafrechtliche Verfolgung, welche gegen Besitzer und Redakteure gelesener Zeitungen auf Antrag der Regierung erfolgte, hat die ganze Presse in Aufregung gebracht und hat das Pressgesindel erschreckt, aber bis jetzt noch boshafter gemacht. Die Angriffe gegen uns sind gegen die eigene Regierung gerichtet.

Portalis, Camille Dreyfuss, der einige Zeit lang selbst eine Rolle in der Deputierten Kammer spielte und während des Panama Skandals durch den Marquis Morès im Duell fast erschossen wurde, und kürzlich wieder Canivet vom »Paris« sind wegen Erpressung /: …tage:/ angeklagt und verhaftet, und wie mir Herr Hanotaux sagte, werden wohl auch mehrere Zeitungsredakteure mit der Justiz in Konflikt geraten.

Die Verhaftung des Artillerie Hauptmanns Dreyfuss [sic!] sowie die Verurtheilung des französischen Hauptmanns Romani in St. Remo und die Verhaftung der früheren deutschen Offiziere von Kessel und Schoenbeck haben die Zeitungen die gewünschte Gelegenheit zu einer Diversion (?) gegeben, um die Aufmerksamkeit von sich abzulenken und dabei die Patriotischen spielen zu können.

Dazu kommt noch der Anti-Semitismus, der hier anfängt sehr stark zu werden, und außerdem der wieder erwachende Boulangerismus.

Die so genannten Boulangisten sind aber seit Boulanger's Zeit nichts anderes als, wie mir gegenüber ein Franzose sie richtig bezeichnete, »les entrepreneurs des révolutions.« Sie fürchten, dass der Präsident Casimir Perier und seine Regierung immer mehr Einfluss im Lande und selbst in der Deputierten Kammer gewinnen: Daher die Angriffe gegen den Präsidenten selbst und seine Rathgeber.

Der Herzog von Orléans und seine Partei fühlen das auch. Durch die Demonstration der Monarchisten in Brüssel, die aber den gewünschten Erfolg nicht zu haben scheint, will der Herzog die monarchistische Partei um sich scharen und sie neu beleben.

Ob, wie vielfach von den Republikanern behauptet wird, die Boulangisten mit den Monarchisten zusammenhängen, kann ich mit Sicherheit nicht sagen, für unmöglich halte ich es nicht.

Der Chauvinismus hat nicht mehr die Bedeutung, die er hatte, es zeigt sich immer mehr, dass die Nation als solche den Krieg nicht will, deshalb sucht die verhältnismäßig kleine Zahl der Chauvinisten, die aber noch die schlechte Pariser Presse in der Hand haben, den Hass gegen uns neu zu beleben und wo möglich Komplikationen mit dem Auslande hervorzurufen.

Gelingen wird das nicht. Glücklicher Weise ist die Presse so diskreditiert, dass sie mit ihren Lügen, ihren Entstellungen und gemeinen Anschuldigungen in weiteren Kreisen und bei dem größeren und vernünftigeren Theil des Publikums keinen Glauben und keine Beachtung mehr findet.

Herrn Hanotaux gegenüber und wo ich sonst mit Franzosen zusammengekommen bin habe ich sehr energischen Protest erhoben gegen die maßlosen, gemeinen Angriffe, die sowohl ich als auch der Militär Attaché der Kaiserlichen Botschaft in letzter Zeit erfahren haben. Ich kann es bezeugen, dass Herr Hanotaux ganz außer sich darüber ist, sein Bedauern bei jeder Gelegenheit ausspricht.

Die bessere Presse ist ruhiger geworden und gegen die Ausfälle Milleroye's in der »Patrie« und anderen chauvinistischen Blättern hat der Minister gestern wieder anliegendes Démenti durch die Agenre Havas veröffentlicht. Er behauptet und ich glaube nicht ohne Grund, dass namentlich in diesem Augenblicke die Presse, die sich in Gefahr glaubt, gegen die Regierung zusammenhalte und diese beinahe gar keinen Einfluss auf sie habe. Er beschwert sich mir gegenüber, dass selbst die Agenre Havas sein erstes Démenti abgeschwächt und verstümmelt habe. Aus einer Bemerkung des Direktors der Agenre Havas habe ich entnehmen können, dass das richtig war.

Herr Hanotaux hat mir wiederholt gesagt, dass er gern dazu bereit sei die Zeitungen wegen der Angriffe gegen die Botschaft zu verfolgen. Er räth aber, trotzdem dass er die Verurtheilung für sicher hält, davon ab, weil leider das Gesetz vom 16ten März 1893, welches zum Schutz der Botschafter bestimmt war, durch die Herren Ribot und Bourgeois durch den Zusatz verdorben wurde, dass die Regierung nur auf Antrag des Botschafters verfolgen könne. Jedenfalls müsse das Resultat des Kriegsgerichts über Dreyfuss abgewartet werden.

Wir haben hier zu Boulanger's Zeiten schon schlimmere Ausschreitungen der Presse erlebt: es wird auf dieser Presssturm vorüberziehen, rascher je weniger man ihn beachtet.

Regierung und, wie ich aus bester Quelle weiß, die überwiegende Majorität der Kammer verurtheilt und missbilligt diese Ausfälle.

Ich bin daher der Ansicht und rathe entschieden dazu, dass wir nichts thun mögen, was das gute Verhältnis zu der jetzigen Regierung trüben könnte. Wir haben an den guten Beziehungen mit Frankreich doch ein Interesse und wir dürfen gerade jetzt die Franzosen nicht noch mehr in die Arme der Russen treiben. Deshalb würde ich es auch sehr bedauern, wenn unsere Presse der schlechten chauvinistischen, boulangistischen Presse zu viel Beachtung schenkte. Gelänge es der schlechten französischen Presse die Beziehungen der beiden Regierungen zu trüben, so würde sie ihren Zweck erreicht haben.

Am 19ten d. Mts. (des Monats) wird Hauptmann Dreyfuss vor das Kriegsgericht gestellt. Findet die Verhandlung bei verschlossenen Thüren statt, so wird die Pariser Presse einen wahren Hexentanz ausführen. Die Öffentlichkeit der Verhandlung wäre für uns sehr erwünscht: es würden dadurch die vielen ganz unsinnigen Nachrichten und Erfindungen der Presse am besten widerlegt werden.

Die Version, welche am meisten verbreitet und vielfach geglaubt wird, ist die, dass die Polizei sich entweder durch Bestechung eines Dieners, andere sagen durch die Papiere aus dem Papierkorbe des Militär Attachés, eine Listen verschafft, auf welcher Hauptmann Dreyfuss Dokumente angegeben habe, über die er disponieren könne. Dieses Schriftstück soll Schriftgutachtern zur Begutachtung übergeben sein, um zu bestimmen ob es die Handschrift des beschuldigten Hauptmanns sei. Sie scheinen darüber nicht einig zu sein. Dass die Polizei ein solches Schriftstück aus einer fremden Botschaft habe stehlen lassen, erscheint den Franzosen als eine schöne, moralische, patriotische That.

Die hiesige Regierung hätte doch ein Interesse solche Anschuldigungen zu widerrufen, schweigt aber.

Vom Hauptmann Dreyfuss hat niemand aus der Botschaft, auch Oberst Lieutenant von Schwartzkoppen, etwas gewusst oder gehört. Alles ist rein erfunden. Die Zeitungen haben behauptet, dass ich die Geheimhaltung der Verhandlungen verlangt habe. Im vertraulichen Gespräch mit Herrn Hanotaux kam die Rede darauf, worauf ich ihm sagte, ich könne dazu nichts sagen, aber wenn ich etwas dabei sagen könnte, so würde ich die Öffentlichkeit verlangen. Der Minister gab mir Recht und sagte, er wünsche es selbst auch, er werde aber jedenfalls versuchen Licht in die Sache zu verschaffen.

Der Kriegs Minister Mercier ist, wie auch bei mehreren anderen Gelegenheiten, auch bei dieser Untersuchung so ungeschickt gewesen, dass er unmöglich noch länger im Amte wird bleiben können.

Herr Hanotaux ist seit einigen Tagen recht ernstlich erkrankt.

Münster

Abbildung

1   Brief des deutschen Botschafters Münster an den deutschen Reichskanzler vom 13.12.1894.

Gertrud Pickhan

»Wohlverdiente Lektionen in Liberalismus und Gewaltenteilung«

Die russische Öffentlichkeit und die Dreyfus-Affäre

Am 9. März 1899 war auf dem Höhepunkt der Dreyfus-Affäre in der wohl renommiertesten französischen Tageszeitung *Le Figaro* der folgende Satz zu lesen: »*Les hommes de loi russes nous donnaient des leçons bien méritées de liberalism et de separation des pouvoir.*«[1] Wohlverdiente Lektionen in Liberalismus und Gewaltenteilung, den Franzosen gegeben von russischen Rechtsvertretern – diese Bemerkung eines Figaro-Kommentatoren angesichts des russischen Umgangs mit der ganz Europa in Atem haltenden Dreyfus-Affäre steht in eklatantem Widerspruch zu einem Bild des späten Zarenreichs, das vor allem die autokratischen Herrschaftsverhältnisse, die staatlichen Repressionen und die Gegengewalt von Revolutionären und Terroristen in den Vordergrund stellt.

Dass es in Russland vor den Revolutionen von 1905 und 1917 recht weitreichende Ansätze einer zivilen Gesellschaft, Rechtsstaatlichkeit und eine moderne, pluralistische Öffentlichkeit mit einem trotz der Zensur funktionierenden Pressewesen gab, wurde erst durch neuere Untersuchungen der letzten beiden Jahrzehnte deutlich.[2] Dass man aber sogar in Frankreich russische Liberalität und russisches Rechtsbewusstsein lobte und sich auch *The Times* in London anerkennend über russische Stellungnahmen zur Dreyfus-Affäre äußerten, blieb bislang unbeachtet und wirft ein neues Licht auf Russland an der Wende zum 20. Jahrhundert.

In Zusammenhang mit dem 100. Jahrestag der Dreyfus-Affäre, die 1894 mit der ungerechtfertigten Verurteilung des französisch-jüdischen Hauptmanns wegen Landesverrats begann und ganz Europa am Ende des 19. Jahrhunderts beschäftigte, erschienen einige Sammelbände, die nach der Rezeption der Ereignisse außerhalb Frankreichs fragten.[3] Für eine Osteuropahistorikerin ist dabei auffällig, dass dort z.B. Großbritannien, die USA, Spanien, Deutschland und Österreich-Ungarn ausführlich behandelt werden, die russische Rezeption hingegen keine Beachtung erfährt – und dies, obwohl sich unter anderem Leo Tolstoj und Anton Tschechow ausführlich zur Dreyfus-Affäre äußerten und es in diesem Zusammenhang sogar zu diplomatischen Verwicklungen zwischen Frankreich und Russland kam und ein russischer Senator entlassen wurde. Im Folgenden soll zunächst einen kurzen Abriss der Geschehnisse in Frankreich gegeben und daran anschließend deren russische Wahrnehmung vor dem sozialpolitischen Hintergrund der Entwicklung des späten Zarenreiches dargestellt werden. Was der Umgang der russischen Öffentlichkeit mit der Affäre über den Zustand der russischen Gesellschaft am Ende des 19. Jahrhunderts aussagt, wird abschließend zu fragen sein.

Am 15. Oktober 1894 wurde in Paris der französische Hauptmann Alfred Dreyfus wegen Landesverrats verhaftet.[4] Einziges Indiz für seine angebliche Tat war das sog. *Bordereau*, ein Schreiben mit geheimen, offenbar für den ‚Erbfeind' Deutschland bestimmten militärischen Informationen, das tatsächlich von einem Major mit zweifelhaftem Ruf namens Esterhazy verfasst worden war.

Dass man stattdessen Dreyfus beschuldigte, war, wie Richard Sennet Anfang der 80er Jahre schrieb, »*der Inbegriff der Phantasie vom jüdischen Verräter*«[5]. Bereits 1886 war das antisemitische Buch *La France Juive* von

Edouard Drumont erschienen, der auch Mitbegründer einer Antisemitischen Liga (1890) und der Zeitung *Libre parole* (1892) war, die zum wichtigsten Kampforgan der *Anti-Dreyfusards* wurde. In einem Prozess vor dem Pariser Kriegsgericht wurde Dreyfus wegen Landesverrats zu lebenslänglicher Verbannung verurteilt, anschließend degradiert und auf die Teufelsinsel verbracht. Eine wichtige Rolle im Prozess spielte ein von den Militärs zusammengestelltes Geheimdossier, das den Richtern, nicht aber der Verteidigung vorgelegt wurde – ein schwerwiegender Verfahrensfehler.

Erst 1896 kam der neue Chef des Nachrichtenbüros Major Picquart dem wahren Verräter auf die Spur, wurde jedoch in den Ermittlungen von seinen Vorgesetzten, die nun auch vor Fälschungen von Dokumenten nicht mehr zurückschreckten, behindert und schließlich abkommandiert. 1897 war es dann der französische Senator und liberale Politiker Scheurer-Kestner, der den Fall erneut vor die Gerichte und an die Öffentlichkeit brachte. Nachdem aber der wahre Täter Esterhazy Anfang 1898 freigesprochen wurde, griff Emile Zola ein.

Sein offener Brief an den Präsidenten der Republik Félix Faure, der als das berühmte *J'Accuse* in die Geschichte einging, schlug in Frankreich und in der Weltöffentlichkeit laut Thalheimer *»wie eine Bombe«*[6] ein und machte aus dem Justizskandal eine veritable Staatskrise, in deren Verlauf es zu mehreren Regierungswechseln, Saalschlachten im Parlament, zwei Selbstmorden, der Flucht eines weltberühmten Dichters nach England und nicht zuletzt auch zur Spaltung der französischen Nation in *Dreyfusards* und *Anti-Dreyfusards* kam.

Dietz Behring sieht in der Dreyfus-Affäre vor allem einen Angriff von Militaristen, Klerikalen und Antisemiten auf die Republik, der aber von der neuen Kraft der »Intellektuellen«, die in der Dreyfus-Affäre gleichsam geboren wurden, abgewehrt werden konnte,[7] auch wenn Hauptmann Dreyfus 1899 vom Kriegsgericht in Rennes ein zweites Mal verurteilt wurde. Seine endgültige Rehabilitierung erfolgte erst 1906.

Die Spaltung der Öffentlichkeit in Frankreich war nach Richard Sennet verbunden mit der Herausbildung von gegensätzlichen Kollektivpersönlichkeiten, die jeweils

12   НОВОЕ ВРЕМЯ   26-го сентября (8-го октября) 1898 г. — № 8111

Полковникъ ШВАРЦКОП-ПЕНЪ, бывшій германскій военный агентъ въ Парижѣ.   ПИКАРЪ.   ЭСТЕРГАЗИ.   ДРЕЙФУСЪ.

ГДѢ ЖЕ ОНЪ?

1) Майора Эстергази видѣли въ Лондонѣ въ цилиндрѣ и плащѣ. 2) Его узнали въ субъектѣ въ длинномъ пальто. 3) Эстергази отправился въ Шотландію. 4) Или въ Китай. 5) Или въ Турцію, переодѣтымъ въ костюмъ великаго визиря. 6) Или въ Клондейкъ или на сѣверный полюсъ (Рис. «Punch»).

ПОЛЬ ДЕРУЛЭДЪ НА ТРИБУНѢ.

in hohem Maße durch eine neue Art der Gemeinschaftsrhetorik zusammengehalten wurden. Für Sennet leistete die Dreyfus-Affäre einen wesentlichen Beitrag zu dem von ihm konstatiertem Verfall des öffentlichen Lebens.[8] Seine Untersuchungen sind eine wichtige Ergänzung zu dem vielzitierten Modell von Jürgen Habermas, der die Entstehung von politischer Öffentlichkeit durch das Räsonnement, die vernunftgeleitete Diskussion, durch Publizität und Meinungsvielfalt mit der Zeit der Aufklärung verbindet.[9]

Konstitutiv für Öffentlichkeit waren laut Habermas auch der Drang nach Änderung der Legitimationsgrundlage von Herrschaft und die Überwindung des herrschaftlichen Arkan-Prinzips der Geheimhaltung durch Publizität.[10] Dies galt umso mehr für die Öffentlichkeit in einem autokratisch regierten Staat, der sich aber dennoch Mitte der 60er Jahren des 19. Jahrhunderts mit den Reformen unter dem Zaren Alexander II. eindeutig auf den Weg in die Moderne begeben hatte. Die Aufhebung der russischen Leibeigenschaft, rechtsstaatliche Prinzipien und ländliche wie städtische Selbstverwaltung auf der einen Seite, Industrialisierung und Urbanisierung auf der anderen führten in der Reformzeit zu einer erheblichen Beschleunigung und Verdichtung der sozialen Kommunikation in Russland. Statt der adeligen Gesellschaft, *obschtschestwo*, entstand nunmehr eine plurale *obschtschestwennost* – ein Begriff, der sich wohl am besten mit Öffentlichkeit übersetzen lässt, was auch die »öffentliche Meinung« als *obschtschestwennoje mnenije* nahe legt. *Obschtschestwennost* ist, wie Manfred Hildermeyer formulierte, das neue Schlüsselkonzept für die Erforschung der vorrevolutionären russischen Gesellschaft.[11]

Öffentlichkeit meint immer auch Pluralität und Gegensätzlichkeit von Meinungen, die sich am dezidiertesten in Publizistik und Presse ausdrücken lassen. Auch in Russland erlangte die Presse in der zweiten Hälfte des 19. Jahrhunderts trotz Zensur und Ausschluss von politischer Entscheidungsgewalt die unumstrittene Deutungsmacht und wurde bis 1905 zu einem Ersatz für das fehlende Parlament. Um so erstaunlicher ist es, dass bis heute eine umfassende Wirkungs- und Sozialgeschichte der russischen Presse, insbesondere vor

1905, fehlt. Im Allgemeinen wird jedoch hervorgehoben, dass die Reformzeit unter Alexander II. die »Sternstunde«[12] der sog. dicken Journale über 160 Seiten war, die von der Präventivzensur ausgenommen waren. Erst in den späten 1880er Jahren, als die Zensur nach einer vorübergehenden Verschärfung nach der Ermordung des Zaren wieder gelockert wurde, entstand innerhalb weniger Jahre in den urbanen Zentren ein Massenmarkt für Tageszeitungen, die die dicken Journale rasch von der Meinungsführerschaft verdrängten. Der (Zeitungs-)Markt war, wie Dietrich Beyrau pointiert formulierte, stärker als die Selbstherrschaft.[13] Unabhängige, liberale oder zumindest nicht regierungskonforme Zeitungen waren gefragter als die staatstreuen.

Öffentlichkeit oder *obschtschestwennost* setzen freilich immer auch eine gebildete Gesellschaft voraus, die im Russland des späten 19. Jahrhunderts jedoch keineswegs mehr homogen war. Der Bildungsschub der 1890er Jahre mit dem Ausbau des Schulwesens, der Zunahme von Ober –und Fachschulen wie auch den Möglichkeiten zum Selbststudium trug zur Diversifizierung und Fragmentierung der russischen Gesellschaft und zur Entstehung verschiedener Subkulturen bei. Dies war verbunden mit der Infragestellung überkommener Strukturen. So konstatiert Edith Clowes z.B. für Anton Tschechow und Maxim Gorki stellvertretend für viele andere eine »*traumatische Ablösung von der sozialen Identität ihrer Herkunft*« und die Notwendigkeit ihrer Neudefinition.[14]

Namen wie Tschechow oder Gorki stehen paradigmatisch für die Intelligenzija, die in geistes– wie sozialgeschichtlicher Hinsicht gewiss eines der interessantesten russischen Phänomene des 19. und 20. Jahrhunderts ist. Gilt die Dreyfus-Affäre als Geburtstunde der westlichen Intellektuellen, so kann die russische Intelligenzija gleichsam als deren älterer Bruder angesehen werden. Lange hielt man den Schriftsteller und Publizisten Boborykin für den Schöpfer dieses Kollektivbegriffes, doch konnte in jüngster Zeit ermittelt werden, dass dessen Erstverwendung nicht in den sechziger Jahren, sondern bereits in einer Tagebuchaufzeichnung des romantischen Dichters und Übersetzers Wassili Schukowski aus dem Jahre 1836 belegt ist, in dem es um das

Verhalten der Petersburger Intelligenzija geht, die eine Ballgesellschaft der Hilfestellung bei einer Feuersbrunst vorzieht.[15] Gemeint sind hier zweifelsohne die gebildeten Adelskreise der russischen Hauptstadt, doch ging die Diskursgemeinschaft der Intelligenzija in der Folgezeit weit über die hauptstädtischen Salons, literarischen Zirkel und höheren Bildungseinrichtungen hinaus.

Wie Otto Müller in seiner begriffsgeschichtlichen Untersuchung des schillernden Schlagwortes feststellte, wurde Intelligenzija seit den 70er Jahren des 19. Jahrhunderts mit fortschrittlichem, kritischem Denken konnotiert, was wiederum zu ihrer politischen Verfemung durch konservativ-reaktionäre Geister wie die slavophilen Vordenker Iwan Aksakow und Konstantin Leontjew führte.[16] Jedoch bleibt die Sicht auf die Intelligenzija als Gesinnungsverband verkürzt. Vielmehr stellte sie als Gebildetenschicht eine horizontal wie vertikal ausdifferenzierte Figuration dar, die sich ganz wesentlich über Bildung und Kommunikation definierte. Zu Recht weist Müller auf die Unterschiede zwischen normativen und deskriptiven Aussagen über die Intelligenzija hin, die sowohl idealtypisch wie auch als realexistierend gedacht werden kann.[17]

Ob Leo Tolstoj und Anton Tschechow in ihrem Denken als repräsentativ für die russische Intelligenzija angesehen werden können, sei dahingestellt. Jedenfalls aber waren sie in deren Kommunikationszusammenhang eingebunden. Beide äußerten sich auf unterschiedliche Weise im Winter 1897/98 erstmals zur Dreyfus-Affäre. Ausgelöst wurde dies durch die Intervention des ersten Intellektuellen Emile Zola. In diesem Zusammenhang ist übrigens erwähnenswert, dass der Larousse von 1962 das russische Wort Intelligenzija mit »la classe des intellectuelles« wiedergibt, während sie bei Dal 1881 noch der »vernünftige, gebildete, verstandesmäßig entwickelte Teil der Bevölkerung« ist.[18] In dem 2001 erschienenen russischen Sammelband »Russische Intelligenzija. Geschichte und Schicksal«, in dem die Intelligenzija vor allem als national–russisches Phänomen interpretiert wird, heißt es unter anderem, es handele sich bei ihr um westliche Intellektuelle, die auf den Kasernenhof Russlands verpflanzt worden seien.[19] Karl Schlögel wiederum stellte 1991 fest, rus-

sische Intelligenzija und westliche Intellektuelle hätten auch in späteren Zeiten keine gemeinsame Sprache gefunden.[20]

1898 hatten sie aber zumindest ein gemeinsames Thema: die Dreyfus-Affäre. Nur wenige Tage nach der Veröffentlichung von Zolas »J'Accuse« in L'Aurore erschien in der russischen Tageszeitung Kurjer ein Interview mit Tolstoj, in dem sich der berühmte Schriftsteller ausführlich zur Dreyfus-Affäre äußerte.[21] Bereits im März desselben Jahres wurde dieses Interview in einer Sondernummer der Moskauer Zeitschrift Tschitatel zusammen mit einer Replique des liberalen Strafrechtlers Wladimirow nachgedruckt.[22] Zwar äußerte Tolstoj in diesem Gespräch zunächst die Auffassung, der Dreyfus-Affäre werde in Russland zu viel Aufmerksamkeit geschenkt. So heißt es wörtlich: »*Dieser Prozess, sagte Graf Leo Nikolajewitsch, sollte uns, die Russen, nicht so stark interessieren, wie er uns tatsächlich interessiert und alle Aufmerksamkeit der denkenden russischen Gesellschaft auf sich zieht. Die Affäre Zola ist bei all ihrer Wichtigkeit weit von uns entfernt, so weit, dass wir vollkommen machtlos sind, irgendetwas in diesem Zusammenhang für ihn zu tun. Im Übrigen findet man bei uns nicht wenig eigene Themen und eigene Angelegenheiten, in denen wir, wenn auch nicht in allem, so doch in vielem, nützlich sein können.*«[23]

Anders als Zola ist Tolstoj keineswegs von der Unschuld Dreyfus' überzeugt, er geht vielmehr unter Verweis auf seine eigene militärische Laufbahn als ehemaliger Offizier von der grundsätzlichen Vertrauenswürdigkeit eines Militärgerichts aus. Dennoch zollt er seinem französischen Schriftstellerkollegen Anerkennung für dessen Kampf gegen den Chauvinismus und Antisemitismus »*gewisser Kreise*«; beides sei »schlimmer als schlimm« und unwürdig für die Franzosen.[24]

Mit großem Nachdruck widersprach der Rechtswissenschaftler Wladimirow dem Grafen in einem Brief, den die Zeitschrift Tschitatel abdruckte.[25] Darin wies er den Einwand Tolstojs, die Affäre sei zu weit entfernt von Russland, zurück und verwies auf deren Bedeutung durch den großen Einfluss der »öffentlichen Meinung«. Wladimirow fragt: »*Welches moralische Recht hat Graf Leo Tolstoj, seine Überzeugung*

von der Schuld Dreyfus' so lautstark zu äußern?«[26] Er
hält dessen Auffassung, das Militärgericht habe kein
Fehlurteil gesprochen, für falsch und verweist in diesem Zusammenhang auf die Erzählung Tolstojs *»Gott
sieht die Wahrheit, aber er sagt sie nicht sogleich«*.
Allerdings outet sich Wladimirow abschließend als
gläubiger Monarchist, wenn er feststellt, in Frankreich
fehle die *»höhere Macht«* eines Monarchen, der allein
in *»Wahrheit und Barmherzigkeit«* urteilen könne. Aus
heutiger Sicht vermag es zu erstaunen, dass sich weder
Tolstoj noch Wladimirow vom tragischen Schicksal des
Hauptmanns Dreyfus auf der Teufelsinsel beeindruckt
zeigen; gleichwohl kritisiert Wladimirow an Tolstoj,
dass dieser kein Mitgefühl für seinen Schriftstellerkollegen Emile Zola aufbringe.[27]

Anton Tschechow, der den Winter 1897/1898 als
aufmerksamer Zeitungsleser in Frankreich verbrachte,
äußerte dagegen schon vor Zolas *»J'Accuse«* in einem

Brief an den Herausgeber der *Russkije Wedomosti* So-
bolewski die Überzeugung, Dreyfus sei unschuldig.[28]
Nach seiner krankheitsbedingten Übersiedlung nach
Jalta im Oktober 1898 telegraphierte Tschechow nach
Moskau, er fühle sich wie Dreyfus auf der Teufelsinsel,
was auf eine gewisse Empathie mit dem französischen
Hauptmann schließen lässt.[29] Das jüdische Thema war
bei Tschechow vor allem in der Erzählung *Rothschilds
Geige* präsent; in seiner Tschechow-Biografie äußert
Donald Rayfield im Kapitel *Tschechow als Dreyfusard*
die Auffassung, dessen Zuneigung zu den Juden sei
ebenso groß gewesen wie für die Frauen.[30] Während
eines Paris–Aufenthaltes war Tschechow auch in Kontakt mit Mathieu Dreyfus, dem Bruder des Verurteilten,
und mit Bernard Lazare, der sich als erster öffentlich für
eine Revision des Verfahrens engagiert hatte. Die antisemitische Berichterstattung der Petersburger Tageszeitung *Nowoje Wremja*, deren Herausgeber Suworin
auch Tschechows Verleger und ein guter Freund
war, bezeichnet Tschechow in seinen Briefen aus
Frankreich mehrfach als *»widerwärtig«* und setzte
sich darüber auch mit Suworin auseinander.[31]
Diese Meinungsverschiedenheiten zogen breitere
Kreise, so schrieb der russische Frankreich–Korrespondent Aschkenasi an Suworin:

*»Fragen Sie ihn (Tschechow), was er von
Ihrer Haltung in dieser Angelegenheit und zur
jüdischen Frage insgesamt hält. Weder Sie noch
Nowoje Wremja werden von seiner Meinung
unbeschädigt bleiben.«*[32]

Tatsächlich entzog Tschechow Suworin 1898
die Rechte an einer Gesamtausgabe seiner Werke
und übertrug sie dem deutschstämmigen Petersburger Verleger Marx, wollte seine Differenzen
mit Suworin aber nicht an die Öffentlichkeit
bringen. Wenn auch einigermaßen abgekühlt,
hielt die Freundschaft zwischen beiden Männern noch einige Zeit über den Höhepunkt der
Dreyfus-Affäre hinaus; zu der Übertragung der
Rechte an Marx hatten im übrigen offenbar auch
andere Faktoren beigetragen. Suworin ließ sich
jedoch in seinen ausgesprochen antisemitischen
Kommentaren zur Dreyfus-Affäre von Tschechow

2

nicht beeinflussen. Unter den renommierten Zeitungen und Zeitschriften war *Nowoje Wremja* die mit Abstand aggressivste. Mit 50.000 Exemplaren hatte es 1897 die höchste Auflage aller russischen Tageszeitungen, gefolgt von den eher linksliberalen Intelligenzija-Blättern *Russkije Wedomosti* und *Nowosti*.[33] Das Massenblatt *Russkoje Slowo* als »Zeitungsleviathan« und »Flagschiff der russischen Presse« wurde erst nach der Jahrhundertwende zu einem ernsthaften Konkurrenten für Suworin.[34]

Schaut man sich die Berichterstattung und Kommentierung der Dreyfus-Affäre in *Nowoje Wremja*, meist aus der Feder des Herausgebers stammend, an, so findet man dort die Ende des 19. Jahrhunderts. in ganz Europa verbreiteten antisemitischen Stereotypen. Bereits im November 1897 kolportierte Suworin das Gerücht, eine finanzkräftige jüdische Plutokratie habe Scheurer-Kestner und einen Großteil der französischen Zeitungen gekauft und die französische Regierung sei von den Rothschilds abhängig,[35] was Tschechow im übrigen damit kommentierte, dass entsprechend dieser Logik somit auch er als jemand, der von Dreyfus Unschuld überzeugt war, mit jüdischem Geld bestochen worden sein müsse.[36] Im August waren in *Novoje Wremja* bemerkenswerte *Etüden* eines *Old Gentleman* zu lesen, in denen es hieß, in ganz Petersburg ginge es wegen des jüdischen (hier pejorativ »schidowski«) Gejammeres über die Dreyfus-Affäre drunter und drüber.[37] Zwar muss der Old Gentleman an dieser Stelle einräumen, dass Dreyfus unschuldig sei, es folgen jedoch die wüstesten antijüdischen Gewaltphantasien: *»Die allen Völkern der Welt gleichermaßen fremde, vereinte, stolze und erbarmungslose judäische Rasse hat sich niemals mit Andersstämmigen in der Verpflichtung zur Dankbarkeit zusammengeschmiedet. Stattdessen gedenkt sie des Gesetzes der Rache, und sie erfüllt es gut.«*[38] Die biblische Esther–Geschichte, die dem jüdischen Purim-Fest zugrunde liegt, wird unter ausdrücklichem Verweis auf die (männlichen) Phantasien entsprungene) Schöne Jüdin zum Gleichnis der sog. Dreyfusiada. Schon vor über 2000 Jahren hätten die Juden demnach dafür gesorgt, dass das Land *»verjudete«.* Der Old Gentleman schreibt weiter: *»Es*

wird Zeit, dass sich die christliche Welt davon überzeugt, dass Judentum und Talmud nicht nur eine Religion, sondern ein politisches System darstellen, dessen Hauptprinzip der Krieg ist [...] Sie führen Krieg, wo immer es geht. Und sie siegen. Sie siegten zur Zeit des Ataxerxes. Siegen sie nicht auch unter Felix Faure? Wer weiß? Vielleicht stehen wir am Vorabend der Schaffung eines neuen Purim!«[39]

Jedoch waren nicht alle Beiträge in *Nowoje Wremja* so blutrünstig. In wesentlich sachlicherem Ton berichtete der Pariser Korrespondent der Zeitung, dessen Berichte allerdings verkürzt oder verzerrt wiedergegeben wurden. Dass auch in *Nowoje Wremja* eine gewisse Meinungsvielfalt zu beobachten war, macht eine Karikatur deutlich, die aus der britischen Satirezeitschrift *Punch* in das Blatt übernommen wurde. Zu sehen ist darauf unter den Porträts der Hauptbeteiligten der Dreyfus-Affäre der eigentliche Übeltäter Esterhazy, über dessen Verbleib in verschiedenen Verkleidungen vom schottischen Kilt bis zur Eskimotracht spekuliert wird.[40]

Insgesamt überwogen jedoch die infamen antisemitischen Ausfälle wie oben geschildert. Damit stand *Nowoje Wremja* aber auf dem seriösen russischen Zeitungsmarkt weitgehend isoliert da und zog sich die Kritik, bisweilen sogar den Spott der anderen Blätter zu. Selbst der rechtskonservative »elitäre Freigeist« und gleich Pobedonozew Ideologe des Alten Regimes Fürst Meschtscherski geißelte in seinem Blatt *Graschdanin*, das auch bei Hofe gelesen wurde, die Verdrehungen Suworins. Anders als Suworin wies Meschtscherski die Unterstellung, Zola sei mit jüdischem Geld gekauft worden, zurück und schreibt das *»J'Accuse«* ausschließlich der Eitelkeit des großen Schriftstellers zu. Nachdem ein Jahr später in *Le Figaro* die Fälschung Henry aufgedeckt worden war, ist auch der Fürst voll und ganz von der Unschuld Dreyfus' überzeugt. Für ihn bleibt Frankreich (so mehrfach) ein *»Irrenhaus«*, solange Dreyfus nicht freigesprochen werde; die Affäre sei ein *»Alptraum, der aus der politischen und intelligenten Welt Frankreichs eine Arena für wilde, stürmische Tiere macht«.*[41] Der Rechtsintellektuelle Meschtscherski äußert als einer der Wenigen Mitgefühl für Dreyfus und warnt Russland vor einer Ansteckung mit dem französischen Fieber. Er fordert Suworin ausdrücklich dazu auf, sich in den zu Unrecht verurteilten französischen Hauptmann hineinzuversetzen und fragt nach den Ursachen für die »Gewissenlosigkeit« von *Nowoje Wremja*.

Will man durch Antisemitismus Popularität gewinnen oder die französischen Schundblätter imitieren? Oder ist es der Vergötterung französischer Generäle geschuldet? Jedenfalls war die Nachahmung der antisemitischen französischen Hetzzeitungen laut Meschtscherski schädlich für die russischen Zeitungssitten.[42] Nach der erneuten Verurteilung Dreyfus' schrieb der russische Konservative von einer derben Harlekinade, die per Zauberstab aus dem unschuldigen Dreyfus einen Schuldigen mache. Ausgerechnet er musste Frankreich angesichts dessen Schicksals an seine Grundprinzipien »Freiheit, Gleichheit, Brüderlichkeit« erinnern.[43] Wenn sich sogar eine rechtskonservative Zeitung wie *Graschdanin* auf die Seite der Dreyfusards schlug, nimmt es nicht wunder, dass die liberalen und oppositionellen Blätter durchweg die Unschuld des Hauptmanns propagierten. Allerdings kann man sich bei der Lektüre der Tageszeitung *Nowosti* und der Monatschrift *Westnik Jewropy* des Eindrucks nicht erwehren, dass beide Zeitungen in der Dreyfus-Affäre der Auseinandersetzung mit *Nowoje Wremja* mehr Platz einräumen, als der eigentlichen Affäre. Die französischen Ereignisse, über die man ja im Gegensatz zu den innerrussischen frei schreiben konnte, boten die Gelegenheit zu einem regelrechten Pressekrieg. Auf unterschiedliche Weise setzten sich die beiden großen Blätter mit Suworin auseinander. Der *Westnik Jewropy* hielt vor allem die Fahne der Liberalität Frankreichs hoch, das im Gegensatz zu anderen Ländern (wohl zensurbedingt wird hier Deutschland, nicht aber Russland genannt) Skandale und Justizirrtümer wie die Dreyfus-Affäre offen lege und nicht vertusche. Das »feinfühlige französische Gewissen« habe daher die täglichen Belehrungen eines Suworin nicht nötig.[44] In spöttischem Ton machte sich im Übrigen auch der *Sewerny Westnik* über den Herausgeber des *Nowoe Wremja* lustig.[45]

Mit mehr moralischem Impetus schrieb man in den *Nowosti* über die Dreyfus-Affäre. In diesem Blatt fragt man sich, was ein zukünftiger Historiker-Moralist (»moralist-istorik«) über das Fin de siècle schreiben werde, und kommt zu dem Schluss, er werde »wohl keine Freude an uns und unserer Zeit« haben.[46] Der Gleichsetzung der Dreyfus-Affäre mit einem Kampf Christentum gegen Judentum hält man in *Nowosti* entgegen, in der antisemitischen Agitation sei nicht ein Funke des Christentums, sie sei mittelalterlich, heidnisch und komme einem inquisitorischen Autodafé gleich. Verzweifelt fragt sich der Verfasser: »Wie tief ist der Glaube an den ehrenhaften Menschen gefallen?«[47] Emile Zola, den der Frankreich–Korrespondent der *Nowosti* Semjonow nur kurze Zeit nach der Veröffentlichung des »J'accuse« aufsuchte, wird zum eigentlichen Helden der Geschichte stilisiert, während man bei Suworin »geistige Umnachtung« konstatiert.[48] In dieser Zeitung findet sich auch das Schlüsselwort der Kampagne aller europäischen Dreyfusards, denen es weniger um den Antisemitismus als vielmehr um die Menschenrechte ging. Höchst eindrücklich wird dem Lesepublikum beschrieben, wie der unschuldige Dreyfus in Ketten und in einem Käfig von der Teufelsinsel zum Prozess nach Rennes gebracht wurde. Die letzten vier Jahre hätten ihm schreckliches Leid zugefügt, ihn entehrt und physisch und psychisch gebrochen. Seine Frau sei bereits zu seinen Lebzeiten zur Witwe, seine Kinder zu Waisen gemacht worden. Dabei seien sie doch ‚Leute wie wir'. Die federführenden französischen Generäle hatten demnach nicht nur das Seelenleben der Familie Dreyfus, sondern das einer vielmillionenfachen Familie zerstört.[49] Noch weiter ging Fürst Barjatinski in diesem Blatt, als er im August 1899 unmittelbar vor dem Revisionsprozess in Rennes schrieb, dort ginge es gar nicht mehr um die Schuld oder Unschuld Dreyfus', sondern in Wirklichkeit um das zukünftige Schicksal Frankreichs in der entscheidenden Auseinandersetzung zwischen den Anhängern einer friedlichen, zivilen Republik der bürgerlichen Macht und den Verfechtern eines antirepublikanischen Regimes der Militärherrschaft.[50]

In der laut Lenin »allerruhigsten (und allerlangweiligsten), allerwissenschaftlichsten (und vom lebendigen Leben am weitesten entfernten) Professorenzeitung«[51] *Russkije Wedomosti* finden sich Mitteilungen über die

Dreyfus-Affäre häufig unter der Rubrik: »Vermischtes«. So erfahren die Leserinnen und Leser von Theaterstücken über die Dreyfus-Affäre, die in holländischen und belgischen Theatern zu sehen waren, in Amsterdam jedoch nach einer Intervention des französischen Konsuls abgesetzt wurden.[52] Unter der Überschrift »Konfekt für die Kinder des Hauptmanns« berichtet das Blatt von der Solidaritätsaktion einer ungarischen Zeitschriftenredaktion, die dem Dreyfus-Sohn Pierre eine Schachtel Konfekt geschickt hatte. Wörtlich wird aus dem Dankschreiben von Madame Dreyfus zitiert: *»Sagen Sie allen, dass wir für eine gerechte Sache einstehen und mein Mann Opfer eines schrecklichen Missverständnisses wurde.«*[53] Auch der Korrespondent dieser Zeitung suchte Emile Zola auf und stilisierte ihn zu einer Ikone des Lichts, der Gerechtigkeit und der Wahrheit. Direkt an die Leserinnen und Leser gewandt heißt es weiter: *»Sie können sich nicht vorstellen, zu welch quälenden Fehltritten sich seine Widersacher gegen ihn persönlich hinreißen lassen.«*[54]

Die in der *Juristischen Zeitung* (*Juriditscheskaja Gaseta*) abgedruckten Kommentare zur Dreyfus-Affäre, die der Rechtsgelehrte und -praktiker Ignati Platonowitsch Sakrewski verfasst hatte, erregten sogar die Aufmerksamkeit der französischen und britischen Presse und wurden im Jahre 1900 in Sankt Petersburg zu einem Sammelband zusammengefasst. Allerdings kosteten sie ihn auch seinen Posten als Senator des 1. Rechtsdepartments. Sakrewski stammte aus einer reichen südrussischen Adelfamilie und war in den späten 60er Jahren nach einem Auslandsstudium der Rechtswissenschaften unter anderem in Heidelberg als reformorientierter »schestidesjatnik« (Anhänger der Reformen Alexanders II.) und Friedensrichter in Sankt Petersburg tätig.[55] Seine weitere Karriere, die ihn 1894 zum Oberstaatsanwalt und Senator machte, verdankte er unter anderem der Aufmerksamkeit des Justizministers Graf Pahlen. Sakrewski schrieb nicht nur für die juristische Fachpresse, sondern auch für Zeitungen wie die *Nowosti* und *Sankt Peterburgskije Wedomosti* zahlreiche Artikel, in denen er die unrechtmäßige Vorgehensweise des französischen Militärgerichtes und die Einmischungen einer judenfeindlichen Öffentlichkeit in

das Gerichtsverfahren mit scharfen Worten geißelte.[56] Dabei war Sakrewski alles andere als frankophil und zog nach eigenen Worten das gemäßigte, zurückhaltende Temperament der Engländer und Deutschen der französischen Leidenschaftlichkeit vor.[57] Dennoch blieb Frankreich für ihn das Land, dem die Welt die Menschenrechte verdanke, die aber nunmehr von Schreien wie *»Tötet die Juden«* außer Kraft gesetzt worden seien.[58] Auch Sakrewski geht es weniger um die Schuld oder Unschuld Dreyfus', den er als unbeliebt, ehrgeizig, gar chauvinistisch und als Fremdkörper im französischen Generalstab beschreibt. Dennoch sieht er in der antijüdischen Stimmung in Frankreich vor allem den ungerechtfertigten Sozialneid und die Missachtung der Grundlagen der Zivilisation im Namen von Nationalismus und Antisemitismus.[59]

Vor dem Hintergrund des eingangs angeführten Zitats aus *Le Figaro* kommt Sakrewski zu dem Schluss, dass nunmehr eine Umkehrung früherer Verhältnisse eingetreten sei, als man in Russland noch von den Franzosen gelernt habe. Doch setzte sich Sakrewski zugleich kritisch mit den russischen Verhältnissen auseinander, wenn er konstatiert, dass auch hier im Vergleich zu den 60er Jahren ein geistiger und moralischer Rückschritt eingetreten sei.[60] In einem Brief an *The Times*, der am 21. September 1899 veröffentlicht wurde, ging Sakrewski sogar noch weiter, als er feststellte, dass sich Frankreich mit dem Bündnis von 1892 »verliebt in die Arme Russlands« habe fallen lassen, obwohl dort völlig entgegengesetzte Prinzipien herrschten; von der *alliance russe* sei Frankreich auf dem direkten Wege zu Antisemitismus, Antiprotestantismus und Militarismus gelangt.[61] *The Times* kommentierten dies wie folgt: *»Kein Kritiker in diesem Land oder anderswo schrieb etwas vergleichbar Unbarmherziges und Niederschmetterndes [...] Doch es ist offensichtlich, dass diese Ansichten, so entschieden konform mit denen der großen Mehrheit von Deutschen, Österreichern, wie auch Engländern und Amerikanern, geteilt werden von Russen aller Richtungen. Sakrewski ist ein Liberaler. Doch auch ein sehr bedeutender Vertreter der alten Ideen, der Oberprokuror des Heiligen Synod Pobedonozew, ist zu denselben Schlussfolgerungen* *über die Dreyfus-Affäre gekommen. Er sagte, dass für alle unparteiischen Beobachter das Gerichtsverfahren in Rennes die Unschuld des Hauptmannes Dreyfus bewiesen habe [...] Selbst der rabiateste Antidreyfusard wird wohl kaum zufrieden sein, wie wir vermuten, dass auch die Russen dem großen ,kosmopolitischen Syndikat' beigetreten sind.«*[62]

Auch wenn Sakrewski seine Aussagen kurze Zeit später in *Le Siècle* etwas abschwächte und seiner Empörung unmittelbar nach Kenntnisnahme der zweiten Verurteilung Dreyfus in Rennes zuschrieb,[63] half ihm dies nichts mehr: Er war damit für die russische Regierung untragbar geworden und wurde 1899 – wohl auch auf Druck der französischen Regierung – als einer der höchsten russischen Staatsbeamten entlassen. Der Verfassers seines Nachrufes Rejngardt freilich schrieb dies 1906 vor allem dem »*demoralisierenden Einfluss*« des Justizministers Murawjow zu, der zusammen mit Innenminister Plewe in Russland die Selbstherrschaft der Polizei und Bürokratie ausgeweitet habe und letztendlich auch für den vorzeitigen Tod Sakrewskis in Ägypten verantwortlich sei.[64] Eine solche Auffassung öffentlich zu vertreten, war allerdings erst nach Aufhebung der Zensur 1906 möglich.

Die öffentliche Rezeption der Dreyfus-Affäre in Russland verdeutlicht exemplarisch die Spielräume und Grenzen der vorrevolutionären russischen Zivilgesellschaft. Es ist umstritten, ob Russland später mit dem Bejlis-Prozess eine eigene Dreyfus-Affäre durchlebte.[65] Dass der russische Jude Bejlis, angeklagt wegen angeblichen Ritualmords, jedoch von einem Geschworenengericht 1913 einstimmig freigesprochen wurde, hatte er möglicherweise auch einer durch die Dreyfus-Affäre sensibilisierten Öffentlichkeit zu verdanken.

Zivilgesellschaft hat aktuell in Russland Konjunktur. Welche Bedeutung ziviles Denken jedoch auch bereits zu Sowjetzeiten hatte, soll abschließend mit einem Zitat aus Wassili Grossmans großem Kriegsroman *Leben und Schicksal* verdeutlicht werden. Dort heißt es über Anton Tschechow: »*Tschechow hatte sich der in Russland nie verwirklichten Demokratie angenommen. Der Weg Tschechows ist der Weg der russischen Freiheit [...] Er sagte, wie keiner vor ihm, nicht einmal*

Tolstoj: Wir sind alle zuerst einmal Menschen, versteht ihr, Menschen, Menschen, Menschen. ..Er hat das Wichtigste gesagt: dass Menschen – Menschen sind, und erst danach Erzbischöfe, Russen, Ladenbesitzer, Tataren, Arbeiter [...] Tschechow sagte: Möge Gott uns ein wenig Platz machen, mögen die sogenannten fortschrittlichen Ideen ein wenig zur Seite treten, beginnen wir mit dem Menschen, wer immer es sei [...] beginnen wir damit, dass wir den Menschen achten, bedauern, lieben wollen; anders geht es ganz und gar nicht. Genau das heißt – Demokratie, die bislang nicht verwirklichte Demokratie des russischen Volkes.«[66]

Anmerkungen

1   Zit. n. Sakrewski, Ignati Platonowitsch: Po delu Drejfusa. Sbornik statej, Sankt Peterburg 1900, S. 114. Aus drucktechnischen Gründen wird das russische Duden-Transkriptionssystem verwendet.

2   Vgl. Baberowski, Jörg: Autokratie und Justiz. Zum Verhältnis von Rechtsstaatlichkeit und Rückständigkeit im ausgehenden Zarenreich 1864–1914, Frankfurt a.M. 1996; Between Tsar and People. Educated Society and the Quest for Public Identity in late Imperial Russia, ed. by Edith W. Clowes, Samuel D. Kassow and James L. West, Princeton 1991; Hagen, Manfred: Die Entfaltung politischer Öffentlichkeit in Russland 1906–1914, Wiesbaden 1982 (Quellen und Studien zur Geschichte des östlichen Europa, Bd. XVIII); Hildermeier, Manfred: Russland oder Wie weit kam die Zivilgesellschaft?, in: Europäische Zivilgesellschaft in Ost und West. Begriff, Geschichte, Chancen, hrsg. von Manfred Hildermeier, Jürgen Kocka und Christoph Conrad, Frankfurt/ New York 2000, S. 113–148; Renner, Andreas: Russland und die Civil Society: Neue Wege zur Erforschung des Liberalismus im Zarenreich?, in: Jahrbuch zur Liberalismusforschung 8 (1996), S. 230–236.

3   Vgl. Julius Schoeps und Hermann Simon (Hrsg.): Dreyfus und die Folgen, Berlin 1995; Revue de la Bibliotèque Nationale de France 1994/2, S. 2–43 (L'Affaire Dreyfus à l'étranger).

4   Ausführliche Darstellungen des Verlaufs finden sich in: Die Affäre Dreyfus, hrsg. von Siegfried Thalheimer, 2. Auflage, München 1986; Fuchs, Eckhardt/Fuchs, Günther: »J'accuse«. Zur Affäre Dreyfus, Mainz 1994.

5   Sennett, Richard: Verfall und Ende des öffentlichen Lebens. Die Tyrannei der Intimität, Frankfurt a.M. 1983, S. 310.

6   Die Affäre Dreyfus, hrsg. von S. Thalheimer, [wie Anm. 4], S. 164.

7   Behring, Dietz: Die Intellektuellen. Geschichte eines Schimpfworts, Stuttgart 1978, S. 32–67.

8   Sennett, Verfall, [wie Anm. 5], S. 306–320.

9   Habermas, Jürgen: Strukturwandel der Öffentlichkeit, Frankfurt

a.M. 1990.

10 Ebenda, S. 96, S. 116.

11 Hildermeier, Russland, [wie Anm. 2], S. 122.

12 Renner, Andreas: Russischer Nationalismus und Öffentlichkeit im Zarenreich 1855–1875. Köln/Weimar/Wien 2000 (Beiträge zur Geschichte Osteuropas, Bd. 31), S. 91.

13 Beyrau, Dietrich: Intelligenz und Dissens. Die russischen Bildungsschichten in der Sowjetunion 1917 bis 1985, Göttingen 1993, S. 20.

14 Clowes, Edith: Social Discourse in the Moscow Art Theatre, in: Between Tsar and People, [wie Anm. 2], S. 271–287, hier: S. 274.

15 Russkaja intelligenzija. Istorija i sudba. Sost. T.W. Knjasewskaja, Moskwa 2001, S. 22–23.

16 Müller, Otto W.: Intelligencja. Untersuchungen zur Geschichte eines politischen Schlagworts, Frankfurt a.M. 1971, S. 230–236, S. 316–346.

17 Ebenda, S.198, S. 204.

18 Ausführlicher dazu siehe Russkaja intelligenzija, [wie Anm. 15], S. 7; Müller, Intelligencja, [wie Anm. 16], S. 396.

19 Russkaja intelligenzija, [wie Anm. 15], S. 11.

20 Schlögel, Karl: Russische Wegzeichen, in: Vechi. Wegzeichen. Zur Krise der russischen Intelligenz, Eingeleitet und aus dem Russischen übersetzt von Karl Schlögel, Frankfurt a.M. 1990, S. 5–44, hier: S. 37.

21 Kurer, 8.2.1898, No. 39, S. 2 (»U grafa L.N.Tolstowo«).

22 Process Emilja Solja. V swjasi s delom ob ismene kapitana Drejfusa i ob obwinenii w ismene majora grafa Walsen Estergasi. S pril. mneni ob etom dele gr. L.N. Tolstowo, prof. ugolownowo prawa, prisjaschnowo powerennowo L.E. Wladimirowa i znatschit. organow russkoj i inostr. petschati. Per. polnostju dwuch pisem E. Solja: k Franzii i presidentu Franzusskoj respubliki, Moskwa 1898. (= Tschitatel 1898, No. 11).

23 Kurer, [wie Anm. 21], S. 2.

24 Ebenda.

25 Tschitatel 1898, No. 11, S. 11–13.

26 Ebenda, S. 12.

27 Ebenda, S. 12–13.

28 Anton Tschechow. Sein Leben in Bildern, hrsg. von Peter Urban, Zürich 1987, S. 208.

29 Rayfield, Donald: Anton Chekhov. A Life, New York 1997, S. 477.

30 Ebenda, S. 448.

31 Anton Tschechow, [wie Anm. 28], S. 210 (Brief an V.M. Sobolevski, 23.1.1898; Brief an Jordanow, 24.4.1898).

32 Zit. n. Rayfield, Chekhov, [wie Anm. 29], S. 450.

33 Schlögel, Karl: Jenseits des Großen Oktober. Das Laboratorium der Moderne Petersburg 1909–1921, Berlin 1988, S. 212.

34 Ebenda, S. 211–212.

35 Nowoje Wremja, 17.11.1897, No.7804, S.2 .

36 Rayfield, Chekhov, [wie Anm. 29], S. 450.

37 Nowoje Wremja, 30.8.1898, No. 8084, S. 2.

38 Ebenda.

39 Ebenda.

40 Nowoje Wremja, 26.9.1898, No. 8111, S. 12.

41 Graschdanin, 23.5.1899, No. 38, S. 20; 27.6.1899, No. 48, S. 17; 27.3.1899, No. 55, S. 17.

42 Ebenda, 19.8.1899, No. 63, S. 15.

43 Ebenda, 2.9.1899, No. 67, S. 20.

44 Westnik Jewropy 1898, kn. 3, S. 390–404; kn. 10, S. 356–364.

45 Sewerny Westnik 1898, No. 8–9, S. 251–256.

46 Nowosti i Birschewaja gaseta, 18.1.1898, No. 18, S.2.

47 Ebenda.

48 Ebenda, 29.1.1898, No. 29, S. 12; 8.2.1898, No. 39, S. 2.

49 Ebenda, 9.6.1899, No. 156, S. 1; 8.8.1899, No. 216, S. 2.

50 Ebenda, 9.8.1899, No. 217, S. 2.

51 Zitiert nach Schlögel, Jenseits des Großen Oktober, [wie Anm. 33], S. 218.

52 Russkije Wedomosti, 17.1.1898, No. 17, S. 4.

53 Ebenda, 5.3.1898, No. 63, S. 4.

54 Ebenda, 26.1.1898, No. 24, S. 3–4.

55 Biographische Angaben über Sakrewski finden sich in seinem Nachruf in Juriditscheskaja Gaseta, 1906, No. 17, S. 360–365.

56 Nachgedruckt in Sakrewski, Po delu Drejfusa [wie Anm. 1].

57 Ebenda, S. 10.

58 Ebenda, S. IV–V, S. 9–11.

59 Ebenda, S. 9–11, S. 59–61, S. 137. Wörtlich heißt es hier: »Die Dreyfus-Epopöe zeigt, wie gefährlich es ist, die Grundlagen der ewigen Zivilisation unter dem Vorwand der Staatsraison zu verletzen und den Nationalisten neuester Formation und den Pseudopatrioten verschiedenster Benennungen zu folgen.«

60 Ebenda, S. 112–113.

61 The Times, 21.9.1899, S. 10.

62 Ebenda, S. 7.

63 Le Siècle, 18.10.1899, S. 1.

64 Juriditscheskaja Gaseta, 1906, No. 17, S. 364–365.

65 Vgl. Baberowski, Autokratie, [wie Anm. 2], S. 609–611; Handbuch der Geschichte Russlands, hrsg. von Manfred Hellmann, Klaus Zernack und Gottfried Schramm, Bd. 3. Halbband 2, Stuttgart 1992, S. 1535. Ausführlicher über den Bejlis–Prozess siehe Löwe, Heinz–Dietrich: Antisemitismus und reaktionäre Utopie. Russischer Konservatismus im Kampf gegen den Wandel von Staat und Gesellschaft, 1890–1917, Hamburg 1978, S. 134–145.

66 Grossman, Wassili: Leben und Schicksal, München/Hamburg 1984, S. 295–296.

Abbildungen

1 Illustrationen zur Dreyfus-Affäre aus der russischen Presse Anfang 1895. Zu sehen sind von links nach rechts: von Schwartzkoppen, Picquart, Esterhazy und Dreyfus.

2 Titelseite einer Notensammlung: Polka zur »Dreyfus-Esterhazy«-Affäre.

Julius H. Schoeps

»Was daraus wird, ist jetzt noch nicht zu ahnen...«

Theodor Herzl und die Affäre Dreyfus*

»Spätere Juden werden lichtere Tage sehen, die jetzigen sind einfach übel dran.«

(Theodor Herzl, in: *Palais Bourbon*)

War der Fall Dreyfus tatsächlich der Anlass, dass aus dem assimilierten Wiener Caféhaus-Literaten und Bühnenschriftsteller Theodor Herzl der Begründer der zionistischen Bewegung wurde? Er selbst hat das später jedenfalls behauptet. Die öffentliche Degradierung auf dem Hof der Ecole Militaire, bei der dem französischen Hauptmann Alfred Dreyfus die Epauletten abgerissen und sein Säbel zerbrochen wurden, habe auf ihn wie ein Schock gewirkt, berichtete er. Es seien ihm damals die Augen geöffnet worden.

In der einschlägigen zionistischen Literatur heißt es, dass Theodor Herzl durch dieses Erlebnis, das er als Korrespondent der *Neuen Freien Presse* machte, zu der Einsicht gelangte, die staatsbürgerliche Emanzipation lasse sich nicht verwirklichen und die Assimilation sei ein zum Scheitern verurteilter Irrweg. Ist diese Sicht zutreffend? Oder sind das Konstruktionen post festum? Wir wollen im Folgenden das zu erörtern versuchen und uns bemühen, eine Antwort auf die eingangs gestellte Frage zu finden.

Der Herzl-Biograph Alex Bein hat die Ansicht vertreten, der Fall Dreyfus sei für Herzls Wandlung zum Zionisten zwar wichtig, dürfe aber nicht überbewertet werden.[1] Wir werden uns bemühen, diese These Beins zu überprüfen, und zwar auf Grund einer nochmaligen systematischen Durchsicht der Korrespondenten-Berichte, die Herzl aus Paris an die *Neue Freie Presse* sandte,

sowie anhand der jetzt vorliegenden vollständigen Tagebuchaufzeichnungen, der zwischenzeitlich edierten Herzl-Briefe und der von Herzl ab Ende 1897 verfassten Dreyfus-Artikel.

Hat, so wollen wir fragen, der Dreyfus-Prozeß und die Degradierung des französischen Hauptmanns Herzl tatsächlich *»die Idee eines Exodus aus Europa«* eingegeben *»und ihm die Notwendigkeit eines unabhängigen jüdischen Staates vor Augen«*[2] geführt? Oder hat die zionistische Legendenbildung die Dreyfus-Affäre überstilisiert und einen kausalen Nexus zwischen dem Fall Dreyfus und Herzls Hinwendung zur zionistisch-politischen Aktion hergestellt, der in Wirklichkeit nicht vorhanden gewesen ist?

Fest steht, dass sich Herzl schon vor der Dreyfus-Affäre mit dem Antisemitismus und dem Radau-Antisemitismus in Frankreich im besonderen konfrontiert sah. Schon kurz nach Beginn seiner Korrespondententätigkeit, die er ab Oktober 1891 in Paris aufgenommen hatte, mehrten sich die Meldungen, Berichte und Aufsätze, die sich mit der »Judenfrage«[3] befassten. Ausführlich schrieb er zum Beispiel über die Folgen des Duells zwischen dem Dragonerrittmeister Cremieu-Foa und dem antisemitischen Schriftsteller Edouard Drumont. Ersterer hatte sich durch dessen Angriffe auf jüdische Offiziere beleidigt gefühlt und Genugtuung gefordert. Bei dem darauf angesetzten Duell wurde Drumont leicht verletzt. Die Angelegenheit war aber damit nicht ausgestanden.

Wegen der Veröffentlichung des Duell-Protokolls, dessen Geheimhaltung vereinbart worden war, kam es zu weiteren unerquicklichen Verwicklungen. Ein Antisemit namens Mores forderte den jüdischen Hauptmann und Professor an der Ecole Polytechnique, Armand Mayer, der mit der Veröffentlichung des besagten Protokolls nichts zu tun hatte, aber die Verantwortung für die Veröffentlichung auf sich genommen hatte, zum Duell.

Bei diesem Duell, das am 24. Juni 1892 stattfand, wurde Mayer, der einen fast gelähmten Arm hatte, aber zu stolz war, dieses Gebrechen einzugestehen, nach wenigen Augenblicken getötet. Die Erregung daraufhin war groß. Interpellationen in der Kammer wechselten mit Erklärungen des Kriegsministers Freycinet, der die peinliche Angelegenheit herunterzuspielen versuchte. Zu einer öffentlichen Verurteilung des Antisemitismus von offizieller Seite konnte sich damals aber niemand durchringen.

In diesem Zeitraum fiel Herzls erste öffentliche Äußerung zur »Judenfrage«, die erkennen lässt, das ihn das Thema Antisemitismus zunehmend zu beschäftigen begann. »Französische Antisemiten« war die Korrespondenz vom 31. August 1892 für die *Neue Freie Presse* überschrieben, in der er sich um eine Deutung der Vorfälle bemühte. Das Zunehmen antisemitischer Tendenzen war seiner Ansicht nach auf die radikalen Boulangisten zurückzuführen, die sich auf der Suche nach einer neuen Idee befänden. »*Diese fand sich glücklicherweise*«, bemerkte er, »*zur rechten Zeit im Antisemitismus*«, der seiner Ansicht nach »*ein Stelldichein der Unzufriedenen*« war. Und weiter heißt es dann mit einem unverkennbar ironischen Unterton: »*Die Juden eignen sich von altersher vortrefflich dazu, für Fehler und Mißbräuche der Regierungen, für Unbehagen und Elend Regierter, für Pest, Mißwuchs, Hungersnot, öffentliche Korruption und Verarmung verantwortlich gemacht zu werden. Darum*

– wird jeder wahrhaft konservative Staatsmann ihnen immer einen mäßigen Schutz angedeihen lassen, um sie zu erhalten.«[4]

Für Herzls Wandlung zum Zionisten ist seine Einschätzung Edouard Drumonts aufschlussreich, dessen

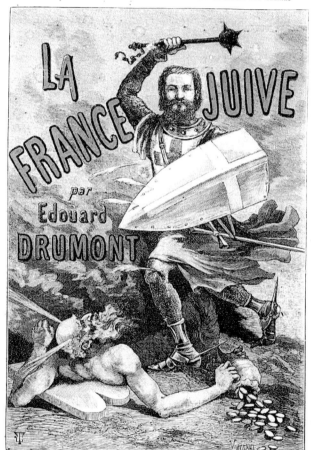

1re **Livraison gratuite.**
CHAQUE LIVRAISON SUIVANTE : **10** CENTIMES. — DEUX LIVRAISONS PAR SEMAINE

LA FRANCE JUIVE
par **Edouard DRUMONT**

LIBRAIRIE BLERIOT
Henri GAUTIER, *Successeur*, 55, quai des Grands-Augustins, PARIS.
La seconde livraison sera mise en vente le samedi 26 mars 1892.

zweibändiges Buch *La France Juive* (1886)[5] bekanntlich eines der größten buchhändlerischen Erfolge des 19. Jahrhunderts gewesen ist. In diesem Werk, in dem die Juden für den Abstieg und das Unglück Frankreichs verantwortlich gemacht wurden, hatte Drumont ein geschlossenes System des Antisemitismus entwickelt, das die Rassenlehre Arthur Gobineaus verarbeitete, aber auch Ideen von Fourier, Toussenel und Renan aufnahm. Dabei benutzte Drumont alle Requisiten des Judenhasses von der Brunnenvergiftung bis hin zum Ritualmordvorwurf. Die Juden, so argumentierte er, seien ein den Franzosen wesensfremdes Element, das mit seinem minderwertigen »Rassencharakter« das Franzosentum depravieren würde.

Wie spätere Äußerungen belegen, war Herzl von diesem Buch geradezu fasziniert. »Drumont«, bemerkte er während der Niederschrift seines Judenstaates in einer Tagebucheintragung am 12. Juni 1895, »verdanke ich viel von der jetzigen Freiheit meiner Auffassung, weil er ein Künstler ist«. Ganz offensichtlich war Herzl deshalb so beeindruckt von Drumont, weil dieser in seinen Schriften und in der von ihm seit 1892 herausgegebenen Zeitung La Libre Parole unverblümt das aussprach, was ihn bewegte.

Waren die Juden, wie Drumont meinte, tatsächlich ein »wesensfremdes Element«, dann war es nicht nur geboten, sondern sogar zwingend notwendig, eine radikale Lösung der »Judenfrage« ins Auge zu fassen. So eigenartig das anmutet, Herzl hat, wie er selbst bekannte, durch Drumont Verständnis für den Antisemitismus als historisches und soziales Phänomen entwickelt. Vielleicht hat Herzl sogar unmittelbar an Drumont gedacht, als er in einer anderen Tagebucheintragung vom 12. Juni 1895 bemerkte: »Die Antisemiten werden unsere verläßlichsten Freunde...«.[6]

In einem von Leon Kellner veröffentlichtem Text, vermutlich zwischen 1892 und 1893 verfasst, kritisiert Herzl, daß mit der »Judenfrage« Versteck gespielt würde, indem man sie als religiöse Frage behandele. »Denn«, so bemerkt er, »es handelt sich längst nicht mehr um theologische Geschichten oder um Religion und Gewissen. Und das ist auch allen bekannt. Sie alle haben von Darwin und Renan etwas gehört, wenn auch noch so wenig. Es ist possierlich und betrübend anzusehen, wenn gebildete, würdevolle, gesetzte, ältere Herren, miteinander öffentlich Blindekuh spielen.«

Mit Theologie und Gottesdienst, heißt es weiter in diesem Text, habe die Judenfrage jedenfalls nichts zu schaffen. »Die Zeiten sind vorüber, wo man sich wegen der Formen des Abendmahls die Köpfe blutig schlug. Heute handelt es sich nicht mehr um das Abendmahl, sondern um das Mittagsbrot. Die Judenfrage ist weder eine nationale noch eine konfessionelle, sie ist eine soziale. Sie ist ein früher schiffbar gemachter Arm des großen Stromes, welcher soziale Frage heißt.«[7]

Bevor im Folgenden die Frage erörtert wird, welche Auswirkungen die Dreyfus-Affäre auf Herzl und seine Anschauungen hatte, soll noch kurz auf seinen Briefwechsel mit Regina Friedländer und Baron Friedrich Leitenberger eingegangen und anschließend das Gespräch mit dem Feuilletonisten Ludwig Speidel rekapituliert werden. Abschließend stehen die Umstände des Entstehens von Herzls Theaterstück Das neue Ghetto im Blickpunkt. Zeitlich liegen alle drei Ereignisse vor der Dreyfus-Affäre und machen deutlich, dass Herzl bis zu diesem Zeitpunkt noch an eine traditionelle Lösung der sogenannten »Judenfrage« geglaubt hat – und noch keinesfalls so weit war, eine radikale Lösung des Problems in Betracht zu ziehen.

An Regina Friedländer, Witwe des Begründers der Neuen Freien Presse, die Herzl für den Verein zur Abwehr des Antisemitismus[8] werben wollte, hatte er im Januar 1893 geschrieben, dass er zwei Möglichkeiten sehe, dem Antisemitismus entgegenzutreten. Beide, meinte er, lägen im Bereich des Denkbaren und würden vergleichsweise »geringe Schwierigkeiten« machen. Einmal, so Herzl, müsste man die Symptome bekämpfen, die äußeren Erscheinungen des Antisemitismus also. Dazu sei das Mittel des Duells geeignet, denn »ein halbes Dutzend Duelle würde die gesellschaftliche Position der Juden sehr heben«. Zum anderen müsse man jedoch das Übel an der Wurzel packen, was nur bedeuten könne, dass die Juden sich völlig assimilierten und integrierten, also aufhörten, Juden zu sein.

Dem Industriellen Friedrich Leitenberger gegenüber, einem der Initiatoren des Vereins zur Abwehr des Antisemitismus, bekannte er, dass er die Bestrebungen zur Bekämpfung des Antisemitismus für anerkennenswert halte, dennoch müsse er sich fragen, ob Anstrengungen dieser Art nicht um zehn oder zwölf Jahre zu spät kämen. Humanitäre Aktionen seien zwar zu begrüßen, würden aber kaum etwas erreichen. Schließlich sei der Antisemitismus zu einer großen Volksbewegung angewachsen. Auf eine Bewegung könne man jedoch nur mit einer anderen Bewegung antworten. *»Es ist meine Überzeugung«*, heißt es interessanterweise in diesem Brief an Leitenberger, *»dass die in die Enge getriebenen Juden schließlich keinen anderen Ausweg mehr haben, als nach dem Sozialismus«.*[9]

Zeitweilig erwog Herzl, die »Judenfrage« mit Hilfe der Katholischen Kirche zu lösen. Durch Vermittlung österreichischer Kirchenfürsten wollte er sich Zutritt beim Papst verschaffen und diesem sagen: *»Helfen Sie uns gegen die Antisemiten und ich leite eine große Bewegung des freien und anständigen Übertritts der Juden zum Christentum ein.«* »Am hellichten Tage«, heißt es in der Vorrede zu den Tagebüchern, *»an Sonntagen um zwölf Uhr, sollte in feierlichen Aufzügen unter Glockengeläute der Übertritt stattfinden in der Stefanskirche. Nicht verschämt, wie es Einzelne bisher getan, sondern mit stolzen Gebärden«*[10]. Bis zur Kirchenschwelle sollten die Führer das Volk geleiten, aber selbst draußen stehen bleiben. Die Führer sollten Juden bleiben und als Juden den Übertritt zur Mehrheitsreligion propagieren. Dadurch, so meinte Herzl, würde ein Zug großer Aufrichtigkeit das Ganze erheben.

Ohne Zweifel sind in diesem Taufplan erste Ansätze einer späteren aktiven staatsmännischen Tätigkeit zu erkennen. So konsequent dieses Vorhaben gedacht war, so unrealistisch war es aber auch. In kritischer Selbsterkenntnis lässt Herzl in seinen Tagebuchaufzeichnungen durchblicken, daß man ihn nicht ernst nahm, ihn vielmehr für einen Plauderer und Phantasten hielt. Sein Vorgesetzter bei der *Neuen Freien Presse*, Moritz Benedikt, mit dem er den Plan erörtert hatte,[11] lehnte diesen sogar unumwunden ab, und zwar mit der Begründung, dass das Projekt undurchführbar sei, weil der Papst ihn gar nicht empfangen werde. Beeindruckt haben dürfte ihn allerdings nur das von Benedikt vorgebrachte Argument: *»Hundert Generationen hat ihr Geschlecht sich im Judentum erhalten. Sie wollen sich selbst als die Grenze dieser Entwicklung setzen: Das können sie nicht.«*[12] Vermutlich hat dieser

Appell Herzl tief bewegt und zu seinem Umdenken in der »Judenfrage« beigetragen.

Auch das Gespräch während eines Spazierganges mit dem Musik- und Theaterkritiker Ludwig Speidel im Sommer 1894 in Hinterbrühl regte Herzl vermutlich an, sich noch intensiver als bisher mit der »Judenfrage« zu beschäftigen. Dieses Gespräch ist vor allem deswegen interessant, weil es in seinen Gedankengängen an Überlegungen anknüpft, mit denen er als Zweiundzwanzigjähriger auf Eugen Dührings Schrift *Die Judenfrage als Frage der Racenschädlichkeit für Existenz, Sitte und Cultur der Völker* (1887) reagiert hatte.[13]

Wie damals verteidigte Herzl die Neigung der Juden zum Geld, versuchte ihr enges Verhältnis zu diesem historisch zu erklären. *»Wir kleben am Geld, weil man uns aufs Geld geworfen hat«*, heißt es in seinem Tagebuch. Das Problem wird auf den Punkt gebracht, wenn Herzl schließlich bemerkt: *»Ich begreife den Antisemitismus. Wir Juden haben uns, wenn auch nicht durch unsere Schuld, als Fremdkörper inmitten verschiedener Nationen erhalten. Wir haben im Ghetto eine Anzahl gesellschaftswidriger Eigenschaften angenommen. Unser Charakter ist durch den Druck verdorben und muss durch einen anderen Druck wiederhergestellt werden […].«*[14]

In diesem Gespräch zog Herzl für sich den Schluss, dass der Antisemitismus nicht als isoliertes Phänomen betrachtet werden dürfe, sondern nur dann verstanden werden könne, wenn man ihn als eine Folge der Judenemanzipation begreife. Er sei sogar, meinte Herzl, deren direkte Konsequenz. Zionist war Herzl zu diesem Zeitpunkt allerdings noch nicht, obgleich er bereits erkannte, *»die Spuren des einen Druckes können nur durch einen anderen Druck vertilgt werden«*[15].

Speidels Antwort, dass dies eine *»welthistorische Auffassung«* sei, hat Herzl vermutlich geschmeichelt und war vielleicht sogar der Grund, warum er in wenigen Tagen ein Stück mit dem Titel *Das Ghetto* oder, wie er es später nannte, *Das Neue Ghetto* niederschrieb. In ihm war er um den Nachweis bemüht, dass die Emanzipation zwar die äußeren Ghettomauern habe fallen lassen, dafür aber unsichtbare entstanden seien, die nur durch eigene Anstrengungen abgetragen werden könnten. Das waren Gedankengänge, die in Konturen einen neuen Herzl erkennen lassen.

Herzl hat mit dem Stück *Das Neue Ghetto,* das er wenige Tage vor Beginn des Dreyfus-Prozesses verfasste, seinem Herzen Luft gemacht. Die biographische Note ist unverkennbar. Nicht zufällig ist der Held des Stückes ein Jurist wie er selber. Mit diesem Stück, das zu den besten seiner dramatischen Arbeiten gehört, vollzog Herzl innerlich eine Wandlung und begann Fragen zur »Judenfrage« radikaler als bisher zu stellen.

Im Dezember 1894 schrieb er an Arthur Schnitzler: »*Ich will durchaus keine Verteidigung oder ‚Rettung‘ der Juden machen, ich will die Frage nur mit aller Macht öffentlich zur Diskussion stellen! Die Kritiker und das Volk sollen dann verteidigen und anklagen. Komm’ ich nur auf die Bühne, so ist der Zweck erreicht. Was weiter geschieht, ist mir wurscht. Ich pfeif’ auf das Geld, obwohl ich beinahe keines, und auf den Ruhm, obwohl ich gar keinen habe. Ich will gar kein sympathischer Dichter sein. Aussprechen will ich mich – von der Leber und vom Herzen weg. Wenn dieses Stück in der Welt ist, wird mir leichter um Herz und Leber sein.*«[16]

Die ersten Meldungen über den angeblichen Spionage-Fall Dreyfus haben Theodor Herzl nicht sonderlich beeindruckt. Wie die meisten Beobachter war auch er anfangs noch von der Schuld des französischen Hauptmanns überzeugt. Einige Tage nach Dreyfus’ Verhaftung kabelte er nach Wien: »*[…] der Umstand, dass offiziell die Verhaftung dieses Generalstabshauptmannes zugegeben wird und der Kriegsminister dem heutigen Ministerrat die Sache vorlegte, lässt annehmen, dass Dreyfus die schmähliche Handlung begangen habe.*«[17]

Seine telegraphische Depesche vom 6. Dezember [1894], in der er über den Abschluss der Voruntersuchung berichtete, lässt noch keine Parteinahme für oder wider erkennen. Herzl meldet nur, dass der eigentliche Sachverhalt – Dreyfus wurde bekanntlich beschuldigt, Dokumente des französischen Generalstabes an den deutschen Militärattaché von Schwarzkoppen verkauft zu haben – unklar und in ein geheimnisvolles Dunkel gehüllt sei. Mitte Dezember 1894 klingen erste vorsichtig geäußerte Bedenken an. In einem nach

Wien gesandten Telegramm heißt es: »*Wie verlautet ist Hauptmann Dreyfus noch keineswegs des Verrats überwiesen. Er leugnet beharrlich, und die Echtheit des einzigen Beweisstückes […] wird von dem Verteidiger angefochten […] So wird der Ruf nach Öffentlichkeit dieser Verhandlung begreiflich und scheint vielen ebenso nötig für den Fall, dass Dreyfus das unerhörte Verbrechen begangen hätte, wie für den Fall, dass man den unglücklichen Mann fälschlich beschuldigt.*«[18] »Es ist«, heißt es in dem telegraphischen Bericht vom Eröffnungstage des Prozesses, »*heute mehr als eine Frage der Armee*«, ob Hauptmann Dreyfus sein Vaterland verraten hat oder ob es möglich war »*ihn unter der furchtbarsten Anklage ohne genügende Beweise zu verhaften und öffentlich entehren zu lassen*«. Und weiter: »*In den ersten Tagen verlangten viele gleich den Kopf des beschuldigten Offiziers, später machten sich vielfach Zweifel an seiner Schuld geltend.*«[19].

Herzl hatte sich selbst noch keine eigene Meinung über Schuld oder Unschuld des Angeklagten gebildet. Seine Beschreibung der Umstände der Verhandlung ist vergleichsweise neutral gehalten. Herzl äußert sich über die Räumlichkeiten, beschreibt das feierliche Eintreten der Offiziere des Kriegsgerichts (»*Der Wache-Leutnant ruft: ‚Garde à vous! Portez armes!‘ Alle Anwesenden stehen, die Offiziere salutieren, das Kriegsgericht ist eingetreten.*«) und äußert sich über die Erscheinung des Angeklagten, von dem er den Eindruck hat, er zeige eine »*feste, ruhige Haltung*«. Die Hintergründe des Prozesses werden von Herzl noch nicht reflektiert. In seinem Bericht für die *Neue Freie Presse* ist zu lesen, »*dass es in der Verhandlung um Formalitäten gehe,*« und zwar insbesondere darum, ob wegen der Brisanz des Falles der Gerichtshof künftig geheim oder öffentlich tagen sollte.

Herzls Sicht des Falles Dreyfus lässt allmähliche Veränderungen erkennen. Die Begleitumstände des Prozesses begannen ihn zunehmend zu irritieren. Die aufgewühlte Stimmung der Pariser Bevölkerung, die auf Dreyfus’ Verurteilung drängte, stimmte ihn zunehmend skeptischer, was die Anschuldigungen gegen Dreyfus betrafen. »*Das Strassenbild vor dem Militärgerichtshofe ist heute unruhiger als in den ersten zwei*

Tagen«, meldete er am 22. Dezember 1894 nach Wien. *»Man sieht mehr Polizei und mehr Neugierige, aber was sich in der engen Gasse zeigt, kann nicht entfernt eine Vorstellung vom ungeheuren leidenschaftlichen Interesse geben, mit welcher Paris auf das Ergebnis der Verhandlung wartet.«*[20] Und als das Gericht an diesem Tag Dreyfus zur lebenslänglichen Deportation und militärischen Entehrung verurteilt, ging Herzl nicht so sehr auf den Urteilsspruch ein, sondern schilderte wie dieser in der Öffentlichkeit auf Zustimmung stieß und die lang aufgestaute Spannung sich in lauten *»Vive la Patrie«-*Rufen entlud.

Noch war nicht bekannt, was erst Jahre später enthüllt

wurde, und was dann den eigentlichen Skandal ausmachen sollte,[21] dass Dreyfus nämlich auf Grund eines gefälschten Dokumentes verurteilt worden war. Herzl konnte deshalb zu diesem Zeitpunkt noch nicht wirklich von der Unschuld des Angeklagten überzeugt gewesen sein. Zu denken dürfte ihm allerdings gegeben haben, dass Dreyfus nach dem Urteil sofort Revision eingelegt und schon vor der Verhandlung gegenüber dem bewachenden Unteroffizier erklärt hatte, er sei das Opfer einer persönlichen Rache und die Anklagen würden wie ein Kartenhaus zusammenbrechen. Dreyfus' Judesein findet nunmehr in Herzls Beschäftigung mit dem Prozess eine stärkere Aufmerksamkeit. *»Man verfolgt mich, weil ich Jude bin«*[22], zitiert er eine Bemerkung, die Dreyfus angeblich während des Prozesses gemacht haben soll. Damit stellte er zum ersten Mal den direkten Zusammenhang zwischen Dreyfus' Judesein und den im Prozess gegen diesen erhobenen Anschuldigungen her.

Einige Indizien sprechen dafür, dass die Schlüsselrolle im Wandel von Herzls Ansichten die entwürdigende Zeremonie der Degradierung spielte, die am 5. Januar 1895 stattfand und deren Augenzeuge Herzl war. Noch am selben Tag berichtete er nach Wien: *»Die Degradation des Kapitäns Dreyfus versammelte an diesem trüben Wintermorgen viele Neugierige in der Umgebung der Kriegsschule, die hinter dem Bezirke der Ausstellung vom Jahre 1889 liegt. Man sah eine große Anzahl Offiziere, mehrere*

mit ihren Damen. Der Einlass in den Hof der Ecole militaire war nur Offizieren und wenigen Journalisten gestattet. Draußen harrte die Menge der Gaffer, die Hinrichtungen beizuwohnen pflegen. Es war viel Polizei aufgeboten worden. Um neun Uhr war der Riesenhof mit Truppenabteilungen, die ein Karree bildeten, gefüllt. Fünftausend Mann waren ausgerückt. In der Mitte hielt ein General zu Pferde. Einige Minuten nach neun wurde Dreyfus herausgeführt. Er trug die Hauptmannsuniform. Vier Mann führten ihn vor den General. Dieser sagte: ,Alfred Dreyfus, Sie sind unwürdig, die Waffe zu tragen. Im Namen des französischen Volkes degradiere ich Sie. Man vollziehe das Urteil.' Da erhob Dreyfus die rechte Hand und rief: ,Ich schwöre und erkläre, dass Sie einen Unschuldigen degradieren. Es lebe Frankreich!'«

»In demselben Augenblick«, heißt es in Herzls Bericht weiter, »wurden die Trommeln gerührt. Der militärische Gerichtsvollzieher begann dem Verurteilten die Knöpfe und Schnüre, die schon vorher gelockert waren, von der Uniform herabzureißen. Dreyfus bewahrte eine ruhige Haltung. Nach wenigen Minuten war die Prozedur vollzogen.« Und weiter: »Nun begann der Rundgang vor der Front der Truppe. Dreyfus schritt an dem Truppenspalier vorbei, wie ein Mann der sich unschuldig fühlt. Er kam an einer Gruppe von Offizieren vorüber, die ihm zuschrien: ,Judas! Verräter!' Dreyfus rief zurück: ,Ich verbiete, mich zu insultieren.' Um neun Uhr zwanzig Minuten war der Rundgang beendet. Dreyfus wurde dann gefesselt und den Gendarmen übergeben. Von nun an wird er als Zivilgefangener behandelt. Nach seiner Abführung begannen die Truppen abzumarschieren. Die Menge aber lief vor den Toren zusammen, um die Wegführung des Sträflings zu sehen. Man hörte Zornesworte, wie: ,Wenn sie ihn jetzt herausbringen, wird jeder ein Stück von ihm haben wollen'. Indessen war bisher alles Warten vergeblich. In eigentümlicher Erregung entfernten sich die Zeugen der Degradation. Die sonderbar feste Haltung des Entehrten hatte auf manche tiefen Eindruck gemacht.«[23]

Das im kollektiven Gedächtnis noch heute haftende Bild der Zeremonie der Degradierung, insbesondere

aber die damals zu hörenden Rufe der Zuschauer: »Judas!« »Verräter!« beziehungsweise »Zum Tode mit dem Verräter!« haben Herzl verstört und vielleicht auch bei ihm selbst jene »eigentümliche Erregung« entfacht, die er in seinem Bericht für die Neue Freie Presse bei den Zeugen der Degradierungszeremonie konstatiert hatte. Es war ihm zweifellos bewusst, dass der Vorwurf des Verrats, insbesondere für einen emanzipierten Juden, ehrabschneidend beziehungsweise verletzend wirken musste.

Der Vorwurf des Verrats, eines der klassischen Stereotypen des christlichen Antijudaismus, in verschiedenen Varianten gebraucht, wird bis heute als Instrument der Diffamierung gegen Juden eingesetzt. In diesem Fall spielte er nicht nur auf die Judas-Gestalt an, sondern unterstellte, dass Juden keine Bindung an das jeweilige Wohnland hätten, in diesem Fall Frankreich, somit also auch keine Ehre besäßen. Aber gerade das hielt Herzl im Fall von Dreyfus für abwegig. Ein jüdischer Offizier, meinte er, wäre überhaupt nicht fähig, Landesverrat zu begehen. Infolge der langen bürgerlichen Ehrlosigkeit wäre bei den Juden eine geradezu krankhafte Sucht nach Ehre vorhanden – ein jüdischer Offizier sei deshalb, wie er gegenüber dem italienischen Obersten Pannizzardi in einem Gespräch bemerkte, ein »potenzierter Jude«[24], der gar nicht auf die Idee des Verrates käme, weil das nicht seinen Wünschen und Überzeugungen entsprechen würde.

In den Tagebüchern und im Briefwechsel wird in den Jahren zwischen 1895 und 1897 der Fall Dreyfus nur am Rande erwähnt. In den Briefen, die er Ende 1894 an Arthur Schnitzler und den damaligen Direktor des Wiener Burgtheaters Max Burckhardt schrieb, fällt über den Prozess und über die Anschuldigungen gegen Dreyfus kein Wort. Thema der Briefe sind meist Theaterangelegenheiten. Dass ihn zu dieser Zeit auch andere Fragen beschäftigen, wird nur aus einer Nebenbemerkung deutlich: »Hier ist augenblicklich mit dem Theater nicht sehr viel los. Um so mehr in der Politik!«[25] Ende 1896 äußerte sich Herzl über den Fall Dreyfus schon deutlicher, und zwar in einem Brief an Paul Goldmann, der damals als Korrespondent der Frankfurter Zeitung in Paris einen Pro-Dreyfus-Artikel[26] verfaßt hatte. Herzl,

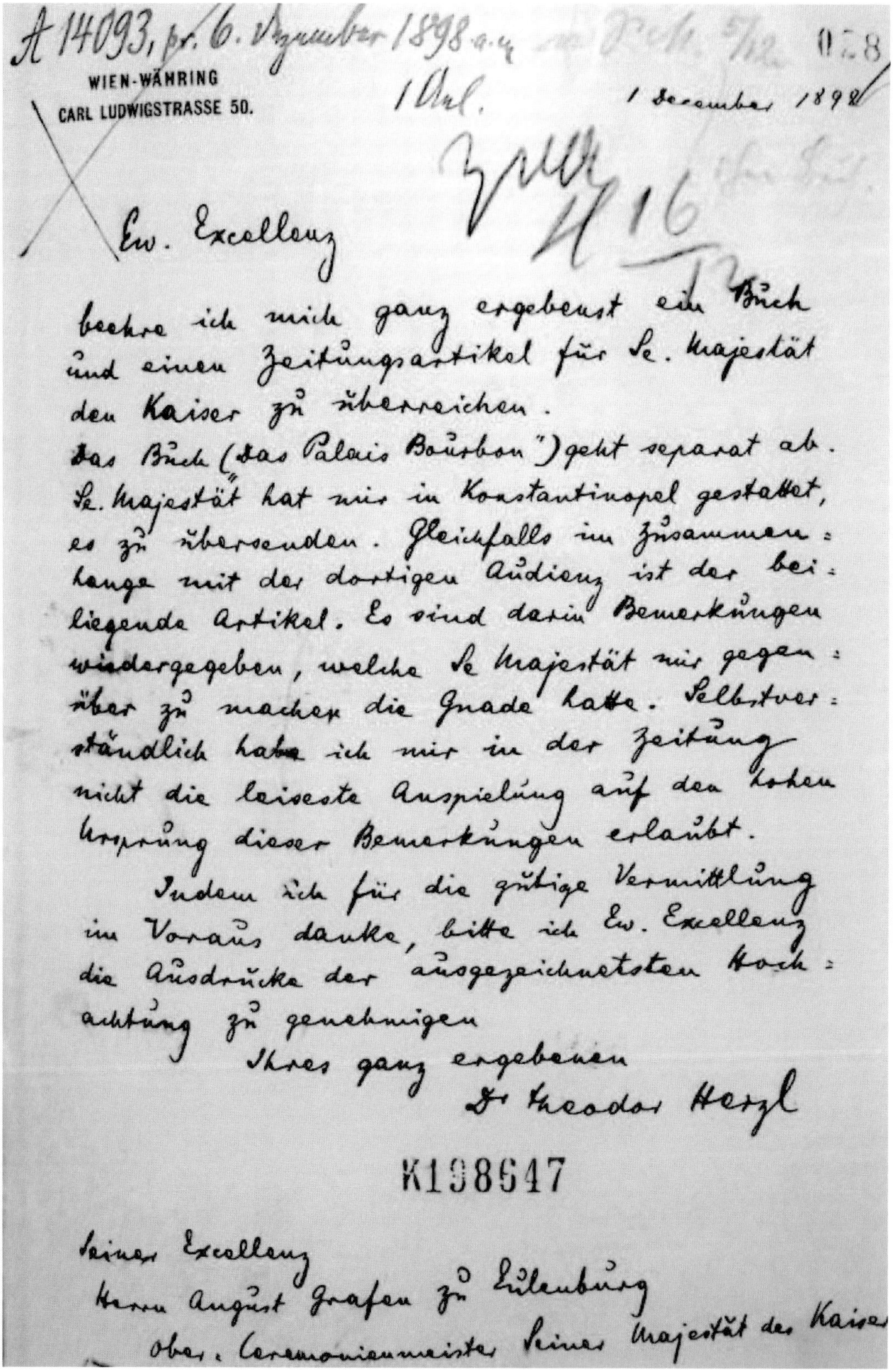

A 14093, pr. 6. Dezember 1898 a.u.

WIEN-WÄHRING
CARL LUDWIGSTRASSE 50.

1 Anl.

1 December 1898

Ew. Excellenz

beehre ich mich ganz ergebenst ein Buch
und einen Zeitungsartikel für Se. Majestät
den Kaiser zu überreichen.

Das Buch („Das Palais Bourbon") geht separat ab.
Se. Majestät hat mir in Konstantinopel gestattet,
es zu übersenden. Gleichfalls im Zusammen-
hange mit der dortigen Audienz ist der bei-
liegende Artikel. Es sind darin Bemerkungen
wiedergegeben, welche Se Majestät mir gegenüber zu machen die Gnade hatte. Selbstverständlich habe ich mir in der Zeitung
nicht die leiseste Anspielung auf den hohen
Ursprung dieser Bemerkungen erlaubt.

Indem ich für die gütige Vermittlung
im Voraus danke, bitte ich Ew. Excellenz
die Ausdrücke der ausgezeichnetsten Hochachtung zu genehmigen

Ihres ganz ergebenen

Dr Theodor Herzl

K198647

Seiner Excellenz
Herrn August Grafen zu Eulenburg
Ober-Ceremonienmeister Seiner Majestät des Kaisers

3

der den Artikel zustimmend zur Kenntnis genommen hatte, schrieb diesem: »*Von jetzt ab gehört Ihr Name zu denen der vornehmsten Kämpfer für die Gerechtigkeit. Unter den schwersten Umständen, in einem fremden Lande, wo Sie als deutscher Jude doppelt verhasst und verdächtigt sind, haben Sie eine sittliche That gethan, die nicht vergessen werden wird, so lange man vom Fall Dreyfus sprechen wird.*«[27]

Der Fall wäre zu den Akten gelegt und der unglückliche Hauptmann Dreyfus vermutlich in seiner Verbannung auf der Teufelsinsel vergessen worden, wenn nicht die Öffentlichkeit sich verstärkt des Falles angenommen hätte. Als der Verdacht sich zur Gewissheit verdichtete, dass man von oben her versuchte, die Wiederaufnahme des Prozesses zu verhindern, wurde aus dem ‚Fall Dreyfus‘ die ‚Affäre Dreyfus‘. Herzl hat dies wohl gespürt, wenn er noch vor dem Erscheinen von Emile Zolas’ berühmten öffentlichen Protestbrief *J’Accuse* in einem Artikel, der mit »*Französische Zustände*« überschrieben war, bemerkte: »*Das Volk von Frankreich,*

LE PROCÈS DREYFUS A RENNES

das großmütige, in die Gerechtigkeit verliebte, das Volk der Menschenrechte, das alle Prozesse revidiert, nie eine Sache für endgültig abgeurteilt haben mag – es will nicht, dass man die Schuld des jüdischen Hauptmannes überhaupt noch in Frage stelle.«[28]

Als der Fall Dreyfus im September 1898 zur Revision kam, wurde er zum Tagesgespräch nicht nur in Frankreich, sondern in ganz Europa. Bei seinen zahlreichen Unterredungen, die Herzl u. a. mit deutschen Politikern führte, wurde er verschiedene Male auf den Fall Dreyfus angesprochen. So als er Ende 1898 die deutsche Regierung für seine Pläne der Gründung einer rechtlich gesicherten Heimstätte für die Juden gewinnen wollte.

Bei einer Audienz in Potsdam im Stadtschloss, wo er mit dem Großherzog Friedrich von Baden sprach, äußerte sich dieser sehr freimütig über Frankreich und dessen Generalstab. »*Das verlotterte System*«, so notierte Herzl eine Bemerkung des Großherzogs, »*wehre sich im Falle Dreyfus weniger gegen den Freispruch des Unschuldigen, als gegen das Aufkommen der Unterschleife und Betrügereien mit den geheimen Fonds*«[29].

Auch bei dem Gespräch, das Herzl mit dem deutschen Kaiser Wilhelm II. am 18. Oktober 1898 in Konstantinopel zu dem Zweck hatte, die Begegnung mit einer zionistischen Delegation in Palästina vorzubereiten, kam die Rede auf die Zustände in Frankreich. Wilhelm II. zeigte sich dabei sehr gut informiert und nahm zum großen Erstaunen Herzls kein Blatt vor den Mund. Auf dem Schiff unterwegs nach Palästina erinnerte sich Herzl der Audienz am Tag zuvor: »*Ich bemerkte, dass die Armee durch die letzten Dreyfus-Vorgänge sehr gelitten habe. Und plötzlich waren wir en pleine affaire Dreyfus. Der Kaiser sprach – ich glaube zum gelinden Entsetzen Bülows – frank und frei von der Affaire. Ich avancierte keinerlei Meinung, aber bald wurde vollständig klar, dass Dreyfus unschuldig ist! Es war etwas ganz Colossales.*«[30]

Wann aber hat Herzl sich eindeutig gegen den Prozess ausgesprochen und Partei für Dreyfus ergriffen? Das war erst 1899, und zwar in einem Artikel, den er in der *North American Review* unter dem Titel »*Zionismus*« veröffentlichte. »*Zum Zionisten*« schrieb er dort, »*hat mich der Prozess Dreyfus gemacht*«. Insbesondere die antisemitischen Begleiterscheinungen des Prozesses, die Pöbeleien der Massen, hätten ihn bestimmt, die Lösung der »Judenfrage« nicht im Prozess der Integration und Assimilation, sondern in der Rückkehr zur eigenen Nation und in der Seßhaftmachung auf eigenem Grund und Boden zu suchen. »*Ich sehe*«, heißt es in dem besagten Artikel, »*den Angeklagten noch in seiner dunklen, verschnürten Artilleristenuniform in den Saal kommen, ich höre ihn noch seine Generalien abgeben 'Alfred Dreyfus, capitaine d'artillerie', mit näselnder, gezierter Stimme. Und auch der Wutschrei der Menge auf der Straße gellt mir noch unvergeßlich in den Ohren: 'à mort! à mort les juifs!' Tod allen Juden …*«[31]

Beim zweiten Dreyfus-Prozeß in Rennes am 9. September 1899 trat für die anwesenden Beobachter klar zutage, dass Dreyfus zu Unrecht angeklagt worden war. Alle Welt erwartete einen Freispruch, dennoch wurde Dreyfus erneut verurteilt – und zwar mit fünf gegen zwei Stimmen. »Fünf gegen zwei« überschrieb Herzl wenige Tage später einen Artikel in der Welt, in dem er den Prozessausgang folgendermaßen kommentierte: »*Samstag, den neunten September 1899, in den Abendstunden, wurde eine merkwürdige Entdeckung gemacht, die auch wirklich nicht verfehlt hat, allgemeines Aufsehen in sämtlichen mit Telegraphendrähten versehenen Weltteilen hervorzurufen. Es wurde nämlich entdeckt, dass einem Juden die Gerechtigkeit verweigert werden kann, aus keinem anderen Grunde, als weil er Jude ist. Es wurde entdeckt, dass man einen Juden quälen kann, als ob er kein Mensch wäre. Es wurde entdeckt, dass man einen Juden zu infamer Strafe verurteilen kann, obwohl er unschuldig ist.*«[32]

Zu diesem Zeitpunkt war Herzl nicht nur eindeutig von Dreyfus' Unschuld überzeugt, sondern es war ihm bereits zur Gewissheit geworden, dass in der Person des unglücklichen Dreyfus nicht ein beliebiger Armeeoffizier, sondern ein Jude angeklagt und vor die Schranken des Gerichts gezerrt worden war. Herzl, inzwischen unumstrittener Führer der zionistischen Bewegung, bezweifelte jetzt zunehmend, dass in Zukunft ein Zusammenleben von Juden und Nicht-Juden auf der Basis gegenseitigen Verständnisses und gegenseitiger Duldung möglich sein würde. »*Für die Juden*«, heißt es in dem schon zitierten Aufsatz *Zionismus*, in dem Herzl über seinen Weg zum Zionismus Rechenschaft ablegt, »*gibt es keine andere Hilfe und Rettung, als die*

Rückkehr zur eigenen Nation und die Seßhaftmachung auf eigenem Grund und Boden«[33].

Wenn wir das bisher Gesagte zusammenfassen, dann sollten wir uns noch einmal Herzls Entwicklung in der Zeit vor dem Dreyfus-Prozess vergegenwärtigen. Dass eine »Judenfrage« existiert, das stand für ihn schon seit längerem fest, doch nationaljüdische beziehungsweise zionistische Konzepte hat er Anfang der neunziger Jahre noch keinesfalls vertreten. Bis zur Wende des Jahres 1894/95 zog er noch unterschiedliche Lösungsmodelle in Betracht, die sich nicht sehr von den Vorschlägen unterschieden haben, die in jüdisch-intellektuellen Kreisen jener Zeit erörtert wurden.[34] Zeitweise meinte er, die »Judenfrage« sei über den Weg des Sozialismus zu lösen, dann wiederum versprach er sich die Lösung des Problems von einer Massentaufe. Letztere erscheint uns Heutigen als eine etwas skurrile Idee, aber damals glaubten Herzl und manche andere tatsächlich daran, dass mittels einer Massentaufe die »Judenfrage« ein für alle Mal gelöst werden könnte.

Herzl selbst hat von einer Entwicklung geschrieben, die zwölf Jahre gedauert und im Dreyfus-Prozess ihren Abschluss gefunden hätte. Für ihn stand später außer Zweifel, dass es das antisemitische Klima war, das ihn zum Judentum hatte zurückfinden lassen. Zwei Ereignisse aus der Zeit vor dem Dreyfus-Prozess hebt er dabei besonders hervor: einmal die Lektüre von Eugen Dührings *Judenfrage* und zum anderen die negativen Erfahrungen, die er mit der Burschenschaft *Albia* gemacht hatte.

Dührings Schrift hatte Herzl vermutlich nur nachdenklich gestimmt, aber aus der *Albia* war er mit Aplomb ausgetreten, und zwar deswegen, weil bei einem Kommers der spätere Schriftsteller Hermann Bahr ein großdeutsch-antisemitisches Glaubensbekenntnis ablegte. Herzl hat dieses als einen persönlichen Affront empfunden und entsprechend reagiert.

Das entscheidende Erlebnis im Zuge seiner Entwicklung hin zum Zionismus war zweifellos die Zeremonie der Degradierung, an der Herzl, wie schon ausgeführt, als Korrespondent der *Neuen Freien Presse* teilgenommen hatte. Sie wirkte auf ihn nicht nur wie ein Schock, wie er selbst berichtet, sondern muss geradezu eine kathartische Wirkung bei ihm ausgelöst haben. Dass einem *jüdischen* Offizier vor johlenden Massen die Epauletten abgerissen und der Säbel zerbrochen wurde, war für Herzl und manchem seiner Zeitgenossen gleichbedeutend mit einer Absage an die jüdischerseits betriebenen Bemühungen um Akkulturation und Assimilation.

Die Zeremonie ist denn auch nicht nur von Herzl als ein Hinweis darauf verstanden worden, dass die herrschenden Schichten nicht bereit waren, die Juden gesellschaftlich als gleichwertig anzuerkennen. Die Umstände der Zeremonie auf dem Hof der Ecole Militaire wurden zudem vielfach als eine Absage an das Ideal des *jüdisch*-französischen Offiziers empfunden. So mancher hatte mit diesem Ideal einen Traum verbunden und sich von dessen Verwirklichung die Anerkennung der Juden als gleichberechtigte Bürger erhofft. Enttäuschung war zu spüren, bei manchen sogar Verzweiflung.

Für Herzl war die »Judenfrage« nicht zuletzt durch den Dreyfus-Prozess und dessen Begleitumstände zu einer politischen Frage geworden, von der er meinte, sie könne nur mit den Mitteln der Politik gelöst werden. Diese Erkenntnis wurde Ausgangspunkt für alle weiteren Überlegungen. In dem berühmten Gespräch mit Baron Hirsch, das im Frühjahr 1895 in dessen Palais in der Pariser Rue d'Elysée stattfand, finden sich bereits die Grundzüge seines späteren zionistischen Programms. Unmittelbar danach begann Herzl mit den Vorarbeiten, aus denen seine programmatische Schrift *Der Judenstaat. Versuch einer modernen Lösung der Judenfrage* entstehen sollte.

Wie sehr Theodor Herzl das Thema beschäftigte, lässt sich aus seinem Tagebuch ersehen, das er bis kurz vor seinem Tode führte. Was er dort festhielt, lässt einen Einblick in sein Denken und Tun dieser Tage zu und beginnt mit den Worten: »*Ich arbeite seit einiger Zeit an einem Werk, das von unendlicher Größe ist. Ich weiß heute nicht, ob ich es ausführen werde. Es sieht aus wie ein mächtiger Traum. Aber seit Tagen und Wochen füllt es mich aus bis in die Bewußtlosigkeit hinein [...] Was daraus wird, ist jetzt noch nicht zu ahnen.*«[35]

Anmerkungen

* Der nachfolgende Text ist die überarbeitete Fassung des gleichnamigen Beitrags veröffentlicht in: Dreyfus und die Folgen, hrsg. von Julius H. Schoeps und Hermann Simon, Berlin 1995, S. 11–29.

1 Vgl. Alex Bein: Herzl und der Dreyfusprozeß, in: Die Stimme. Jüdische Zeitung, Nr. 389, Jg. 5/1934, S. 7–8; ders.: Herzl ve-Dreyfus, Tel Aviv 1948 [hebr.]; Theodor Herzl. Mi-Boulanger ad Dreyfus. 1891–1895 [Von Boulanger bis Dreyfus 1891–1895. Reportagen und politische Artikel aus Paris], hrsg. von Alex Bein und Moshe Schaerf, Bd. 3, Jerusalem 1974 [hebr.], S. 849–940.

2 Amos Elon: Morgen in Jerusalem. Theodor Herzl. Sein Leben und Werk, Wien u. a. 1974, S. 126.

3 Über das Wort und die Bedeutungsgeschichte »Judenfrage« vgl. Alex Bein: Die Judenfrage. Biographie eines Weltproblems, Stuttgart 1980, Bd. 1, S. XVIff. Der Verfasser ist der Ansicht, dass nach den Erfahrungen des Holocaust der Begriff so sehr belastet ist, dass er nicht mehr ohne weiteres benutzt werden kann. Im Folgenden wird deshalb das Wort in Anführungszeichen gesetzt.

4 NFP, Nr. 10064, 31.8.1892.

5 Dt.: Das verjudete Frankreich (1886).

6 Theodor Herzl, Briefe und Tagebücher, Bd. 2: Zionistisches Tagebuch 1895–1899, bearbeitet von Johannes Wachten und Chaya Harel, hrsg. von Alex Bein, Hermann Greive, Moshe Schaerf, Julius H. Schoeps, Berlin u. a. 1983, S. 114.

7 Leon Kellner: Theodor Herzls Lehrjahre (1860–1895). Nach den handschriftlichen Quellen, Wien und Berlin 1920, S. 140f.

8 Der »Verein zur Abwehr des Antisemitismus« ist nach dem Berliner Vorbild von Baron Arthur Gudaccar von Suttner 1891 zusammen mit Graf Rudolf Hoyos, Baron Friedrich Leitenberger und dem Arzt Hermann Nothnagel gegründet worden.

9 Theodor Herzl an Friedrich Leitenberger, 26.1.1893, in: Theodor Herzl: Briefe und Tagebücher, bearbeitet von Johannes Wachten und Chaya Harel, hrsg. von Alex Bein, Hermann Greive, Moshe Schaerf, Julius H. Schoeps, Bd. 1: Briefe 1866–1895, Berlin u. a. 1983, S. 516ff.

10 Ebenda, Bd. 2, [wie Anm. 6], S. 47.

11 Siehe insbesondere den Brief Herzls an Benedikt vom 27.12.1892, in: Herzl, Briefe und Tagebücher, Bd. 1, [wie Anm. 9], S. 506ff.: »So ist also die individuelle Lösung der Judenfrage durch Übertritt zum Glauben der Volksmehrheit wenig Hoffnung versprechend, solange die Juden angefeindet werden. Daher müsste man zuerst einen Zustand der Duldung herbeiführen und dann die ganze Judenschaft frischweg taufen.«

12 Herzl, Briefe und Tagebücher, Bd. 2, [wie Anm. 6], S. 47f.

13 Jugendtagebuch 1882–1887, in: Herzl, Briefe und Tagebücher, Bd. 1, [wie Anm. 9], S. 611ff.

14 Ebenda, [wie Anm. 6], S. 48.

15 Ebenda, S. 50.

16 Herzl an Schnitzler, 17.12.1894, in: Herzl, Briefe und Tagebücher, Bd. 1, [wie Anm. 9], S. 562.

17 NFP, Nr. 10846, 2.11.1894.

18 NFP, Nr. 10884, 11.12.1894.

19 NFP, Nr. 10893, 20.12.1894.

20 NFP, Nr. 10895, 22.12.1894.

21 Vgl. Beate Gödde-Baumanns: Die Dreyfus-Affäre. Vom politischen Skandal zum Streit über die Grundwerte über die Nation, in: Der politische Skandal, Stuttgart/Bonn 1992, S. 79–108.

22 NFP, Nr. 10899, 27.12.1894.

23 NFP, Nr. 10909, 6.1.1895.

24 North American Review (1899), in: Theodor Herzl, Gesammelte Zionistische Werke, Bd. 1: Zionistische Schriften, Tel Aviv 1934, S. 375.

25 Herzl an Max Burckhardt, 20.12.1894, in: Herzl, Briefe und Tagebücher, Bd. 1, [wie Anm. 9], S. 563.

26 Frankfurter Zeitung, Nr. 314, 21.11.1896: »Jawohl, es ist der Wahn, der alte Feind der Menschheit, der im hellen neunzehnten Jahrhundert wieder einmal seinen finsteren Spuk getrieben und ein Menschenleben vernichtet hat.«

27 Herzl an Paul Goldmann, 22.11.1896, in: Herzl, Briefe und Tagebücher, Bd. 4, S. 161f.

28 Theodor Herzl: Französische Zustände, in: Die Welt, Nr. 30, 24.12.1897.

29 Herzl, Briefe und Tagebücher, Bd. 2, [we Anm. 6], S. 640.

30 Ebenda, S. 667.

31 Theodor Herzl: Zionismus, in: Zionistische Schriften, Bd. 1, Tel Aviv 1934, S. 374.

32 Benjamin Seff [Theodor Herzl]: Fünf gegen Zwei, in: Die Welt Nr. 37, 15.9.1899.

33 Theodor Herzl, Zionismus [wie Anm. 31], S. 376.

34 Vgl. u. a. Julius H. Schoeps: Autoemanzipation und Selbsthilfe. Die Anfänge der nationaljüdischen Bewegung in Deutschland,

1882–1897, in: Zeitschrift für Religions- und Geistesgeschichte 4/1979, S. 345–365; ebenfalls Modern Heirs of the Maccabees. The Beginnings of the Vienna Kadimah, 1882–1897, in: Year Book, Leo Baeck Institute, XXVII/1982, S. 155–170.

35 Theodor Herzl, Briefe und Tagebücher, Bd. 2, [wie Anm. 6], S. 43.

Abbildungen

1 Titelseite des Bucheinbandes von *La France Juive* [Das jüdische Frankreich] von Edouard Drumont (1844–1917) in der 2. Auflage von 1892; innerhalb von Monaten nach seiner ersten Veröffentlichung im Jahre 1886 wurden 100.000 Exemplare von *La France Juive* verkauft; insgesamt gab es mehr als zwei hundert Auflagen des Werkes

2 Foto wie Alfred Dreyfus 1898 in Rennes bei seinem Revisionsverfahren das Gerichtsgebäude verlässt; die Wachsoldaten drehen ihm, dem degradierten Offizier den Rücken zu

3 Brief von Theodor Herzl an den deutschen Kaiser, vom 1. Dezember 1898.

4 Titelseite des Lyon Républicain vom 20. August 1899; Le Procès Dreyfus à Rennes: Dreyfus niant avoir écrit le bordereau que lui présente l` appariteur du conseil de guerre. [Der Dreyfus-Prozess in Rennes: Dreyfus bestreitet, der Verfasser des ihm vom Gerichtsdiener des Militärgerichts vorgelegten Bordereaus zu sein.]; nach vier Jahren und drei Monaten auf der Teufelsinsel wurde Dreyfus am 30. Juni 1899 nach Frankreich zurückgebracht, um seinen Fall in Rennes vor einem zweiten Militärgericht zu verhandeln.

Anna-Dorothea Ludewig

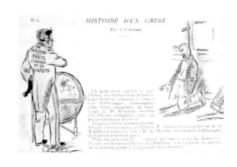

Von Zola zu Kafka

Die Dreyfus-Affäre im Spiegel der
deutschsprachigen Literatur

»Man wird auf diesen ersten Blättern jedoch be-
merken, daß vor allem der Berufsmensch, der Ro-
manschreiber, durch ein solches Drama hingerissen
und begeistert wurde. Das Mitleid, der Glaube, die
leidenschaftliche Wahrheits- und Gerechtigkeitsliebe
folgten hinterdrein.«[1]

In diesem Beitrag steht die literarische Rezeption der
Dreyfus-Affäre im Vordergrund, wobei die Entwicklung
in der deutschsprachigen Literatur besondere Beachtung findet. Dafür wurden exemplarisch drei Texte ausgewählt: der Roman *Vérité* von Emile Zola, Franz Kafkas
Erzählung *In der Strafkolonie* und das Drama *Die Affäre Dreyfus* von Hans J. Rehfisch. Die genannten Werke
befassen sich auf sehr unterschiedliche Weise mit der
Dreyfus-Affäre und deuten damit die Bandbreite von
Texten an, die dieses zentrale Ereignis der
Jahrhundertwende thematisiert haben.

Die Geschichte von Alfred Dreyfus,
Hauptmann der französischen Armee,
der 1894 verhaftet, verurteilt und auf die
Teufelsinsel deportiert wurde, bietet sich
als Roman- oder Dramenstoff geradezu
an. Mehr noch, die Ereignisse erscheinen
dem Beobachter so inszeniert, dass sich
unwillkürlich die Frage nach einer literarischen Vorlage stellt. In diesem Zusammenhang muss der Feuilletonroman *Les deux
frères* von Louis Létang erwähnt werden[2],
der zwischen Januar und Juli 1894 in der
auflagenstarken Pariser Zeitung *Petit Journal* erschien. Es handelt sich dabei um
die Geschichte des jungen Lebemanns
Aurélien de Prabert, der die Gunst einer
reichen Erbin gewinnen möchte. Dafür
muss er zunächst ihren Verlobten, den
Hauptmann Philippe Dormelles, aus dem
Weg räumen. Dormelles ist dem großen
Generalstab zugeteilt und soll durch einen
gefälschten Brief als vermeintlicher Spion
im Dienste des deutschen Nachrichtendienstes entlarvt werden. Der Plan wird
von Aurélien de Prabert wie folgt erläutert:
»Das ist wunderbar, die Schriftzüge sind

vollkommen nachgemacht, es ist derselbe Charakter, derselbe Schwung in den kleinsten Bewegungen. [...] Sobald die geheimen Dokumente bei Dormelles sind, wird der Brief eines ‚unbekannten Freundes' *Allevard* [den Vorgesetzten Dormelles'; Anm. d. Verf.] *über die verräterischen Umtriebe des Hauptmanns aufklären. Dieser wird sich gewaltig wichtig machen und einen großen Eifer entfalten, weil er den schönen Dormelles nicht mag. Und so ist mein Rivale rettungslos verloren. [...] Man wird ihn sofort verhaften und in das Gefängnis des Cherche-Midi einsperren, bis das Kriegsgericht zusammentritt. Noch am Abend der Verhaftung wird eine mir ergebene Zeitung in großer Aufmachung den schändlichen Verrat eines französischen Offiziers bekanntmachen und den Namen Philippe Dormelles preisgeben. Ihr werdet einen prachtvollen Skandal erleben [...].«*[3]

Vor diesem Hintergrund ist es durchaus nahe liegend, »daß die Romanfabel ihre Verwirklichung in dem Drama gefunden hat, das im Großen Generalstab inszeniert wurde«[4]. Es ist bezeichnend, dass die Dreyfus-Affäre sozusagen nach der Vorlage eines Feuilleton-Romans gestaltet wurde, der durch die Berichterstattung der französischen, aber auch der internationalen Presse aufgegriffen und fortgesetzt wurde. Die gesamte öffentliche Debatte lief über die Zeitungen und Zeitschriften, »hier [in Deutschland; Anm. d. Verf.] *wie in Frankreich implizierte die Haltung gegenüber dem Dreyfus-Prozeß eine politische Entscheidung, hier wie dort fungierte Dreyfus als ein Symbol politischer Diskussionen, Auseinandersetzungen, die im Zeitalter der hereinbrechenden Massenmedien vor allem in der politischen Publizistik geführt worden sind.«[5] Aber der Zeitungsleser war nicht länger nur passiver Rezipient, der die ihm dargebotenen Informationen zur Kenntnis nahm, »die Entstehung der modernen Kommunikationsgesellschaft ließ den Zeitungsleser am öffentlichen und politischen Leben teilhaben und führte zu einer Politisierung des privaten Lebens. Sie schaffte eine Öffentlichkeit, die dem Zeitungsmarkt nicht nur als Konsument gegenübertrat, sondern diese Öffentlichkeit wirkte auf die Berichterstattung zurück.«[6]

Auch einer der wichtigsten Protagonisten der Affäre Dreyfus, Emile Zola, kannte die Wirkungsmacht des

neuen Massenmediums und bediente sich seiner um in die öffentliche Diskussion einzugreifen.

Doch zunächst war Zola nur wenig an der Dreyfus-Affäre interessiert. Als der Hauptmann im Generalstab Alfred Dreyfus im Oktober 1894 verhaftet und im Dezember desselben Jahres wegen Hochverrats zu lebenslanger Deportation verurteilt wurde, befand sich Zola auf einer ausgedehnten Auslandsreise und kam mit französischen Nachrichten kaum in Berührung. Zu diesem Zeitpunkt gab es ohnehin kaum Zweifel an der Schuld des Angeklagten; Dreyfus' Degradierung im Hof der Militärschule und die anschließende Deportation auf die Teufelsinsel im Februar 1895 fanden allgemeinen Beifall.

Nach der Deportation des Häftlings kehrte vorübergehend Ruhe ein, doch die Familie Dreyfus ließ nichts unversucht, um die Unschuld des ehemaligen Hauptmanns zu beweisen. Bereits 1896 wurden erste Zweifel an der Verurteilung laut, die Öffentlichkeit interessierte sich wieder für den Fall.

3

Auch Zola begann sich nach seiner endgültigen Rückkehr nach Paris im November 1897 mit den Details der Affäre zu beschäftigen und publizierte noch im selben Monat einen Artikel im *Figaro*, der mit den folgenden Worten beginnt: »*Welch' erschütterndes Drama und welch' wunderbare Charaktere! Vor diesen Dokumenten von tragischer Schönheit, die uns das Leben zuträgt, hüpft mein Romanschreiberherz in leidenschaftlicher Bewührung.*«[7]

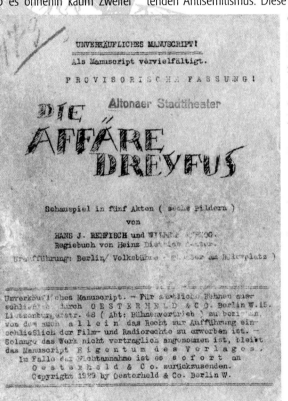

Wie bereits das Eingangszitat, so zeigt auch diese Einleitung Zolas, dass er sich zunächst vor allen Dingen als Schriftsteller von der Affäre angesprochen fühlte. Doch in diesem ersten *Figaro*-Artikel agierte Zola ebenso als Literat, wie auch als politischer Wortführer, als Volksvertreter ohne Mandat. In den Artikeln *M. Scheurer-Kestner*, *Le Syndicat* und *Procès-Verbal* bezieht Zola eindeutig Stellung für Dreyfus, prangert Armee und Regierung an und kämpft gegen den fortschreitenden Antisemitismus. Diese Form der Einmischung eines Schriftstellers in politische Angelegenheiten war neu und sorgte für beträchtliche Unruhe und öffentliche Aufmerksamkeit. Zola gehörte in den 1890er Jahren zu den bekanntesten und umstrittensten Autoren Frankreichs, sein Wort fand also durchaus Gehör. Durch sein Verhalten überschritt er eine Grenze, er war nicht mehr nur Autor, sondern mischte sich ein in Angelegenheiten der Justiz und der Armee und stellte damit deren Urteilsfähigkeit in Frage. Es verwundert nur wenig, dass ihm in der Folge staatsschädigendes Verhalten vorgeworfen wurde und dass die Bezeichnung, »Intellektueller«, die in diesem Zusammenhang entstand, zunächst als Schimpfwort gebraucht wurde.[8] Auch der *Figaro* konnte sich dem öffentlichen Druck nicht entziehen und veröffentlichte nach dem dritten Artikel keine weiteren Beiträge des Schriftstellers. Zolas berühmter offener Brief an den Präsidenten der Republik erschien am 13. Januar 1898 in der Zeitung *L'Aurore*, die Auflage von dreihunderttausend Exemplaren war binnen kürzester Zeit ausverkauft. Unter der programmatischen Überschrift *J'Accuse* stellt Zola mit deutlichen Worten seine Sicht der Dreyfus-Affäre dar und schließt mit den Worten: *»Ich habe nur eine Leidenschaft, die der Aufklärung im Namen der Menschlichkeit, die so viel geduldet hat und ein Recht auf bessere Tage besitzt. Mein flammender Protest ist nur der Aufschrei meiner Seele. Wage man es daher, mich vor das Schwurgericht zu stellen, und möge die Untersuchung im vollen Lichte der Öffentlichkeit geführt werden! Ich warte.«*[9]

Tatsächlich kam es bereits im Februar 1898 zu einem Prozess vor dem Schwurgericht, bei dem Zola wegen Verleumdung zur Höchststrafe, einem Jahr Gefängnis und der Zahlung von dreitausend Francs, verurteilt wurde. Da Zola unmittelbar nach der Verhandlung nach London floh, konnte das Urteil jedoch nicht vollstreckt werden.

Das Erscheinen von *J'Accuse* markiert einen Wendepunkt in der Literatur- und Kulturgeschichte. Es ist die Geburtsstunde des europäischen Intellektuellen, zu diesem Zeitpunkt ist *»die Tradition intellektueller Einmischung in ihren spezifischen Methoden und Organisationsformen – Aufrufe, Manifeste, Unterschriftensammlungen – entstanden, ein wichtiges Element der politischen Kultur in Frankreich.«*[10] Nach dem Aufsehen erregenden Zola-Prozess kam es zu einer regelrechten Spaltung der Nation, die in tumultartigen Aufständen und Kämpfen zwischen Dreyfus-Anhängern und Dreyfus-Gegnern in den Jahren 1898/99 ihren Höhepunkt fand. Während sich die *Dreyfusards* insbesondere in der 1898 gegründeten *Ligue des Droits de l'Homme et du Citoyen* organisierten, waren die *Anti-Dreyfusards* in der bereits 1882 gegründeten *Ligue des Patriots* und in der seit 1899 bestehenden *Ligue pour la patrie française* zu finden.[11] In allen Organisationen waren Schriftsteller und Journalisten vertreten, durch deren Auftreten die öffentliche Diskussion stark beeinflusst wurde.

In den europäischen Nachbarländern wurde die Entwicklung der Dreyfus-Affäre interessiert verfolgt und von der Presse kommentiert. Deutschland spielte innerhalb der Affäre eine besondere Rolle, wurde doch Dreyfus Spionage im Dienste der deutschen Armee vorgeworfen. Das deutsch-französische Verhältnis war dadurch sehr angespannt, *»die Verteidigung Deutschlands gegen die chauvinistischen Angriffe der französischen Presse und die Verneinung jeglicher deutscher Spionage im Zusammenhang mit dem Fall«*[12] standen zunächst im Vordergrund der öffentlichen Wahrnehmung. Da Frankreich jedoch um eine Beseitigung der Spannungen bemüht war, sah sich Deutschland eher in der Rolle eines objektiven Beobachters, den die innenpolitischen Probleme des Nachbarlandes nur wenig berühren. Der Dreyfus-Prozess wurde aber insbesondere von vielen jüdischen Bürgern mit Besorgnis beobachtet, so berichtete bspw. Theodor Herzl schockiert von der Degradierung des jüdischen Hauptmanns, ein Ereignis, dass seine bisherigen Ansichten zum Thema Assimilation und Akkulturation schlagartig verändert hat. Nunmehr lasse sich, *»die staatsbürgerliche Emanzipation [...] nicht verwirklichen und die Assimilation sei ein zum Scheitern verurteilter Irrweg.«*[13]

ZOLA ET GOLIATH

Composition de F.-T. Richards (*Life*, de New-York, 14 février 1898).

ZOLA et GOLIATH (II)

Composition de F.-T. Richards (*Life*, de New-York, mars 1898).

Ab 1898 wurde Dreyfus wieder Thema in der deutschsprachigen Presse, Zolas Intervention und die nachfolgenden Reaktionen ließen die Affäre von einem französischen Problem zu einem internationalen Politikum werden. Auch in Deutschland und Österreich äußerten sich zahlreiche Schriftsteller und Journalisten zu der Affäre, so Karl Kraus in seiner Zeitschrift *Die Fackel* (Wien) und Maximilian Harden in der *Zukunft* (Berlin). Beide ergriffen in ihren Beiträgen Partei gegen Dreyfus, sie sahen den liberalen Staat durch die öffentliche Diskussion gefährdet und polemisierten gegen ein Wiederaufnahmeverfahren. Doch die meisten deutschsprachigen Blätter sympathisierten mit Dreyfus, so wurde das Urteil von Rennes mit Empörung aufgenommen, hatte man doch einen Freispruch erwartet.[14]

Die literarische Rezeption der Dreyfus-Affäre begann in Frankreich bereits um die Jahrhundertwende. Zola veröffentlichte seinen mit Spannung erwarteten ‚Dreyfus-Roman‘ innerhalb der Tetralogie *Les quatre évangiles.*

Unter dem Titel *Vérité* (1903) beschreibt Zola das Schicksal des jüdischen Lehrers Simon, der gemeinsam mit seiner Frau, zwei eigenen Kindern und dem verwaisten katholischen Neffen Zéphirin in der französischen Provinz lebt. Dieser Neffe wird eines Morgens vergewaltigt und ermordet in seinem Zimmer aufgefunden. Auf der Suche nach dem Täter zieht sich schnell ein Netz von Verdächtigungen und Verleumdungen um Simon zusammen, die schließlich in Ritualmordvorwürfen gipfeln: *»Sie mögen sagen, was Sie wollen, […] Sie werden die Leute nicht hindern zu glauben, daß der Jude das Leben des Kindes für irgendein schwarzes Geschäft mit dem Teufel gebraucht und das er heimtückischer Weise die erste Kommunion seines Neffen abgewartet hat, um ihn zu schänden und zu ermor-*

den, wie er noch ganz lilienweiß und duftend vom Leib des Herrn war.« [15]

Schnell greift die regionale Presse die Vorwürfe gegen Simon auf, aus der Berichterstattung wird eine antisemitische Kampagne. Als Simon schließlich verhaftet wird, müssen ihn Polizeibeamten vor den Angriffen des Pöbels schützen. Nach einem fadenscheinigen Prozess erklärt man den Lehrer für schuldig, die Beweisführung basiert auf einem verräterischen Papierschnipsel, der im Mund des Opfers gefunden wurde. Simon wird auf die Teufelsinsel deportiert, im Dorf kehrt vorübergehend Ruhe ein. Doch sein Bruder David und sein Freund und Kollege Marc Froment können sich mit die-

lischen Neffen Zéphirin in der französischen Provinz lebt. Dieser Neffe wird eines Morgens vergewaltigt und ermordet in seinem Zimmer aufgefunden. Auf der Suche nach dem Täter zieht sich schnell ein Netz von Verdächtigungen und Verleumdungen um Simon zusammen, die schließlich in Ritualmordvorwürfen gipfeln: *»Sie mögen sagen, was Sie wollen, […] Sie werden die Leute nicht hindern zu glauben, daß der Jude das Leben des Kindes für irgendein schwarzes Geschäft mit dem Teufel gebraucht und das er heimtückischer Weise die erste Kommunion seines Neffen abgewartet hat, um ihn zu schänden und zu ermor-*

sem Urteil nicht abfinden; durch ihre unermüdlichen Recherchen entdecken sie den wahren Schuldigen, einen katholischen Geistlichen, dessen Geständnis Simon nach zehn Jahren schließlich rehabilitiert.

Zahlreiche Facetten von Dreyfus’ Schicksal finden sich in der Gestalt des Dorflehrers Simon wieder; die Hetzkampagne durch die Presse, die aufgebrachte Bevölkerung, der Papierschnipsel als Beweis und natürlich die Deportation auf die Teufelsinsel. Auch die letztendliche Wahrheitsfindung durch getreue Freunde ist der Dreyfus-Affäre entnommen. Die Szenerie wurde von Zola aus der Großstadt in die Provinz verlegt; damit hatte er die Möglichkeit, die komplexen Ereignisse überschaubarer darzustellen. Dass Zola in seinem Roman nicht die tatsächliche Affäre thematisierte, war für viele Zeitgenossen eine Enttäuschung. Ob die reale Person Alfred Dreyfus literarisch nicht genug hergab[16] oder ob sich Zola durch eine Verfremdung der Ereignisse Raum für dichterische Freiheiten schaffen wollte, kann wohl nicht mehr abschließend geklärt werden.

Ähnlich wie Simon wurde auch Dreyfus u. a. durch das Geständnis des wahren Schuldigen rehabilitiert. Doch dieses Ereignis erlebte Zola nicht mehr, er starb 1902 in Paris. So stand auch seine Beisetzung auf dem Cimetière Montmartre ganz im Zeichen der Dreyfus-Affäre – Frankreich konnte sich mit seinem ‚Wahrheitskämpfer' noch nicht versöhnen. Doch auch Zola wurde rehabilitiert, wenn auch posthum: Die neue Regierung unter George Clemenceau überführte seine Asche 1908 in das Panthéon.

Neben Zola haben sich verschiedene andere französische Schriftsteller mit der Dreyfus-Affäre beschäftigt. Anatole France trat öffentlich als *Dreyfusard* auf, Marcel Proust thematisierte die Vorfälle in seinem Romanzyklus *A la recherche du temps perdu* (Auf der Suche nach der verlorenen Zeit) und besonders in seinem Roman *Jean Santeuil*, den er in den Jahren 1894 bis 1904 verfasst hat, der aber erst 1954 aus seinem Nachlass veröffentlicht wurde. Octave Mirbeau, ebenfalls ein bekennender Dreyfus-Anhänger, publizierte seinen ‚Dreyfus-Roman' unter dem Titel *Jardin des supplices* (Garten der Qualen) bereits 1899 und stellte seinem Werk die folgende zynische Widmung voran:

»Den Priestern, Soldaten und Richtern,
den Menschen,
die Menschen erziehen, leiten und beherrschen,
widme ich
diese Blätter, voll von Mord und Blut.«[17]

Mirbeaus Roman kann durchaus als satirische Abrechnung mit den kolonialistisch-imperialistischen Strukturen der französischen Gesellschaft begriffen werden,[18] die in der Dreyfus-Affäre besonders deutlich werden. Mit dem *Jardin des supplices* drückt Mirbeau

seine Verachtung für ein System aus, *»that could go as far as to legalize murder in order to refuse any responsibility for its role in the Dreyfus Affair.«*[19]

Der *Jardin des supplices* hat Franz Kafka zu seinem Roman *Der Prozeß* und zu der Erzählung *In der Strafkolonie* angeregt, die 1914 verfasst und 1919 publiziert wurde. Wie bereits das Erscheinungsdatum von Kafkas Erzählung zeigt, begann die Rezeption der Dreyfus-Affäre in der deutschsprachigen Literatur erst mit dem Ersten Weltkrieg. Für diese Verzögerung gibt es verschiedene Gründe. So ist es nahe liegend, dass die Affäre zunächst Eingang in die französische Literatur gefunden hat, war doch Dreyfus' Schicksal zu einem nationalen Trauma geworden.

Durch den Ersten Weltkrieg hat sich das Blatt gewendet, die Auseinandersetzung mit einem französischen

Problem schuf in Deutschland einerseits Distanz zu der eigenen unerquicklichen Situation, andererseits war Dreyfus im Laufe der Jahre auch zu einer jüdischen Symbolfigur geworden, in deren Schicksal sich die eigenen Ängste manifestierten.

Letzteres trifft auch auf Franz Kafka zu, er beschäftigte sich *»wie alle anderen Juden seiner Zeit […] mit der Bedeutung der jüdischen Identität gefiltert durch Dreyfusens Erfahrung«*[20].

In Kafkas Erzählung *In der Strafkolonie* wird ein Reisender mit den archaischen Sitten einer Strafkolonie konfrontiert und hat die Gelegenheit, als Beobachter an einer Hinrichtung teilzunehmen. Diese soll mit Hilfe einer eigens für diesen Zweck konzipierten Maschine vorgenommen werden, die aus drei Teilen – Egge, Zeichner und Bett – besteht. Der verantwortliche Offizier versucht den Reisenden durch detaillierte Erklärungen für den Apparat und damit auch für den alten Kommandanten der Kolonie zu begeistern. Dieser hat die Maschine erfunden, denn er war »*Soldat, Richter, Konstrukteur, Chemiker, Zeichner*«[21] in einer Person. Der neue Kommandant versucht nun die alten Strukturen aufzubrechen und die Hinrichtungspraxis zu reformieren, dabei stößt er aber auf den erbitterten Widerstand des Offiziers. Die Gerichtsbarkeit der Strafkolonie erscheint dem Reisenden völlig willkürlich zu sein. In diesem Fall wurde ein Soldat, »*ein stumpfsinniger, breitmäuliger Mensch mit verwahrlostem Haar und Gesicht*«[22], von seinem Vorgesetzten bei einer harmlosen Pflichtverletzung ertappt. Ohne Prozess oder Befragung soll der Beschuldigte hingerichtet werden, ja, er kennt noch nicht einmal sein eigenes Urteil: »*Dem Verurteilten wird das Gebot, das er übertreten hat, mit der Egge auf den Leib geschrieben. Diesem Verurteilten zum Beispiel* [...] *wird auf den Leib geschrieben: Ehre deinen Vorgesetzten!*«[23]

Der Exekutionsapparat schreibt das Urteil auf den Leib, der Hinrichtungsprozess ist somit eine erzieherische Maßnahme, durch welche das Individuum »*die Gewißheit von der Existenz absolut gültiger Kriterien*«[24] erlangt. Als der Offizier dem Reisenden die Urteilschrift vorlegt, ist dieser nicht in der Lage, sie zu entziffern, »*er sah nur labyrinthartige, sich vielfach kreuzende Linien*«.[25] Doch die Unentzifferbarkeit erweist sich als Bestandteil des Hinrichtungsrituals, denn »*es darf natürlich keine einfache Schrift sein; sie soll ja nicht sofort töten*«[26], kann doch der katharische Charakter der Exekution nur durch einen langsamen Erkenntnisprozess erreicht werden. Als der Reisende, entsetzt von dem unmenschlichen Hinrichtungsverfahren, dem Offizier seine Unterstützung gegenüber dem neuen Kommandanten verweigert, lässt dieser den Gefangenen frei, um sich selbst zu degradieren und zu exekutieren, denn sein Leben ist untrennbar mit der Existenz des Maschine verbunden. Doch die katharische Wirkung der Hinrichtung tritt in diesem Fall nicht ein: »[...] *kein*

Zeichen der versprochenen Erlösung war zu entdecken; was alle anderen in der Maschine gefunden hatten, der Offizier fand es nicht; die Lippen waren fest zusammengedrückt, die Augen waren offen, hatten des Ausdruck des Lebens, der Blick war ruhig und überzeugt, durch die Stirn ging die Spitze des großen eisernen Stachels.«[27]

Kafka verwebt in dieser Erzählung Schuld und Körperlichkeit zu einer untrennbaren Einheit. Weder ein Gerichtsverfahren, noch die Möglichkeit sich zu verteidigen werden dem Beschuldigten zugestanden, das Urteil wird unmittelbar in den Körper des Gefangenen eingeschrieben. Ohne den Begriff ‚Jude‘ einmal zu gebrauchen, thematisiert Kafka so die Stigmatisierung des jüdischen Körpers durch die nicht-jüdische Umwelt. Die bloße Behauptung eines Vorgesetzten ist gleichbedeutend mit einem richterlichen Urteil. Damit knüpft die Erzählung direkt an Dreyfus' Schicksal an, dessen Körperlichkeit bereits unmittelbar nach seiner Festnahme zum Stigma, zum Schuldeingeständnis wurde. So schrieb der Schriftsteller Lèon Daudet anlässlich der Degradierung des Hauptmanns: »*Sein Gesicht war aschfahl, ohne Erleichterung, verächtlich, ohne einen Anschein von Reue, deutlich ausländisch, Abschaum aus dem Ghetto* [...] *Dieser Lump ist kein Franzos. Wir können dies alles an seinem Vorgehen, Benehmen und an seiner Physiognomie erkennen.*«[28]

Aus einem angesehenen Offizier der französischen Armee, körperlich und seelisch in guter Verfassung, wird ein Verräter, der seine Schuld zwar verbal bestreitet, aber durch seine Physiognomie verraten wird. Das Motiv des »*verräterischen Körpers*« zieht sich durch die gesamte antisemitische Literatur und gipfelt in der *Jud Süß*-Verfilmung von Veit Harlan, wo unter dem stattlichen ‚arisch‘ anmutenden Edelmann Josef Süß Oppenheimer angesichts seiner Schuld wieder der dreckige und verunstaltete ‚Kaftanjude‘ sichtbar wird – womit sich spätestens die bevorstehende Hinrichtung als rechtmäßig, ja, als notwendig erweist.

Ebenso bleibt Dreyfus stigmatisiert, wenn er auch begnadigt und später vollständig rehabilitiert wurde, so war das Urteil doch in seinen Körper eingeschrieben und konnte nicht mehr vollständig gelöscht werden. Ein

Beispiel dafür ist die Beschreibung des Hauptmanns in einer Zola-Biographie von 2002: *»Dem hageren Dreyfus, einem nervösen, zur Kränklichkeit neigenden Typus, steht das Demütigenste noch bevor: seine öffentlich Degradierung.«*[29]

Das Motiv des *»verräterischen Körpers«* ist also auch gut hundert Jahre nach dem Ende der Dreyfus-Affäre noch aktuell.

Eine ganz andere Sichtweise der Ereignisse wird in dem Drama *Die Affäre Dreyfus* von Hans J. Rehfisch dargelegt, das 1928 uraufgeführt wurde. Wie der Titel bereits verrät, handelt es sich hier um eine direkte Bearbeitung des Themas, die wesentlichen Protagonisten

7

sind reale Personen und auch die Chronologie der Ereignisse wurde eingehalten; die Handlung ist 1898 in Paris angesiedelt. Das Jahr 1898 war entscheidend für die Entwicklung der Dreyfus-Affäre und Rehfisch fasst die wichtigsten Ereignisse in seinem Drama zusammen. Die Beweggründe der Armee werden ebenso geschildert, wie die Sichtweise des Parlaments bzw. der Regierung und die Reaktionen der Dreyfus-Anhänger. Das Bühnenstück gipfelt schließlich in dem berühmten Zola-Prozess, der die dramaturgisch einmalige Gelegenheit bietet, die verschiedenen Seiten an einem Handlungsort zu fokussieren.

Im Zentrum des Dramas stehen bezeichnenderweise zwei Armeeangehörige, zwei Offiziere und Antagonisten: Esterhazy und Picquart. Esterhazy erscheint von Beginn als egozentrischer und vergnügungssüchtiger Lebemann, dessen einzige Besorgnis der Tilgung seiner Spielschulden gilt. Picquart verkörpert hingegen

das Idealbild des aufgeklärten Soldaten: patriotisch und geradlinig versucht er den Befehlen seiner Vorgesetzten Folge zu leisten und trotzdem für die Wahrheit einzustehen. Im ersten Akt feiern mehrer Offiziere in Esterhazys Villa die Verurteilung und Deportation Dreyfus' als persönlichen Sieg. Der antisemitischen Überzeugung seiner Kameraden hält Esterhazy eine süffisante Gleichgültigkeit entgegen: *»Ich meinerseits höre ungern auf die Juden schimpfen. Es tut mir sogar in der Seele leid, daß Dreyfus ein Jude sein mußte – ein Jammer, daß so viel gutes, jüdisches Geld vergeudet wurde, um ihn reinzuwaschen.«*[30]

Picquart hingegen, der bereits 1896 auf Beweise für Dreyfus' Unschuld gestoßen ist, hat schließlich erkannt, dass die Wahrheit über der zweifelhaften Ehre von Armee und Nation steht: *»Als ich die Wahrheit erkannt hatte, stand plötzlich wieder vor meinen Augen, was ich zwei Jahre vorher mit angesehen hatte wie ein gutgespieltes Melodram: die theatralische Degradation auf dem Kasernenhof – wie der Regimentsadjutant ihm Kokarde und Epauletten abriß – zwischen den Trommelwirbeln sein Schrei: ,Ich bin unschuldig!' Damals blieb ich im Innersten kühl, denn wie allen anderen erschien auch mir Dreyfus nur als ein peinlicher Komödiant […] Aber die Erinnerung brachte mich um den Schlaf – bis auf den heutigen Tag!«*[31]

Vor dem Schwurgericht treten Picquart und Zola gemeinsam für Wahrheit und Gerechtigkeit ein, doch gegen Esterhazy, hinter dem die Armee steht, haben sie zunächst kaum Chancen. Beide werden schließlich zu Haftstrafen verurteilt, Zola flieht nach London und Picquart ist im Militärgefängnis Mont Valérien zur Untätigkeit verurteilt. Das Drama endet in Picquarts Zelle. Nach dem Besuch eines vorgesetzten Offiziers ist ihm klar geworden, dass ein Wiederaufnahmeprozess nur noch eine Frage der Zeit ist und er verabschiedet seinen Offizier mit den Worten: *»Die Angst trieb Sie her – Angst vor dem Schwinden Ihrer Macht – Sie zittern für sich und Ihre Kaste. Sie haben ja auch allen Grund dazu! Auch Sie wissen es ja: eure Herrschaft endet an dem Tag, der die Wahrheit ans Licht bringt.«*[32]

Rehfisch hat einen gelungenen Versuch unternommen, die komplizierten Entwicklungen der Dreyfus-Affäre in übersichtliche Handlungsstränge aufzuteilen. Während Zola die Handlung zu entwirren versucht, indem er die Affäre in die Provinz verlegt, hat Rehfisch das entscheidende Jahr 1898 herausgegriffen und so in einem relativ kurzen Zeitraum die wesentlichen Entwicklungen konzentriert. Bezeichnend ist, dass Dreyfus selbst nicht als handelnde Person im Drama zu sehen ist. Tatsächlich befand sich der ehemalige Hauptmann 1898 noch auf der Teufelsinsel. Durch seine Abwesenheit wird aber besonders deutlich, dass es sich bei der Affäre längst nicht mehr um das Schicksal eines Individuums handelt, sondern um die Krise einer ganzen Nation. Die Frage also, ob ein Individuum, ein Bürger, dem Wohl der Nation geopfert werden darf, vielleicht sogar muss, steht im Zentrum des Dramas. Die Antwort fällt eindeutig aus: »Es gibt kein Vaterland ohne Gerechtigkeit!«[33]

Dass sich dieser Kampf innerhalb der Armee abspielt ist bezeichnend, denn in diesen Reihen konzentrierte sich die Auseinandersetzung zwischen Royalisten und Republikanern besonders stark. Der Triumph der Wahrheit ist also gleichzeitig auch ein Triumph der Republik über die alten Strukturen und damit ein Sieg der Demokratie.

Der vorliegende Beitrag konnte zweifellos nur einen kurzen Einblick in die komplexe Wirkungsgeschichte der Affäre Dreyfus ermöglichen. Wie auch die folgenden drei Punkte zeigen, wurde die europäische Geschichte von den Ereignissen in Frankreich maßgeblich beeinflusst und geprägt:

Insbesondere für viele Juden wurde Dreyfus' Schicksal zu einer kollektiven Unrechtserfahrung, die alte Ängste wieder aufflammen ließ und schließlich einen Ausgangspunkt für die Gründung der zionistischen Bewegung in Westeuropa bildete.

Zugleich wurde Dreyfus auch zum Symbol für einen Sieg der Demokratie über die monarchistischen Strukturen. Letztendlich, so sieht es die französische Geschichtsschreibung, konnte die junge Republik die Affäre aus eigener Kraft überwinden und ging gestärkt aus der Krise hervor.[34]

Die von Zola angestoßene Entwicklung vom ‚homme de lettres' zum Intellektuellen markiert einen Wendepunkt für die europäischen Schriftsteller. Zola hat seine Rolle als Romancier neu definiert; indem er über die Grenzen der originär literarischen Arbeit hinausging, hat er deutlich gemacht, dass Geist und Tat[35] oftmals eine Einheit bilden müssen. Seine Anklageschrift *J'Accuse* wurde zu einem Leitmotiv der europäischen Intellektuellen, das ihr Selbstverständnis weltweit stark beeinflusst, ja sogar neu definiert hat. Ein Beispiel für diese Entwicklung ist Heinrich Mann[36], der sich mit seinem Roman *Der Untertan* und seinen literarisch-politischen Essays in die Nachfolge Zolas eingeschrieben hat. Manns kritischer Blick auf das wilhelminische Deutschland und die Rolle der Intellektuellen[37] hat zunächst für große Empörung gesorgt, »*sich angesichts des ‚heroischen' Kampfes gegen Frankreich ausgerechnet auf Zola zu berufen und sein mutiges Auftreten in der Dreyfus-Affäre als vorbildlich hinzustellen, galt als Skandal.*«[38] Doch auch er hat am Rande eines Weltkrieges den Mut bewiesen, unpopuläre Meinungen zu vertreten, für die viele Zeitgenossen ihm später Bewunderung und Dank entgegenbrachten.

Zusammenfassend kann gesagt werden, dass die Dreyfus-Affäre verbunden mit Zolas Eingreifen eine neue Tradition im Selbstverständnis der europäischen Schriftsteller und Künstler begründet hat: Danach darf sich ein Intellektueller nicht mehr elitär auf seine Kunst zurückziehen, seine Bildung und nicht zuletzt seine Popularität sind eine Verpflichtung, die Stimme zu erheben und für einen Moment zum Gewissen der Menschheit zu werden.[39]

Anmerkungen

1   Emile Zola: L'Affaire Dreyfus. La Vérité en Marche, Paris 1969, S. 66.
2   Vgl. Siegfried Thalheimer: Die Affäre Dreyfus, München 1963, S. 27f. u. S. 79f.
3   Zitiert nach Thalheimer, Die Affäre Dreyfus, [wie Anm. 2], S. 79f.
4   Ebenda, S. 27.
5   Eckhardt Fuchs/Günther Fuchs: Die Affäre Dreyfus im Spiegel der Berliner Presse, in: Julius H. Schoeps u. a. (Hrsg.): Dreyfus

und die Folgen. Studien zur Geistesgeschichte Band 17, Berlin 1995, S. 51–80, hier S. 51.

6 Ebd.

7 Zola, L'Affaire, [wie Anm. 1]. S. 67.

8 Beate Gödde-Baumanns: Die helle Seite bleibt verborgen. Über die deutsche Rezeption der Dreyfus-Affäre, in: Schoeps, Dreyfus und die Folgen [wie Anm. 5], S. 92–117, hier S. 94 [vgl. auch den Beitrag im vorliegenden Band].

9 Zola, L'Affaire, [wie Anm. 1], S. 124.

10 Gödde-Baumanns, Die helle Seite, [wie Anm.8], S. 94.

11 François Beilecke: Französische Intellektuelle und die Dritte Republik: Das Beispiel einer Intellektuellenassoziation 1802–1839, Frankfurt/M. 2003, S. 80.

12 Fuchs/Fuchs, Die Affäre Dreyfus, [wie Anm.5], S. 71.

13 Julius H. Schoeps: Theodor Herzl und die Affäre Dreyfus, im vorliegenden Band, S. 105.

14 Gödde-Baumanns, Die helle Seite, [wie Anm. 8], S. 101.

15 Emile Zola: Wahrheit, Berlin o. J., S. 54.

16 Karl Korn: Zola in seiner Zeit, Frankfurt/M. u. a. 1984, S. 399.

17 Octave Mirbeau: Garten der Qualen, Budapest 1902.

18 Enda McCaffrey: Octave Mirbeau's literary and intellectual evolution as a French writer, 1880–1914, New York u. a. 2000, S. 49.

19 Ebenda, S. 50.

20 Sander Gilman: Dreyfusens Körper – Kafkas Angst, in: Schoeps, Dreyfus und die Folgen [wie Anm. 5], S. 212–233, hier S. 212.

21 Franz Kafka: Die großen Erzählungen, Frankfurt/M. 2004, S. 89.

22 Ebenda, S. 84.

23 Ebenda, S. 89.

24 Werner Rehfeld: Das Motiv des Gerichtes im Werke Franz Kafkas. Zur Deutung des Urteils, der Strafkolonie und des Prozesses, Frankfurt/ M. 1960, S. 44.

25 Kafka, Erzählungen, [wie Anm. 21], S. 94.

26 Ebenda

27 Ebenda, S. 114.

28 Zitiert nach Gilman, Dreyfusens Körper, [wie Anm. 20], S. 214.

29 Veronika Beci: Emile Zola, Düsseldorf u. a. 2002, S. 288.

30 Hans J. Rehfisch: Dramen. Bd 1., Berlin 1967, S. 355.

31 Ebenda, S. 374.

32 Ebenda, S. 457.

33 Ebenda, S. 454.

34 Vgl. Andreas Franzmann: Der Intellektuelle als Protagonist der Öffentlichkeit. Einige Grundlinien des Strukturwandels der französischen Öffentlichkeit im 19. Jahrhundert in ihrer Bedeutung für die Formierung des intellektuellen Räsonnements in der Affäre Dreyfus, in: Frankreich Jahrbuch 11 (1998), S. 133–150, hier S. 149.

35 Titel eines zentralen Essays von Heinrich Mann.

36 Die Entwicklung Heinrich Manns von einem antisemitischen Schriftsteller zu einem engagierten Linksintellektuellen kann an dieser Stelle nicht näher ausgeführt werden.

37 Besonders in seinen Essays »Geist und Tat« und »Zola« von 1910 bzw. 1915.

38 Jost Hermand: Das Vorbild Zola. Heinrich Mann und die Dreyfus-Affäre, in: Schoeps, Dreyfus und die Folgen [wie Anm. 5], S. 234–250, hier S. 246.

39 Vgl. Anatole Frances Rede am Grabe Zolas, in: Thalheimer, Die Affäre Dreyfus, [wie Anm. 2], S. 193ff.

Abbildungen

1 Hommage à Zola: La Justice et le droit cherchant la vérité. [Hommage an Zola: Gerechtigkeit und Recht auf der Suche nach der Wahrheit]; eine allegorische Hommage an Zola, der von Justitia begleitet wird aus Belgien von 1898.

2 Karikatur von Zola mit einem gigantischen Stift, der den Generalstab angreift und von anderen Intellektuellen gestützt wird; J'Accuse [Ich klage an]; ohne Datum.

3 Manuskript eines Theaterstückes von Hans J. Rehfisch und Wilhelm Herzog aus dem Jahr 1929.

4 Karikatur aus dem Life Magazin vom 24. Februar 1898; zu sehen ist wie Zola gegen Goliath kämpft, wobei Goliath für die Armee steht, die Bildschrift auf dem Schild lautet: Nieder mit der Wahrheit.

5 Artikel aus L'Illustration vom 11. Oktober 1902; Funérailles d'Emile Zola – Au Cimitière Montmartre: Discours de M. Anatole France. Inhalt:Zola starb am 29. September 1902 am Erstickungstod, wobei die Ursachen unklar blieben. Seine Beerdigung am 5. Oktober 1902 wurde als ein nationaler Trauertag begangen. Der Schriftsteller Natole France lobte die staatsbürgerliche Bedeutung von Zolas Engagement in der Dreyfus-Affäre. »Beneiden wir ihn: Er ehrte sein Land und die Welt mit seinem großartigen Werk und durch seine große Tat […] [er] war ein Augenblick des Gewissens der Menschheit.«

6 Filmplakat von Metro-Goldwyn-Mayer (1957) I accuse!; Drehbuch von Gore Vidal (auf der Grundlage des Buches von Nicholas Halasz).

7 Postkarte mit einer Karikatur von Esterhazy in Begleitung von zwei Mätressen.

Michaela Giesing

Capitain Dreyfus auf St. Pauli

Die ersten Bühnenfassungen in deutscher Sprache

Ein wenig nervös wurde der Polizeiherr schon, als er von dem Vorhaben des Theaterdirektors Ernst Drucker erfuhr, ein Stück über den Hauptmann Dreyfus herauszubringen. Denn auch in Hamburg kannte die Liberalität, mit der man die Theaterleute ihren Geschäften nachgehen ließ, Grenzen, obgleich die rigorose Überwachung der Bühnen mittels der Präventiv- und Vorzensur, wie sie in Berlin praktiziert wurde, verpönt war. In jüngster Zeit hatte vor allem die Sorge vor sozialdemokratischen ‚Umtrieben' die Aufmerksamkeit der Polizei auf die Volkstheaterszene gelenkt. Traditionsgemäß aber fürchtete der kleine Stadtstaat diplomatische Verwicklungen, die aus zu großer künstlerischer Freiheit resultieren könnten. Fast wäre aus Rücksicht auf preußische Empfindlichkeiten die Uraufführung der *Minna von Barnhelm*, 1767 im Komödienhaus am Gänsemarkt, geplatzt[1], und die massive Beschwerde des preußischen Gesandten über ein Extempore am Stadttheater im Jahre 1846[2] mag den älteren Herren im Rathaus noch ebenso in Erinnerung gewesen sein wie die Burleske um Wilhelm Keenich und Fritze Fischmarkt alias Wilhelm I. und Otto von Bismarck, 1863

in Carl Schultzes Sommertheater, die wiederum die Berliner Herrschaften nicht amüsiert hatte.[3]

Diesmal jedoch lagen die Dinge anders. Nachdem mit der Errichtung des Freihafens die Interessen der Handelsmetropole im Deutschen Reich gesichert worden waren, wuchs die Zustimmung zu der Politik der neuen Hauptstadt, und eine Anpassung an wilhelminische Verhältnisse war trotz allen Bemühens um die Wahrung hanseatischer Traditionen nicht ausgeblieben. Selbst in den von alters her wenig effizient arbeitenden Behörden hatte man mit der Reform des Polizeiwesens eine erste *»leistungsfähige, moderne Verwaltung«* aufgebaut.[4] Gegenüber der Regierung des besiegten Frankreich aber, von der in der Presse zu lesen war, dass sie über die Staatsgrenzen hinaus – kürzlich erst in Amsterdam – die Aufführung eines Dreyfus-Stückes zu hintertreiben versucht hatte, besaß man doch seinen Stolz. In einem Akt vorauseilenden Gehorsams die Darstellung einer zweifelsfrei für die Grande Nation hochpolitischen Geschichte zu unterbinden, dazu bedurfte es gewichtiger Gründe.

Also ließ man das Bühnenmanuskript einziehen. Die Prüfung durch den Leiter der Abteilung Kriminal- und politische Polizei, Hamburgs künftigen Polizeidirektor Gustav Roscher, brachte Entwarnung. Nicht nur, so berichtete er am 4. Februar 1898 seinem Senator, *»ist der Sachverhalt nicht einmal historisch richtig dargestellt; noch viel weniger aber politisch-tendenziös verarbeitet. Es handelt sich vielmehr um eine freie Erfindung unter Zugrundelegung einiger aus den Zeitungen*

St. Pauli Spielbudenplatz.

1

täglich zu ersehenden Episoden aus dem Dreifus-Falle. Es finden sich namentlich keine Punkte in dem Stücke, welche das Verhältniß Frankreichs zu anderen Staaten – besonders auch zum Deutschen Reiche – in anstößiger Weise erörtern.«[5] Er riet daher zur Tolerierung der Aufführung – einige Änderungen, etwa der Namen der Offiziere, vorausgesetzt. Aus Esterhazy wurde somit

der *Major Sillassy*, aus Boisdeffre der *General Lefèvre*. Der nur zu verständlichen Bitte Ernst Druckers, *»den Namen Dreifus [...] der Zugkraft wegen beibehalten zu dürfen«*, hingegen, empfahl er stattzugeben. Wichtiger schien ihm, dass jegliche Anspielung auf die Verwicklung anderer Nationen in den Spionagefall unterbunden werde. So sollte nicht *»vom Papierkorbe ‚des deutschen Botschafters'«* die Rede sein und Esterhazy nicht *»vom Briefe eines deutschen Gesandtschaftsattachés an seinen italienischen Kollegen«* sprechen; *»statt dessen muß es heißen: ‚eines Ges. Attachés an seinen Kollegen'«*. Auch geboten die Regeln der Diplomatie, Dreyfus' Klagen auf der Teufelsinsel über *»Verbrechen und Schandthaten Frankreichs«* ersatzlos zu streichen. Nach *»abermaliger Rücksprache«* mit Bürgermeister Johannes Versmann folgte der Polizeiherr dem Urteil seines Fachmanns, *»namentlich da eine entspr. Requisition Seitens der französischen Regierung inzwischen nicht erfolgt sei«*, und gab mit der Verfügung, *»Aufführung fernerhin nicht zu beanstanden«*[6], am gleichen Tage noch grünes Licht für den wohl größten Sensationserfolg im Hamburger Volkstheater des ausgehenden 19. Jahrhunderts.

Schauplatz für das erste Dreyfus-Stück, das auf einer deutschen Bühne gespielt wurde, war das Theater der Centralhalle in der Vorstadt St. Pauli, dort, wo heute das Operettenhaus steht. Obgleich nicht das älteste, so war die Zentralhalle doch mit einer (nach eigenen Angaben) auf 3.000 Besucher berechneten Kapazität das bei weitem größte unter den einschlägigen Vorstadt-Etablissements. Im Jahr zuvor hatte es Drucker erneut übernommen und renovieren lassen, dessen Stammhaus, das Ernst-Drucker-, heute St. Pauli-Theater, ein paar Meter weiter auf dem Weg zur Reeperbahn lag.[7] Pflegte er dort das Hamburger Lokalstück, so lockte er in der Zentralhalle die Zuschauer mit vollmundigen Versprechen, ihnen die Ereignisse in der ‚großen Welt' vorzuführen, dabei immer wieder auf aktuelle Geschehnisse zurückgreifend. Historische Richtigkeit aber, wie sie Polizeirat Roscher in dem Dreyfus-Text vermisst hatte, war in den Sensations- und Ausstattungsstücken sicherlich nicht das maßgebliche Kriterium. Und überhaupt, was konnte denn nach dem damaligen Stand

Theater der
Central-Halle.
(Direction: Ernst Drucker.)

Donnerstag, den 14. April 1898. Anfang 7½ Uhr.

Mit großer Ausstattung!

Zola.

Großes sensationelles Zeitgemälde aus der Gegenwart in 8 Abtheilungen von G. Okonkowski.
In Scene gesetzt vom Oberregisseur Herrn Ernst Ritterfeldt.

1. Abth.: **In Trouville.**
2. „ **Der Diebstahl im Kriegsministerium.**
3. „ **Familie Dreyfus.**
4. „ **Oberst Picquart.**
5. „ **Zwischen Ehre und Pflicht.**
6. „ **Das Duell.**
7. „ **Ein Pariser Straßenbild.**
8. „ **Zola vor dem Schwurgericht.**

Berlot, Kriegsminister .... Hr. Egli-Wirth
General de Gorze .... Hr. Fuchs
de Castro, Banquier .... Hr. Bunte
Frau de Castro .... Frl. Befein
Oberstlieutenant Picquart .... Hr. Gadiel
Graf Walsin, Major .... Hr. Wieske
Matthieu Dreyfus .... Hr. Walbau
Blanche, seine Schwester ...... Frl. Ziemann
Frau Lucie Dreyfus .... Frl. Krieger
Frau de Montignac .... Fr. Höfler
Emile Zola .... Hr. Wills
Labori, Advokat .... Hr. Ritterfeldt
Delagorgue, Vorsitzender des Schwurgerichts ...... Hr. Agte
von Cassel, Generalanwalt .... Hr. Hartmann
Der Obmann der Geschworenen ... Hr. Sternfels
Daguenet, } Offiziere { Hr. Hartmann
Violan, } { Hr. Agte
Molinier, Kastellan .... Hr. Blumenberg
Polizei-Offizier .... Hr. Holdt
Gerichtsdiener .... Hr. Frommhold
Rinette, Kammermädchen ...... Frl. Symalla
Jaques, Kellner des Badehotels ... Hr. Eck
Dr. Verdier, Arzt .... Hr. Manzius
Französische Offiziere. Soldaten. Geschworene. Beisitzer des Gerichts. Advokaten. Gerichtsbeamte. Gerichtsdiener. Studenten. Grisetten. Damen und Herren der Gesellschaft. Volk. Gamins. Badegäste.

Die Pausen werden durch Fallen des Hauptvorhanges angezeigt.

Wochentags-Preise: Seitenbalkon 50 ₰. Parterre 75 ₰.
Mittelbalkon ℳ 1,—. 2. Parquet ℳ 1,50. 1. Parquet und Balcon-Loge ℳ 2,—. Reservirte Bühnen-Logen ℳ 3,— und ℳ —,—.
Billet-Vorverkauf täglich an der Theater-Casse u. 11 Uhr Morgens bis 2 Uhr Nachmittags schon 8 Tage vorher, sowie bei Herrn Käse, Alster-Arkaden, v. 9 Uhr Morgens bis 5 Uhr Nachmittags.
Billetbestellungen pr. Teleph. (Amt I. 4339) werden nicht angenommen.

Casse-Oeffnung 7 Uhr. Anfang 7½ Uhr.

Morgen und folgende Tage, Anfang 7½ Uhr:

Zola.

Sonntag, den 17. April, Anfang 3 Uhr:

Grosse Extra-Nachmittags-Vorstellung bei sehr kleinen Preisen. 40₰, 50₰, 75₰, 1.ℳ, 1,50.ℳ.

Capitain Dreyfus.

»Capitain Dreyfus auf St. Pauli«

des Wissens die ‚richtige' Version der schlagzeilenträchtigen Affäre sein? Fest stand für die Theaterleute vom Spielbudenplatz und ihr Publikum nur eins: die Unschuld des jüdischen Offiziers. Keines der mehr als ein halbes Dutzend Dreyfus-Stücke, die 1898/99 auf den Hamburger Volkstheatern gespielt wurden, ließ daran einen Zweifel. Zudem mutet es reichlich obszön an, ausgerechnet in diesem Fall die Imaginationskraft des Theaters zu beanstanden. Hingegen bot der »*Schund-roman*«[8] mit seinen gefälschten Dokumenten und manipulierten Prozessen eine Vorlage, über die jeder anständige Verfasser von Kolportagestücken vor Neid erblassen oder – je nach Temperament – vor Scham erröten musste.

Gleichwohl gehorcht die Bühne ihren eigenen Regeln. Zu diesen gehört etwa, dass sie mit Märtyrergestalten nichts anzufangen weiß. Daher führte Druckers Autor, Georg Okonkowski, *Dreyfus* als Verteidiger der nationalen Interessen ein, der dem grassierenden Diebstahl im Kriegsministerium Einhalt gebieten will, indem er wichtige Dokumente in einem Geheimfach versteckt.[9] Auch die Männerbündelei, nach deren Prinzipien das Pariser ‚Script' geschrieben worden war, ist dem Theater – bei aller Vorliebe der Zeitgenossen für militärischen Pomp und glänzende Uniformen – fremd. Das schöne Geschlecht aber kann die tapfere Lucie Dreyfus nicht alleine repräsentieren. Sie bedarf einer Komplementärfigur, durch die zugleich die häusliche Sphäre der Familie des Hauptmanns mit der (demi-)mondänen ihrer Gegenspieler wirkungsvoll kontrastiert werden kann. Man brauchte also eine Intrigantin, und diese trat auf der Bühne wie wenig später im Film vorzugsweise im Gewand der verschmähten Geliebten, der verlassenen Maitresse auf. Die dritte Zutat war sicherlich durch die Presseberichte inspiriert worden. Denn wenn Zola Oberst du Paty de Clam ein ausgeprägtes Faible für den Spiritismus nachsagt, dann war es nur legitim, die Mode des Okkultismus aufzugreifen und eine Magnetiseurin, die junge Amerikanerin Miss Ellen, einzuführen, welche Dreyfus in der Hypnose den Ort des Geheimfachs entlockt. Dass diese Miss Ellen mit einem italienischen Agenten, der nach Meinung der Polizei kein Italiener sein durfte – Conte Fernandez hieß er deshalb auf der

Bühne –, gemeinsame Sache macht, dies weckt schon fast den Eindruck, als sei Okonkowski der »*Henryschen Fälschung*« aufgesessen. – Verfügt man nun noch über einen begabten Kapellmeister wie den jungen Leo Fall und über eine Gruppe von Cancan-Tänzerinnen, dann kann die Vorstellung *des »großen sensationellen Zeitbildes mit Gesang und Ballets«*, *Capitain Dreyfus*, beginnen. *Fernandez* und *Sillassy-Esterhazy* haben die Militärdokumente gestohlen, letzterer fälscht auch das *Bordereau*; die Fäden aber zieht *Madame de Monti-*

gnac, die verlassene Geliebte, welche die Verbindung zu *General Lefèvre-Boisdeffre* herstellt. Das weitere ist bekannt. Der Titelheld wird des Verrats bezichtigt, verurteilt und entehrt. Es folgt ein Straßenbild mit Tanzeinlage, darauf der Ortswechsel zu dem deportierten *Dreyfus*, der, »*da er nur als Ehrenmann die Insel verlassen wil*«[10], die Gelegenheit zur Flucht ausschlägt. Die »*Apotheose*« schließlich zeigt ihn »*im Kreise seiner Familie und von allen guten Geistern beschützt*«[11], beschwört somit ein Happy Ending herauf.

Das Premierendatum hatte Drucker strategisch klug gewählt. Er ließ das Spiel am 8. Februar 1898 beginnen, also knapp vier Wochen nach dem Erscheinen von Zolas *Offenem Brief an den Präsidenten der Republik* und einen Tag, nachdem in Paris der Prozess gegen den Schriftsteller eröffnet worden war. Das Haus war nicht ausverkauft, aber gut besucht, und dem Ensemble gelang es, das Publikum über vier Stunden hinweg zu fesseln. Es lachte über die bis in die Karikatur getriebenen Rechtsverdreher des Militärtribunals, es weinte mit dem eingekerkerten Dreyfus und erholte sich von den Affekten in den Musik- und Tanzinter-

4   mezzi. Die Presse verzeichnete wiederholten Szenenapplaus, am Ende gar ertönte aus dem Parterre – dort lagen die preiswerten Plätze – ein Hoch auf Zola. Zu einer Massenkundgebung kam es, wie »*bei unserem jeder unnötigen Erregung abholden phlegmatischen Publikum*«[12] nicht anders zu erwarten, jedoch nicht. Aber auch Proteste gegen die tendenziöse Darstellung gab es kaum. Lediglich ein Journalist berichtete von dem

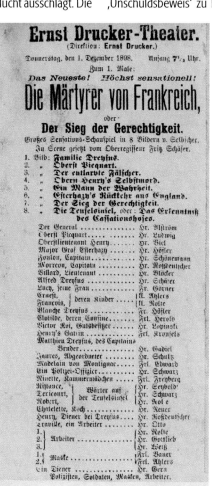

Bemühen der französischen Besucher, »*den von Akt zu Akt sich steigernden Beifall durch Pfeifen und Zischen zu übertönen, oder den Darstellern Ausdrücke zuzurufen, welche in deutscher Sprache sich nicht gut wiedergeben lassen.*«[13] Unter den Kritikern schließlich suchten einige mit Ironie dem melodramatischen ‚Unschuldsbeweis' zu begegnen, doch allein der Umfang der Artikel erhellt, wie faszinierend das Angebot war, die Pariser Geschehnisse hautnah, leibhaftig mit- und nacherleben zu können. In den folgenden Wochen meldete das Theater wiederholt ausverkaufte Häuser, wobei es sehr unterschiedliche Kreise erreichte. Freitags gab es »*Nichtrauch-Abende*«, um »*zahlreichen Anfragen aus [der] Haute volée Hamburgs zu genügen*«[14], sonntags Nachmittagsvorstellungen zu herabgesetzten Preisen. Ab dem 10. April verstärkte Drucker mit einer Zola und Picquart gewidmeten Fortsetzung noch die Kampagne, in der nun bereits viel ungenierter die Pariser Protagonisten beim Namen genannt wurden – man lese den Theaterzettel. Die größere Attraktivität aber eignete dem Erstling. Zwölf Wochen nach der Premiere, am 4. Mai, wurde der *Capitain Dreyfus* zum 78. Male gespielt, er stand also fast täglich auf dem Programm, so dass auch bei vorsichtiger Schätzung der Auslastungsquote eine sechsstellige Zuschauerzahl angenommen werden kann. In Hamburg lebten seiner Zeit ca. 750.000 Menschen.

Im Sommer schien das Stück abgespielt. Als Anfang September aber die Nachrichten von den sich über-

stürzenden Ereignissen in Paris die Tageszeitungen füllten, setzte Drucker das »*mit
den neuesten Enthüllungen*« angereicherte
Melodram sofort wieder an. »*Revision!!!*«
verhießen die Ankündigungen ab dem 9.
September. So erlebte der *Capitain Dreyfus* am 15. September die 100., am 20.
Oktober die 135. und, da namentlich die
Besucher, die an den Sonntagnachmittagen
ins Theater gingen, nicht genug davon bekommen konnten, am 29. Januar 1899 die
150. Vorstellung.[15] Aus Dispositionsgründen

5

übernahm Drucker die Aufführung zwischendurch
auch in sein Stammhaus, wo am 1. Dezember 1898 *Die
Märtyrer von Frankreich oder Der Sieg der Gerechtigkeit* Premiere hatte. Da mittlerweile die Direktiven über
die Theaterüberwachung verschärft worden waren, ist
hiervon wiederum ein Zensurbericht überliefert. »*Die
Dichtung*«, so heißt es darin, halte »*mit den durch die
Presse bekannt gewordenen Einzelheiten der Affairen
[gemeint sind die Prozesse gegen Dreyfus, Zola und
Picquart] größtentheils Schritt, nur zum Schlusse greift
sie den Ereignissen voraus. Sie giebt dem [...] Oberstl.
Picquart die Freiheit wieder u. läßt dem [...] Kapitän
Dreyfus [...] durch einen Offizier die Botschaft über-
bringen, daß der Cassationshof in Paris einstimmig
die Revision seines Processes beschlossen habe.*«[16]

Als diese dann endlich
erkämpft worden und
Dreyfus im Juni 1899
nach Frankreich zu-
rückgekehrt war, stand
– muss es erwähnt wer-
den? – sein Name erneut
auf dem Programm des
Theaters der Central-
halle. Diesmal gab es
die – am 21. Juni in Kö-
nigsberg uraufgeführte
– »*große sensationelle
Komödie*« von Leo Sa-
litz, *Madame Dreyfus
oder Die Rückkehr von*

6

der Teufelsinsel (Premiere am 25. Juli), in der nun
also »*die ‚Affäre' von der anderen Seite angefasst*«
und der »*Kampf der Gattin mit den ihr feindlichen Elementen, mit den Antirevisionisten, dem Ministerium*«
vorgeführt wurde.[17] Madame de Montignac, Miss Ellen
und der Conte Fernandez aber kehrten in dem Epilog
Aus dem Prozeß Dreyfus noch einmal auf die Bühne
zurück, mit dem sich der französisch-jüdische Hauptmann im September 1899 von seinen Fans auf St. Pauli
verabschiedete.

Es wäre verfehlt, den Autoren dieser ersten deutschsprachigen Dreyfus-Dramatisierungen vorzuwerfen,
dass sie nicht von dem Fall zu der Affäre vordrangen,
also die politische Dimension verkannten. Nicht nur
entsprach die Beschränkung »*auf die menschliche Anteilnahme*«, nimmt man die Briefe, welche die Familie
Dreyfus aus Deutschland erhielt, zum Maßstab[18], der
vorherrschenden Wahrnehmung der Pariser Debatten
im Kaiserreich; die Autoren reizten, indem sie das Trivi-
almuster der Parteinahme für den von ‚den Mächtigen'
Verfolgten und Ausgestoßenen auf einen konkreten,
aktuellen Fall anwandten, den Spielraum, welcher
dem Theater seiner Zeit zugestanden wurde, bis zum
Äußersten aus, wie die misstrauische Beobachtung der
Vorgänge durch Politiker und Beamte selbst im liberalen Hamburg zeigt. Preußische Behörden demgegenüber untersagten prinzipiell den Transfer des Stoffes
auf die Bühne.[19] Gewiss wurde er banalisiert, aber mit
dem wirkungsmächtigsten Bild des *Capitain Dreyfus*,
dem des Militärtribunals, blieb das Volkstheater seiner
besten Tradition treu, indem es die Vertreter staatlicher

Autorität dem Gelächter des Publikums aussetzte *und* in die Gegenwart des Wilhelminischen Deutschland und seines Theaters vorstieß – man denke etwa in der Hochdramatik an den Amtsvorsteher *Wehrhahn* in Gerhart Hauptmanns *Biberpelz* (1893) oder an die Serenissimus-Gestalten auf der wenig später eröffneten Brettl-Szene.

Den Kampf um die Republik exemplarisch in der Affäre darzustellen, dies musste einer Zeit vorbehalten bleiben, als die erste deutsche Republik bedroht war und die Bühne ein Instrumentarium entwickelt hatte, das ihr ermöglichte, sich als politisches Forum zu begreifen. Auch der Schutz vor Zensur, in der Weimarer Verfassung erstmals verankert – wenn auch nicht immer gewährt –, bildete hierfür eine Voraussetzung. Zentrum des politischen Theaters war Berlin, die unvergleichliche Theaterhauptstadt, und dessen populärste Spielart schufen in der zweiten Hälfte der zwanziger Jahre die Autoren des – antidemokratische Übergriffe, etwa im Justiz- und Erziehungswesen, anprangernden – neusachlichen Zeitstücks. *»Einen seiner Höhepunkte«* erlebte dieses Theater mit der Aufführung des Schauspiels *Die Affäre Dreyfus* von Hans José Rehfisch und Wilhelm Herzog, in dem *»Antisemitismus, Kastenmoral, öffentliches Recht«* verhandelt wurden.[20] Die Geschichte beginnt nach Esterhazys Freispruch und endet mit der Nachricht von Henrys Selbstmord, in Zolas Verteidigungsrede vor dem Schwurgericht aber wurde sie Gegenwart: *»Hütet Euch! Ihr rennt in die Diktatur!«*[21] Im November 1929 an der Berliner Volksbühne uraufgeführt und über hundertmal gespielt, kam das Werk 1930 an den Hamburger Kammerspielen, 1931 am Altonaer Stadttheater heraus. Da mittlerweile auch Richard Oswalds Spielfilm *Dreyfus* in den Kinos gelaufen war, rechtfertigte der Dramaturg in Altona die Stückwahl mit der unverminderten Aktualität der *»Dreyfusiaden«*. Trotz des Bemühens um parteipolitische Neutralität fand er zu deren Veranschaulichung deutliche Worte, indem er darunter *»den Kampf gegen den geliebten Nächsten«* verstand, *»den Kampf um unser Vorhandensein auf dem Welttheater [...], zu dem die genügenden Gründe bietet: die andere Rasse*

des Lebenskollegen, seine andere Veranlagung [...],
seine blauen Augen, seine schwarzen Augen, seine
Griechennase, seine Adlernase.« Aber auch die besondere Qualität der Bühne, nämlich ihr Vermögen, das
»Beispielhafte des Vorganges« zu zeigen, sprach für die
erneute Präsentation, agieren hier doch *»leibhaftige*
Menschen, die uns ihre Verwicklung in den Fall [...] mit
allen Mitteln ihrer Kunst aufdrängen; uns, die wir mit
anderer Verwicklung in den Fall [...] nur allzu empfäng-
lich unten sitzen. Und wir spüren, daß die Aktualität
der Affäre Dreyfus sich noch vor ihrem Höhepunkt
befindet.«[22]

Als rund vierzig Jahre später der Stoff ein drittes Mal
auf die Schaubühne kam, nun in der Version eines französischen Dramatikers, die in deutscher Sprache 1974
an den Münchner Kammerspielen erstaufgeführt und
1977 am Hamburger Ernst-Deutsch-Theater inszeniert
wurde, war er zum Gegenstand eines tragikomischen
Memorials geworden. Ort der Handlung ist nicht mehr
das Paris der Belle Epoque. Jean-Claude Grumberg
nahm das Sujet vielmehr zum Anlass, um nach (s)einer
Geschichte zu fragen, die zweifach ausgelöscht worden
war – durch die physische Vernichtung ihrer Träger und
verschüttet im Gedächtnis der assimilierten Immigranten. Sein *Dreyfus* spielt in einer polnischen Kleinstadt
um 1930, wo der Schuster Michel, der Schneider Motel
und andere Laiendarsteller ein Stück über den Hauptmann Dreyfus proben.[23]

Zu einem kleinen diplomatischen Zwischenfall war es
übrigens 1898 doch noch gekommen – ausgelöst im
Thalia-Theater in der Hamburger Innenstadt, also an
einem gänzlich unerwarteten Ort. Dort meinten Mitglieder der französischen Kolonie in einer Vorstellung
der *Mottenburger*, einer etwas angestaubten Posse,
die durch neue Couplets aufpoliert worden war, eine
Beleidigung des Staatspräsidenten Félix Faure vernom-
men zu haben und beschwerten sich bei ihrem Generalkonsul. Von diesem vertraulich auf die Vorgänge
hingewiesen, ersuchte Bürgermeister Versmann am 19.
Oktober 1898 *»Euere Hochwohlgeboren«*, den Senator
und Polizeiherrn Gerhard Hachmann, um Abhilfe, da
man *»es doch der französischen Regierung, falls sie of-*
ficiell reclamiren sollte, schwerlich glaubhaft« machen

könne, *»daß unsere Regierung nicht die Mittel habe,*
um die Compromittirung internationaler Verhältnisse
durch grobe Beleidigung eines Staatsoberhauptes
zu verhindern.«[24] Die Direktoren des Thalia-Theaters
zwar bestritten, dass der Name Faure auf ihrer Bühne
gefallen sei, und reichten den Text des inkriminierten
Couplets ein. Darin werden die Verhältnisse *»im*
französischen Land«, wo *»Gesetz und Recht in der*
Finsterniß schwand«, beklagt und mit dem Kämpfer für
die Wahrheit, Emile Zola, kontrastiert. Noch während
aber mit dem Theater verhandelt wurde, erließ der Polizeidirektor, Herr von Clausewitz, am 21. Oktober 1898
eine Präsidialverfügung, derzufolge *»von heute ab [...]*
in allen Theatern die Erstaufführungen und diejenigen
Vorstellungen, welche ein polizeiliches Interesse dar-
bieten, durch Beamte« besucht werden sollten und
am nächsten Morgen über eventuell Anstoß erregende
Vorgänge Bericht zu erstatten war.[25]

Anmerkungen

1   Vgl. Richard Daunicht, Lessing im Gespräch. Berichte und
    Urteile von Freunden und Zeitgenossen, München 1971, S.
    230–232.

8

2 Vgl. Ernst Baasch, Geschichte Hamburgs 1814–1918, 1. Bd. 1814–1867, Gotha, Stuttgart 1924 (Allgemeine Staatengeschichte, 3. Abtlg, Bd. 13, 1), S. 70; Hermann Uhde, Das Stadttheater in Hamburg 1827–1877. Ein Beitrag zur deutschen Culturgeschichte, Stuttgart 1879, S. 230f.

3 Vgl. Hermann Geering, Tagesereignisse im Spiegel des Hamburger Volks- und Gartentheaters. Ein Beitrag zur Geschichte des Hamburger Volkstheaters um die Mitte des 19. Jahrhunderts, in: Beiträge zur deutschen Volks- und Altertumskunde 15 (1971), S. 69–96, 16 (1972/73), S. 73–87, hier 15 (1971), S. 78ff.

4 Werner Jochmann, Handelsmetropole des Deutschen Reiches, in: ders. / Hans-Dieter Loose (Hg.), Hamburg. Geschichte der Stadt und ihrer Bewohner, Bd. 2, Hamburg 1986, S. 15–129, S. 96.

5 Staatsarchiv Hamburg 331–3 Politische Polizei S 2170, Schreiben Roschers an Hachmann vom 4.2.1898, dort auch die folgenden Zitate.

6 Ebd., Verfügung Hachmanns vom 4.2.1898.

7 Vgl. Barbara Müller-Wesemann, Die Bummler von Hamburg. Theater in der Vorstadt St. Pauli im 19. Jahrhundert, in: Inge Stephan / Hans-Gerd Winter (Hg.), ,Heil über dir, Hammonia'. Hamburg im 19. Jahrhundert. Kultur, Geschichte, Politik, Hamburg 1992, S. 265–291.

8 Emile Zola, Brief an Félix Faure, Präsident der Republik. ,J'accuse', in: Alain Pagès (Hg.), Emile Zola. Die Dreyfus-Affäre. Artikel, Interviews, Briefe, Innsbruck 1998, S. 102–113.

9 Die Angaben zum Stück nach Roschers Zensurschreiben (wie Anm. 5) und den Presseberichten. Diese liegen gesammelt vor in Staatsarchiv Hamburg 331–3 Politische Polizei S 5898.

10 Aus Roschers Zensurschreiben (wie Anm. 5).

11 Hamburger Freie Presse Nr. 1540, 10.2.1898.

12 Neue Hamburger Zeitung Nr. 66, 9.2.1898.

13 Altonaer Tageblatt Nr. 34, 10.2.1898.

14 Hamburger Freie Presse Nr. 1552, 23.2.1898.

15 Die Angaben nach den Besetzungszetteln in der Hamburger Theatersammlung an der Universität Hamburg.

16 Staatsarchiv Hamburg 331–3 Politische Polizei S 2170, Zensurbericht vom 2.12.1898.

17 General-Anzeiger Nr. 174, 27.7.1899.

18 Vgl. Beate Gödde-Baumanns, Die helle Seite bleibt verborgen. Über die deutsche Rezeption der Dreyfus-Affäre, in: Julius H. Schoeps / Hermann Simon (Hg.), Dreyfus und die Folgen, Berlin 1995 (Studien zur Geistesgeschichte 17), S. 92–117, S. 102.

19 Vgl. Gary D. Stark, Diplomacy by Other Means. Entertainment, Censorship, and German Foreign Policy 1871–1918, in: John A. McCarthy / Werner von der Ohe (Hg.), Zensur und Kultur. Censorship and Culture. Zwischen Weimarer Klassik und Weimarer Republik mit einem Ausblick bis heute. From Weimar Classicism to Weimar Republic and Beyond, Tübingen 1995 (Studien und Texte zur Sozialgeschichte der Literatur 51), S. 123–133, S. 128f.

20 Günther Rühle, Theater für die Republik 1917 – 1933 im Spiegel der Kritik, Frankfurt/M 1967, S. 999.

21 Hans J. Rehfisch / Wilhelm Herzog, Die Affäre Dreyfus. Schauspiel in fünf Akten (6 Bildern), Berlin 1929 (Bühnenmanuskript), S. 90.

22 Albert Buesche, Warum geben wir die ,Affäre Dreyfus'?, in: Das geöffnete Tor. Blätter des Altonaer Stadttheaters 1930/31, Nr. 13, S. 1f.

23 Vgl. Jean-Claude Grumberg, Dreyfus, in: Frauke Rother (Hg.), Politische Stücke aus Frankreich, Berlin 1975, S. 199–284.

24 Staatsarchiv Hamburg 376–2 Gewerbepolizei Generalia IX A 2 Bd. I, Schreiben Versmanns an Hachmann vom 19.10.1898; dort auch die im folgenden zitierten Schriftstücke.

25 Vgl. Michaela Giesing, Theater, Polizei und Politik in Hamburg um 1900, in: Maske und Kothurn 42 (2000), H.2–4, 121–163.

Abbildungen

1 Das Ernst-Drucker-Theater am Spielbudenplatz, um 1900; Universität Hamburg/Hamburger Theatersammlung.

2, 3, 4, 6 Diverse Theaterzettel zu Dreyfus-Stücken im Theater der Centralhalle, Hamburg 1898/99; Universität Hamburg/Hamburger Theatersammlung.

5 Der Spielbudenplatz mit dem Theater der Centralhalle, um 1900; Universität Hamburg/Hamburger Theatersammlung.

7 Bühnenbildentwurf von Erich Grandeit zu Jean-Claude Grumbergs Schauspiel *Dreyfus,* Ernst Deutsch Theater Hamburg 1977, Regie: Karl Paryla; Universität Hamburg/Hamburger Theatersammlung.

8 Plakat zu Karl Parylas Inszenierung des Schauspiels *Dreyfus* von Jean-Claude Grumberg am Ernst Deutsch Theater in Hamburg 1977; Universität Hamburg/Hamburger Theatersammlung.

VI. Revision in Rennes

Der Selbstmord von Major Henry und die Flucht Esterhazys im August 1898 waren für die Anhänger Dreyfus' die Bestätigung für die Richtigkeit seiner Unschuldsbekundungen und ihres Kampfes für die Wahrheit und Gerechtigkeit. Als Esterhazy ein Jahr später im Exil gefragt wurde, gestand er unumwunden, der Verfasser des *Bordereau* zu sein. Daraufhin beantragte Lucie Dreyfus erneut ein Revisionsverfahren für ihren Mann und der Kassationshof, das höchste juristische Gremium in Frankreich, entsprach diesem Antrag.

Die Wahl eines neuen Präsidenten – Emile Loubet (1836–1929) – und die Bildung eines neuen Kabinetts unter Premierminister Pierre Waldeck-Rousseau (1846–1904) ebneten den Weg für die Aufklärung der Dreyfus-Affäre. Am 3. Juni 1899 erklärte der Kassationshof das Urteil des Militärgerichts für ungültig. Es wurde angewiesen, dass ein zweites Militärgerichtsverfahren in Rennes (Bretagne) stattfinden sollte.

Zola durfte nach Frankreich zurückkehren, Picquart wurde freigelassen und Dreyfus wurde von der Teufelsinsel nach Frankreich gebracht. Nach seiner Ankunft an der französischen Küste, wurde Dreyfus auf Anweisung der Behörden, aus Angst vor einer ihn erwartenden feindlich gesinnten Menge, von einer schwer bewaffneten Eskorte zum Militärgericht in Rennes gebracht.

Das Militärgericht wurde in der ersten Augustwoche des Jahres 1899 unter extremen Spannungen eröffnet. Vertreter der Armee, Rechtsanwälte und Journalisten aus dem In- und Ausland strömten nach Rennes. Demonstrationen gegen Dreyfus wurden in den Straßen von Rennes organisiert und auf Dreyfus' Anwalt Fernand-Gustave-Gaston Labori (1860–1917) wurde ein Anschlag verübt.

Am 9. September 1899 befanden die Militärrichter Dreyfus mit 5 Stimmen und 2 Gegenstimmen für schuldig – mit mildernden Umständen. Dreyfus wurde zu weiteren 10 Jahren Haft verurteilt. Der Urteilsspruch ging um die Welt und wurde mit Schrecken und Verachtung aufgenommen.

Unter dem internationalen Druck und unter Androhung des Boykotts der Weltausstellung bot Präsident Loubet die Begnadigung Dreyfus an. Auf Anraten seines Anwalts und eindringlicher Bitten der Familie und Freunde wurde die Begnadigung am 19. September 1899 angenommen, obgleich Dreyfus in seinem Entschluss standhaft blieb seine Unschuld zu beweisen.

»Ich will, dass ganz Frankreich durch ein endgültiges Urteil erfahre, dass ich unschuldig bin. Mein Herz wird erst Ruhe und Frieden finden, wenn kein einziger Franzose mich mehr des verabscheuungswürdigen Verbrechens, das ein anderer begangen hat, für schuldig hält.«

(aus: Alfred Dreyfus, Fünf Jahre meines Lebens [frz. 1901, dt. 1901])

Le Petit Journal

SUPPLÉMENT ILLUSTRÉ

Le Petit Journal
CHAQUE JOUR 5 CENTIMES
Le Supplément illustré
CHAQUE SEMAINE 5 CENTIMES

Huit pages : CINQ centimes

ABONNEMENTS

	SIX MOIS	UN
SEINE ET SEINE-ET-OISE	2 fr.	3 f
DÉPARTEMENTS	2 fr.	4 f
ÉTRANGER	2 50	5 f

Dixième année

DIMANCHE 27 AOUT 1899

Numéro

L'ATTENTAT CONTRE Mᵉ LABORI

LA RÉHABILITATION DE DREYFUS
1. Dans la cour de l'École Militaire
Avant la Parade   E. L. D.

HELIOTYPIE. E. LE DELEY, PARIS

Telegramm

Berlin der 15. August 1899
5 Uhr – Minuten
Ankunft: 6 Uhr 30 Minuten
Der stellvertretende Staatssekretär an seine Majestät
der Kaiser und König.

*Fürst Derneburg telegrafiert soeben: »Heute ist des Festtags we-
gen keine Sitzung in Rennes. Der gestrige Tag war charakteristisch
für das jetzige Frankreich, ein Präsident der Republik, fünf Kriegsminister und ein Minister des Inneren, Herr Hanotomse, griffen sich
gegenseitig an und warfen einander Lüge vor und als der Verteidiger Labori auf dem Wege war um sein Kreuzverhör mit Mercier
zu beginnen, wurde er niedergeschossen und durch Helfershelfer
seiner Papiere beraubt. Es ist einige Hoffnung vorhanden ihn am
Leben zu erhalten, der Mörder ist noch nicht ergriffen.*

*Hier spielt eine wahre echt moderne französische Komödie. Der
Redakteur der antisemitischen Zeitung »L'Antisemit«, Guerin, der*

*wegen seiner forschen Angriffe gegen die Regierung verhaftet
werden sollte, hat sich seit zwei Tagen in seinem Hause in der
Rue Chabrol verbarrikadiert mit 30 Helfershelfern, behauptet
hinreichend bewaffnet und mit Proviant versorgt zu sein um eine
Belagerung auszuhalten, droht jeden zu erschießen der eindringen
will und würde das Haus in die Luft sprengen, wenn es versucht
würde. Ganz Paris geht hin um das von Außen bewachte Haus zu
sehen, die Polizei scheint noch unschlüssig zu sein, ob sie Gewalt
anwenden will. Die Munirigal Garde ist konsigniert. Paris sonst
äußerlich ruhig. Die Regierung glaubt auf der Spur einer royalisti-
schen Verschwörung zu sein und hat 27 Anhänger des Herzogs von
Orléand verhaftet.«*

Richthofen.

SUPPLÉMENT

PRIX DE L'ABONNEMENT

Le Siècle

RÉDACTION ET ADMINISTRATION
12, rue de la Grange-Batelière, 12

Directeur politique : YVES GUYOT
Administrateur : Armand Massip.

LES MANUSCRITS NON INSÉRÉS NE SONT PAS

LES MENSONGES DE LA PHOTOGRAPHI

Vous souvient-il qu'un de nos confrères, bien connu pour la sûreté de ses informations et la correction professionnelle de son directeur, le *Jour*, puisqu'il faut l'appeler par son titre, lança, durant l'été dernier, une nouvelle qui avait la prétention d'être sensationnelle ?

Un photographe lancé, par l'état-major prévoyant, sur les traces du colonel Picquart, avait surpris ce dernier causant à Carlsruhe avec M. de Schwarzkoppen. — La photographie existe, disait le *Jour*, et nous la produirons.

Le *Jour* ne produisit rien du tout, pour la bonne raison que cette révélation n'eut aucun succès. Le photographe de l'état-major n'insista pas non plus et fit le mort quand il apparut que le colonel Picquart n'avait pas quitté Paris et qu'il déposât une plainte contre les faussaires.

Devant le juge d'instruction, le *Jour* invoqua le secret professionnel. Puis d'autres scandales survinrent qui firent oublier celui-là.

À notre tour, nous invoquons le secret professionnel. Le parquet, qui l'admit pour le *Jour*, l'admettra vraisemblablement pour le *Siècle*.

Si l'état-major a les photographes diligents attachés à ses bureaux, le Syndicat en a également, et c'est leur travail que nous présentons aujourd'hui aux lecteurs. En raison de ce que nos opérateurs sont payés royalement les chèques sont signés de M. Syndic lui-même, ils ne reculent devant aucun sacrifice. Ils débauchent les portiers pour pénétrer dans l'intimité des locataires, ils forcent les huis pour surprendre nos grands hommes en robe de chambre et nos grands militaires en uniforme ; ils cambriolent les armoires de fer pour se documenter sérieusement. La bonne intention excuse le crime, selon la morale de la rue Saint-Dominique et de l'école d'Arcueil. — Voici donc le travail. Jugez et comparez.

YVES GUYOT et Jules MÉLINE

Voyez comme les grands hommes cachent leur jeu : Yves Guyot et Méline sont les meilleurs amis du monde. Yves Guyot manque à tous ses principes, car cet ennemi de la protection protège Méline qui le laisse faire.

LUI!

LUI ! Lui ! le capitaine de Uhlans rêvait de voir livrer Paris à cent mille soldats ivres. Il ne niera plus *les lettres* à Mme de Boulancy, puisque la photographie constate qu'il était en uniforme quand il les a écrites.
Marguet quatre doigts dit :
— Qu'il est beau !

Édouard DRUMONT et Joseph REINAC

Édouard Drumont, le héros juif méconnu et condamné à rester to inconnu à côté de Joseph Reinach.
Édouard Drumont fait une affreuse grimace, car il se sent comp

Général DAVOUST et ZOLA

Le général Davoust, duc d'Auerstaedt (par la grâce de la chancellerie de la place Vendôme), devenu grand chancelier de la Légion d'honneur pour s'être fait battre dans les dernières grandes manœuvres auxquelles il a pris part, *spère lui-même*.

ALLONS-Y!

Les malheurs d'un coiffeur.
Il vendait de l'eau pour faire pousser les cheveux, et la photographie prouve qu'il est atteint de la calvitie.
Il vient de dire :
— Le premier de ces messieurs, s'il vous plaît.
Et il se prépare à donner son premier coup de rasoir...

Duchesse D'UZÈS et Arthur MEYER

LA DUCHESSE D'UZÈS. — Quoique vous me coûtiez un peu chevi veux bien tenter encore l'aventure, mais trouvez-moi quelqu'un qu physique, comme l'Autre, le défunt, le suicidé d'Ixelles.
ARTHUR MEYER. — Je pensais à moi, Duchesse...

VII. Triumph der Wahrheit

Alfred Dreyfus und seine Anhänger hielten auch weiterhin an ihrem Entschluss fest, dessen Unschuld zu beweisen.

1901 wurde der Kampf um die Wahrheit mit der Veröffentlichung von Emile Zolas *Die Wahrheit ist auf dem Marsch*, Joseph Reinachs erstem Band seiner *Geschichte der Dreyfus-Affäre* und Dreyfus eigenem Bericht *Fünf Jahre meines Lebens* fortgesetzt.

1903 erhob Jean Jaurès (1859–1914), Abgeordneter des französischen Parlaments, Einspruch gegen die unbegründeten Anklagepunkte und falschen Beweise, die bei der Verurteilung in Rennes verwendet wurden. Im Kriegsministerium fand der Kriegsminister General André weitere Beweise für Dreyfus' Unschuld.

1906 erklärte dann der Kassationshof das Urteil des Militärgerichts von Rennes für nichtig. Es wurde angeordnet, dass die Entscheidung im *Journal Officiel* und in 50 Zeitungen, die Dreyfus frei auswählen konnte, in ganz Frankreich bekannt gemacht werden sollte.

Da Senator Scheurer-Kestner am Tag von Dreyfus' Begnadigung im Jahr 1899 und Emile Zola im September 1902 starb, konnten zwei der engagiertesten Helfer Dreyfus' den endgültigen Sieg der Wahrheit nicht miterleben. Zolas Beerdigung im Oktober 1902 war ein nationaler Trauertag.

Mit dem am 13. Juni 1906 verabschiedeten Gesetz wurde Alfred Dreyfus wieder in die Armee aufgenommen und zum Major befördert. Georges Picquart wurde zum Brigadegeneral befördert. Am 20. Juli wurde Dreyfus von General Gillian, Kommandeur der 1. Kavallerie, im Hof der Ecole militaire vor Militärführern, Truppen, der Familie und Freunden das Kreuz eines Ritters der Ehrenlegion feierlich verliehen. Bei Ausbruch des I. Weltkrieges im August 1914 meldete sich Dreyfus freiwillig zum aktiven Dienst. Zusammen mit seinem Sohn Pierre nahm er an schweren Gefechten an der Front teil und wurde am Ende des Krieges zum Oberleutnant befördert.

Im Jahre 1907 vertraute Dreyfus die Fakten seines Falles und die damit verbundenen Gedanken seinem Tagebuch an:

»Ich tröste mich selbst [...] wenn ich über meine Prozesse nachdenke [...], dass die Ungeheuerlichkeit, an der ich so außerordentlich gelitten habe, der Menschlichkeit dienen [...] und zur Entwicklung von Gefühlen einer sozialen Solidarität beitragen konnte.«

HISTOIRE D'UN INNOCENT

Paris. — Imp.

Il y avait en 1894, à l'État-Major français, un jeune officier alsacien très savant, patriote et de bonne conduite appelé Dreyfus.

Par malheur, il y avait aussi, dans son bureau, deux autres officiers : Du Paty de Clam et Henry, jaloux, intrigants, fourbes. Ils complotèrent de le perdre à la première occasion.

Un jour, un agent dévoué à la France réussit à dérober un papier chez l'ambassadeur prussien. C'était justement une lettre d'un Français qui offrait de vendre sa patrie à l'Allemagne.

Du Paty et Henry en profitèrent aussi pour faire croire à leurs chefs et à la France que ce traître était Dreyfus.

Les chefs, confiants en leur parole d'honneur, se laissèrent tromper et, croyant venger la patrie, condamnèrent Dreyfus.

Il fut condamné à perpétuité, mais le jour où on lui arracha ses galons, il cria fièrement : « On dégrade un innocent, vive la France ! » Et beaucoup de gens versèrent des larmes.

Voilà quatre ans qu'un brave et honnête officier alsacien, qu'on a condamné, vit désespéré sur un rocher au milieu du grand Océan.

Pendant ce temps sa pauvre jeune femme pleure toutes les larmes de son corps et deux orphelins crient : « Maman ! où mon papa ? »

Un beau matin, un colonel d'État-Major, le brave et magnifique colonel Picquart, découvrit le vrai traître. Il s'écria alors : « Il faut sauver l'innocent et punir le coupable ! »

Il y eut aussi des civils comme Zola, Bernard Lazare, Jaurès, Duclaux (celui qui guérit la rage), qui réclamèrent la justice pour l'innocent, car eux aussi avaient découvert le vrai traître.

C'était un autre officier, le pire des mauvais sujets, appelé Esterhazy, à la solde de la Prusse et qui voulait se faire uhlan pour massacrer des Français.

Mais Du Paty et Henry, qui ne voulaient pas voir revenir Dreyfus, se mirent à fabriquer de faux papiers qu'ils mirent sur son compte et protégèrent Esterhazy, le traître.

Pour mieux tromper la France, ils firent emprisonner le colonel Picquart et voulurent faire condamner Zola, sous prétexte d'insultes à l'armée, mais ils n'y réussirent pas.

Les mensonges ont les jambes courtes. Henry, pris la main dans le sac, avoue avoir fabriqué les faux papiers. On l'arrête, mais ses remords sont si terribles qu'il se coupe la gorge.

L'autre faussaire, Du Paty, fut chassé de l'armée. Quant au vrai traître, Esterhazy, il s'enfuit en Allemagne. Bon voyage ! monsieur le uhlan !

Au jour prochain, on rendra ses galons à Dreyfus et la France glorieuse réparera noblement l'injustice faite à un de ses soldats les plus dévoués.

VIII. Das Vermächtnis
Über die Jahre von damals bis heute

»Kein Fall hat je in der ganzen zivilisierten Welt ein solch umfassendes und weitreichendes Interesse erregt. Jede Regierung, jeder Offizier, jeder Richter […] in jedem Land hat […] jede Phase dieses Verfahrens mit enormen Interesse verfolgt.«

(James B. Eustis, amerikanischer Botschafter in Frankreich,1899)

Um die Jahrhundertwende vom 19. zum 20. Jahrhundert herrschten in Frankreich tiefwurzelnder Fanatismus und blinder Glaube. Religiöse Intoleranz wurde eingesetzt, um falsche Anschuldigungen zu nähren. Der heutige RassenhÜass fand seinen Nährboden in jener Zeit, da auch die Dreyfus-Affäre schwelte. Noch heute schüren weitverbreitete Vorurteile Hass und Verbrechen, die selbst vor »ethnischer Säuberungen« nicht halt machen.

1998 bekräftigte der französische Präsident Jacques Chirac anlässlich des 100. Jahrestages von *J'Accuse* in einem offenen Brief an die Familien von Dreyfus und Zola erneut die Notwenigkeit, an die Affäre zu erinnern.

»Entrüstet über die Ungerechtigkeit, die Hauptmann Dreyfus getroffen hatte, dessen einziges Verbrechen darin bestand, ein Jude zu sein, löste Emile Zola mit seinem berühmten ‚Ich klage an!' einen Aufschrei aus […] Heute da sich der Tag jährt, an dem sich Emile Zola an den Präsidenten der Republik gewandt hatte, möchte ich den Familien von Dreyfus und Zola sagen, wie dankbar Frankreich dafür ist, dass ihre Vorfahren mit bewundernswertem Mut den Wert der Freiheit, Würde und Gerechtigkeit erkannten […] Vergessen Sie niemals ihre erhabenen Lehren von Liebe und Einheit, die durch die Jahre hindurch zu uns sprechen.«

Die Affäre wirft Fragen von fortdauernder Bedeutung hinsichtlich der gesellschaftlichen Rolle von Künstlern und Intellektuellen auf, hinsichtlich der Einmischung der Medien in der heutigen Welt und der Notwendigkeit einer kritischen Wahrnehmung jeglicher Form von Intoleranz. Um unsere höchsten Ideale von Demokratie und Freiheit zu bewahren und weiterzuentwickeln, ist es sehr wichtig, dass wir – die Öffentlichkeit – ganz gleich ob im zivilen, beruflichen oder militärischen Leben, für soziale Ungerechtigkeit sensibilisiert bleiben, sowohl in unserem Land als auch weltweit.

Cover von *L'Eclipse* (1875): Zola-Karikatur von André Gill

Beate Gödde-Baumanns

Die helle Seite bleibt verborgen

Über die selektive Wahrnehmung der Dreyfus-Affäre in Deutschland*

Bei allem politischen und geistigen Wandel im Laufe von gut hundert Jahren ist in Deutschland die selektive Wahrnehmung der Dreyfus-Affäre erstaunlich konstant geblieben. Betont wurden und werden ihre negativen Faktoren: der entsetzliche Ausbruch von Antisemitismus, die Pflichtverletzungen, Machenschaften und Vergehen in der französischen Armee, die Verweigerung von Gerechtigkeit, die Zerrissenheit der Nation und die tiefe innere Krise Frankreichs am Ausgang des neunzehnten Jahrhunderts. Vernachlässigt, wenn nicht gar ausgeblendet blieben und bleiben zumeist ihre positiven Elemente und Auswirkungen: der Aufstand der

Gewissen, die Auseinandersetzung über die Grundwerte einer Nation, der Sieg der Gerechtigkeit zu Lebzeiten des Opfers, die erfolgreiche Verteidigung der Republik und frühe Warnungen vor der politischen Gefahr des Antisemitismus. Ausnahmen bestätigen eher die Regel als dass sie das vorherrschende Bild verändert hätten. Folglich mangelt es in Deutschland auch weithin an Verständnis für den Stellenwert der Dreyfus-Affäre in der französischen Geschichte und für ihre Funktion als Bezugspunkt politischer Kultur in Frankreich.

Die deutschen Zeitgenossen waren über die Dreyfus-Affäre von Beginn an gut informiert und haben sie mit großer Anteilnahme verfolgt. Viele unter ihnen fühlten sich von den Manifestationen des Antisemitismus in Frankreich abgestoßen. Aber anders als etwa Emile Zola erkannten sie nicht die generelle politische Gefahr, sondern deuteten vielmehr die antisemitische Hetze als einen Ausdruck des vermeintlichen moralischen Verfalls der französischen Nation. Auch die anderen dunklen Seiten der Dreyfus-Affäre – die Vergehen und Versäumnisse hoher französischer Militärs, das skandalöse Verhalten verantwortlicher Politiker, die turbulenten Formen des erbitterten Streites über die Wiederaufnahme des Prozesses, die wüsten Pressekampagnen, tätliche Ausschreitungen, dubiose Geldgeschäfte – fügten sich trefflich in ein Bild von Frankreich, das damals in Deutschland vorherrschte. Ein bedeutendes Land, eine stolze Nation, so meinten viele – und nicht nur deutsche – Zeitgenossen, aber zerrüttet von alter Sittenlosigkeit, ständigem Aufruhr und verderblichem Nationaldünkel. Die Dreyfus-Affäre schien dieses verbreitete Bild aufs Neue zu bestätigen.

Die meisten Deutschen, die sich für die Angelegenheit interessierten, waren 1899 von der Unschuld des Hauptmanns Dreyfus überzeugt und beklagten sein Schicksal, teilten aber keineswegs die politische

1

Einstellung der französischen *Dreyfusards*. Nur eine Minderheit hat hinter den häufig als »Dreyfus-Lärm« bezeichneten Vorgängen in Frankreich den Kern der Auseinandersetzung, den Kampf für die Prinzipien der Republik erkannt und gewürdigt. Frankreich war damals die einzige Republik unter den europäischen Großmächten. Den Sozialisten und linken Liberalen galt sie als Vorbild, aber diese waren in der Minderheit. Zudem taten die deutschen Sozialisten sich ebenso schwer wie die französischen, die Parteinahme für einen reichen Offizier aus bürgerlichem Hause mit ihren Zielen zu identifizieren. Im konservativen Lager und in weiten Kreisen des nationalliberalen Bürgertums – der Mehrheit – waren im Laufe des 19. Jahrhunderts Frankophobie, Revolutionsfurcht und Republikfeindschaft zu einem Gedankenkomplex verschmolzen, der sich unter dem Eindruck der Dreyfus-Affäre weiter verfestigte.

Der feindselige Antagonismus, der seit 1871 zwischen Frankreich und Deutschland herrschte, spielte in der Dreyfus-Affäre selbst eine erhebliche Rolle und prägte in Deutschland sowohl die offiziellen wie die meisten publizistischen Reaktionen auf die Dreyfus-Affäre. Die Regierung des Deutschen Reiches ließ sich, so Ernst-Otto Czempiel, von der Überlegung leiten, dass die Affäre Frankreich entweder viel Sympathie im Judentum und im Ausland kosten oder das Ansehen der französischen Armee schwer beeinträchtigen werde, und war vor allem darauf bedacht, »daß dieses Gleichgewicht der Zerstörungschancen erhalten blieb«. Dem entsprach in der deutschen Presseberichterstattung die weit verbreitete Art und Weise, Parteinahmen für Alfred Dreyfus mit Schmähreden gegen Frankreich zu verbinden.

Das erste Buch in deutscher Sprache über *Die Affaire Dreyfus* erschien 1899, noch vor dem Urteilsspruch von Rennes. Sein Autor

Otto Mittelstädt war Jurist und ein angesehener deutscher Strafrechtsexperte, seine berufliche Karriere hatte ihn als Richter an das Reichsgericht Leipzig geführt, seit er im Ruhestand war, hielt er sich häufig in Frankreich auf. Anfangs vertrat er den Standpunkt jener Franzosen, die Respekt vor dem Richterspruch von 1894 verlangten. Als aber das Pariser Kassationsgericht dieses Urteil aufhob, stand fortan für Mittelstädt außer Frage, dass

Alfred Dreyfus Unrecht geschehen sei. In den heftigen Protesten gegen dessen Wiedergutmachung zeige sich die moralische Verkommenheit der französischen Nation. Das schrieb – in drastischen Worten – ein Autor, der nicht nur im Vorwort seines Buches, sondern auch mehrfach im Laufe der Darstellung betonte, dass er Frankreich und das französische Volk liebe. Er verurteilte den Antisemitismus, den er eine Seuche nannte. Er nahm in seinem Buch entschieden für Recht und Gerechtigkeit Partei – und ebenso entschieden gegen den französischen Parlamentarismus und die Republik. Diese Kombination ist ebenso kennzeichnend für den vorherrschenden Zeitgeist im Deutschland an der Wende vom 19. zum 20. Jahrhundert wie das Fazit, mit dem Mittelstädt seine Darstellung beschloss: *»Daß eine nüchterne Frage des Rechts und der Gerechtigkeit in solcher Breite, Tiefe, Andauer ein ganzes Volk in verworrene Gährung zu versetzen imstande sei, dazu gehörten neben den realen Ursachen, […] eine ungewöhnliche Anhäufung der giftigsten Zersetzungsstoffe im französischen Volk und seinem Staatswesen. Die ,Affaire' in ihren schlimmsten, unheimlichsten Charakterzügen trägt ein echt gallisches Angesicht, durchfurcht von den Trieben der Grausamkeit, Unwahrhaftigkeit, Leichtfertigkeit, prahlerischer Eitelkeit, flunkerhaften Größenwahns.«*

Solche Verbalinjurien riefen in unterschiedlichen politischen Lagern Protest hervor. Ähnlich wie in Frankreich bildeten sich auch in Deutschland zum Thema Dreyfus erstaunliche Allianzen. So stimmten in diesem Punkt zum Beispiel der alte Sozialist Wilhelm Liebknecht und Maximilian Harden, der aggressiv-konservative Herausgeber der Zeitschrift *Die Zukunft,* überein. Während Liebknecht seit jeher gegen die deutsche Frankophobie gekämpft hatte und in konsequenter Fortsetzung nun in der Zeitschrift *Die Fackel* gegen Dreyfus Stellung nahm, um der Verunglimpfung Frankreichs Einhalt zu gebieten, schob Harden diese Sorge nur vor. Seine Artikel über die Dreyfus-Affäre sind ein Gemisch aus Antisemitismus, Frankophobie und arrogantem Spott über die menschliche Anteilnahme vieler Deutscher am Schicksal des *»jüdischen Millionärs«* Dreyfus. Um dieses Mannes willen sich gegen Frankreich zu

3

erregen, sei eine dümmliche Gefährdung der eigenen Sicherheit.[1]

Zu den vielen Kommentaren deutscher Autoren zur Dreyfus-Affäre traten bald Übersetzungen aus dem Französischen. Der erste Band der *Histoire de l'affaire Dreyfus* von Joseph Reinach wurde ebenso wie der autobiographische Bericht von Alfred Dreyfus *Cinq années de ma vie* sofort übersetzt, beide erschienen im Original wie in der deutschen Übersetzung im Jahre 1901.[2] Alfred Dreyfus beschrieb die Qualen, die er in der Zeitspanne zwischen seiner Verhaftung und seiner Begnadigung erlitten hatte, in klaren, nüchternen Worten, aber es wurde auch deutlich, dass seine Liebe zu Vaterland und Republik der Last dieses Schicksals stand gehalten hatte. Er, der erst nach der Rückkehr aus der Verbannung von den Machenschaften seiner Vorgesetzten und der eigentlichen Dreyfus-Affäre erfahren hatte, sprach voller Bewunderung über das Engagement vieler Menschen *»für die Aufrechterhal-*

tung der Grundsätze, die das Erbe der Menschheit sind […]; da waren Gelehrte, die bis dahin sich in die stillen Arbeiten des Laboratoriums oder des Studierzimmers vergraben, Arbeiter, die ihr hartes Tagewerk verrichten, Politiker, die das allgemeine Interesse über ihr persönliches stellten, sie alle traten dafür ein, daß die hohen Gedanken von Gerechtigkeit, Freiheit, Wahrheit die Oberherrschaft bewahren sollten«. Ihre Erhebung werde »*ein Ruhmesblatt in der Geschichte Frankreichs bedeuten*«. Die Passage war gut übersetzt, aber sie fand in Deutschland keinen Widerhall, weil diese Sicht der Dinge nicht ins deutsche Geschichtsbild passte.

Anhänger der Weimarer Republik erkannten in deren späten Jahren den Vorbildcharakter der Dreyfus-Affäre als *Kampf einer Republik* – so der Titel des wichtigsten von mehreren Büchern, die zwischen 1930 und 1933 erschienen. Mit der eindeutigen Zielrichtung, zur Verteidigung der deutschen Republik zu ermutigen, schilderte Wilhelm Herzog die Dreyfus-Affäre als »*die heroische Periode der dritten Republik*«, die dem französischen Volk »*die moralische Kraft*« verliehen habe, den Ersten Weltkrieg siegreich zu bestehen. Von Alfred Dreyfus selbst zeichnete Herzog jedoch ein abschätziges Charakterbild, in dem er seiner Aversion gegen Offiziere, reiche Leute und bürgerliche Gesinnung die Zügel schießen ließ. – Der Gedanke an die heilsamen Nachwirkungen der Dreyfus-Affäre blitzte kurz nach dem Zweiten Weltkrieg noch einmal auf. Unter dem Titel *Die Affäre, die uns leider fehlte […]* gab Axel Eggebrecht 1946 in der Zeitschrift *Weltbühne* eine knappe, präzise Beschreibung der historischen Ereignisse und schloss mit den Worten: »*Statt […] auf die […] Korruption der Demokratie höhnisch herabzusehen, sollten wir es tief bedauern, daß wir niemals eine Affäre wie diese hatten. Das Fehlen dieser Reinigungskur ist eines der großen Versäumnisse in unserer daran wahrlich nicht armen neueren Geschichte gewesen.*«

Aber dann geriet dieser Gedanke in der Bundesrepublik Deutschland, außer bei wenigen Experten, so gründlich in Vergessenheit, dass in dem Artikel über Wilhelm Herzog in der *Neuen Deutschen Biographie* nicht einmal mehr der Titel seines Werkes *Der Kampf einer Republik* erwähnt wird, sondern nur das Theater-

stück, das er zuvor über die Dreyfus-Affäre geschrieben hatte. Weit größeren Nachhall hatte Herzogs verächtliche Charakterisierung des Hauptmannes Dreyfus, die Hannah Arendt in ihrem berühmten Werk *Ursprünge und Elemente totaler Herrschaft* aufgriff. Die deutsche Ausgabe erschien in erster Auflage 1955 – im gleichen Jahr wie das Original und die deutsche Übersetzung des *Tagebuch der Dreyfus-Affäre* von Maurice Paléologue. Darin findet sich ein Satz, der in Frankreich zu einem geflügelten Wort geworden ist, wenn von der Dreyfus-Affäre die Rede ist, weil er einen ihrer wesentlichen Aspekte pointiert komprimiert: Auf dem Heimweg von einer erregten Debatte im privaten Kreise auf dem Höhepunkt der Dreyfus-Affäre habe er gedacht, so Paléologue, dass »*trotz so vieler Skandale und Gemeinheiten das Drama, welches Frankreich aufwühlt, nicht der Größe entbehrt, da es zwei der heiligsten Gefühle auf den Plan ruft: die Liebe zur Gerechtigkeit und den Glauben an das Vaterland*«.

In Deutschland fand auch dieses Wort keinen Widerhall. Es vermochte sich nicht gegen zwei Darstellungen durchzusetzen, die unter dem Eindruck des Holocaust geschrieben wurden: Das Kapitel über die Dreyfus-Affäre in dem bereits genannten Hauptwerk von Hannah Arendt und das umfangreiche Buch von Siegfried Thalheimer *Macht und Gerechtigkeit. Ein Beitrag zur Geschichte des Falles Dreyfus,* das 1958 erschien. Beide Autoren waren deutsche Juden. Beide hatten die nationalsozialistische Judenverfolgung im Exil überlebt. Das war für beide Autoren zeitweise Frankreich gewesen. Die Judenvernichtung im »Dritten Reich«, daneben aber auch der Niedergang der Dritten Französischen Republik im Jahre 1940 standen als schmerzhafte, bittere Erfahrung im Hintergrund ihrer Darstellungen. Verständlicherweise stellten beide Autoren den Antisemitismus in den Mittelpunkt ihrer Betrachtungen über die Dreyfus-Affäre. In diesem Kontext und mit Blick auf das Ende der Dritten Republik, beschworen sie wieder das alte deutsche Bild, wonach die Dreyfus-Affäre sich in einer »*bis auf den Grund verderbten Gesellschaft*« zugetragen habe. Hannah Arendt bezeichnete im Vorwort ihres Werkes die Dreyfus-Affäre »*als eine Art Generalprobe für das Schauspiel unserer Zeit*«, gab eine fragwürdige Beschreibung der historischen Ereignisse (die in der französischen Ausgabe ihres Werkes stillschweigend korrigiert wurde) und gelangte zu dem Schluss, es sei »*das Schauspiel, das Frankreich in der Dreyfus-Affäre der Welt bot, doch keine Tragödie, sondern nur eine Farce*« gewesen.

Während Hannah Arendt es offen ließ, ob am Anfang der Dreyfus-Affäre ein Justizirrtum stand, »*der die willkommene Veranlassung für den sofort einsetzenden politischen Kampf bot, oder ob die Generalstabsoffiziere die Fälschung des Bordereau einzig veranlaßten, um endlich einen Juden als Verräter des Vaterlandes bloßstellen zu können*«, behauptete Siegfried Thalhei-

mer, letzteres sei der Fall gewesen. Thalheimer kehrte die antisemitische These von der Verschwörung der Juden um und interpretierte die Dreyfus-Affäre als Verschwörung des französischen Generalstabes gegen die Juden. Der Spionagefall, von dem die Affäre angeblich ihren Ausgang genommen habe, sei vorgetäuscht worden. Das Bordereau sei »*nicht ein Dokument des Landesverrates, sondern das Mittel einer falschen Anklage*«. Es habe sich um einen im Generalstab geplanten und ausgeführten »*Anschlag*« auf den Hauptmann Dreyfus gehandelt, mit dem Ziel, »*den öffentlichen Skandal hervorzurufen*«. Dieses Verbrechen sei von allen vertuscht worden, den Antisemiten und den *Dreyfusards*, weil niemand in Frankreich Sinn für den notwendigen Vorrang des Rechtes vor politischer Rücksichtnahme gehabt habe. Das erkläre sich aus dem politischen System: »*Der wahre Schuldige in der Affaire ist die Republik*«.

Aus seiner antidemokratischen Überzeugung machte Thalheimer kein Hehl. »*Die Unfähigkeit liberaler Staaten, Macht, Ordnung, politische Vernunft und Freiheit miteinander zu versöhnen*«, sei die Erfahrung seines Lebens gewesen. Das unterschied ihn von Hannah Arendt. Gleich ihr machte Thalheimer auf eine Analogie von Dreyfus-Affäre und Nationalsozialismus aufmerksam. Im Gegensatz zu Hannah Arendt verknüpfte er damit ein antidemokratisches Credo und stellte jegliche Vorbildfunktion der Dreyfus-Affäre entschieden in Abrede: »*Die Affaire*

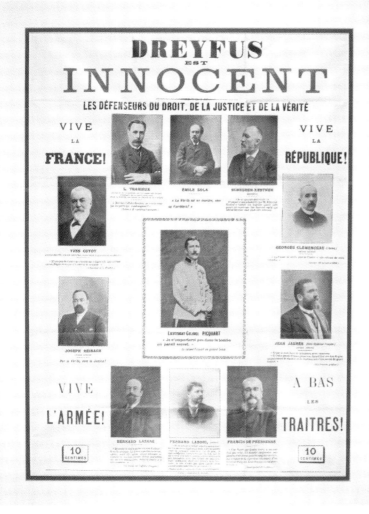

ist die Ausgeburt der demokratischen Unordnung, ebenso wie es einige Jahrzehnte später der National-sozialismus sein wird. […] Die Geschichtsschreiber, die in der Affaire eine Feuerprobe sehen, welche die Demokratie bestanden hätte, besingen eine Krise ihres Siechtums.«

Für Thalheimers Verdammung der Demokratie gab es in der prosperierenden Bundesrepublik keine Resonanz. Aber seine Ausführungen über das große antisemitische Komplott des französischen Generalstabes wurden begierig aufgegriffen. Für die Hypothese, das Corpus delicti der Dreyfus-Affäre, das Bordereau, sei von den französischen Generalstabsoffizieren als Werkzeug einer Verschwörung gegen die Juden hergestellt worden, lieferte Thalheimer in seinem über 800 Seiten zählenden Buch keinen Beweis. Er behauptete apodiktisch, es sei so gewesen, und interpretierte die Literatur, auf die er sich stützte, in diesem Sinne. Sachkundige Historiker, Gilbert Ziebura und Ernst-Otto Czempiel, haben bald und in aller Deutlichkeit darauf hingewiesen, dass Thalheimers Hypothese unhaltbar sei. Aber das hat dem Erfolg seiner Darstellung keinen Abbruch getan. Thalheimers Buch erlebte eine zweite Auflage, außerdem erschien eine gekürzte Taschenbuchausgabe, die ebenfalls bis 1986 unveränderte Neuauflagen erfahren hat. Neuere Forschungen, insbesondere die Arbeiten von Marcel Thomas und das heutige Standardwerk *L'Affaire* von Jean-Denis Bredin, das Übersetzungen ins Englische und Hebräische erfuhr, wurden in Deutschland allenfalls beiläufig und mit großer Verzögerung zur Kenntnis genommen. Es vergingen rund drei Jahrzehnte, bevor Bücher in deutscher Sprache über die Dreyfus-Affäre erschienen, in denen Thalheimers Interpretation nicht mehr verbreitet wurden. Den Anfang machte die spannend geschriebene Erzählung von Maria Matray: *Dreyfus. Ein französisches Trauma*. Einige Jahre später folgte ein schmaler Band von Eckhardt und Günther Fuchs: *»J'accuse!«* *Zur Affäre Dreyfus*.[3]

Matray hat die deutsche Rezeption der Dreyfus-Affäre vor allem durch den Titel ihres Werkes beeinflusst. Die alte Rede von der Dreyfus-Affäre als Ausdruck nationaler und/oder republikanischer Verderbtheit, die Hannah Arendt und Siegfried Thalheimer noch einmal wiederbelebt hatten, passte bereits seit längerem nicht mehr zur neuen Realität der deutsch-französischen Beziehungen und zu dem demokratischen Grundkonsens in der Bundesrepublik Deutschland. Da kam der neue Begriff gelegen. Die Beschreibung der Dreyfus-Affäre als ein französisches Trauma, das bis in die Gegenwart nachwirke, löste die obsolet gewordenen alten Interpretationen ab, wie seither in deutschen Medien vielfach nachzulesen. Im Gedenkjahr 1994 wurden in Deutschland erneut die Anteilnahme am Fall Dreyfus

MILITÄRATTACHÉ

VON SCHWARTZKOPPEN

Die

Wahrheit über

Dreyfus

AUS DEM NACHLASS HERAUSGEGEBEN VON

BERNHARD SCHWERTFEGER

und die Fixierung auf die dunklen Seiten der Dreyfus-Affäre deutlich. Ein Komitee »Gedenken an Dreyfus«, dem unter anderen die frühere Bundestagspräsidentin Annemarie Renger, der frühere Bundesaußenminister Hans-Dietrich Genscher und der damalige Vorsitzende des Zentralrates der Juden, Ignatz Bubis, angehörten, hatte sich bereits Ende 1992 gebildet und gründete im folgenden Jahr die »Dreyfus-Gesellschaft für Menschenrecht und Toleranz«, die ihrerseits im Jahre 1994 zwei Theateraufführungen und zwei Dreyfus-Kolloquien förderte.[4] Eine neue, knapp gefasste Darstellung der Dreyfus-Affäre aus der Feder des französischen Historikers Vincent Duclert wurde umgehend ins Deutsche übersetzt. In der Aufmachung unterschieden die beiden Ausgaben sich jedoch in bezeichnender Weise. Das französische Original trägt den schlichten Titel *L'Affaire Dreyfus.* Der deutschen Ausgabe wurde der Untertitel *Militärwahn, Republikfeindschaft, Judenhaß* hinzugefügt. In beiden Fällen handelte es sich um Taschenbücher. Auf der Rückseite des französischen Originals wurden Fragen zum Hergang des Geschehens und zum Stand der Forschung gestellt. Auf der Rückseite der deutschen Ausgabe wurde Gewissheit verbreitet: Der jüdische Offizier Dreyfus sei von einem Pariser Militärgericht wegen Hochverrat verurteilt worden, »*obwohl sämtliche Beweise von seinen Anklägern fabriziert und gefälscht worden waren*«; der Autor schildere »*die Folgen von Judenhaß, nationalistischer Revanchementalität und uniformierter Republikfeindschaft*«. Aber es gab zumindest auch einen Hinweis auf die positiven Auswirkungen der Dreyfus-Affäre: »*[…] die französische Republik ging gestärkt aus der Affäre hervor und für die Zivilcourage der Intellektuellen wurde sie zu einer eindrucksvoll bestandenen Feuerprobe*«[5].

Anfang 1994 berichteten die deutschen Medien ausführlich und teils hämisch über die sofortige Dienstenthebung des Direktors der französischen Militärarchive, weil dieser sich in einem Text von drei Seiten auf eine Art und Weise zur Dreyfus-Affäre geäußert hatte, die ein Wiederaufflammen des alten Streites befürchten ließ.[6] Über eine Reihe von Gedenkveranstaltungen in Frankreich im weiteren Verlauf des Jahres, die der Präsident des CRIF als »*die zweite Rehabilitation nach der juristischen zu Beginn unseres Jahrhunderts*« gewürdigt hat, gab es nicht einmal eine kleine Pressenotiz.[7]

1994 gelangten in Deutschland zwei Dreyfus-Opern zur Aufführung. In Bielefeld erfuhr die Oper *Dreyfus* von Mordechai Newman und Morris Moshe Cotel ihre europäische Erstaufführung. In Berlin fand am 8. Mai die Uraufführung der Oper *Dreyfus – »Die Affäre«* statt, das gemeinsame Werk des britischen Autors George R. Whyte und des Schweizer Komponisten Jost Meier (sie wurde später auch in Basel und New York aufgeführt, aber nicht in Frankreich). Das Begleitheft zur Bielefelder Oper verbreitete, wenn auch mit einer leichten Distanzierung, erneut Thalheimers Hypothese von der großen antisemitischen Verschwörung: »*Alles war erfunden – das Corpus delicti, der Verrat und der Verräter.*«[8] Im Programmheft der Deutschen Oper Berlin wurde ausführlich Hannah Arendt zitiert: die Dreyfus-Affäre als »*Farce*« und »*Generalprobe*«, die Hergänge ein »*halb lächerliches, halb widerliches Getriebe*« und am Ende eine unvollständige Rehabilitation, weil »*kein Gerichtshof im Frankreich der Dritten Republik genügend Autorität besaß, um wirklich Recht zu sprechen*«. Auf der Opernbühne erschien Emile Zola als einziger Ankläger des Unrechts, als einsamer Rufer in der Wüste.

Unter dem Titel *Tod dem Judas* ließ der *Spiegel* im Dezember 1994 die Ereignisse vor hundert Jahren und hundert Jahre danach Revue passieren. Das Inhaltsverzeichnis kündigte an: »*Die Dreyfus-Affäre – noch nach 100 Jahren ein nationales Trauma*«. Im Einführungstext zu dem vierseitigen, reich illustrierten Artikel hieß es: »*Auch nach 100 Jahren ist die Dreyfus-Affäre noch eine schwärende Wunde im Gewissen der französischen Nation. Der Fall des jüdischen Offiziers, der zu Unrecht als Hochverräter verurteilt wurde, reißt alte Gräben zwischen links und rechts auf – und erinnert die Franzosen an die verdrängte Geschichte ihres Antisemitismus.*« Ausführlich wurden die dunklen Seiten der Dreyfus-Affäre beschrieben, nur angedeutet und sogleich relativiert ihre positiven Effekte: »*Dieser Ausgang der Affäre stärkte die republikanischen, freigeistigen Kräfte in Frankreich, zumindest vorüberge-*

hend. [...] Vier Jahrzehnte nach den antisemitischen Exzessen halfen Franzosen unter deutscher Besatzung bei der Deportation Tausender Juden – und lieferten gar mehr aus, als die Deutschen verlangt hatten.«[9]

Selten lassen sich die Gründe für die Kontinuität einer selektiven Wahrnehmung der Dreyfus-Affäre in Deutschland so deutlich erkennen wie hinter den Zeilen dieses *Spiegel* – Artikels: Der Blick auf die »*schwärende Wunde*« des Partner- und Nachbarvolkes lenkt vom Trauma der eigenen Geschichte ab. Die Ausführungen über alten und neuen Antisemitismus in Frankreich vermögen zwar nicht, die Scham über das schandbare Kapitel der deutschen Geschichte zu mindern, aber sie erlauben den tröstlichen Gedanken, dass es eine »Generalprobe« gab, die in Frankreich statt fand. Da die hellen Seiten der Dreyfus-Affäre ausgeblendet bleiben, lässt sich zugleich der Erkenntnis ausweichen, die sich andernfalls aufdrängen würde: Dass es in der »Generalprobe« einen wichtigen Akt gegeben hat, der in der »Hauptaufführung« zu schwach ausgefallen ist: die Erhebung einer hinreichend großen Zahl von Staatsbürgern gegen staatlich verübtes Unrecht. Um ihretwillen aber, als Modellfall der Herausforderung an die Staatsbürger, in Grundsatzfragen Stellung zu nehmen, ist die Dreyfus-Affäre im kollektiven Gedächtnis der französischen Nation präsent geblieben.

Anmerkungen

* Dieser Beitrag ist die gekürzte Fassung und Fortschreibung eines früheren Aufsatzes der Verfasserin, der unter dem Titel »Die helle Seite bleibt verborgen. Über die deutsche Rezeption der Dreyfus-Affäre« erschienen ist in: Julius H. Schoeps/Hermann Simon (Hrsg.): Dreyfus und die Folgen, Berlin 1995, S. 92–117. Wegen des knappen Raumes in diesem Katalog sei betreffs näherer Erläuterungen, bibliographischen Angaben und Zitatbelegen auf diesen Text und seinen Anmerkungsapparat verwiesen. Es werden im Folgenden nur solche Literaturangaben gemacht, die nicht bereits dort enthalten sind.

1 Ausführliche Darstellung bei: Jacques Le Rider: Die Dreyfus-Affäre in den Augen der assimilierten Juden Wiens und Berlins. Karl Kraus' «Die Fackel» und Maximilian Hardens «Die Zukunft», in: Dreyfus und die Folgen, [wie Anm. *], S. 139–155.

2 Joseph Reinach: Histoire de l'affaire Dreyfus, Bd. 1, Paris 1901 / Geschichte der Affaire Dreyfus, Berlin und Leipzig 1901. – Alfred Dreyfus: Cinq années de ma vie, Paris 1901 / Fünf Jahre meines

Lebens, Paris 1901. Das nachfolgende Zitat dort S. 316.

3 Maria Matray: Dreyfus, Ein französisches Trauma, München/ Wien 1986, Taschenbuchausgabe Berlin 1988. – Eckhardt Fuchs, Günther Fuchs, »J'accuse«, Zur Affäre Dreyfus, Mainz 1994.

4 Mündliche Auskunft von Herrn Dr. Barthold C. Witte, dem ersten Vorsitzenden der »Dreyfus-Gesellschaft«

5 Vincent Duclert: L'affaire Dreyfus, Paris 1994 ; dt. Übersetzung: Die Dreyfuß-Affäre. Militärwahn, Republikfeindschaft, Judenhaß, Berlin 1994.

6 Ausführliche Darstellung des Vorganges und der Berichterstattung bei: Kai-Ulrich Hartwich: Hundert Jahre danach ... Die Rezeption des Centenaire der Dreyfus-Affäre in Frankreich, in: Dreyfus und die Folgen, [wie Anm. *], S. 171–204, sowie: Bilan du Centenaire de l'Affaire Dreyfus en Allemagne, in: Jean Jaurès Cahiers Trimestriels, Nr. 136, 1995, S. 46–53.

7 Der französische CRIF ist in etwa mit dem Zentralrat der Juden in Deutschland vergleichbar.

8 Bühnen der Stadt Bielefeld, 1993/94, Heft 3, S. 19f.

9 Der Spiegel, Nr. 50 / 12. 12. 1994, »Tod dem Judas«, S. 148–154.

Abbildungen

1 Titelseite des *La Feuille* vom 2. Juni 1898; »Le Papa de M. Judet« [Der Vater von Herrn Judet]; »Die Affäre« wurde von allen gesellschaftlichen Schichten in der illustrierten Presse verfolgt. Neue Verfahren und bessere Bildung führten zu einer Ausdehnung der Printmedien, die genutzt werden konnten, um die Öffentlichkeit zu informieren, die aber auch leicht eingesetzt werden konnten, um sie zu täuschen.

2 Cover der Taschenbuchausgabe: Die Affäre Dreyfus, hrsg. von Siegfried Thalheimer (1963).

3 Cover der deutschen Erstausgabe von Dreyfus' Autobiografie „Fünf Jahres meines Lebens" von 1901.

4 Plakat mit elf fotografischen Porträts der „Verteidiger von Recht, Gerechtigkeit und Wahrheit". Jede Person wird benannt und ein kurzes Zitat verweist auf ihr Eingreifen in die Affäre.

5 Cover des von Bernhard Schwertfeger herausgegeben Aufzeichnungen des deutschen Militärattachés von Max von Schwartzkoppen unter dem Titel „Die Wahrheit über Dreyfus" von 1930.

IX. Die Horror-Galerie

Ruth Malhotra

Le Musée des Horreurs[1]

Ein Bestiarium der Dritten Republik

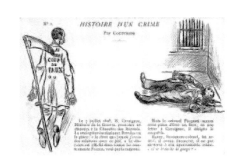

Im Herbst des Jahres 1899 erschienen an Pariser Kiosken die ersten Nummern einer Serie politischer Plakate, die durch ihre äußere Gestaltung den auf jedem Blatt zu lesenden Titel *Musée des Horreurs*, durch fortlaufende Numerierung und das für französische Plakate relativ kleine Format an Zeitungen und Zeitschriften erinnern. Wie bei einem Journal werden auf den Plakaten Themen der nächsten Nummern angekündigt, wird gelegentlich die Erscheinungsweise (»*jeden Freitag*«) erwähnt. Vor allem aber ist die Serie wie ein Periodikum im Abonnement erhältlich. Für 25, später 40 Francs, versprach man dem Abonnenten die »*komplette Folge von 200 Blättern*«. Tatsächlich zur Ausführung kamen aber nur 51 Plakate des *Musée des Horreurs* und von dem als Supplement erscheinenden *Musée des Patriotes* sind nur vier Nummern bekannt. Denn bereits im folgenden Jahr, spätestens aber 1901, musste die Serie auf Anordnung des Innenministeriums eingestellt werden.

Ungewöhnlich bleibt diese politische Agitation in Form von käuflich zu erwerbenden Plakaten allemal. Anders gesagt, der Begriff Plakat im herkömmlichen Sinn ist bei diesen Blättern, die vermutlich überhaupt nicht zum öffentlichen Anschlag bestimmt waren, nur mit Vorbehalt zu gebrauchen; manches daran erinnert an Flugblätter. Sämtliche Plakate sind signiert mit *V. Lenepveu*. Derselbe Name *Lenepveu* erscheint auf den Plakaten noch einmal als Bezeichnung für die Druckerei in der rue Dulong Nr. 58, wo auch die »*Administration*« ihren Sitz hat und die Serie komplett erhältlich ist. Nach den Angaben auf den Plakaten sind Zeichner und Drucker zumindest namensgleich. Dass es sich um dieselbe Person handelt, wäre – gemessen jedenfalls an dem, was beim Plakat damals in Frankreich üblich ist – sehr ungewöhnlich.

Bei der Suche nach der Identität des Zeichners ist diese – zumindest – Namensgleichheit mit einem

Drucker, der seine volle Adresse nennt, zu bedenken; denn man hat vermutet, dass der Karikaturist sich hinter einem Pseudonym verbirgt. Doch so wenig andere Werke von *V. Lenepveu* als das *Musée des Horreurs* mit seinem Supplement bekannt geworden sind, so wenig ließen sich die Karikaturen bisher mit einem anderen Künstlernamen oder einem anonymen zeichnerischen Werk in Verbindung bringen.

In den Archiven von Paris ist V. Lenepveu nicht nachweisbar (darum auch keine Aussage möglich über dessen etwaige Verwandtschaft mit dem Historienmaler Jules Eugène Lenepveu [1819 Angers–1898 Paris]). In der zeitgenössischen Literatur über Karikaturen erscheint der Name nicht und ebensowenig in der relevanten modernen. Er begegnet nicht wie andere Zeichner und Karikaturisten der Zeit und seines Landes – darunter solche, die unter einem Pseudonym arbei-

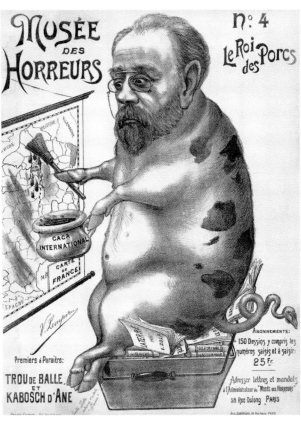

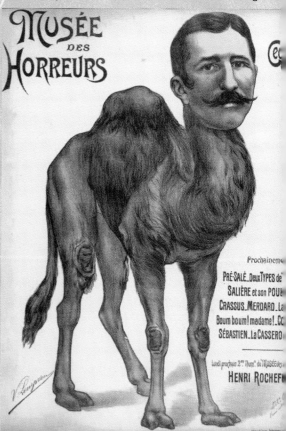

teten – als Buchillustrator und Mitarbeiter bekannter satirischer Zeitschriften. Es läßt sich keine Biographie erstellen wie z. B. die eines Forain oder Caran d'Ache (Pseudonym von Emmanuel Poiré), Antisemiten wie Lenepveu, die wie er gegen Dreyfus und gegen die Revision seines Prozesses witzig, scharf und zynisch zu Felde zogen – um die Jahrhundertwende eines der großen Themen der Witzblätter weit über Paris hinaus.

[…]

Etwa zu dem Zeitpunkt, als Lenepveus erste Affiche der Schreckensserie erschien, schrieb am 19. Oktober 1899 v. Below-Schlatau, der deutsche Geschäftsträger in Paris, an den Reichskanzler Fürst Hohenlohe: »*Die politische Windstille, welche hier bald nach dem Ausgang des Prozesses von Rennes einsetzte, dauert einstweilen fort; freilich würde sie nach Auffassung der Pessimisten nur Ruhe vor dem Sturm bedeuten, der mit dem Zusammentritt der Kammern losbrechen solle. Übrigens muß man, was die derzeitige Windstille betrifft, auch zwei wesentliche Einschränkungen machen; die eine bezüglich der Presse, deren zügellose Sprache in den extremen Lagern unverändert fortdauert, die andere hinsichtlich der immer wiederkehrenden Zeichen der Unbotmäßigkeit innerhalb des Heeres. Der hochtönende Name* La grande muette (‚Die große Schweigerin‘), *mit dem man die Armee zu bezeichnen liebt, paßt wirklich schon gar nicht mehr, und der Kriegsminister fährt fort, Disziplinarstrafen zu verhängen, indem er bald gegen einzelne renitente Offiziere vorgeht, bald sogar zur Versetzung ganzer Regimenter schreiten muß. Abgesehen davon ist aber, namentlich im großen Publikum, das Abspannungsbedürfnis' unverkennbar. Dazu kommt die rastlose Tätigkeit für die bevorstehende Weltausstellung* […].*«*

Auf dem Höhepunkt des Kampfes gegründete satirische Zeitschriften wie *Psst …!*[2] und *Le Sifflet*[3] stellten nach dem Ende des Revisionsprozesses ihr Erscheinen ein, die Gemüter hatten sich mehr oder weniger beruhigt, die »*Windstille*« war den meisten willkommen; die Karikaturisten, die auf dem Höhepunkt der Affäre Dreyfus »*tüchtig gekämpft, lustig gelacht und grimmig mit den Zähnen geknirscht hatten*« (Eysler), traten an den Rand der Arena. In diesem Augenblick betrat gleichsam in voller Rüstung mit geschlossenem Visier (das bis heute nicht gelüftet ist) einer den Kampfplatz, der nur »*grimmig mit den Zähnen knirschte*« – Lenepveu. In die »*Windstille*« warf er seine kraftvoll-gehässigen Kundgebungen des Protests wie Fackeln, um das verglimmende Feuer zu neuem Brand zu entfesseln. Mit finsterem Grimm und böser Eindringlichkeit rechnet er Blatt für Blatt in seinem Kabinett des Schreckens mit alten und neuen Feinden des Vaterlandes ab, mit allen, die ihm *la gloire* des großen Frankreich zu verdunkeln scheinen – und er stellt den »*Verrätern*«, den Nestbeschmutzern, im ‚*Kabinett der Patrioten*' die Personifizierungen seiner Ideale in einem Supplement gegenüber, vertreten durch die Nationalisten- und Antisemitenführer Déroulède und Drumont, Rochefort und den Dichter Coppée (*Le Musée des Patriotes*, Nr. 1–4). Merkwürdigerweise setzt er die Reihe nicht fort, obwohl weit mehr Namen angekündigt waren (ein fünftes – verschollenes – Plakat scheint lt. Inventar der Bibliothèque Nationale, Paris, noch zur Ausführung

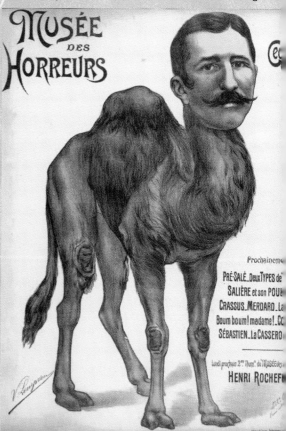

gekommen zu sein, das den Hauptmann Marchand darstellt, den Helden vom Nil, in dessen Person die Ehre Frankreichs gekränkt wurde, da er – im Oktober 1898 – Faschoda räumen mußte; vgl. Nr. 22: Delcassé).

Lenepveu versammelte in seinem Bestiarium sehr unterschiedliche Geister und gab ihnen – fast allen – eine tierische Gestalt. Den Auftakt der insgesamt ‚niederen' Tiere bilden Affe, Oktopode, Hund und Schwein, er wählt seine Symbolfiguren aus dem Tierreich nicht selten mit einer gewissen Willkür und wie es scheint, Laune, denn oft ist ein unmittelbarer Zusammenhang zwischen dem Dargestellten und dem Tier, in dessen Gestalt er erscheint, nicht zu erkennen. In Lenepveus Menagerie treten u. a. auf: fünf Affen, sechs Hunde, zwei Esel, zwei Schweine, zwei Füchse, zwei Bären und – vereinzelt – u. a. Hydra, Truthahn, Ratte, Elefant, Kröte, Fliege, Hase, Eule, Ziege, Kuh und Krokodil. Er ließ den Köpfen ihre menschliche, oft sogar eine freundliche, einnehmende Physiognomie, in den meisten Fällen von ausgesprochener Porträtähnlichkeit und begnügte sich damit, durch die gewählte Tiergestalt als solche, durch Attribute oder beigegebenen Text die Dargestellten anzuklagen oder zu verhöhnen.

Sicher ist die z. T. auffallende Ähnlichkeit der Köpfe durch Fotovorlagen, die Lenepveu benutzte, zu erklären, was ein Vergleich mit bekannten zeitgenössischen Fotos der Karikierten bestätigt. So vermeidet Lenepveu ein Eingehen auf das Porträt als solches. Bei ihm läßt sich nicht jenes »wunderbare Verständnis für das Port-rät« feststellen, das Baudelaire in Daumiers politischen Karikaturen der Jahre 1832/33 erkennt: »Obwohl er die Züge des Urbildes aufträgt und übertreibt, wahrt er doch so sehr ihre Naturgetreuheit, daß diese Blätter dem Porträtisten als Vorbild dienen könnten [...] Daumier war geschmeidig wie ein Künstler und genau wie Lavater.« Eine Ausnahme in der deutlichen Anlehnung an Fotovorlagen, die durch ihren freundlichen Ausdruck mitunter in fast komischem Gegensatz zu der Gewalttätigkeit in der Darstellung der tierischen Gestalt und der Attribute stehen, bilden bei Lenepveu – Zeichen seines Judenhasses – die meisten Juden innerhalb der Serie, allen voran die Rothschilds. Ihre Gesichter entstellt er mitunter bis zur Unkenntlichkeit und selbst eine berühmte Schönheit wie Léonora de Rothschild, in einem Gemälde von Ingres überliefert, die sicher Spuren einstiger Schönheit auch im Alter noch trug, wird bei ihm zur abstoßenden, hexenhaften alten Vettel; des in Wirklichkeit gutaussehenden Adolphe de Rothschilds Züge sind durch das abgenutzte Symbol einer überdimensionalen Nase zur diabolischen Fratze verzerrt.

Eine Ausnahme bilden auch – in entgegengesetztem Sinne – die vier Repräsentanten des *Musée des Patriotes*, die Parteiführer und maßgeblichen Journalisten der extrem nationalistischen, antisemitischen, den Umsturz der Republik betreibenden Gruppen, denen Lenepveu zweifellos nahestand, mit denen er sich identifizierte und die vielleicht ihrerseits sein Unternehmen unterstützten, finanzierten, obwohl auch ein weitgehender Alleingang Lenepveus nicht ausgeschlossen ist. Ihnen hat er selbstverständlich ihre menschliche Gestalt nicht nur belassen, sondern sie in gebührendem Pathos, in feierlicher Würde glorifizierend und mit Abstand einfallsloser als seine ,*Menagerie*' nach Fotografien gezeichnet.

Das erste datierte Blatt des *Musée des Horreurs* stammt vom Januar 1900 (Nr. 12 ,*Crassus*'), weitere drei datierte Blätter entstanden ebenfalls im Januar, das letzte datierte im April 1900 (Nr. 26). Nimmt man einen Durchschnitt von drei bis vier Affiches pro Monat – laut wiederholter Ankündigung Lenepveus sollte wöchentlich eine erscheinen – so käme für den Beginn seiner Serie am ehesten der Oktober oder vielleicht schon der September 1899 in Frage, als der Revisionsprozess in Rennes um Alfred Dreyfus gerade beendet war (7. August bis 9. September 1899).

Lenepveu setzte also mit seiner Serie erst ein, als der 1896 beginnende, durch fast drei Jahre ständig an Schärfe zunehmende Kampf um die Wiederaufnahme des Verfahrens gegen Dreyfus vorüber war – im Unterschied etwa zu Forain

und Caran d'Ache, die mit ihrer Zeitschrift *Psst ...!* in vorderster Front der Antirevisionisten kämpfen. Zu einem Zeitpunkt, als Dreyfus durch den Präsidenten der Republik bereits begnadigt war und der Ministerpräsident Waldeck-Rousseau sich zunehmend – nicht zuletzt gegenüber den Rechtsextremisten – als Herr der Lage erwies, ließ Lenepveu auf seinen Affiches Präsident und Ministerpräsident stürzen und Dreyfus hängen. Er rächte sich an einer Realität, die er nicht wahrhaben wollte.

Im Blick auf die Dreyfus-Affäre im engeren Sinne gewiß ein Nachhutgefecht, im Blick auf die Zukunft aber und die Richtung, in die sich die Republik nun entwickeln würde, kein bloßes »*Nachkarten*«. Auch nach Ausweis dessen, was vom *Musée des Horreurs* und seinem Supplement tatsächlich zustande kam, betrieb die Serie aktuelle Agitation, leistete sie gezielt

4

Schützenhilfe zu weiterer Diskreditierung der gemäßigten, liberalen Führungsschicht der Republik und der vordringenden Radikalen – auf dem Weg zu der noch erhofften Machtübernahme durch die autoritären »Patrioten«.

Dieser Stoßrichtung der Agitation und den dabei einzuhämmernden Schlagworten – Verrat, Korruption, »Das jüdische Syndikat« – entsprechen die thematischen Schwerpunkte von Lenepveus Schreckensgalerie: Nach der Affäre Dreyfus, die, »beigelegt«, noch nicht Vergangenheit ist, der nicht vergessene, der Dreyfus-Affäre vorangegangene Panamaskandal und die Zeit und Skandale überdauernden Rothschilds als Paradebeispiel der jüdischen Hochfinanz. Allein acht Plakate der einundfünfzig zur Ausführung gekommenen stellen Mitglieder der über halb Europa verzweigten Bankiersfamilie dar; Lenepveu greift hier ausnahmsweise weit in die gegenwartsbezogene Vergangenheit zurück und stempelt drei der fünf Brüder der zweiten Rothschild-Generation (Nr. 42–43), die Brüder Nathan, Carl und James, deren Wiege noch im 18. Jahrhundert in Frankfurt am Main stand, zu Spitzbuben und Verbrechern.

Im Übrigen hält er sich an Zeitgenossen, von denen eine Reihe noch das Zweite Kaiserreich, Napoleons III. Aufstieg und Fall, erlebt und am deutsch–französischen Krieg teilgenommen hatten. Er nimmt Republikaner der ersten Stunde, die Antiklerikalen wie Brisson und Clemenceau (Nr. 14 und 10) aufs Korn, ehemalige Kommunarden, verurteilt und (1880) amnestiert, aber auch den »Kommuneschlächter« Galliffet (Nr. 17). Er fängt in seinem Bestiarium rede- und schreibgewandte Advokaten, Abgeordnete, Senatoren und Minister ein, insbesondere aber die Regierenden der Jahre 1899/1900: Den Repräsentanten des höchsten Amtes, den Präsidenten der Republik, Loubet (Nr. 20, 26, 30 und 31), den Ministerpräsidenten und Innenminister Waldeck-Rousseau (Nr. 16 und 33) sowie die Minister seines Kabinetts (Nr. 17, 19, 21, 22, 23, 27 und 36); die Mitglieder der Regierung also, die die Revision befürworteten und einen wesentlichen Anteil an ihrem Zustandekommen hatten; außerdem Schriftsteller wie Zola und Séverine (Musée des Horreurs, Nr. 4 und

11), den Großrabbiner Zadoc-Kahn (Nr. 7) ebenso wie Wilson, der als Schwiegersohn eines Präsidenten der Republik vom Elysée aus illegal einen schwunghaften Handel mit Orden betrieben hatte (Nr. 25).

Ein Gemisch z. T. ganz gegensätzlicher Charaktere und Interessen, eine bunte Gesellschaft, die nicht auf einen Nenner zu bringen ist – für das Musée des Horreurs jedoch ist der gemeinsame Nenner »Verrat an Frankreich«, »Beschmutzung« des Vaterlandes – Enthusiasten und Opportunisten, Unbestechliche und Kompromissler, die in die Geschichte des Landes eingriffen oder sie zumindest mitprägten und Spuren hinterließen.

Die Motive für Auswahl und Reihenfolge von Lenepveus Musée des Horreurs sind nicht immer klar erkenn- und nachvollziehbar. Immer wieder ist man bei ihm auf Vermutungen angewiesen. Seine z. T. sehr verschlüsselten Kommentare, seine mit Anspielungen und Andeutungen angefüllte Bildsprache, damals von denen, an die sie gerichtet war, gewiss zu verstehen, bleibt manchmal dunkel, manches ikonographische Rätsel ließe sich, wenn überhaupt, nur im Rahmen sehr umfangreicher Recherchen lösen.

In der Vorstellung der Figuren der Affäre Dreyfus wie auch des Skandals um Panama – im Zeichen des Antisemitismus – vermisst man beispielsweise bestimmte Protagonisten – im Fall Dreyfus u. a. den Senator Scheurer-Kestner, einen der bedeutendsten und redlichsten Vorkämpfer der Revision (dessen Kampf für diese fast unmittelbar nach dem Prozess in Rennes durch seinen Tod am 19. September 1899 ein Ende fand) oder die Anwälte Leblois und Demange, die Schriftsteller Anatole France oder Bernard Lazare, der mit seiner aufsehenerregenden Publikation 1896 zum ersten Mal auf die Unschuld Dreyfus' hinwies und den Kampf damit auslöste.

Im Fall Panama erscheinen nicht die wichtigsten Initiatoren, nicht – obwohl Juden! – Cornélius Herz, Arton oder Jacques de Reinach (dafür hält sich Le Musée des Horreurs an Jacques' Neffen Joseph gleich mehrfach schadlos; vgl. Nr. 1, 26 und 34) und nicht Ferdinand de Lesseps. Selbst wenn man davon ausgeht, dass die Serie, wie man weiß, 200 Blätter umfassen sollte und sich denken läßt, wer etwa noch vor das imaginäre Gericht zitiert werden sollte – zugleich eine Fortsetzung des Kampfes für den Staatsstreich andererseits (vgl. *Musée des Patriotes*, Nr. 1) – nimmt es wunder, dass eine Reihe der prägnantesten Köpfe der großen Skandale sich nicht unter den ersten 51 findet. Auch im Komplex der Rothschilds fehlen gewichtige Vertreter der ersten Generation wie der angekündigte »*Salomon*« (vgl. Nr. 43 und 44), an dessen Stelle unvermutet ein anderer Rothschild tritt.

Offenbar motivierten aktuelle Begebenheiten das reizbare Temperament zu spontanen Reaktionen, so dass der rachsüchtige Chronist des *Musée des Horreurs* schnellhin z. B. eine geplante Reihenfolge durchbrach oder angekündigte Personen zunächst zurückstellte, weil ihn gerade wieder die alten Feinde Zola und Reinach in *L'Aurore* oder *Siècle* provoziert haben mochten, eine von den Nationalisten gewonnene Wahl ihm günstig für einen Umsturz erschien und ausgeschlachtet werden musste oder weil Alphonse de Rothschilds Anleihen an Russland die Untaten seiner Ahnen im Augenblick in den Schatten stellten (vgl. Nr. 45).

Übrigens hat die Heranziehung des Hauses Rothschild als Exponent des internationalen jüdischen Finanzkapitals als Beleg für eine jüdische (verbrecherische) Weltverschwörung nicht erst seit Lenepveu Tradition und auch nach ihm beuteten noch viele Autoren diesen Topos aus (wohl eines der bekanntesten Beispiele, im Bereich des Films, *Jud Süß* von Veit Harlan).

Der Antisemitismus chauvinistischer Prägung konnte im Frankreich der Jahrhundertwende auf eine beachtliche Tradition zurücksehen: »*Von Fouriers Beschreibung des Juden ,Ischariot' (im Jahr 1808), der mit hunderttausend englischen Pfunden in Frankreich ankommt, nach Anhäufung eines Riesenvermögens das Land verläßt und sich in Deutschland niederläßt, bis zu Giraudoux' Darstellung (im Jahre 1939) der ,hunderttausend Aschkenasim' die auf geheimnisvolle Weise in das Land eindringen, die Franzosen aus ihren Berufen herauskonkurrieren und die alten Bräuche und Traditionen zerstören, verläuft eine einheitliche Linie, deren Zwischenglieder jederzeit in der antisemitischen Literatur nachzulesen sind.*«[4]

Zweifellos war Lenepveu, wenn nicht Akteur, so doch ein ausgezeichneter Kenner der politischen Szene und aufs schnellste und genaueste über die jüngsten Ereignisse informiert. Die meisten seiner Plakate haben einen unmittelbaren Aktualitätsbezug und -wert, in manchen Fällen direkt ablesbar. Das erste Plakat des Ministerpräsidenten Waldeck-Rousseau (Nr. 16) z. B., mit dem er sich über ihn lustig macht, zeichnet und datiert er genau an dem Tag, als der General Mercier zum Senator gewählt wurde, was einem Skandal gleichkam; denn eigentlich hätte Mercier als einer der hauptschuldigen Militärs in der Affäre zur Verantwortung gezogen und verurteilt werden müssen. Seine Wahl in diesem Augenblick dokumentierte also eine Niederlage für Waldeck-Rousseau, einen Triumph für die Feinde der Regierung. Auch andere pro-nationalistische Wahlergebnisse verzeichnete Lenepveu sogleich (z. B. Nr. 28, 30) oder eine Nachwahl Pierre Baudins (vgl. Nr. 38), einen Ministerwechsel (Nr. 36) oder einen brisanten Artikel oder offenen Brief z. B. in Guyots *Le Siècle* oder Clemenceaus *L'Aurore*.

In diesen beiden republikanischen Zeitungen par excellence, wie auch im *Cri de Paris*, in Jaurès' *Petite République* oder in *Droits de L'Homme* u. a. einerseits und den nationalistischen bzw. antisemitischen Blättern wie *Gaulois, Le Petit Journal, L'Eclair*, Drumonts *Libre Parole* (vgl. *Musée des Patriotes*, Nr. 3) oder Rocheforts *Intransigeant* (vgl. *Musée des Patriotes*, Nr. 2) u. a. andererseits wurden mit schlagkräftiger Feder Krisen und Fehden der Republik der neunziger Jahre kommentiert und ausgetragen, Fronten bezogen, wurde angegriffen und agitiert.

Dieses letzte Jahrzehnt mit seinen beiden großen Affären Panama und Dreyfus gab Anlass genug dazu. 1899 brachte die Regierung Waldeck-Rousseau neuen Zündstoff in alte Brandherde; denn zum ersten Mal seit der Zerschlagung der Pariser Kommune kam damit eine Koalition an die Macht, an der auch Sozialisten beteiligt waren. Dieser republikanische Block, bestehend aus Sozialisten, Radikalsozialisten und Bürgerlichen, setzte in der Folge die Trennung von Staat und Kirche, ein laizistisches Erziehungswesen sowie Militärreformen durch.

Die Dreyfus-Affäre bot Gelegenheit zu politischer Polarisierung und Mobilisierung der Anhängerschaft in beiden Lagern. Auf der Rechten wurden monarchistische Zielvorstellungen durch die Forderung nach einem autoritären Führerstaat (vgl. *Musée des Patriotes*, Nr. 1) abgelöst. Die in viele Strömungen und politische Theorien zersplitterte Linke gewann durch die Regierungsbeteiligung an Konsistenz und bewies mäßigende Kompromissfähigkeit gegenüber den radikalen Forderungen extremer Sozialisten. »*Die gemäßigte Mehrheit, die sich allmählich unter der Führung von Jean Jaurès bildete, sah jedoch die Zukunft des Sozialismus nicht ausschließlich im Zeichen der Revolution, sondern faßte die Möglichkeit der langsamen Umbildung der Gesellschaft ins Auge.*«[5] Der große Erfolg Jaurès' (vgl. Nr. 14) – der »*alle alten jakobinischen Leidenschaften gegen Adel und Kirche entfesselt hatte, die schließlich allein Dreyfus befreit haben* [...]«[6] – war die Überwindung der Vorbehalte der Linken, zusammen mit dem »*Kommuneschlächter*« Galliffet (Nr. 17) im Kabinett Waldeck-Rousseau Ministerien zu besetzen.

Der republikanische Block dämmte im ersten Jahrzehnt dieses Jahrhunderts den Einfluss von Kirche und Militär auf das politische Leben ein, der so charakteristisch für die teilweise nicht rechtsstaatlichen Methoden in der Behandlung der Dreyfus-Affäre gewesen war. Das Gesetz der Trennung von Kirche und Staat – in Konsequenz des im Ministerium Waldeck-Rousseau erkennbaren Ansatzes – das Verbot für die kirchlichen Orden und Kongregationen, Lehrtätigkeit auszuüben, beendeten den politischen Einfluss des Katholizismus in Frankreich. »*Die Armee verlor ihren erpresserischen Einfluß auf Regierung und Parlament, als ihr Nachrichtenbüro dem Kriegsministerium, also der zivilen Verwaltung, unterstellt und ihm die Berechtigung, polizeiliche Nachforschungen eigenmächtig anzustellen, entzogen worden war. Damit konnte der Generalstab auf Politiker und Minister keinen Terror mehr ausüben,*

und damit zerschlugen sich von selbst jene wertvollen Beziehungen zur Presse, durch die der Generalstab die Zivilverwaltung einschüchtern und den Mob hätte aufwiegeln können [...].«[7] Die Protagonisten des Lagers der *Dreyfusards* waren für den Autor der Serie *Le Musée des Horreurs* gleichbedeutend mit den

Feinden Frankreichs. Zu dessen dezidierten Gegnern zählen für Lenepveu ganz offensichtlich neben Juden, Freimaurern, Protestanten, Republikanern, Sozialisten, Anarchisten vor allem die Feinde der Kirche – die Antiklerikalen, und sie waren ein Grundelement der Dritten Republik und hatten sie schon aus der Taufe gehoben. Gambettas Wort »*Der wahre Feind ist die Kirche*« und zwanzig Jahre später das Clemenceaus: »*Ohne die Jesuiten gäbe es keine Affäre Dreyfus*« musste in einem Patrioten wie Lenepveu entgegengesetzte Reaktionen auslösen oder schüren, der Gang der noch jungen Dritten Republik ihm insgesamt ein Dorn im Auge sein: Die

6

Im Skandal um *Panama* greift er deutlich einen der »*schwachen*« Punkte der ihm verhassten Republik auf, wenn er seinem Bestiarium auch nicht die eigentlichen Akteure der Affäre einverleibt. Vielleicht hinderte ihn die große, mit dem Ruhm Frankreichs, aber als Schlüsselfigur auch mit Panama und dem Skandal eng verbundene Persönlichkeit Ferdinand de Lesseps daran, vielleicht aber auch, dass diese Akteure, abgesehen von Arton, von der Bühne der Aktualitäten bereits abgetreten waren (Lesseps verstarb 1894, Jacques de Reinach 1893, Cornélius Herz 1898).

[…] Panamaskandal wie Dreyfus-Affäre – die größten unter der Zahl der Skandale und Affären im Frankreich der Dritten Republik – boten über die zahllosen kleinen hinaus auch der Karikatur naturgemäß eine besondere Fülle von Stoff und Anregung. Schon im Fall von Panama glossierten zwei der begabtesten Zeichner Frankreichs, Forain und Caran d'Ache, u. a. in den Spalten des *Figaro*, regelmäßig Monate hindurch (montags und donnerstags) mit großen Karikaturen jede einzelne Phase der Korruptionsaffäre. Forain außerdem in *Les temps difficiles* und Caran d'Ache in dem von ihm herausgegebenen *Checkbuch*, der »*glänzendsten Schöpfung, die Witz, Geist und Humor im modernen Frankreich aufzuweisen haben.*«[8] Forain und Caran d'Ache waren es auch, die ebenso wirkungsvoll die Affäre Dreyfus persiflierten und in ihrer eigens dafür gegründeten nationalistischen Zeitschrift *Psst …!* ausschließlich in Bildern Dreyfus und die Revisionisten mit karikaturistisch exquisiten Geißelhieben traktierten. Gekontert von der Zeitschrift *Le Sifflet* der *Dreyfusards*, ebenfalls nur in sprechenden Bildern von Ibels, Couturier, Vallotton u. a. Beide Blätter entstanden mit der Dreyfus-Affäre und stellten in dem Augenblick ihr Erscheinen ein, als die Affäre mit Rennes zunächst entschieden war – ein »*unentbehrliches Hilfsmittel zur psychologischen Erschließung dieser Zeit* […] *für jeden zukünftigen Geschichtsschreiber.*«[9]

antiklerikalen Reformen durch den Präsidenten Grévy (1879–1887), der in seiner Sammlung zwar fehlt, dafür aber indirekt vertreten ist durch den Schwiegersohn, den »*Ordensschacherer*« Wilson (vgl. Nr. 25), die Amnestie der »*Communards*« (1880), die Beschränkung der kirchlichen Orden (Jesuiten), korrupte Politiker, der Panama-Skandal, Anarchisten-Attentate und das Vordringen der Sozialisten und Arbeiter in Syndikaten und Verbänden. Dagegen mussten politische Führer wie Drumont, Déroulède oder Charles Maurras (der den »*integralen Nationalismus*« gegen Deutsche, gegen Protestanten, Juden, gegen Menschenrechte und Republik predigte und mit Léon Daudet 1898 die nationalistische ‚*Action française*' gründete) ganz seinen Idealen entsprechen. (Ob Lenepveu den Bruch mit dem Vatikan unter dem radikalen Kabinett Combes, 1902–05, noch erlebt hat, wissen wir nicht. Er müsste seinen Hass bis ins Psychopathische gesteigert haben.)

Auch Théophile Steinlen appellierte mit eindringlichen Darstellungen pro Dreyfus – z. B. in ‚La Feuille' – an das »Gewissen Frankreichs«[10]. Unter anderen bekannten französischen Zeichnern ‚pro und contra' trat in Blättern wie Le Rire Charles Lucien Léandre besonders hervor, der in trotz ihrer Bissigkeit köstlichen Satiren von bisweilen hintergründigem Humor weder die eine noch die andere Seite schonte. Er persiflierte die »Revisionisten« Zola, Jaurès, Waldeck-Rousseau ebenso geistreich–ironisch im Gotha du Rire wie Rothschild, den grimmigen Patrioten – Rochefort oder den Judenhasser Edouard Drumont, den er genüßlich zum Gabelfrühstück Juden en miniature verspeisen läßt. Vergebens sucht man hier wie anderswo den Zeichner Lenepveu.

Häufiger noch als Dreyfus selbst wurden Reinach und Zola karikiert (vgl. Musée des Horreurs, Nr. 1/26/34 und 4), Zola öfters als Schwein und Reinach als Affe, wie bei Lenepveu. Auch weitere immer wiederkehrende Figuren der Affäre begegnen anderswo des Öfteren in Tiergestalt.

»Wenn man die riesige Menge von Karikaturen, die der Panamaskandal gezeitigt hat, Revue passieren läßt, sollte man nicht glauben, daß eine noch größere Expansionskraft der Karikatur in das Gebiet der Möglichkeit rücken könnte, und doch – die Dreyfus-Affäre schlug jeden Rekord, den die Geschichte bis jetzt aufgestellt hatte [...]«[11], schrieb Eduard Fuchs 1903. Auch im Ausland fand die Affäre das lebhafteste Echo – vorwiegend pro Dreyfus. Zeitschriften wie Lustige Blätter[12], die sich geradezu zu einem deutschen Revisions-Organ machten (mit Juettner, Edel, Feininger, Vanselow) oder Ulk und der Kladderadatsch[13] beteiligten sich an der Dreyfus-freundlichen Kampagne; in Österreich waren es gleichfalls die Lustigen Blätter, antisemitisch und antirevisionistisch dagegen Kikeriki. Auch die Witzpresse Englands, Italiens, Hollands und Schwedens griff die Affäre auf; Russland kommentierte antisemitisch, Dreyfus-feindlich. Aber in dem unmittelbar beteiligten und betroffenen Frankreich fanden natürlich Persiflage und Satire ihren fruchtbarsten Boden und hier war es auch, wo sie zur direkten Waffe gegen die »Revisionisten« wurden. Wie bei Lenepveu, der seine Waffe allerdings

nach dem verlorenen Kampf, »quand même«, einsetzt, Erinnerungen an vergangene Skandale heraufbeschwört und jeden gegenwärtigen Rückschlag zum Schaden der Republik und der »Revisionsregierung« Loubet/Waldeck-Rousseau schadenfroh verzeichnet, auf die negative psychologische Wirkung seiner Diffamierungen vertrauend – bis ein Dekret des Innenministers (immerhin erst nach Nr. 51) dem Treiben ein Ende bereitet. Die Wunsch- und Racheträume des für Kirche, Armee und Nationalismus kämpfenden Reaktionärs und Opponenten Lenepveu sind ausgeträumt. [...] V. Lenepveu steht mit seiner Serie durchaus in der Tradition der französischen politischen Karikatur, die im Laufe des 19. Jahrhunderts hervorragend vertreten z. B. durch Grandville, Daumier, Cham oder Gill – zunehmend als Waffe an Bedeutung gewonnen hatte und die zur Verfremdung der dargestellten Personen nicht selten Vorbilder aus dem Tierreich entlehnte. Die meisten Menschtier-Karikaturen, welche Einzelpersonen verspotten, bedienen sich der Mischwesen, wobei in der Regel entweder dem menschlichen Körper ein Tierkopf zugefügt oder dem Symboltier der Kopf der angegriffenen Person aufgesetzt wird. Den zweiten Typ findet man besonders bei den Karikaturen seit der Französischen Revolution, fast parallel zu seinem Auftreten in der englischen Karikatur. [...]

Die Kraft und Eindringlichkeit der Blätter Lenepveus, die Fülle an makabren und schockierenden Attributen, mit denen er seine Gestalten versieht, das Pathos des Hasses, aus dem sie geboren sind und ein dubioser »Sendungsauftrag« beeindrucken auch am Ende eines an französischer Karikatur reichen Jahrhunderts. Auf seine Weise hat Lenepveu seine »Mission« erfüllt innerhalb der Grenzen, die schon durch das Übermaß an Hass und Emotionen einer geistigen Durchdringung und Gestaltung gesetzt sind. Lenepveu betrachtete den Menschen nicht »von außen, um ihn innerlich zu vertiefen – ernst, überlegend, durchdringend wie die großen Lustspieldichter« und um aus dem Schmelztiegel der Beobachtungen viele »Medaillen zu prägen« – so Champfleury über Daumier an dessen Grab – sondern er ging den umgekehrten Weg, indem er den Menschen gleichsam von außen aufriss, seiner

Seele und Menschenwürde beraubte und als bloßes Instrument seiner hemmungslosen Agitation benutzte: In einem Bestiarium, in dem es für ihn nur ein »*Noir*« gab. Aber unversehens versammelte er eine ganze Anzahl illustrer Geister, denen wir dank seiner Serie neu begegnen.

»*Die Leidenschaft für Wahrheit und Gerechtigkeit*«[14], schrieb der Dichter Charles Péguy später mit republikanischem Pathos über jene Tage, »*die Unzufriedenheit gegenüber allem Falschen, die Abscheu vor Lüge und Ungerechtigkeit, nahmen uns ganz in Anspruch und verzehrten alle unsere Kräfte.*«[15] Daran erinnert heute – in totaler Verkehrung seiner eigentlichen Absicht – auch der Beitrag Lenepveus, er vergegenwärtigt, dass »*jedes Land sein ‚Panama‘ hat, jedes Land seine ‚Dreyfus-Affäre‘ nur daß sie meist nicht ausgetragen werden. Das französische Volk hatte den Mut und die moralische Kraft dazu. Es verbarg seine Krankheiten nicht, sondern versuchte, sie zu heilen.*«[16]

Anmerkungen

1 Dieses Essay ist die gekürzte und leicht überarbeitete Fassung der Einleitung der Verfasserin des Sammelbandes »Horror-Galerie. Ein Bestiarium der Dritten Französischen Republik.« Da es sich bei diesem Text um eine Einleitung handelt, waren die bibliographischen Angaben und Zitationen nur unzureichend belegt. Trotz intensiver Recherchen war es der Redaktion nicht möglich, mit der Verfasserin in Kontakt zu treten. Wo die Quellen nachvollzogen werden konnten, wurde auf die von der Verfasserin verwendete Ausgabe verwiesen. Im Übrigen verweisen wir auf den o. g. Sammelband und bitten die Unvollständigkeit zu entschuldigen. [Anm. d. Red.]
   Ruth Malhotra (Hrsg.): Horror-Galerie. Ein Bestiarium der Dritten Französischen Republik, Dortmund 1980. S. 9–26.
2 Psst…! Images par Forain et Caran d'Ache, Paris 5. Februar 1898 bis 16. September 1899.
3 Le Sifflet: Journal illustré, Paris 17. November 1898 bis 16. Juni 1899.
4 Hannah Ahrendt: Elemente und Ursprünge totaler Herrschaft, 5. Aufl., Frankfurt/M. u. a. 1975.
5 Siegfried Thalheimer (Hrsg.): Die Affäre Dreyfus, München 1963; Ders.: Macht und Gerechtigkeit. Ein Beitrag zur Geschichte des Falles Dreyfus, München 1958.
6 Hannah Ahrendt, Elemente, [wie Anm. 4].
7 Ebenda.
8 Eduard Fuchs: Die Karikatur der europäischen Völker vom Jahre 1848 bis zur Gegenwart, 2. Aufl., Berlin 1906; Ders.: Die Juden in der Karikatur, München 1921.
9 Ebenda.
10 Théophile-Alexandre Steinlen, Ausst.-Kat. der Staatl. Kunsthalle Berlin 1978.
11 Fuchs, [wie Anm. 8].
12 Lustige Blätter. Humoristische Wochenschrift, Berlin 1887–1944.
13 Wolfgang Hofmann: Parlaments-Album des Kladderadatsch, Berlin 1928.
14 Charles Péguy: Affaire Dreyfus. Cahiers de la Quinzaine, Paris 1928.
15 Ebenda.
16 Wilhelm Herzog: Der Kampf einer Republik. Die Affäre Dreyfus, Zürich u. a. 1933.
    Wilhelm Herzog: Panama, Korruption, Skandal, Triumph, München 1950.

Abbildungen

1 Musée des horreurs No. 4; Lithographie von 1899; »Le Roi des Porcs« [König der Schweine]; niederträchtige satirische Darstellung Zolas; Zola wird gezeigt, wie er Frankreich mit Exkrementen aus einem Nachttopf mit der Aufschrift »Caca international« beschmutzt; die Karikatur zieht eine Parallele zwischen der Kunst des naturalistischen Schriftstellers – diffamiert als Obsession für Schmutz – und seinem Engagement für Dreyfus; Zola wird als Feind Frankreichs dargestellt, als »schmutziger« Internationalist
2 Musée des horreurs No. 8; Lithographie von 1899; Picquart ist als Kamel karikiert, ein höhnischer Hinweis auf den Versuch der Armee, ihn durch eine Versetzung in den aktiven Dienst in Nordafrika zum Schweigen zu bringen. Der feminisierte Name ist eine Verunglimpfung des Offiziers aufgrund seiner angeblichen Homosexualität. 1906, mit der Entlastung von Dreyfus, wurde Picquart als Brigadegeneral wieder in die Armee aufgenommen und diente später als Kriegsminister in der Regierung Clemenceau.
3 Musée des horreurs No. 11; Lithographie ohne Datum; »La Dame Blanche« Séverine (Pseudonym von Caroline Rémy) als Milchkuh dargestellt; im Jahre 1900 veröffentlichte die bekannte Journalistin Séverine ein Buch über die Affäre (»Vers la lumière«), das zahlreiche Artikel enthielt, die sie zur Unterstützung von Dreyfus geschrieben hatte; als eine Person des öffentlichen Lebens engagierte sich Séverine für die Menschenrechte und wurde eine genaue Beobachterin und Kommentatorin der Dreyfus-Affäre – sie war somit eine jener »Intellektuellen«, die in der Plakatreihe angegriffen wurden

Chronologie der Ereignisse

1791 Die neue französische Republik verkündet die Erklärung der Menschen- und Bürgerrechte.

1859 Alfred Dreyfus wird am 9. Oktober in Mulhouse im Elsass geboren.

1871 Das Elsass und Teile Lothringens werden infolge des Deutsch-Französischen Krieges von Deutschland annektiert.

1880 Am 14. Juli wird erstmals der Nationalfeiertag auf dem Place de la Nation begangen. Die Marseillaise wird zur Nationalhymne erklärt. Alfred Dreyfus wird Unterleutnant auf der Artillerieschule in Fontainebleau.

1881 Die republikanische Gesetzgebung schränkt die Macht der Kirche im zivilen Leben ein. Die Pressezensur wird durch das Gesetz vom 29. Juli aufgehoben.

1882 Zusammenbruch des 1876 mit Mitteln katholischer Investoren gegründeten Bankkonsortiums L'Union Générale. Das Scheitern wird als Vorwand für Angriffe gegen die republikanische Regierung und jüdische Finanziers genutzt.

1886 Edouard Drumont, selbsternannter »Pabst« des Antisemitismus, veröffentlicht das Buch La France juive (dt. Ausgabe: Das verjudete Frankreich) – innerhalb von zwei Monaten werden 100.000 Exemplare verkauft, insgesamt gibt es über 200 Auflagen.

1889 Edouard Drumont gründet die Antisemitenliga.

1892 Der Konkurs der Panama-Gesellschaft und der damit einhergehende Ruin kleiner Investoren führt zu antisemitischen Agitationen. Die von Edouard Drumont neu gegründete Zeitung La libre Parole berichtet als erste über Bestechungen von Politikern im Zusammenhang mit dem Panamaskandal.

1893 Dreyfus tritt seinen Dienst im 1. Büro des Generalstabs an.

1894 Am 20. Juli erscheint der Major Esterhazy erstmals in der deutschen Botschaft in Paris und bietet dem Militärattaché Max von Schwartzkoppen seine Dienste an.
Ende September wird das ‚Bordereau' durch das Nachrichtenbüro der Generalität vorgelegt.
Am 11. Oktober unterrichtet Kriegsminister Mercier den Ministerpräsidenten, den Außen- und den Justizminister, dass sich ein Verräter innerhalb des Generalstabs befindet. Der Verdacht fällt auf den jüdischen Hauptmann Dreyfus.
Am 14. Oktober, einem Sonntag, werden die Einzelheiten für die Verhaftung besprochen und Mercier unterzeichnet den Haftbefehl.
Unter einem Vorwand wird Dreyfus am 15. Oktober in das Arbeitszimmer des Generalstabschef bestellt und aufgefordert, einzelne Worte und Satzfetzen niederzuschreiben. Anschließend wird er verhaftet.

Am 31. Oktober werden die Voruntersuchungen abgeschlossen, einen Tag später wird Dreyfus bereits in der Libre Parole als Verräter genannt.

Am 3. November wird Dreyfus von der militärischen Justiz des Landesverrats angeklagt.

Der Prozess erfolgt zwischen dem 19. und 22. Dezember. Einstimmig wird Dreyfus für schuldig befunden und zu lebenslänglicher Verbannung verurteilt.

1895 Am 5. Januar wird Dreyfus öffentlich degradiert.

Im Februar erfährt sein älterer Bruder Mathieu, dass ein geheimes Aktenstück existiert, das nicht beim Prozess vorgelegt wurde.

Am 13. April landet Dreyfus auf der Teufelsinsel (Ile du Diable), dem Ort seiner Verbannung im Atlantischen Ozean, kurz vor der südamerikanischen Küste Französisch-Guayanas.

Am 1. Juli wird Major Picquart zun Chef des Nachrichtenbüros ernannt.

1896 Im März gelangt ein zerrissener, nicht abgesandter Briefentwurf (das berühmte petit bleu) des deutschen Militärattachés Schwartzkoppen, adressiert an Major Esterhazy, in das französische Nachrichtenbüro. Damit wird Picquart auf Esterhazy aufmerksam.

Am 6. April wird Picquart zum Oberstleutnant befördert.

Am 6. August meldet Picquart dem Generalstabschef seine Vermutungen über Esterhazy. Wenig später entdeckt er auch, dass Esterhazy der Verfasser des Bordereaus ist und verfasst eine schriftliche Darstellung des Falls. Er wird daraufhin zum Stillschweigen genötigt und wenig später versetzt.

Am 3. September streut Mathieu die Falschmeldung über die Flucht seines Bruders, um erneut die Aufmerksamkeit auf den Fall Dreyfus zu lenken.

Am 18. September richtet Dreyfus' Ehefrau Lucie ein Revisionsgesuch an die Kammer.

1897 Nachdem Picquart in Januar in ein algerisches Schützenregiment abkommandiert wird, verfasst er in Form eines Testamentes eine Denkschrift über den Fall Dreyfus-Esterhazy, die für den Präsidenten der Republik bestimmt ist. Sein Rechtsanwalt Leblois informiert Senator Auguste Scheurer-Kestner über den Fall.

Scheurer-Kestner nimmt Verbindung mit dem Kriegsministerium auf und bemüht sich um ein Revisionsverfahren.

Am 18. Oktober wird Esterhazy nach Paris beordert. Am 7. November richtet er einen Drohbrief an Picquart. Nachdem der Bankier de Castro die Handschrift des Bordereau als die Esterhazys erkennt, zeigt Mathieu Dreyfus Esterhazy am 15. November als Verfasser des Bordereau an. Einen Tag später beantragt Esterhazy selbst eine Untersuchung gegen sich.

Nachdem am 4. Dezember Anklage gegen Esterhazy erhoben wurde, wird das Verfahren am 31. Dezember mangels Anklagegrund eingestellt.

1898 Am 2. Januar befielt der Gouverneur von Paris Esterhazy vor ein Kriegsgericht zu stellen. Am zweiten Prozesstag (11. Januar) wird dieser jedoch freigesprochen.

Daraufhin erscheint am 13. Januar unter dem Titel J'Accuse Emile Zolas offener Brief an den französischen Präsidenten in der Zeitung L'Aurore.

Am 18. Januar erhebt Kriegsminister Billot Anklage gegen Zola und den Herausgeber der L'Aurore, Georges Clemenceau. Einen Tag später erscheinen in der Zeitung Le Siécle die ersten Briefe eines Unschuldigen von Alfred Dreyfus.

Der Prozess gegen Zola beginnt am 7. Januar und endet am 23. Februar mit der Höchststrafe von einem Jahr Gefängnis und einer Geldbuße von 3.000 Francs. Um der Strafe zu entgehen flieht Zola nach England.

Am 3. Juli verlangt Lucie Dreyfus die Annullierung der Verurteilung ihres Gatten. Der Justizminister weigert sich, dass Verfahren einzuleiten.

Major Henry, der Beweismittel im Dreyfus-Prozess fälschte, wird Ende August festgenommen und am 31. August tot in seiner Zelle aufgefunden. Es wird ein gewaltsamer Tod festgestellt.

Lucie Dreyfus richtet am 3. September ein Revisionsgesuch an die Regierung. Der Justizminister beruft daraufhin eine Kommission zur Revisionsfrage ein. Diese lehnt am 21. September das Revisionsverfahren ab. Vier Tage später erklärt Esterhazy erstmals der Verfasser des Bordereaus zu sein. Am 26. September setzt sich der Ministerrat über die Kommission hinweg und beauftragt den Justizminister das Gesuch von Madame Dreyfus an den Kassationshof weiterzuleiten.

Am 29. September beschließt die Kammer des Kassationshofs den Fall Dreyfus erneut zu untersuchen.

1899   Nach dem Tod des Präsidenten der Republik, Félix Faure, am 16. Februar übernimmt zwei Tage später Emile Loubet das höchste Staatsamt.

Am 3. Juni hebt der Kassationshof die Verurteilung Dreyfus auf und verweist den Fall zurück an das Kriegsgericht in Rennes.

Am 9. Juni verlässt Dreyfus die Teufelsinsel und erreicht drei Wochen später Frankreich. In der Nacht zum 1. Juli wird er in das Militärgefängnis von Rennes eingeliefert.

Am 7. August beginnt der zweite Prozess vor dem Kriegsgericht. Knapp einen Monat später lautet das Urteil: »zehn Jahre Festungshaft unter Zubilligung mildernder Umstände«.

Am 15. September verzichtet Dreyfus auf eine Berufung gegen das Urteil. Vier Tage später nimmt Dreyfus die von Präsident Loubet vorgeschlagene Begnadigung unter der Voraussetzung an, dass er seine Bemühungen zum Beweis seiner Unschuld fortsetzt.

1900   Um die bevorstehende Weltausstellung in Paris nicht zu gefährden, ordnet die Regierung eine Amnestie für alle Straftaten im Zusammenhang mit dem Fall Dreyfus an, das Gesetz tritt am 27. Dezember in Kraft.

1902   Emile Zola stirbt am 29. September. Der 5. Oktober, der Tag seiner Beerdigung, wird zum nationalen Trauertag.

1903   Jean Jaurés, der Sozialistenführer, entfacht eine Debatte über die Notwendigkeit eines Wiederaufnahmeverfahrens des Falls Dreyfus. Der Kriegsminister General André erklärt sich zur erneuten Untersuchung bereit.

1906   Am 12. Juli annulliert der Kassationshof das Urteil von Rennes und rehabilitiert Hauptmann Dreyfus. Acht Tage später wird Dreyfus zum Ritter der Ehrenlegion ernannt und im Range eines Majors wieder in das Heer aufgenommen.

George Picquart wird am 13. Juli zum Brigadegeneral befördert. Im Oktober wird er von Ministerpräsident (und ehemaligen Herausgeber der Zeitung L'Aurore) Georges Clemenceau zum Kriegsminister ernannt.

1908   Im Juli werden die sterblichen Überreste Emile Zolas in den Panthéon überführt. Im Trauerzug wird Alfred

Dreyfus angeschossen und verwundet. Der Attentäter Grégorie wird am 11. September freigesprochen.

1914 Nach einem tödlichen Reitunfall erhält Marie-Georges Picquart ein Staatsbegräbnis. Alfred Dreyfus und sein Sohn kämpfen während des Ersten Weltkriegs an der Front.

1930 Nachdem bereits um die Jahrhundertwende verschiedene Dokumentationen zur Dreyfus-Affäre auf Celluloid gebracht wurden, inszeniert der Regisseur Richard Oswald einen Spielfilm mit dem Titel Dreyfus (Fritz Kortner spielt Alfred Dreyfus und Heinrich George Emile Zola).

1935 Alfred Dreyfus stirbt am 12. Juli in Paris.

1994 Im Februar wird der Direktor des französischen militärhistorischen Instituts SHAT seiner Funktionen enthoben, nachdem er sich despektierlich über den Fall Dreyfus geäußert hat.
Unter dem Titel Dreyfus und die Folgen findet auf Einladung des Moses Mendelssohn Zentrums vom 9. bis 12. Mai ein internationales Symposium in Berlin statt.

1998 Am 2. Februar wird eine Gedenktafel zu Ehren von Alfred Dreyfus an der Ecole Militaire enthüllt.

2005 Aus Anlaß des 70. Todestages von Alfred Dreyfus wird am 12. Juli die Ausstellung *J'Accuse…! … ich klage an!* Die Affäre Dreyfus im Moses Mendelssohn Zentrum in Potsdam eröffnet. Zuvor wird sie in der Führungsakademie der Bundeswehr in Hamburg und anschließend in der Neuen Synagoge – Centrum Judaicum, Berlin, im Militärhistorischen Museum der Bundeswehr in Dresden und schließlich im Bundesgerichtshof in Karlsruhe gezeigt.

Bibliographie
Eine Auswahl

Basch, Françoise: *Victor Basch ou la passion de la justice: de l'affaire Dreyfus au crime de la milice*. Paris: Plon, 1994.

Baumont, Maurice: *Au sources de l'affaire: L'affaire Dreyfus d'après les archives diplomatiques*. Paris: Les Produtions de Paris, 1959.

Behring, Dietz: *Die Intellektuellen. Geschichte eines Schimpfworts,* Stuttgart 1978.

Birnbaum, Pierre: *Le moment antisèmite: un tour de la France en 1898*. Paris: Fayard, 1998.

Birnbaum, Pierre (Hg.): *La France de l'affaire Dreyfus*. Paris: Gallimard, 1994.

Boussel, Patrice: *L'affaire Dreyfus et la presse*. Paris: Colin, 1960.

Brand, Adolf: *Ist ein Fall Dreyfus in Deutschland unmöglich?: Nach der Broschüre 'Klassenjustiz und Entmündigungs-Unfug' von Dr. med. Hermann Sternberg in offenen Briefen an preussische Justizbehörden, den Kaiser, das Staatsministerium und den Bundesrat beantwortet von Adolf Brand*. Berlin-Neurahnsdorf: A. Brand, 1899.

Bredin, Jean-Denis: *Bernard Lazare*. Paris: Fallois, 1992.

Bredin, Jean-Denis: *L'affaire*. Paris: Fallois, 1993.

Brennan, James F.: *The reflection of the Dreyfus affair in the European press, 1897-1899*. New York et al: Lang, 1998.

Brisson Henri: *Souvenirs: Affaire Dreyfus avec documents. Stènographie de dèbats parlementaires, texte de arríts de la cour de cassation, projects de lois, lettres, discours etc.* Paris: Cornèly & Cie, 1908.

Brulat, Paul: *Violence & raison*. Paris: Stock, 1898.

Burns, Michael: *Rural society and French politics: Boulangism and the Dreyfus affair 1886–1900*. Princeton: Princeton University Press, 1984.

Burns, Michael: *Dreyfus: A family affair, 1789–1945*. New York: Harper Collins, 1991.

Cahm, Éric: *Péguy et le nationalisme francais: de l'affaire Dreyfus a la Grande Guerre*. Paris:Minard, 1972.

Cahm, Éric: *The Dreyfus Affair in French society and politics*. London et al: Longman, 1996.

Cernov, J.: *De l'affaire Dreyfus au dimanche rouge à Saint-Pètersbourg*. Paris: Rieder, 1937.

Chapman, Guy: *The Dreyfus case: A reassessment*. London: Hart-Davis, 1955.

Chapman, Guy: *The Dreyfus trials*. St. Albans: Paladin, 1974.

Charensol, Georges: *L'affaire Dreyfus et la troisième republique*. Paris: Kra, 1930.

Charpentier, Armand: *Historique de l'affaire Dreyfus: avec les facsimile des principales pièces secrètes*. Paris: Fasquelle, 1933.

Charpentier, Armand: *Les côtés mystérieux de l'affaire Dreyfus*. Paris: Rieder, 1937.

Cipri, Anna Maria Cittadini: *Proust e la Francia dell'affaire Dreyfus*. Palermo: Palumbo, 1977.

Clémenceau, Georges: *L' iniquité: l'affaire Dreyfus*. Paris: Mémoire du livre, 2001.

Clémenceau, Georges: *Injustice Militaire*. Paris: Stock, 1902.

Colline, Michel: *Billets de la province: L'affaire Dreyfus*. Paris: Stock, 1898.

Combarieu, Abel: *Sept ans - l'Elysèe avec le Prèsident Emile Loubet: De l'affaire Dreyfus - la confèrence d'Algèsiras*. Paris: Hachette, 1932.

Cornély, J. : *Notes sur l'affaire Dreyfus*. Paris: L.–H. May, 1899.

Czempiel, Ernst-Otto: *Deutschland und die Affäre-Dreyfus: Ein Beitrag zur Genesis des politischen Bewußtseins in Deutschland und zur Geschichte der deutsch-französischen Beziehungen*. Mainz, 1957.

Czempiel, Ernst-Otto: *Das deutsche Dreyfus-Geheimnis: Eine Studie über den Einfluß des monarchischen Regie-

rungssystems auf die Frankreich-Politik des Wilhelminischen Reiches. München et al: Scherz, 1966.

Dardenne, Henriette: *Lumières sur l'affaire Dreyfus*. Paris: Novuelles Éd. latines, 1964.

Datta, Venita (Hg.): *Intellectuals and the Dreyfus Affair: this special issue is dedicated to the memory of Nicholas Wahl*. Alfred: Division of Human Studies, Alfred Unversity, 1998.

Daudet, Léon: *L'Avant-guerre: Études et documents sur l'espionnage juif-allemand en France depuis l'affaire Dreyfus*. Paris: Nov. Librairie nationale, 1914.

Delhorbe, Cecile: *L'affaire Dreyfus et les ècrivains francais*. Paris: Attinger, 1932.

Denis, Michel (Hg.): *L'affaire Dreyfus et l'opinion publique: en France et à l'étranger*. Rennes: Presses Univ. de Rennes, 1995.

Derfler, Leslie: *The Dreyfus affair*. Westport: Greenwood Press, 2002.

Desachy, Paul: *Bibliographie l'affaire Dreyfus*. Paris: Cornély & Cie, 1905.

Desachy, Paul: *Leblois, Louis: Une grand figure de l'affaire Dreyfus*. Paris: Rieder, 1934.

Doise, Jean: *Un secret bien gardé. Histoire militaire de l'affaire Dreyfus*. Paris: Le Seuil, 1994.

Dreyfus, Alfred: *Lettres d'un innocent*. Paris: Stock, 1898.

Dreyfus, Alfred: *Kapitän Alfred Dreyfus Briefe aus der Gefangenschaft*. - Berlin: S. Cronbach, 1899.

Dreyfus, Alfred: *Fünf Jahre meines Lebens: 1894–1899*. Weimar: Kiepenheuer 1962.

Dreyfus, Alfred: *Cinq anées de ma vie*. Paris: La Decouverte, 1994.

Dreyfus, Alfred: *Carnets (1899-1907): après le procès de Rennes*. Paris: Calmann-Lévy, 1998.

Dreyfus, Alfred; Dreyfus, Pierre: *The Dreyfus case*. New Haven: Yale University Press, 1937.

Dreyfus, Mathieu: *L'affaire Dreyfus telle je l'ai vécue*. Paris: Grasset, 1936.

Dreyfus, Pierre (Hg.): *Capitaine Alfred Dreyfus: Souvenirs et correspondance*. Paris: Grasset, 1936.

Drouin, Michel (Hg.): *L'affaire Dreyfus de A à Z*. Paris: Flammarion, 1994.

Dubois, Ph.: *Les machinations contre le Colonel Picquart: L'affaire Dreyfus*. Paris: Stock, 1898.

Duclaux, Emile: *L'affaire Dreyfus*. Paris: Stock, 1898.

Duclert, Vincent: *Die Dreyfus-Affäre. Militärwahn, Republikfeindschaft, Judenhaß*. Berlin: Wagenbach, 1994.

Duclert, Vincent: *L'affaire Dreyfus*. Paris: La Decouverte, 1994.

Dutrait-Crozon, Henri: *Prècis de l'affaire Dreyfus: avec un répertoire analyt*. Paris: Trident, 1987.

Dutrait-Crozon, Henry: *Joseph Reinach historien: Révision de ‚L'historie de l'affaire Dreyfus'* Paris: Savaete 1905.

Esterhazy, M. C. F. Walsin: *Les dessous de l'affaire Dreyfus par Esterhazy*. Paris: Fayard, 1898.

Esterhazy, M. C. F. Walsin: *Hinter den Kulissen des Dreyfus-Prozesses*. Magdeburg: Brandus, 1899.

Feldman, Egal: *The Dreyfus affair and the American conscience: 1895 à 1906*. Detroit: Wayne State University Press, 1981.

Fiechter, Jean Jacques: *Le socialisme francais: De l'affaire Dreyfus - la Grande Guerre*. Genf: Droz, 1965.

Forain, Jean Louis et al: *Dreyfus-Bilderbuch: Karikaturen aller Völker über die Dreyfus-Affäre. Mit 132 Karrikaturen nach Forain u. a.* Berlin: Eysler, 1899.

Forth, Christopher E.: *The Dreyfus Affair and the crisis of French manhood*. Baltimore et al: John Hopkins University Press, 2004.

Fortunio: *Il dramma Alfredo Dreyfus, narrato da Fortunio*. Mailand: Società editrice sonzogno, 1899.

France, Anatole: *La parti noir: l'affaire Dreyfus, la loi Falloux, la loi Combes*. Paris: l'Harmattan, 1994.

Frank, Walter: *Affäre Dreyfus: Soldatentum und Judentum im Frankreich der dritten Republik*. Hamburg: Hanseatische Verlagsanstalt, 1939.

Frank, Walter: *Händler und Soldaten: Frankreich und die Judenfrage in der Affäre Dreyfus*. Hamburg: Verl. Deutsche Hausbücherei, 1933.

Frank, Walter: *Nationalismus und Demokratie im Frankreich der 3. Republik 1871–1918*. Hamburg: Hanseatische Verlagsanstalt, 1933.

Franzmann, Andreas: *Der Intellektuelle als Protagonist der Öffentlichkeit: Krise und Räsonnement in der Affäre Dreyfus*. Frankfurt a. M.: Humanities Online, 2004.

Friedman, Lee Max: *Zola and the Dreyfus Case: His defense of liberty and its enduring significance*. Boston: Beacon Press, 1937.

Fuchs, Eckhardt; Fuchs, Günther: *„J'accuse": Zur Affäre Dreyfus*. Mainz: Decaton, 1994.

Gervereau, Laurent; Prochasson, Christophe: *L'affaire Dreyfus et le tournant du siècle(1894-1910)*. Paris et al: Musée d'histoire contemporaine, BDIC, La Découverte, 1994.

Gödde-Baumanns: *Die Dreyfus-Affäre: Vom politischen Skandal zum Streit über dieGrundwerte über die Nation*. Stuttgart et al, 1992.

Grand-Carteret, John: *L'affaire Dreyfus et l'image*. Paris: Flommarion, 1898.

Griffiths, Richard: *The use of abuse: the polemics of the Dreyfus affair and its aftermath*. New York et al: Berg, 1991.

Grousset, Paschal: *L'affaire Dreyfus et ses resorts secrets, précis historique. Société d'éditions illustrées*. Godet & Co, 1898

Grousset, Paschal: *Le mot de l'ènigme: Lettre au procureur gènèral près la cour de cassation*. Paris: Stock, 1899.

Grumberg, Jean-Claude: *Dreyfus*. Arles: Actes Sud, 1990.

Guyot, Yves: *Le revision du procès: Faits et documents juridiques*. Paris: Stock, 1898.

Guyot, Yves: *Analyse d l'enquîte*. Paris: Stock, 1899.

Guyot, Yves: *Les raisons de Basile: L'affaire Dreyfus*. Paris: Stock, 1899.

Haase, Amine: *Katholische Presse und Judenfrage: Inhaltsanalyse katholischer Periodika am Ende des 19. Jahrhunderts*. München: Verlag Dokumentation Saur KG, 1975.

Haime, E. de: *Les faits acquis à l'histoire: Affaire Dreyfus*. Paris: Stock, 1898.

Halasz, Nicholas: *Captain Dreyfus: The story of a mass hysteria*. New York: Simon & Schuster, 1955.

Harding, W.: *Dreyfus: the prisoner of Devil's Island, a full story of the most remarkable military trial and scandal of the age*. New York: Associated Publishing Company, 1899.

Herzl, Theodor: *L'affaire Dreyfus: Reportages et réflexiones traduits par Léon Vogel*. Paris: Imp. des Deux Artisans, 1958.

Herzog, Wilhelm: *Der Kampf einer Republik: Die Affäre Dreyfus*. Zürich: Europa, 1932.

Hoffman, Robert L.: *More than a trial: the struggle over Captain Dreyfus*. New York et al: Free Press, 1980.

Hübinger, Gangolf; Mommsen, Wolfgang J. (Hg.): *Intellektuelle im Deutschen Kaiserreich*. Frankfurt: Fischer, 1993.

Hungerbühler, Eberhard: *Ein Kampf ums Recht: Die Affaire Alfred Dreyfus*. Stuttgart: Klett, 1984.

Igúrbide, José Fola: *Emile Zola ó el poder del genio: Drama en 6 actos, inspirado en el famoso proceso del Capitain Dreyfus*. Madrid: Soc. de autores españoles, 1904.

Iiams, Thomas Marion: *Dreyfus: diplomatists and the dual alliance*. Genf: Droz, 1962.

Israel, Armand: *Les vérités cachées de l'affaire Dreyfus*. Paris: Michel, 2000.

Jaurès, Jean: *Les preuves: Affaire Dreyfus*. Paris: La Petite Republique, 1898.

Jennings, Jeremy (Hg.): *Intellectuals in politics: from the Dreyfus Affair to Salman Rushdie*. London et al: Routledge, 1997.

Johnson, Douglas: *France and the Dreyfus affair*. London: Blandford, 1966.

Johnson, Martin P.: *The Dreyfus Affair: honour and politics in the Belle Époque*. New York: St. Martin's Press,

1999.

Kayser, Jacques: *The Dreyfus affair.* London: Heinemann, 1931.

Kedward, Harry R.: *The Dreyfus affair: Catalyst for tensions in French society.* London: Longmans, 1965.

Larkin, Maurice: *Church and state after the Dreyfus affair: The separation issue in France.* London: Macmillan, 1974.

Lazare, Bernard: *Comment on condamne un innocent: l'acte d'accusation contre le capitaine Dreyfus.* Paris: Stock, 1898

Lazare, Bernard: *La vérité sur l'affaire Dreyfus.* Paris, 1897.

Lazare, Bernard: *Une erreur judiciaire: L'affaire Dreyfus.* Paris: Stock, 1897.

Lazare, Bernard: *Une erreur judiciaire. La vérité sur l'affaire Dreyfus.* Hg. von Oriol, Philippe. Paris: Editions Allia, 1993.

Leroy, Géraldi (Hg.): *Les écrivains et l'affaire Dreyfus: actes du colloque (29–30 octobre 1981).* Paris: Pr. Univ. de France, 1983.

Leusser, Claus: *Die Affäre Dreyfus.* München: Desch, 1948.

Lèvy, Bernhard-Henri: *Die abenteuerlichen Wege der Freiheit: Frankreichs Intellektuelle von der Dreyfus Affäre bis zur Gegenwart.* München, Leipzig: List, 1992.

Lewis, David Levering: *Prisoners of honour: The Dreyfus affair.* London: Cassel, 1975.

Leyret, Henry: *Lettres d'un coupable: L'affaire Dreyfus.* Paris: Stock, 1898.

Lindemann, Albert S.: *The Jew accused: three anti-semitic affairs (Dreyfus, Beilis, Frank) 1894–1915.* Cambridge et al: Cambridge University Press, 1991.

Lipschutz, Lèon: *Bibliographie thématique et analytique de l'affaire Dreyfus.* Paris: Soc. littéraire de amis d'Émile Zola, 1970.

Lombarès, Michel de: *L'affaire Dreyfus: La clef du mystère.* Paris: Laffont, 1972.

Lüdemann, Hans-Ulrich: *Alfred Jude Dreyfus: Der nicht vollendete Justizmord.* Schwedt: Kiro, 1995.

Magnou, Jacqueline: *Die Dreyfus-Affäre im Spiegel der Wiener Presse: eine ideologische Studie.* Siegen: Veröffentlichungen des Forschungsschwerpunkts Massenmedien und Kommunikation und Universität/ Gesamthochschule Siegen, 1983.

Malhotra, Ruth (Hg.): *Horror-Galerie: ein Bestiarium der 3. Französischen Republik.* Dortmund: Harenberg, 1980.

Marin, Paul: *Dreyfus?: Documents, hypothese, comptes rendus officiels etc.* Paris: Libr. ill, 1897.

Marin, Paul: *Histoire documentaire de l'affaire Dreyfus.* Paris: Stock, 1897–1902.

Marin, Paul: *Esterhazy?.* Paris: Stock, 1898.

Marin, Paul: *Histoire populaire de l'affaire Dreyfus.* Paris: Stock, 1898.

Marin, Paul: *Le capitaine Lebrun-Renault?.* Paris: Stock, 1898.

Marin, Paul: *Le lieutenant-colonel Du Paty de Clam?.* Paris: Stock, 1898.

Marin, Paul: *Le Lieutenant-Colonel Picquart?.* Paris: Stock, 1898.

Marin, Paul: *Drumont?.* Paris: Stock, 1899.

Marin, Paul: *Le lieutenant-colonel Henry?.* Paris: Stock, 1899.

Marin, Paul: *Rochefort?.* Paris: Stock, 1899.

Marrus, Michael R.: *The politics of assimilation: A study of the French Jewish community at the time of the Dreyfus affair.* Oxford: Clarendon Press, 1971.

Marrus, Michael R.: *Les Juifs de France à l'époque de l'affaire Dreyfus: L'assimilation - l'èpreuve.* Paris: Calmann-Lèvy, 1972.

Marrus, Michael Robert: *Les juifs de France à l'époque de l'affaire Dreyfus*. Brüssel: Complexe, 1985.

Matray, Maria: *Dreyfus: Ein französisches Trauma*. München: Langen Müller, 1986.

Maurras, Charles: *Au signe de flore: Souvenirs de vie politique: L'affaire Dreyfus, la fondation de l'action francaise 1898–1900*. Paris: Les Oeuvres reprèsentatives, 1931.

Mazel, Henri: *Histoire et psychologie de l'affaire Dreyfus*. Paris: Boivin, 1934.

McMillan, James F.: *Twentieth century France: politics and society 1898–1991*. London et al: Arnold, 1992.

Michaelis, Robert: *Das letzte Urteil im Wiederaufnahme-Verfahren des Hauptmanns Dreyfus vom 12. Juli 1906*. Mainz: Selbstverl., 1962.

Michaelis, Robert: *Der Prozeß Dreyfus: Eine juristische Studie. Unter besonderer Berücksichtigung der beiden Wiederaufnahmeverfahren*. Hamburg: Kriminalistik, 1963.

Miquel, Pierre: *L'affaire Dreyfus*. Paris: Pr. Universitaires de France, 1961.

Miquel, Pierre: *Une énigme?*: L'affaire Dreyfus. Paris: Presses Univ. de France, 1972.

Mirbeau, Octave: *L'affaire Dreyfus*. Hg. von Michel, Pierre; Nivet, Jean-Francois. Paris: Librairie Séguier, 1991.

Mittelstädt, Otto: *Die Affäre Dreyfus: eine kriminalpolitische Studie*. Berlin. Guttentag, 1899.

Mitterand , Henri: *Zola journaliste: De l'affaire Manet à l'affaire Dreyfus*. Paris: Colin, 1962.

N. R.: *Meine Erlebnisse in französischen Gefängnissen aus jüngster Zeit: Ein Seitenstück zum Prozeß Zola-Dreyfus. Von N. R., Kaserneninspektor*. Glogau: Glogauer Dreyfus-Verein, um 1900.

NN: *Enquête de la Cour des Cassation: La revision du procès Dreyfus*. Paris: Stock, 1899.

NN: *Le procès Dreyfus devant le Conseil de guerre de Rennes*. Paris: Stock, 1900.

NN: *Le procès Zola devant la Cor d'Assises de la Seine et la cour de cassation (7 février–23 février – 31 mars–2 avril 1898). Compte-rendu sténographique «in-extenso» et documents annexes*. Stock, 1898.

Oriol, Philippe (Hg.): *J' accuse! Emile Zola et l'affaire Dreyfus*. Paris: EJL ,1998.

Ory, Pascal; Sirinelli, Jean-François: *Les intellectuels en France: de l'affaire Dreyfus à nos jours*. Paris: Colin, 1986.

Pagès, Alain: *13 janvier 1898: J'accuse*. Paris: Perrin, 1998.

Pagès, Alain (Hg.): *Émile Zola, un intellectuel dans l'affaire Dreyfus: histoire de J'accuse.*Paris: Sèguier 1991.

Pagés, Alain; Zieger, Karl (Hg.): *Emile Zola: Die Dreyfus-Affäre: Artikel, Interviews, Briefe*. Innsbruck: Haymon, 1998.

Paléologue, Maurice: *Journal de l'affaire Dreyfus 1894–1899: L'affaire Dreyfus et le Quai d'Orsay*. Paris: Plon, 1955.

Paléologue, Maurice: *Tagebuch der Affäre Dreyfus*. Stuttgart: Deutsche Verlagsanstalt, 1957.

Perry, Wendy Ellen: *Remembering Dreyfus: the Ligue des Droits de l'Homme and the making of the modern French human rights movement*. Ann Arbor: UMI Dissertation Services, 2004.

Pierrard, Pierre: *Les chrétiens et l'affaire Dreyfus*. Paris: Ed. de l'Atelier, 1998.

Pinard, Joseph: *Antisèmitisme en Franche-Comté: de l'affaire Dreyfus à nos jours*. Besançon: Cítre, 1997.

Porch, Dougals: *The French secret services: from the Dreyfus Affair to the Gulf War*. New York: Farrar, Straus and Giroux, 1995.

Pressensé, Francis de: *L'affaire Dreyfus: Un héros: Le colonel Picquart*. Paris: Stock, 1898.

Ragache, Vanessa: *Le Grand Orient de France et l'affaire Dreyfus: mythes et réalités (1894–1906)*. Paris: Maconniques de France, 1998.

Rehfisch, Hans José: *Die Affäre Dreyfus*. München: Desch, 1951.

Reinach, Joseph : *Histoire de l'affaire Dreyfus*. Paris: Carpentier er Fasquelle, 1901–11.

Reinach, Joseph: *Geschichte der Affäre Dreyfus: „Der Prozess von 1894". Auf Grund des amtlichen Aktenmaterials dargestellte deutsche Ausgabe. Mit den Originalillustrationen vom Borderau, Esterhazys und Dreyfus Briefen usw.* Berlin et al: Luckhardt, 1901.

Reinach, Joseph: *Rennes*. Paris: Charpentier et Fasquelles, 1905.

Revel, Bruno: *L'affaire Dreyfus*. Mailand: Mondadori, 1936.

Rogès, Louis: *L'affaire Dreyfus: Cing semaines à Rennes, deux cents photographies de Gerschel.* Paris: Juven, 1899.

Rubens, Bernice: *I, Dreyfus*. London: Abacus, 2000.

Rubens, Bernice: *Ich, Dreyfus*. München, Zürich: Piper, 2003.

Salmon, André: *L'affaire Dreyfus*. Paris: Emile-Paul, 1934.

Scheurer-Kestner, Auguste: *Mémoires d'un sénateur dreyfusard.* Hg. von Roumieux. A. Straßburg: Bueb et Reumaux, 1988.

Schmidt, Lieselotte: *Edouard Drumont - Emile Zola: Publizistik und Publizisten in der Dreyfus-Affäre.* Berlin, 1962.

Schneider, Rolf : *Süss und Dreyfus*. Göttingen: Steidl, 1991.

Schoeps, Julius H.: *Theodor Herzl und die Dreyfus-Affäre.* Wien: Picus, 1995.

Schoeps, Julius H.; Simon, Hermann (Hg.): *Dreyfus und die Folgen.* Berlin: Edition Hentrich, 1995.

Schwartzkoppen, Max von: *Die Wahrheit über Dreyfus*. München; dtv. Schwertfeger, Bernhard (Hg.), 1930.

Snyder, Louis (Hg.): *The Dreyfus Case: A documentary history.* New Brunswick: Rutgers University Press, 1973.

Société Industrielle de Mulhouse: *L'affaire Dreyfus, juifs en France: actes du 6e Symposium Humaniste International de Mulhouse, 28, 29 et 30 janvier 1994.* Besançon: Citre, 1994.

Sozzi, Lionelli (Hg.): *Il principe e il filosofo: intellettuali e potere in Francia dai philosophes all'Affaire Dreyfus.* Neapel: Guida Ed., 1988.

Steevens, George W.: *The tragedy of Dreyfus*. New York et al: Harper, 1899.

Steinthal, Walter: *Dreyfus*. Berlin: Oesterheld, 1930.

Stock, Pierre-Victor: *L'affaire Dreyfus: mémorandum d'un éditeur.* Paris: Stock, 1994.

Strauss, Henri: *Der Käfig des Kapitäns Dreyfus.* Zürich: Schmidt, 1897.

Strauss, Henri: *Ein infames Urteil (Semitismus und Antisemitismus): Der Fall des Kapitäns Dreyfus.* Strassburg: Singer, 1897.

Tailhade, Laurent: *Plaidoyer pour Dreyfus.* Hg. von Picq, Gilles. Paris: Séguier, 1994.

Tegen, Eugen von: *Unschuldig getrennt: Dreyfus, des unschuldigen Verbannten und seiner Gattin ergreifendes Schicksal.* Dresden: Mignon, 1930.

Thalheimer Siegfried (Hrsg.): *Die Affäre Dreyfus.* München: dtv, 1963.

Thalheimer, Siegfried: *Macht und Gerechtigkeit: Ein Beitrag zur Geschichte des Falles Dreyfus.* München: Beck, 1969.

Théodore, Reinach: *Histoire sommaire de l'affaire Dreyfus.* Paris: Ligue des droits de l'homme, 1924.

Thomas, Marcel: *L'affaire sans Dreyfus.* Paris: Fayard, 1961.

Thomas, Marcel: *Esterhazy ou l'Envers de l'affaire Dreyfus.* Paris: Vernal - P- Lebaud, 1989.

Thomas, Marcel (Hg.): *Le procès Zola: L'affaire Dreyfus: 7–23 fevrier 1898. Extraits du compte rendu sténographique des débats.* Genf: Idégraf, 1980–81.

Vachek, Emil: *Aféra*. Prag: Nase Vojsko, 1959.

Vallet, Françoise: *L'affaire Dreyfus: ouvrages, sources et documents des bibliothèques rennaises.* Rennes: Musèe de Bretagne, 1994.

Vathier, Maurice: *La France et l'affaire Dreyfus.* Paris: Stock, 1899.

Vérax, L : *Essai sur la mentalité militaire à propos de l'affaire Dreyfus*. Paris: Siecle, 1898.

Villane, E.: *L'opinion publique et l'affaire Dreyfus.* Paris: Stock, 1898.

Weil, Dr. Bruno: *Der Prozeß des Hauptmanns Dreyfus*. Berlin: Rothschild, 1930.

Whyte, George R.: *The accused: the Dreyfus trilogy.* Osnabrück: Secolo, 1996.

Wilson, Stephen: *Ideology and experience: antisemitism in France at the time of the Dreyfus affair.* Rutherford et al: Farleigh Dickinson University Press et al, 1982.

Zévavès, Alexandre: *L'affaire Dreyfus*. Paris: Nouv. Rev. crit, 1931.

Zola, Emile: *Correspondance.* Hg. von Bakker, B.H. Montréal et al: Pr. de l'Univ. de Montréal, 1978-95.

Zola, Emile: *Der Fall Dreyfus und andere Kämpfe in Briefen und Bekenntnissen: Mit einer biographischen Einleitung von Denise Le Blond-Zola*. Dresden: Reissner, 1930.

Zola, Emile: *Die Affäre Dreyfus: Der Siegeszug der Wahrheit.* Stuttgart et al: Deutsche Verlagsanstalt, 1901.

Zola, Emile: Die Dreyfus-Affäre: Artikel, Inteerviews, Briefe. Hg. von Pagès, Alain, Zieger, Karl. Innsbruck: Haymon, 1998.

Zola, Emile: *Dreyfus*. Budapest: Sachs & Pollack, 1898.

Zola, Emile: *Dreyfus: Roman.* - Budapest: Sachs und Pollack, 1898.

Zola, Emile: *J'accuse ou la vérité en marche.* Paris: Pauvert, 1965.

Zola, Emile: *L'affaire Dreyfus: La vérité en marche. Chronologie et préf. par Colette Becker.* Paris: Garnier-Flammarion, 1969.

Zola, Emile: *L'affaire Dreyfus: lettres et entretiens inédits*. Hg. von Pagès, Alain. Montréal: Presses de l'Univ. et al, 1994.

Zola, Emile: *Mein Kampf um Wahrheit und Recht. Meist unveröffentlichte Briefe aus dem Nachlaß. Mit einem Bild seines Lebens von seiner Tochter Denise Le Blond-Zola.* Dresden: Carl Reißner, 1928.

mpressum

J'Accuse…
…ich klage an!
DIE AFFÄRE DREYFUS
EINE AUSSTELLUNG

organisiert vom Moses Mendelssohn Zentrum für europäisch-jüdische Studien
in Kooperation mit der Beitler Family-Foundation, New Jersey, der University of Pennsylvania, Philadelphia, der
Stiftung Neue Synagoge – Centrum Judaicum, Berlin, der Führungsakademie der Bundeswehr, Hamburg, dem
Militärhistorischen Museum der Bundeswehr, Dresden und dem Bundesgerichtshof, Karlsruhe.

Ausstellungsorte und -zeiten:

Führungsakademie der Bundeswehr, Hamburg	26. Mai – 19. Juni 2005
Moses Mendelssohn Zentrum, Potsdam	12. Juli – 19. August 2005
Stiftung Neue Synagoge – Centum Judaicum, Berlin	1. September – 12. Oktober
Militärhistorisches Museum der Bundeswehr, Dresden	18. Oktober – 13. November
Bundesgerichtshof, Karlsruhe	Ende November

Projektleitung
Elke-Vera Kotowski

Gesamtkonzeption
Elke-Vera Kotowski und die Projektgruppe der Universität Potsdam*

Ausstellungsgestaltung
Elke-Vera Kotowski und die Projektgruppe der Universität Potsdam*
unterstützt durch Jan Fiebelkorn-Drasen

Textredaktion
Projektgruppe der Universität Potsdam*
sowie Alice Krück, Barbara Rösch, Helen Thein

Bildredaktion
Heike Prüfer, Moritz Reininghaus

Grafik und Kataloggestaltung
Moritz Reininghaus

Covergestaltung
Katarzyna Czajka, Moritz Reininghaus

Gestaltung des Austellungs-Folders
Ivonne Dombrowski, Dörte Beilfus

Fotografie und Reproduktion
Tobias Barniske, Christian Engelland, Andrea Gottschalk, Moritz Reininghaus

Übersetzungen
Birgit Krüger, Bundessprachenamt

Presse- und Öffentlichkeitsarbeit
Ivonne Dombrowski und Elke-Vera Kotowski

Pädagogisches Konzept
Elke-Vera Kotowski, Larissa Weber
unterstützt durch Irene Diekmann und Barbara Rösch

Die Projektgruppe der Universität Potsdam setzt sich zusammen aus:

Rebecka Andrick	Ivonne Dombrowski
Peer Jürgens	Wolf Kindt
Tobias Kunow	Julia Lehmann
Katharina Lux	Manja Peschenz
Heike Prüfer	Jenifer Stolz
Daniela Väthjunker	Larissa Weber
Ulrike Wendt	

Die Ausstellung und der vorliegende Begleitband wurden gefördert durch die Stiftung Erinnerung, Verantwortung und Zukunft, die Friedrich-Christian Flick Stiftung gegen Fremdenfeindlichkeit, Rassismus und Intoleranz, die Moses Mendelssohn Stiftung, das Ministerium für Wissenschaft, Forschung und Kultur des Landes Brandenburg, das Innenministerium des Landes Brandenburg sowie den Freundeskreis der Führungsakademie.

Alle Abbildungen ohne Quellenangabe stammen aus der Beitler Collection der University of Pennsylvania. Wir danken der Bibliothek der University of Pennsylvania für die Abdruckgenehmigung. Alle übrigen Abbildungen sind mit Quellenangaben versehen, die im folgenden Abbildungsnachweis vermerkt sind:
Bildarchiv Gidal: 47, 49, 50, 93; Service historique de l'Armée de Terre: 38; Kunstmuseen Krefeld: 137; Politisches Archiv des Auswärtigen Amtes: 31, 32, 87–90, 140, 160, 162; Privat-Archiv Levy: 52; sowie Abbildungen aus dem Band: Wilhelm Herzog, Der Kampf einer Republik, o.J.: 29, 30.